전략적 모놀리스와 마이크로서비스

KOREAN language edition published by aCORN Publishing Co., Copyright © 2025

Authorized translation from the English language edition,
entitled STRATEGIC MONOLITHS AND MICROSERVICES: DRIVING INNOVATION USING PURPOSEFUL
ARCHITECTURE, 1st Edition by VAUGHN VERNON, TOMASZ JASKULA
published by Pearson Education, Inc, Copyright © 2022 Pearson Education.

All rights reserved. No part of this book may be reproduced or transmitted in any form or by any means,
electronic or mechanical, including photocopying, recording or by any information storage retrieval system,
without permission from Pearson Education, Inc.

이 책은 Pearson Education, Inc.과 에이콘출판(주)가 정식 계약하여 번역한 책이므로
이 책의 일부나 전체 내용을 무단으로 복사, 복제, 전재하는 것은 저작권법에 저촉됩니다.

STRATEGIC MONOLITHS AND MICROSERVICES

전략적 모놀리스와 마이크로서비스
성장하는 기업을 위한 소프트웨어 아키텍처 전략

반 버논, 토마스 야스쿨라 지음 강성일, 이승민, 정우영 옮김

 에이콘출판의 기틀을 마련하신 故 정완재 선생님 (1935-2004)

이 책에 쏟아진 찬사

"대부분의 책은 소프트웨어 비즈니스 또는 소프트웨어 개발의 기술적 세부 사항 중 하나만을 다룬다. 이 책은 비즈니스와 기술의 요구 사항을 균형 있게 통합하는 포괄적인 접근법을 제시하며, 이를 접근하기 쉬운 방식으로 설명한다. 또한 오늘날 널리 퍼진 잘못된 통념을 바로잡고 어떤 팀이나 조직도 즉시 활용할 수 있는 실용적인 지침을 제공해 자신감을 갖고 실행할 수 있도록 돕는다."

— 제임스 히긴보텀(James Higginbotham) / 최고 API 컨설턴트, LaunchAny 창립자, 『웹 API 설계 원칙』(에이콘, 2023)의 저자

"디지털 트랜스포메이션은 '풀뿌리' 노력으로는 성공할 수 없다. 반(Vaughn)과 토마스(Tomasz)는 최고 경영진에게 소프트웨어 혁신을 촉진하고 유지하는 데 필요한 문화 구축을 포함하는 소프트웨어 우수성에 대한 로드맵을 제공한다. 실제 세계에 대한 이해를 바탕으로 작성된 반과 토마스는 소프트웨어 개발을 비용 중심에서 수익 중심으로 이동시키는 데 혁신을 희생하지 않아도 된다는 것을 독자가 인식하게 돕는다. 의사결정자들이 읽어야 할 필독서다."

— 톰 스탁턴(Tom Stockton) / MAXIMUS의 수석 아키텍트

"이 책에서 반 버논(Vaughn Vernon)과 토마스 야스쿨라(Tomasz Jaskula)는 DDD에 대한 광범위한 경험을 바탕으로 최신 시스템 개발 및 현대화를 위해 DDD의 다양한 측면을 사용하는 포괄적인 가이드를 제시한다. DDD의 잠재력을 최대한 활용하는 방법을 이해해야 하는 많은 기술 리더에게 귀중한 지침이 될 것이다."

— 어인 우즈(Eoin Woods) / 소프트웨어 아키텍트, 작가

"소프트웨어 엔지니어링에 대한 일반적인 오해와 실패의 원인이 있다. 한 가지 주목할 만한 예는 디지털 트랜스포메이션을 향한 험난한 여정을 무시하는 것이다. 이러한 노력에는 획기적인 혁신, 실패 문화, 소프트웨어 아키텍처의 역할 강조, 효율적이고 효과적인 사람 간 커뮤니케이션의 중요성이 포함된다. 다행스럽게도 저자들은 모든 장애물과 도전을 극복하는 데 필요한 도움을 제공한다. 이 책에서 가장 마음에 드는 점은 디지털 트랜스포메이션과 혁신에 관련된 모든 이해관계자에게 제공되는 전체적인 관점이다. 반 버논과 토마스 야스쿨라가 성공적인 혁신 프로젝트를 위한 명확한 경로를 소개한다. 비즈니스와 엔지니어링 모두의 관점에서 통찰력, 도구, 입증된 모범 사례 및 아키텍처 스타일을 제공한다. 그들의 책은 디지털 트랜스포메이션의 의미와 이를 성공적으로 처리하는 방법을 조명한다. 이 책은 실무 소프트웨어 엔지니어, 임원 및 고위 관리자가 반드시 읽어야 할 책이다. 이 책은 우리가 미지의 영역에 들어갈 때마다 항상 귀중한 길잡이자 항해사 역할을 할 것이다."

- 마이클 스탈[Michael Stal] / 지멘스 테크놀로지[Siemens Technology]의 공인 시니어 소프트웨어 아키텍트

"디지털 트랜스포메이션은 많이 사용되지만 제대로 이해되지 않고 있는 개념이다. 이 책은 이 주제에 대한 귀중한 통찰력과 여정에서 기존 자산을 활용하는 방법을 제공한다. 현대 기술과 사회적 기술은 단일한 사례 연구의 맥락에서 결합될 수 있다. 비즈니스 및 기술 실무자 모두에게 매력적인 책이다."

- 무라트 에르더[Murat Erder] / 『Continuous Architecture in Practice』(Addison-Wesley, 2021)의 공동 저자, 『Continuous Architecture』(Morgan Kaufmann, 2015)의 저자

"이 책은 성공을 위해 모놀리스와 마이크로서비스 아키텍처 접근 방식을 전략적으로 적용할 시기를 명확하게 구분하고자 하는 모든 경영진을 위한 통찰력 있는 권고들로 가득 차 있다. 반과 토마스는 모든 CEO, CIO, CTO 및 소프트웨어 개발의 (S)VP가 모놀리스와 마이크로서비스의 장점, 단점, 둘의 조합을 간결하게 정리해

주는 것으로 시작해 각자의 비즈니스 영역에서 선견지명이 있는 사고 리더가 되게 이끌어준다."

— 스콧 P. 머피[Scott P. Murphy] / Maximus, Inc.의 수석 아키텍트

"디지털 트랜스포메이션을 계획하거나 실행하는 엔터프라이즈 리더와 아키텍트를 위한 '필독서'다. 이 책은 엔터프라이즈 소프트웨어를 혁신시키는 계획의 성공을 보장하는 진정한 가이드다."

— 크리스 베를렌[Chris Verlaine] / DHL Express Global Aviation IT DevOps 디렉터,
DHL Express Global Aviation IT 소프트웨어 현대화 프로그램 헤드

"전략적 모놀리스와 마이크로서비스는 비즈니스 가치를 진화 가능한 엔터프라이즈 아키텍처에 연결해주는 훌륭한 자료다. 저자가 모듈화 과정에서 정보에 입각한 결정을 내리기 위해 깊이 있는 이해와 경험을 어떻게 사용하는지에 깊은 인상을 받았다. 그 과정에서 모든 가치 있는 도구와 개념이 설명되고 적절하게 콘텍스트에 반영된다. IT 의사결정권자와 설계자가 반드시 읽어야 할 필독서다. 이 책은 영감을 주는 참고 자료가 될 것이며 아키텍처의 목적을 찾도록 끊임없이 경각심을 일깨워 줄 것이다. 마이크로서비스에 대한 논의는 이제 완전히 새로운 성숙도 수준에 도달했다."

— 크리스찬 데거[Christian Deger] / RIO 아키텍처/플랫폼 헤드
The Logistics Flow, 60회 이상의 Microservices 밋업의 주최자

"마이크로서비스와 모놀리식 아키텍처의 선택은 기술 영역을 뛰어넘는 주제다. 회사 내에 존재하는 문화, 조직 및 커뮤니케이션은 모두 디지털 시스템을 성공적으로 구축하고자 CTO가 신중하게 고려해야 하는 중요한 요소다. 저자는 매우 흥미로운 사례를 바탕으로 다양한 관점에서 이를 매우 잘 설명한다."

— 올리버 울머^{Olivier Ulmer}/Groupe La Française의 CTO

"신속하게 움직이고, 실험하고, 배우기 위한 기술 엔진을 구축하는 것은 오늘날의 디지털 세계에서 경쟁 우위를 가져다준다. 이러한 노력에 '그저 최신 트렌드인 아키텍처^{de-jour architecture}'가 도움이 될까? 반과 토마스가 저술한 이 놀라운 책은 시장의 공백을 메우고 소프트웨어 아키텍처의 핵심 목표인 빠르게 움직이고, 실험하고, 가치를 창출하는 결과에 집중하는 것의 중요성을 재조명한다. 독자는 마이크로서비스 아키텍처와 그에 수반되는 모든 복잡성이 자신에게 적합한지 여부를 더 잘 결정할 수 있게 될 것이다."

— 크리스차나 포스타^{Christian Posta}/Solo.io의 글로벌 필드 CTO

| 추천의 글 |

우리는 2007년 4월에 아이터레이트^{Iterate}의 창립자를 만났다. 그중 3명이 오슬로에서 열린 우리의 첫 워크숍에 참석했고 우리를 저녁 식사에 초대했다. 우리는 그들이 최근에 컨설팅 회사를 그만두고 자신들의 회사를 설립했으며, 자신들이 믿는 기술을 사용해 자신들이 좋아하는 곳에서 일할 수 있게 됐다는 것을 알게 됐다. 나는 속으로 "행운을 빌어요."라고 말했다. 그들은 대학을 졸업한 지 불과 몇 년밖에 안 됐고 사업을 운영해 본 경험이 전혀 없었기 때문이다. 그러나 그들에게 어떻게 좋은 고객을 찾고 애자일 계약을 협상하는지에 대한 얘기를 들으면서 그들에 대한 회의적인 생각을 버렸다.

우리는 그 후 10년 동안 아이터레이트를 여러 번 방문했다. 그리고 아이터레이트가 노르웨이에서 성공적인 컨설팅 회사로 성장하고, 또 가장 일하기 좋은 회사 중 하나로 곧잘 선정되는 모습을 지켜봤다. 그들은 수십 명의 컨설턴트를 보유하고 있으며 소프트웨어 개발에서 시작해 테스트 주도 개발$^{Test\text{-}Driven\ Development}$의 코칭 회사로 발전했다. 그들은 고객사들이 설계 스프린트를 통해 혁신하게 돕고 있다. 그러던 중 그들이 2016년에 회사를 크게 변화시키기로 했을 때 나는 놀랐다.

그들이 말하기를 "우리는 진로를 바꾸기로 결정했다. 우리는 사람들이 잠재력을 최대한 발휘할 수 있는 일하기 좋은 직장이 되기를 원하지만 우리의 인재들은 역할이 컨설턴트로서 제한돼 있다. 그들은 항상 다른 누군가의 꿈을 추구한다. 우리는 사람들이 자신의 열정을 따라 새로운 회사를 만들 수 있는 회사를 만들고 싶다. 우리는 스타트업을 육성하고 컨설팅 수익으로 이를 위한 자금을 마련하고자 한다."

다시 한 번 속으로 "행운을 빌어요."라고 말했다. 이번에는 의심을 품지 않았다.

우리는 새로운 벤처의 일반적인 실패율과 3M 시절의 만트라[mantra][1]에 대해 얘기했다. "많은 것을 시도하고 효과 있는 것들을 유지하라." 시간과 돈이 많다면 좋은 좌우명이지만 그들은 둘 다 없었다. 창립자 중 한 명이 새로운 접근 방식이 마음에 들지 않아 회사를 떠났다. 다른 사람들은 항상 하던 대로 한 단계씩 목표를 향해 앞으로 나아가면서 작은 시도를 반복했다.

쉽지 않았고 따라야 할 모델도 없었다. 외부 펀딩을 경계한 이들은 서로 정반대의 비즈니스 모델인 컨설팅과 벤처 펀딩을 병합해 컨설팅에서 얻을 수 있는 수익의 3%로 제한하고 나머지는 펀딩 벤처에 다시 쏟아 붓기로 결정했다. 그들은 컨설턴트들이 2등 시민처럼 느끼지 않고 새로운 스타트업에서 일하는 사람들처럼 느껴서 컨설팅 비즈니스의 성공에 전념하게 해야 했다. 그리고 그들이 시작한 것이 컨설팅 사업뿐이었을 때에도 새로운 사업을 성공적으로 시작하는 방법을 배워야 했다.

5년이 지났다. 우리는 매년 그 회사가 그들의 독특한 접근 방식을 성공시키고자 고군분투하는 동안 함께 아이디어를 브레인스토밍하기 위해 방문했다. 팬데믹이 닥쳤을 때 컨설팅 사업이 중단됐을 뿐만 아니라 3년 동안 키운 팜투레스토랑[farm-to-restaurant] 사업도 현지 농산물을 살 식당이 하나도 남지 않았다. 하지만 생각해 보라. 아이터레이트에는 할 일이 없는 최고의 인재와 부패하기 쉬운 상품을 수집하고 배달할 준비가 된 스타트업이 있었다. 피벗하는 데 단 2주가 걸렸다. 그들은 도로변에서 소비자에게 음식을 제공했고 이것으로 새 스타트업은 시작됐다. 2020년에 오슬로에 있는 대부분의 컨설팅 회사가 어려움을 겪고 있는 동안 아이터레이트는 성공적인 인수를 통해 하나의 스타트업(라스트마일 배송)을 엑시트시켰고 선박 위치 확인 시스템 그리고 편직물 업체, 원사 공급업체와 소비자를 위한 3자 간 플랫폼 비즈니스를 포함한 다른 3개 사업은 별도의 법인으로 분리했다. 보너스로 아이터레이트는 패스트 컴퍼니[2]의 2020년 혁신가를 위한 최고의 직장 목록에서 슬랙[Slack], 스퀘어[Square]와 쇼피파이[Shopify]를 제치고 50위를 차지했다.

---

1. 짧은 음절로 이뤄진, 사물과 자연의 근본적인 진동으로 돼 있다는 소리나 주문이다. 원래 만트라는 고대 인도에서 주로 사용되던 용어였으나, 후에는 각 종교에서 사용하는 짧은 음절들도 만트라라고 불리게 됐다. – 옮긴이
2. Fast Company는 인쇄물과 온라인으로 발행하는 월간 미국 비즈니스 잡지로 기술, 비즈니스 및 디자인에 중점을 두고 있다. – 옮긴이

그렇다면 아이터레이트는 어떻게 역경을 이겨내고 성공했을까? 그들은 소프트웨어 개발에 대한 컨설팅 방식으로는 주도적인 역할을 맡을 수 있는 자유를 갖을 수 없다는 사실을 깨닫는 것부터 시작했다. 소프트웨어가 전략적 혁신 수단이 되면서 그들은 의사결정 테이블에 자리를 차지해야 할 때라고 느꼈다. 이는 결과에 대한 책임을 지는 것과 관련이 있기 때문에 무서웠다. 일반적으로 컨설턴트는 이를 기피한다. 그러나 그들은 도전적인 문제를 해결하기 위한 실험적 접근 방식이 기술 문제뿐만 아니라 비즈니스 문제에도 통할 것이라고 확신했기에 앞으로 나아갔다.

아이터레이트의 트랜스포메이션이 이 책의 주제인 디지털 트랜스포메이션과 어떤 관련이 있는지 궁금할 수 있다. 아이터레이트의 얘기에는 모놀리스, 마이크로서비스 또는 애자일 사례에 대한 내용이 없지만 이것들이 혁신의 본질은 아니다. 이 책에서 지적한 것처럼 트랜스포메이션은 새롭고 혁신적인 비즈니스 전략, 즉 시장에 실제적이고 차별화된 가치를 제공하는 것에서 시작된다. 그 전략을 추구하는 것은 길고 도전적인 여정이 될 것이며, 그 과정에서 훌륭한 사람들, 깊은 생각, 그리고 많은 배움이 필요하다. 그러한 변화를 시작하는 사람들에게 이 책은 그 변화의 여정에서 필요한 많은 사고 도구를 제공한다.

예를 들어 새로운 방향으로 나가려고 한다고 현재의 성공을 가져온 구조를 폭파하고 싶지는 않을 것이다. 당신의 변환을 위한 자금을 마련하려면 오래된 빅볼 오브 머드 모놀리스(또는 컨설팅 서비스)가 필요하다.

또 다른 예로 당신이 가장 먼저 고려하고 싶은 것은 새로운 비즈니스 모델에 적합한 아키텍처이며 아마도 이전 모델과 동일하지 않을 것이다. 아이터레이트가 컨설턴트 인력 풀과 확연히 다른 스타트업 팀으로 전환한 것처럼 운영 도메인에 맞게 새로운 아키텍처를 구성하고 싶을 것이다. 이것은 일반적으로 새로운 전략에 맞는 비즈니스 기능을 명확히 하고, 이러한 기능을 중심으로 완전한 팀을 구성하는 것을 의미한다. 따라서 계층화된 아키텍처 대신 제품의 자연적 구성 요소와 바운디드 콘텍스트[3]라고도 불리는 하위 컴포넌트를 기반으로 하는 아키텍처를 원할 가능성이 높다.

---

3. Bounded Context는 특정 도메인 모델이 적용되는 어떤 도메인 내의 경계로서 이 책에서 자주 사용될 도메인 주도 설계의 핵심적인 개념이다. - 옮긴이

스페이스엑스SpaceX를 생각해보자. 발사체의 아키텍처는 1단(엔진 9개, 긴 동체 및 일부 착륙 다리 포함), 중간 단계, 2단 및 탑재 화물과 같은 구성 요소에 의해 결정된다. 팀은 엔지니어링 분야(예: 재료 공학, 구조 공학, 소프트웨어 공학)를 중심으로 구성되는 것이 아니라 구성 요소 및 하위 구성 요소를 중심으로 구성된다. 이것은 각 팀에게 명확한 책임과 일련의 제약을 부여한다. 팀은 다음 출시의 성공을 보장하고자 해당 구성 요소가 수행해야 하는 작업을 이해하고 수행해야 한다.

새 전략에서 제품 아키텍처를 명확히 할 때 저자가 지적한 것처럼 중력의 법칙을 거스를 수 없는 것 이상으로 콘웨이의 법칙을 거스를 수 없기 때문에 이 아키텍처와 일치하는 조직을 만들고 싶을 것이다. 이 책의 핵심은 새로운 아키텍처(아마도 모듈형 모놀리스로 시작하게 될 것이다)와 그 아키텍처를 지원하는 데 필요한 조직을 설계하는 데 도움이 되는 거대한 사고 도구의 모음이다. 그런 다음 이 책은 기존 아키텍처에서 새 아키텍처로 점진적으로 이동하는 방법을 제공하고, 언제 어떻게 적절한 서비스를 분리할 수 있는지에 대한 아이디어를 제공한다.

시간이 지남에 따라 아이터레이트는 성공적인 스타트업에 3가지 공통점이 있음을 알게 됐다.

- 훌륭한 마케팅 타이밍
- 팀의 응집력
- 기술적 우수성

시장 타이밍에는 인내심이 필요하다. 트랜스포메이션을 새로운 프로세스나 데이터 구조에 관한 것이라고 생각하는 조직은 일반적으로 참을성이 없고 그 의미를 잘못 이해하는 경향이 있다. 트랜스포메이션이라 함은 혁신이 번성해 새롭고 차별화된 제품을 만들고 적시에 시장에 출시할 수 있는 환경을 만드는 것이다.

성공의 두 번째 요소인 팀 응집력은 사람과 제품의 올바른 조합이 나타날 때까지 개발 중인 기능(바운디드 콘텍스트)과 관련 팀 구성원이 시간이 지남에 따라 발전할 수 있게 하는 능력에서 비롯된다.

세 번째 요소인 기술적 우수성은 소프트웨어의 기술적 복잡성에 대한 깊은 존중에 뿌리를 두고 있다. 이 책은 기존 시스템과 해당 시스템의 향후 버전의 복잡성을 이해하는 데 도움이 될 뿐만 아니라 한 시스템에서 다른 시스템으로 진화하는 문제를 이해하는 데 도움이 될 것이다.

아이터레이트의 얘기에는 마지막 주의 사항이 포함돼 있다. 당신의 전환은 쉽지 않을 것이다. 아이터레이트는 모든 사람이 가치 있다고 느끼고 조직의 전반적인 성공에 전념하도록 벤처 팀과 컨설팅 인력 풀을 결합하는 방법을 알아내야 했다. 이것은 어떤 조직이든 전환을 진행할 때 어려움을 겪게 될 부분일 것이다. 성공을 위한 공식으로 이 책에서는 고도로 숙련된 사람, 깊은 생각, 끊임없는 실험을 제시한다. 그 이외의 방법은 없다.

그렇지만 은 탄환은 없다.

— 메리 포펜딕^{Mary Poppendieck}/『린 소프트웨어 개발』(인사이트, 2007)의 공동 저자

| 지은이 소개 |

반 버논 Vaughn Vernon

광범위한 비즈니스 영역에서 35년 이상의 경력을 가진 기업가이자 소프트웨어 개발자이자 아키텍트다. 도메인 주도 설계, 리액티브 아키텍처와 프로그래밍 분야를 선도하는 전문가이며 단순성을 추구한다. 워크숍에 참가했던 많은 학생이 그가 가르치는 내용의 폭과 깊이 그리고 독특한 접근 방식에 깊은 인상을 받아서 다른 워크숍에도 지속적으로 참여하고 있다. 도메인 주도 설계, 리액티브 소프트웨어 개발, 이벤트 스토밍 및 이벤트 주도 아키텍처에 대해 컨설팅과 교육을 하고 있으며, 조직이나 팀이 기술 중심 방식으로 구현된 레거시 웹 시스템을 개선할 때 비즈니스 중심과 반응형으로 구현된 시스템의 잠재력을 실현할 수 있게 돕고 있다. 이 책을 포함해 4권의 책을 집필했는데, 모두 Addison-Wesley에서 출판됐다.

- **Kalele:** https://kalele.io
- **VLINGO:** https://vlingo.io
- **Twitter:** @VaughnVernon
- **LinkedIn:** https://linkedin.com/in/vaughnvernon/

토마스 야스쿨라 Tomasz Jaskuła

CTO이자 파리에 있는 소프트웨어 컨설팅 회사인 루테시오(Luteceo)의 공동 설립자다. 개발자이자 소프트웨어 아키텍트로서 20년 이상의 전문 경력을 갖고 있으며, 전자 상거래, 산업, 보험, 금융 분야의 많은 회사에서 근무했다. 주로 진정한 비즈니스 가치를 제공하고 전략적 비즈니스 계획에 부합하면서 경쟁 우위가 있는 소프트웨어를 만드는 데 집중해왔다. 또한 닷넷(.NET) 플랫폼용 오픈소스 프로젝트인 XOOM의 주요 기여자이기도 하다. 여가 시간에 기타 연주를 즐기며 주로 가족과 함께 시간을 보낸다.

- **Twitter:** @tjaskula
- **LinkedIn:** https://linkedin.com/in/tomasz-jaskula-16b2823/

| 감사의 글 |

책을 쓰는 것은 힘든 일이다. 독자는 저자가 책을 많이 쓸수록 점점 더 쉽게 쓸 것이라고 생각할 수 있다. 여러 권의 책을 쓴 저자들은 경험이 쌓일수록 글의 흐름을 더 좋게 쓸 수 있다는 데 동의할 것이다. 그러나 여러 권의 책을 쓴 저자들의 대부분은 새 책을 쓸 때마다 매번 더 높은 목표를 세울 것이다. 책을 쓰기 전에 앞으로 어떤 일이 있을지 아는 것은 불안한 일이다. 경험이 풍부한 저자들은 책마다 고유한 생명력이 있으며, 예상한 것보다 더 많은 정신적 에너지와 정확한 글쓰기 능력이 필요하다는 것을 알고 있다.

이런 일은 저자들에게 늘 일어난다. 이 책의 경우 우리 중 한 명은 무엇을 조심해야 하는지 알고 있었다. 두 번째 저자는 영어 책을 프랑스어로 번역했던 경험만 있었지만, 너무 걱정하지 말라는 노련한 저자들의 조언에 힘입어 순수한 글쓰기에 집중해보겠다는 의지를 불태우고 있다.

그 조언은 마치 상어 투어 가이드가 아마추어들을 남아프리카 케이프타운 앞바다의 숨이 멎을 정도로 차가운 물에 빠뜨리기 직전에 말하는 조언과 같은 것일 수도 있다. 사실 통계적 설명에 따르면 백상아리를 지켜보는 관중은 상당히 안전하다. 그래도 상어가 물속의 노란색이나 갈색에 피만큼은 끌리지 않는다는 것은 다행이다(정확한 조사는 당신에게 맡기겠다). 따라서 당신이 책을 쓴다고 해도 죽지는 않을 것이다. 혹시 책을 쓰겠다고 말해 놓고 쓰지 않는 사람들과 실제로 책을 쓰는 사람들의 비율이 궁금했던 적이 있는가? 언젠가는 백상아리와 함께 다이빙을 하겠다고 말하는 사람들과 실제로 다이빙을 하는 사람들의 비율과 비슷할 것 같다.

한 권의 책을 집필하는 데 한두 사람 또는 몇 사람이 필요할 수 있다. 그러나 그 책을 검토하고, 편집하고, 편집하고, 추가로 편집하고, 제작하고, 출판하려면 군대의 분대 정도의 사람이 필요하다. 이 책의 초안은 처음에는 '매우 깔끔한' 것으로 판단됐지만 모든 장마다 수백 건의 추가, 삭제와 수정이 들어갔다. 그리고 최고의 작가라 할지라도 삽화는 넣지 말길 바란다. 제발(아마도 최고의 작가들은 동의하지 않을 수도 있다). 그들의 책이 대중에게 공개되기 전에 엄청난 '실전 사격'과 같은 비평의 대상이 된다. 저자의 범위를 명확히 한다면 유명한 Addison-Wesley 브랜드의 저자인 경우에 한한다(다른 기술 서적 출판사에서 발행한 책의 첫 몇 페이지에서 찾을 수 있는 명백한 오류의 수는 다루지 않을 것이다). 피어슨Pearson은 고용할 수 있는 최고의 편집자를 지원하기 때문에 '실전 사격'의 비유가 적절해 보인다.

존경받는 레이블인 피어슨 Addison-Wesley 사에서 출판할 수 있는 기회를 주신 것에 감사드린다. 그들은 출판 직전까지 이 책을 쓰는 내내 우리를 잘 안내해줬다. 인수, 검토, 개발 및 전체 편집 제작 프로세스를 순조롭게 진행하고 지나치게 낙관적인 저자가 예상 일정까지 원고를 제공하지 않았을 때의 절차를 도와준 편집장 헤이즈 험버트Haze Humbert에게 특별한 감사를 드린다. 헤이즈의 보조 편집자 멘카 메타Menka Mehta는 이메일과 일정을 관리하고 작업 흐름을 유지해줬다. 개발 편집자인 쉐리 레플린Sheri Replin과 크리스 클리브랜드Chris Cleveland는 높은 수준의 편집을 해줬고 페이지 레이아웃을 정리해줬다. 출판 과정을 계속 진행해 준 레이챌 폴Rachel Paul에게 감사드린다. 우리의 '아주 깔끔한' 원고를 잘 읽을 수 있게 친절하게 대해 준 질 홉스Jill Hobbs에게도 감사드린다. 훌륭한 카피 편집자가 책, 특히 기술 저자가 쓴 책에 대해 할 수 있는 일은 정말 놀랍다. 일이 꾸준히 잘 진행되고 있는데, 그 이유를 모르겠다면 아마도 유능한 제품 관리자가 있기 때문일 것이다. 우리의 경우에는 그 사람이 줄리 파이퍼Julie Phifer였다.

우리와 함께 일하는 편집 전문가의 대다수는 여성인데, 너무 까다롭게 구분하지 않는다면 이 팀을 '기술 분야의 여성'으로 포함하는 것이 공정하다고 생각한다. 당신이 기술 분야의 여성이고 책 작가가 되고 싶다면 같이 일하기에 이보다 더 나은 팀은 없다. 우리는 이 팀과 협력하게 된 것을 자랑스럽게 생각할 뿐만 아니라 우리를 같은 구성원만큼 신뢰해줬다는 것을 매우 영광으로 생각한다. 따라서 미래 여성 작가들에게 글쓰기가 줄 수 있는 최고의 경험으로 가는 징검다리로 헤이즈 험버트 편집장을 소개하고 싶다.

리뷰어들의 소중한 피드백이 없었다면 이 책은 지금과 같을 수 없었을 것이다. 특히 우리 책에 대한 폭넓고 풍부한 검토 의견을 제공하고 훌륭한 서문을 작성해 준 메리 포펜딕 Mary Poppendieck에게 감사드린다. 메리는 소프트웨어 개발자와 소프트웨어 엔지니어의 차이점에 대한 심층적인 관점을 제공했다. 물론 모든 회사에서 소프트웨어 엔지니어를 고용할 수 있지만 메리는 직위를 훨씬 뛰어넘는 역할을 설명하고 있다. 독자들은 강조된 박스 같은 곳에서 그녀의 관점을 주로 보겠지만 우리 프로젝트에 대한 그녀의 기여는 그냥 평범한 '어떤 것'이 아니다. 그녀의 의견은 완전한 순금과 같다. 그녀가 하는 말에 주의를 기울여보라.

특히 가치 있는 리뷰를 제공한 다른 리뷰어들이 있는데 이들은 CTO, 최고 아키텍트, 수석 아키텍트 등의 역할을 수행했으며, 매우 큰 회사에서 민첩한 스타트업에 이르기까지 다양한 회사에서 근무했다. 알파벳순으로 나열하면 벤자민 니투 Benjamin Nitu, 어인 우즈 Eoin Woods, 프랭크 그림 Frank Grimm, 올라프 짐머만 Olaf Zimmermann, 톰 스탁튼 Tom Stockton, 블라딕 코노노프 Vladik Khononov다. C급 임원, 부사장과 기타 임원을 포함해 도움이 되는 피드백을 제공한 다른 여러 사람도 있었지만 이름은 밝히지 않았다. 우리는 초창기 독자로 최고의 숙련된 기술 경영진을 모은 것을 영광으로 생각하며 그들이 우리 책에 깊은 인상을 받았다는 사실에 감격했다. 초기에 우리 원고를 읽고 검토하겠다고 제안했던 많은 사람을 빼놓을 수 없다. 그러나 우리는 여러 가지 이유로 그 명단을 포함시킬 수 없었다. 그들이 보여준 자신감과 우리에게 제공한 모든 도움에 감사드린다.

반 버논의 감사의 말

이 책은 헤이즈 험버트가 없었다면 정말 불가능했을 것이다. 헤이즈가 Addison-Wesley의 편집장 자리를 물려받았을 때 그녀는 내가 앞으로 쓸 책에 대한 아이디어를 적극적으로 제안하겠다고 했다. 또한 헤이즈는 나와 일할 때 많은 인내심을 보여줬다. 약 5년 동안 3권의 책을 출판한 후, 곧 또 다른 책을 저술할 것이라고는 기대하지 않았다. 나는 지치지 않았고 새 책을 세상에 알리는 데 어떤 일을 해야 하는지 명민하게 인식했다. 그리고 나는 책을 쓰는 것보다 소프트웨어를 디자인하고 만드는 것을 더 즐긴다. 나는 창의적인 사람이기 때문에 헤이즈와 토론하는 동안 그녀가 크게 웃을만한 많은 아이디어를 제시했다. 그러나 그녀의 친절한 태도와 인내심은 나의 용감하고 우스꽝스러운 프로젝트 제안을 보완해줬다.

2020년 초, 헤이즈는 훨씬 더 현실적이면서 전혀 예상치 못한 기회를 제공했다. 그 기회는 믿기도 소화하기도 상당히 어려웠고 받아들이기가 두려운 것이었다. 그녀의 제안은 내 자신의 『반 버논 시그니처 시리즈Vaughn Vernon Signature Series』의 편집자가 되는 것이었다. 그녀가 내 이전 책들이 성공했기에 (베스트셀러까지 포함) 다른 책으로도 그 위업을 다시 달성할 수 있다고 생각하는 것이 시그니처 시리즈의 시작과 출판 과정을 계획하는 것보다는 훨씬 덜 충격적이었다. 정신이 번쩍 드는 내용이었다. 신뢰할 수 있는 조언자인 니콜Nicole과 몇 주 동안 논의한 후 아이디어가 마음에 들어왔는데, 성공 가능성을 확고하게 해줬다. 그 제안은 회사가 내가 성공할 것이라고 확신한다는 것을 의미했다. 출판사가 이렇게 생각하지 않는다면 이런 노력을 홍보하고, 투자하고, 지원할 방법이 없다.

내 능력이 아니라 그 확신만으로 제안을 받아들였다. 그래서 오늘 나는 헤이즈와 그녀가 함께 일하는 다른 사람들에게 깊은 감사를 드린다. 정말 감사드린다.

이 책을 공동 집필하자는 제의를 수락해 준 토마스 야스쿨라에게도 감사드린다. 상어가 편안함을 위해 너무 가까이 오지 않길 바란다. 토마스는 똑똑하고 끈기 있으며 우리의 교육 및 컨설팅 사업에 있어 소중한 비즈니스 파트너이기도 하다. 또한 오픈소스 리액티브 플랫폼인 VLINGO XOOM의 닷넷 구현을 위한 거의 모든 작업을 수행했다.

부모님 두 분 모두 나를 안정시키는 큰 힘이 되셨고 오랫동안 나를 가르치고 지원해주셨다. 내가 처음 출판한 책인 『도메인 주도 설계 구현』(에이콘, 2016)을 썼을 때만 해도 부모님은 여전히 활기차셨다. 그로부터 8년이 넘었고 팬데믹으로 인해 수개월 동안 폐쇄된 지역에서 생활하신 후 이제는 어려운 상황에 계신다. 부모님을 직접 볼 수 있게 돼 다행이고, 함께하는 시간이 너무 즐겁다. 어머니는 여전히 재치 있는 유머감각을 갖고 있고, 체력도 완전히 약해지시진 않았다. 나는 아버지가 공학과 계속 접할 수 있게 해주는 태블릿이나 책과 다른 도구들을 여전히 갈망하고 있다는 사실이 기쁘다. 새로운 기기나 책을 갖고 들를 때 그의 눈이 빛나기를 기대한다. 어머니, 아버지께 정말 감사하다.

아내와 아들의 지속적인 지원에도 고마움을 이루 말할 수 없다. 지난 18개월 동안 우리는 끊임없이 변화하는 환경에서 미친 듯이 함께 성장했다. 니콜은 우리 사업의 해결하기 어려운 피해 상황에서도 믿을 수 없을 정도로 굳건했다. 어려움에도 그녀는 우리의 교육 및 컨설팅 회사인 칼레레^{Kalele}와 소프트웨어 제품 스타트업 브이링고^{VLINGO}가 계속 성장하고 새로운 최고점을 갱신할 수 있도록 이끌어줬다. 오픈소스 리액티브 플랫폼이자 초기 제품인 브이링고 줌$^{VLINGO\ XOOM}$은 건전하며 점점 많이 채택되고 있다. 브이링고는 또한 2가지 새로운 SaaS 제품을 구축하고 있다. 우리 팀은 효율적이며 니콜의 비즈니스 역량은 더 큰 어려움 속에서도 확장됐다. 그녀 없이는 시그니처 시리즈와 신간 저술은 말할 것도 없고 아무것도 성공할 수 없었을 것이다.

토마스 야스쿨라의 감사의 글

2013년에 반 버논은 『도메인 주도 설계 구현』이라는 뛰어난 책을 저술했다. 그는 그 뒤를 이어 같은 이름의 워크숍[4]을 세계 여러 나라에서 개최했다. 그는 도메인 주도 설계를 실용적인 관점에서 설명한 첫 번째 책으로 도메인 주도 설계 커뮤니티에서 수년 동안 오해되거나 불분명했던 많은 이론적 개념을 조명했다. 반의 IDDD 워크숍에 대해 처음 알게 됐을 때 주저하지 않고 가능한 한 빨리 참석했다. 여러 프로젝트에서 도메인 주도 설계를 적용하던 시절이었고 커뮤니티에서 가장 저명한 구성원 중 한 명을 만날 기회를 놓칠 수 없었다. 그래서 2013년 워크숍 중 하나가 열렸던 벨기에 루뱅에서 반을 만났다. 반에게 배우기 위해 그곳에 있었던 도메인 주도 설계 커뮤니티 인플루언서의 대부분을 만난 곳이기도 하다. 몇 년 후, 나는

---

4. 도메인 주도 설계 구현의 원제는 Domain-Driven Design Implementation이며, 반 버논은 책 제목을 줄인 IDDD라는 이름의 워크숍을 운영하고 있다. - 옮긴이

친구가 된 반과 이 책을 공동 집필하게 된 것을 자랑스럽게 생각한다. 그가 수년 동안 나를 지원해온 것과 그동안의 신뢰에 대해 정말 감사하다. 이 책을 쓰는 것은 훌륭한 배움이었다. 반, 당신의 모든 도움, 저에 대한 신뢰, 지원에 감사드린다.

또한 세상의 모든 친절로 이 책을 쓰는 동안 우리를 지원해 준 니콜 안드레이드[Nicole Andrade]에게도 감사를 전하고 싶다. 그녀는 수년 동안 반과 나 사이의 우정을 강화하는 데 중요한 역할을 했으며 앞으로도 계속 그렇게 할 것임을 알고 있다.

내 친구이자 비즈니스 파트너인 루테시오[Luteceo]의 프랑수아 모랭[François Morin]의 지원이 없었다면 이 책을 쓰는 것이 훨씬 더 어려웠을 것이다. 내 글에 대한 격려와 내가 없는 동안 회사를 잘 운영하려는 의지는 내가 이 프로젝트를 수행하는 데 필요한 여력을 제공했다.

항상 나를 믿고 개인적인 도전을 지원해주신 부모님 바바라[Barbara]와 스테판[Stefan]에게도 감사드린다. 그들은 일찍부터 호기심을 갖고 지속적으로 배우는 것의 중요성을 가르쳐줬다. 이것은 내가 받을 수 있었던 가장 훌륭한 조언 중 하나다.

마지막으로 아내 테레사[Teresa]와 사랑스러운 딸 로라[Lola]와 밀라[Mila]의 무조건적인 지지와 사랑이 없었다면 이 책을 쓸 수 없었을 것이다. 그들의 격려와 지원은 이 책을 완성하는 데 꼭 필요했다. 매우 감사하다.

| 옮긴이 소개 |

강성일(sungil.kang@gmail.com)

소프트웨어 개발과 아키텍처 설계 분야에서 20년 이상의 경험을 가진 전문가다. 스타트업, 유통, 에너지, SOC 등 다양한 산업에서 엔터프라이즈 시스템의 설계와 구축을 주도했으며, 특히 분산 아키텍처, 클라우드, DDD, 애자일, 엔지니어링 조직 운영에 대한 깊은 전문성을 보유하고 있다. SK와 AWS를 거쳐, 현재 미용정보 플랫폼 '강남언니' 서비스를 운영하는 Healingpaper의 CTO로서 기술과 비즈니스를 연결하는 최적의 전략을 고민하며, 성장하는 기업이 직면하는 기술적 과제를 해결하는 데 집중하고 있다. 그밖에 다양한 기술 콘퍼런스에서의 강연과 전문 서적 번역을 통해 소프트웨어 엔지니어링과 기술 리더십에 대한 인사이트를 공유하고 있다.

이승민(yihsean@gmail.com)

학창시절부터 해외 근무를 꿈꿔 캐나다 IT 기업에서 개발자로 커리어를 시작한 후, 지난 15년 동안 수많은 기업에서 MSA, 컨테이너, IaC, 생성형 AI 도입을 지원하며 IT 혁신을 돕고 있다. 현재는 AWS Korea에서 애플리케이션 아키텍트로 활동하며, 기업이 클라우드 환경에서 최적의 아키텍처를 구현할 수 있도록 조언하고 있다. 주요 저서로는 『SCJP』(혜지원, 2002)이 있다.

정우영(caffeinee@gmail.com)

어린 시절 취미로 시작한 코딩을 직업으로 삼아 덕업일치를 이룬 행복한 개발자다. 삼성SDS를 시작으로 다양한 기업에서 훌륭한 동료들에게 배움을 얻는 행운을 누려왔으며, 현재는 AWS에서 클라우드 기술 활용을 돕는 역할을 하고 있다. 특히 애자일, DDD, 분산 아키텍처에 깊은 관심이 있으며, 개발자 커뮤니티에서도 활발하게 활동하고 있다.

옮긴이의 말

소프트웨어 아키텍처는 단순한 기술 선택이 아니라 비즈니스 전략과 맞물린 중요한 의사결정이다. 모놀리스와 마이크로서비스 아키텍처는 오랫동안 대립되는 개념으로 논의돼 왔지만 결국 중요한 것은 비즈니스 목표에 맞는 최적의 아키텍처를 선택하는 것이다.

이 책은 이러한 질문에 대한 명확한 방향을 제시한다. 이 책의 저자들은 풍부한 경험과 실제 사례를 바탕으로 단순한 이론이 아니라 기업이 소프트웨어 전략을 결정하는 데 필요한 실질적인 통찰을 제공한다. 마이크로서비스가 만능이 아니라는 사실, 그리고 모놀리스도 전략적으로 활용될 수 있다는 점을 균형 잡힌 시각에서 다룬 점이 특히 인상적이다.

번역 과정에서 가장 신경 쓴 부분은 원서의 핵심 메시지를 한국 독자에게 효과적으로 전달하는 것이었다. 기술 용어를 정확하게 번역하는 것은 물론, 국내 IT 환경에서의 맥락을 고려해 이해를 돕고자 했다. 특히 소프트웨어를 기업 경쟁력의 핵심으로 생각하는 경영진과 리더급 엔지니어들이 이 책을 통해 올바른 기술적 결정을 내릴 수 있도록 가독성과 명확성을 우선으로 번역을 진행했다. 이 책이 소프트웨어를 통해 비즈니스를 성장시키고자 하는 모든 사람에게 유용한 가이드가 되길 바란다. 급변하는 기술 환경 속에서 최적의 아키텍처를 선택하는 일은 기업의 성패를 가르는 중요한 결정이다. 이 책이 그 결정을 내리는 데 있어 작은 나침반이 되기를 기대한다.

마지막으로 이 책의 출간을 위해 애써주신 에이콘출판사 관계자들과 번역 과정에서 도움을 주신 모든 분께 깊은 감사를 드린다.

강성일

차례

이 책에 쏟아진 찬사 ... 5
추천의 글 ... 9
지은이 소개 ... 15
감사의 글 ... 17
옮긴이 소개 ... 23
옮긴이의 말 ... 25
들어가며 ... 33

1부 – 실험을 통한 전략적 학습으로 혁신하기

01장 비즈니스 목표와 디지털 트랜스포메이션 ... 49

디지털 트랜스포메이션: 무엇이 목표인가? ... 51
    소프트웨어 아키텍처 개요 ... 53

소프트웨어에 문제가 생기는 이유 ... 54
    부채의 은유 ... 56
    소프트웨어 엔트로피 ... 57
    빅볼 오브 머드 ... 58
    실제 사례 ... 59

당신의 회사와 콘웨이의 법칙 ... 64
    커뮤니케이션은 지식에 관한 것이다 ... 65
    전화 게임 ... 66
    합의는 어렵다 ... 68
    그러나 불가능하지는 않다 ... 69

소프트웨어 전략 (다시) 생각하기 ... 71

생각하기 71
다시 생각해보기 74
모놀리스 시스템은 나쁜 것인가? 78
마이크로서비스는 좋은 것인가? 80
애자일을 비난하지 말라 82
진전 없이 머물지 않기 85
정리 87
참고문헌 88

02장 전략적 학습을 위한 필수 도구 91

이른 결정, 늦은 결정, 맞는 결정, 틀린 결정 92
문화와 팀 97
실패는 치명적이지 않다 99
실패 문화는 비난 문화가 아니다 100
콘웨이의 법칙의 올바른 이해 102
안전한 실험 환경 조성 106
모듈 먼저 107
배포는 마지막에 112
모듈과 배포, 그 사이 115
비즈니스 역량, 비즈니스 프로세스, 전략적 목표 115
목적 기반의 전략적 개발 121
의사결정을 위한 시네핀 프레임워크 126
스파게티와 요리 속도 130
전략적 아키텍처 132
도구의 적용 134
정리 138
참고문헌 139

03장　이벤트 우선의 실험과 발견　　141

커맨드와 이벤트　　142
소프트웨어 모델의 사용　　145
이벤트 스토밍을 통한 빠른 학습　　146
원격 세션이 필요한 경우　　149
세션 진행　　150
빅픽처 모델링　　156
도구 적용　　159
정리　　167
참고문헌　　168

2부 – 비즈니스 혁신 추진

04장　도메인 주도의 결과 달성　　177

도메인과 하위 도메인　　179
정리　　184
참고문헌　　185

05장　콘텍스트 전문성　　187

바운디드 콘텍스트와 유비쿼터스 언어　　187
핵심 도메인　　192
지원 도메인, 일반 도메인, 기술 메커니즘　　195
지원 도메인　　195
일반 도메인　　196
기술 메커니즘　　197
비즈니스 역량과 콘텍스트　　198
너무 크지도, 너무 작지도 않게　　200
정리　　203
참고문헌　　203

06장 성공하는 매핑과 실패하는 매핑 ... 205

- 콘텍스트 매핑 ... 205
  - 파트너십 ... 208
  - 공유 커널 ... 210
  - 고객-공급자 개발 ... 213
  - 순응주의자 ... 216
  - 부패 방지 계층 ... 218
  - 오픈 호스트 서비스 ... 221
  - 발행된 언어 ... 227
  - 분리된 방식 ... 230
- 지형 모델링 ... 231
- 성공과 실패의 갈림길 ... 234
- 도구 사용 ... 239
- 정리 ... 245
- 참고문헌 ... 246

07장 도메인 개념 모델링 ... 247

- 엔터티 ... 248
- 값 객체 ... 250
- 애그리거트 ... 251
- 도메인 서비스 ... 252
- 함수형 동작 ... 253
- 도구 적용 ... 256
- 정리 ... 256
- 참고문헌 ... 257

3부 — 이벤트 우선 아키텍처

08장　기초 아키텍처　263

아키텍처 스타일, 패턴, 결정 동인　265
포트와 어댑터(헥사고날)　266
모듈화　275
REST 요청-응답　278

품질 속성　280
보안　281
개인 정보 보호　285
성능　288
확장성　290
복원성: 신뢰성 및 내결함성　291
복잡성　293

도구 적용　294
정리　295
참고문헌　296

09장　메시지와 이벤트 주도 아키텍처　299

메시지 및 이벤트 기반 REST　304
이벤트 로그　305
구독자 폴링　307
서버 전송 이벤트　309

이벤트 주도 및 프로세스 관리　310
이벤트 소싱　314
CQRS　318
서버리스와 서비스형 기능　320
도구 적용　323
정리　323
참고문헌　324

4부 – 목적 지향형 아키텍처로 가는 2가지 길

10장 의도한 대로 모놀리스 구축 ... 329
역사적 관점 ... 331
시작부터 바로 ... 335
비즈니스 역량 ... 335
아키텍처 결정 ... 339
잘못된 것에서 올바른 것으로 ... 345
변화 속의 변화 ... 347
커플링 끊기 ... 352
옳게 유지하기 ... 357
정리 ... 358
참고문헌 ... 359

11장 보스처럼 모놀리스를 마이크로서비스로 전환 ... 361
결의를 다지는 정신적 준비 ... 362
모듈형 모놀리스에서 마이크로서비스로 ... 365
빅볼 오브 머드 시스템에서 마이크로서비스로 전환 ... 370
사용자 상호작용 ... 371
데이터 변경을 조화시키기 ... 374
교살 대상 결정 ... 381
레거시 모놀리스 추출 ... 384
정리 ... 385
참고문헌 ... 386

12장 균형을 유지하고 전략을 찾아라 ... 387
균형과 품질 속성 ... 387
전략과 목적 ... 389
비즈니스 목표에 따른 디지털 트랜스포메이션 ... 389

전략적 학습 도구를 사용하자 390
가벼운 이벤트 기반 모델링 391
비즈니스 혁신 추진 392
이벤트 우선 아키텍처 392
1순위 문제로서 모놀리스 394
모놀리스에서 목적 중심의 마이크로서비스로 394
균형은 공정하게, 혁신은 필수적으로 395

결론 397

참고문헌 398

찾아보기 399

들어가며

당신의 조직이 '전통적인 의미'의 소프트웨어를 판매해 수익을 창출할 가능성은 높지 않으며, 앞으로도 그럴 가능성은 낮다. 그렇다고 해서 소프트웨어가 조직의 수익 창출에 중요한 역할을 할 수 없다는 의미는 아니다. 소프트웨어는 가장 부유한 기업들의 핵심 요소다.

예를 들어 FAANG이라는 약어로 대표되는 페이스북Facebook, 애플Apple, 아마존Amazon, 넷플릭스Netflix, 구글Google(현재 알파벳이 소유)을 생각해보자. 이들 기업 중 소프트웨어를 전혀 판매하지 않거나 적어도 매출의 상당 부분을 소프트웨어 판매에 의존하지 않는 기업은 거의 없다.

페이스북 수익의 약 98%는 소셜 네트워킹 서비스 회원에게 접근하기 원하는 기업들에게 광고를 판매해 벌어들인다. 광고 공간의 가치가 이처럼 높은 이유는 페이스북의 플랫폼이 회원 간의 막대한 참여를 유도하기 때문이다. 특정 회원은 다른 회원들 그리고 전반적인 트렌드에 관심을 갖게 되며, 이를 통해 사람, 상황 및 소셜 플랫폼에 계속 참여하게 된다. 페이스북 회원의 관심을 사로잡는 것은 광고주에게 큰 가치가 있다.

애플은 주로 스마트폰, 태블릿, 웨어러블, 컴퓨터를 판매하는 하드웨어 회사다. 소프트웨어는 이러한 스마트폰과 기타 디바이스의 가치를 끌어올리는 역할을 한다.

아마존은 온라인 소매업체로서 상품을 판매하고 무한에 가까운 전자책, 오디오, 음악 및 기타 서비스 구독을 판매하며, 클라우드 컴퓨팅 인프라를 서비스로 판매하는 등의 수익 창출을 위해 다각적인 접근 방식을 사용한다.

넷플릭스는 영화 및 기타 동영상 스트리밍 서비스에 대한 다단계 구독을 판매해 수익을 얻는다. 이 회사는 여전히 DVD 구독을 통해 작은 수익을 얻고 있지만, 이 부분은 예상대로 온디맨드 스트리밍의 인기가 높아짐에 따라 급격히 감소했다. 소프트웨어는 TV와 모바일 장치를 통해 비디오 스트리밍을 접하는 사용자의 경험을 향상시킨다. 그러나 실질적인 시스템의 주요 작업은 아마존의 AWS에서 비디오를 제공하는 클라우드 기반 시스템에 의해 수행된다. 이러한 서비스는 50개 이상의 다양한 포맷으로 비디오 인코딩을 제공하고, 콘텐츠 전송 네트워크[CDN, Content Delivery Networks]를 통해 콘텐츠를 제공하며, 클라우드 및 네트워크 중단 시에도 혼란스러운 장애를 처리하는 등의 작업으로 이뤄진다.

구글 또한 광고 판매를 통해 수익을 창출하며, 이러한 광고는 검색 엔진 소프트웨어의 검색 결과와 함께 게재된다. 2020년 한 해에 구글은 구글 워크스페이스[Google Workspace]와 같은 소프트웨어 사용료로 약 40억 달러의 수익을 올렸다. 구글 워크스페이스 소프트웨어는 서비스형 소프트웨어[SaaS] 모델을 사용해 클라우드에서 제공되므로 사용자 컴퓨터에 소프트웨어를 설치할 필요가 없다. 최근 보고서에 따르면 구글은 온라인 오피스 제품군 시장의 거의 60%를 점유하고 있으며, 이는 마이크로소프트가 주장하는 점유율을 능가하는 수치다.

기술 업계 리더들의 사례에서 알 수 있듯 조직이 시장을 선도하는 수익을 얻고자 반드시 소프트웨어를 판매할 필요는 없다. 하지만 지금도 그리고 앞으로도 비즈니스에서 탁월한 성과를 거두려면 반드시 소프트웨어를 사용해야 한다.

또한 소프트웨어를 사용해 혁신을 이루려면 조직은 소프트웨어 설계자와 엔지니어로 구성된 조직이 가장 중요하다는 사실을 인식해야 한다. 최고에 대한 수요가 많아서 좋은 이들을 고용하기가 터무니없을 정도로 어렵다. 미국여자프로농구[WNBA]나 미국프로풋볼[NFL] 드래프트에서 상위 20순위 중 한 명을 지명하는 것이 얼마나 중요한지 생각해보라. 물론 이 설명이 모든 소프트웨어 개발자에게 적용되는 것은 아니다. 물론 상당수의 소프트웨어 개발자는 '출근 도장을 찍고', 모기지를 갚고, 가능한 한 많은 WNBA와 NFL을 TV로 시청하는 것에 만족한다. 이러한 부류를 채용하고자 한다면 지금 당장 이 책을 읽지 않는 것이 좋다. 반대로 지금까지는 그래왔지만 이제부터 의미 있는 변화를 만들고 싶다면 계속 읽어보라.

탁월한 성과를 내고 혁신 속도를 가속화하려는 조직은 소프트웨어 개발 성과가 단순히 '가치 있는' 것 이상이라는 점을 인식하는 것이 중요하다. 기업이 업계를 지배할 정도로 소프트웨어를 통해 혁신을 이루려면 소프트웨어 설계자와 엔지니어가 2013년 스티븐 오그래디[Stephen O'Grady]가 저서 『The New Kingmakers: How Developers Conquered the World』(O'Reilly Media, 2013)[New-Kingmakers]에서 만든 용어인 '뉴 킹메이커'임을 인식해야 한다. 소프트웨어를 통해 진정으로 성공하려면 대담한 목표를 가진 모든 기업은 평범한 유형의 개발자가 일반적인 소프트웨어 제작을 뛰어넘게 하는 원동력이 무엇인지 이해해야 한다. 이들이 만들고자 하는 소프트웨어의 종류는 결코 평범하거나 뻔하지 않다. 가장 가치 있는 소프트웨어 개발자는 업계의 미래를 결정하고 업계의 미래를 결정할 수 있는 소프트웨어를 만들고 싶어 한다. (1) 최고와 (2) 최고가 되기 위해 충분히 노력하는 사람들을 채용하라는 말이다.

이 책은 최고 경영진과 비즈니스 임원뿐만 아니라 소프트웨어 개발 업무를 주도하는 모든 역할과 직급을 위한 책이다. 전략적 차별화에 직접적으로 기여하거나 이를 지원하는 소프트웨어 제공을 담당하는 모든 사람은 소프트웨어로 혁신을 주도하는 방법을 이해해야 한다. 필자는 오늘날의 최고 경영진과 그 외의 경영진이 수십 년 전의 전임자들과는 다른 유형이라는 사실을 발견했다. 많은 사람이 기술에 정통하고 심지어 비즈니스 영역에서 전문가로 간주될 수도 있다. 이들은 특정 분야에서 더 나은 것을 만들기 위한 비전을 갖고 있으며, 창업자 또는 창업자가 달성하고자 하는 목표를 이해하는 다음과 같은 경영진과 전문성 있는 기술 전문가를 모으고 있다.

- **CEO**: 스타트업 CEO와 같이 기술 비전에 근접한 CEO 및 미래에서 소프트웨어의 역할에 대해 알고자 하는 사람
- **CIO**: 차별화 요소로서 소프트웨어 개발을 촉진하고 지원하는 책임이 있는 사람
- **CTO**: 혁신을 통해 소프트웨어 비전을 주도하는 사람

- **수석 부사장, 부사장, 이사, 프로젝트 관리자 등:** 비전을 실현하기 위한 책임을 맡고 있는 사람
- **수석 아키텍트:** 소프트웨어 아키텍트 팀과 선임 개발자가 비즈니스 마인드와 목적 지향적인 아키텍처로 변화를 주도하도록 동기를 부여하는 데 이 책이 영감을 주고 강력한 가이드가 되는 사람
- **소프트웨어 아키텍트:** 소프트웨어 개발이 단순히 좋은 급여를 받기 위한 수단이 아니라 소프트웨어 혁신을 통해 평범하고 당연한 것을 뛰어넘어 번영할 수 있다는 인식, 즉 비즈니스 마인드를 스스로에게 확고히 정착시키려는 모든 수준의 소프트웨어 아키텍트 및 개발자들

이는 모든 소프트웨어 전문가가 이 책을 통해 배워야 할 중요한 메시지다. 이 책에서 살펴본 전문 기술을 숙지하고 연습해서 배워야 한다.

이 책은 구현의 세부 사항을 다루는 책이 아니다. 이러한 정보는 다음에 출간될 책인 『Implementing Strategic Monoliths and Microservices』(Vernon & Jaskuła, Addison-Wesley, 출간 예정)에서 제공할 예정이다. 이 책은 비즈니스 전략으로서의 소프트웨어에 관한 책이다.

이 책은 소프트웨어 산업에 대한 깊은 지식이나 경험이 부족한 리더들이 관심을 가질 만한 책이다. 또한 모든 소프트웨어 이니셔티브를 어떻게 발견하고, 목적을 갖고 설계하고, 전략적으로 설계하고, 복잡성을 극복하기 위해 구현해야 하는지에 대한 정보를 제공한다. 동시에 독자들에게 우발적이거나 의도적인 복잡성을 소프트웨어에 우발적이거나 의도적인 복잡성을 끌어들이지 말 것을 강력히 경고한다. 변화를 주도하는 핵심은 사용자 또는 고객이 기대하는 것보다 훨씬 더 잘 작동하는 소프트웨어를 제공하는 것이다.

따라서 이 책은 새로운 아이디어, 방법과 기기들의 챔피언이 되기 위해 끊임없이 전진하기보다는 자신의 직업을 지키며 현상 유지의 틀에 갇혀 있는 사람들의 생각을 뒤흔들기 위한 것이며, 아마 미래 산업의 창조자가 될 수 있게 도와줄 수도 있을 것이다.

이 책의 저자들은 다양한 고객과 함께 일하면서 소프트웨어 개발의 부정적인 측면을 직접 목격했으며, 비즈니스를 번창시키기보다는 고용 안정과 영역 수호가 목표인 경우가 많다는 것을 알았다. 부유한 기업 중 상당수는 규모가 매우 크고 여러 계층의 관리 및 보고 구조 아래 수많은 이니셔티브에 참여하고 있기 때문에 비전에서 실행, 수용으로 이어지는 경로가 연속성을 보여주지 못하는 경우가 많다. 이러한 점을 염두에 두고 "소프트웨어가 세상을 먹어 치우고 있다"는 격언이 사실이라는 것을 대중에게 알리고자 노력하고 있다. 한순간의 거대한 도약이 아니라 점진적인 실용적 단계를 통해 혁신을 달성할 수 있다는 것을 보여주는 현실감 넘치는 교훈을 제공하려고 한다.

혁신을 시도하는 데에는 항상 위험이 따른다. 하지만 위험을 전혀 감수하지 않는 것은 장기적으로 훨씬 더 위험하고 손해가 될 수 있다. 다음의 간단한 그래프를 보면 이 점을 명확히 알 수 있다.

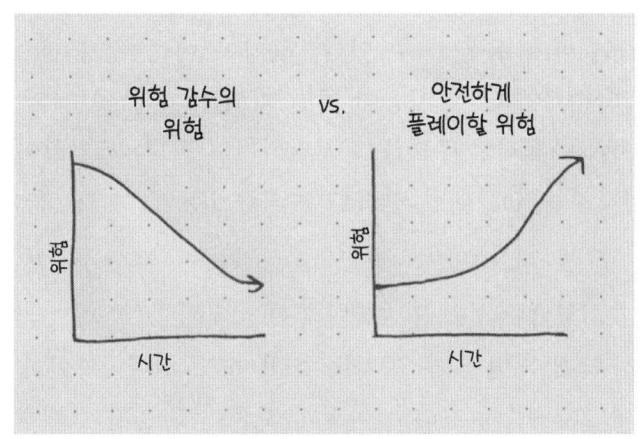

그림 P.1 위험을 감수하는 것도 위험하지만, 안전하게 플레이하는 것이 더 큰 위험일 수 있다.

나탈리 프라토^{Natalie Fratto}의 [Natalie-Fratto-Risk]에서 알 수 있듯이 일반적으로 시간이 지남에 따라 위험을 감수할 위험은 줄어들지만, 시간이 지남에 따라 안전하게 플레이할 위험은 증가한다. 나탈리의 벤처 투자자 측면은 그녀가 투자하는 비즈니스의 창업자 유형에 대해 설명하는 TED 강연[Natalie-Fratto-TED]에서 확인할 수 있다. 그녀는 많은 투자자가 지능지수^{IQ}가 높은 창업자를 찾는 반면 다른 투자자들은 감성지수^{EQ}가 높은 기업가를 찾는다고 설명한다. 그녀는 주로 적응력 지수^{AQ}가 높은 창업자를 찾는다. 사실 혁신은 엄청난 적응력을 필요로 한다. 이 책에서는 이러한 메시지가 여러 가지 형태로 반복된다. 실험에서 발견, 아키텍처, 디자인, 구현에 이르기까지 모든 것에는 적응력이 필요하다. 위험을 감수하려는 사람은 적응력이 뛰어나지 않으면 성공하기 어렵다.

소프트웨어 혁신이라는 주요 주제를 논의할 때 반복적이고 점진적인 개발이라는 논란이 많은 주제를 완전히 피하는 것은 불가능하다. 실제로 어떤 형태의 'A 단어' (예, 방법론으로서의 대문자 Agile 또는 형용사로서의 소문자 agile) 역시 피할 수 없다. 이 책은 애자일을 사용하거나 린 비즈니스$^{lean\ business}$가 되기 위한 구체적이고 의례적인 방법을 홍보하는 것과 거리가 멀다. 안타깝게도 필자들은 소프트웨어를 만드는 대부분의 기업과 팀이 애자일을 하고 있다고 주장하지만 애자일해지는 방법을 이해하지 못한다는 사실을 발견했다. 전자를 강조하기보다는 후자를 강조하는 경향이 있는데, 애자일의 원래 메시지는 아주 간단하다. 협업에 초점을 맞춘다는 것인데, 이 접근 방식을 단순하게 유지하면 매우 유용할 수 있다. 하지만 이는 애자일의 주요 메시지가 아니다. 우리는 '단순하지 않은' 사용이 어떤 피해를 야기하는지와, 애자일이 어떻게 도움이 되는지에 대해서만 주의를 환기시키려고 한다. 애자일이 어떻게 도움이 될 수 있다고 생각하는지에 대한 간략한 논의는 1장의 '애자일을 비난하지 말라' 절을 참고하자.

이러한 배경을 고려할 때 이 책을 도메인 주도 설계$^{DDD,\ Domain-Driven\ Design}$ 책으로 보지 않는다는 사실을 알게 되면 일부 독자는 놀랄 수도 있다. 확실히 우리는 도메인 중심 접근 방식과 그것이 왜 그리고 어떻게 도움이 되는지 소개하고 설명하지만, 그 범위를 제한하지는 않았다. 또한 DDD를 뛰어넘는 아이디어도 제공한다. 이 책은 "소프트웨어가 세상을 먹어 치우고 있으니 뒤처지기 전에 현명하게 대처하고 혁신하며 실제 목적에 따라 현명한 아키텍처 결정을 내려야 한다"는 내용을 담고 있다. 특히 지난 5 ~ 10년 동안의 관찰을 바탕으로 수십 년 동안 관계를 맺어온 다양한 기업의 실제 요구 사항을 다루고 있다.

우리는 우리의 목소리만 너무 크게 들리지 않을까 약간 걱정했다. 하지만 기술 중심 산업을 둘러싼 다른 목소리를 고려할 때 다른 종류의 목소리가 필요하다고 생각한다. 다른 많은 사람이 높은 산 위에서 끊임없이 '은 탄환으로 과대 포장된 차세대 제품'이라고 얘기할 때 적어도 우리의 두뇌를 최고의 도구로 홍보하기 위한 평등한 시도가 있어야 한다. 우리의 목표는 사고하고 다시 생각하는 것이 혁신의 길이며, 일반적인 제품을 구입하고 어려운 문제에 더 많은 기술을 투입하는 것은 전략적 계획이 아니라는 것을 보여주는 것이다. 따라서 우리는 평범하고 뻔한 것을 뛰어넘어 혁신적이고 남들과는 다른 방식으로 '과학자와 엔지니어가 되기 위해' 소리치는 산 위의 사람들이라고 생각하면 된다. 그리고 우리는 이를 위해 땀을 흘렸다. 우리의 강렬한 소리침이 독자들에게 뇌를 자극했다는 인상을 남긴다면 목표를 달성했다고 생각한다. 특히 그 자극이 독자들의 더 큰 성공으로 이어진다면 더욱 그렇다.

범례, 다이어그램

그림 P.2는 이 책에 수록된 대부분의 아키텍처 다이어그램에 사용되는 모델링 요소를 보여준다. 사용된 요소는 다이어그램의 주제에 따라 대규모에서 소규모까지, 그리고 그 중간 정도에 이르기까지 다양하다. 일부는 3장에 설명하는 이벤트 스토밍에서 가져온 것이다.

그림 P.2에서 왼쪽 위부터 위쪽 절반은 전략 및 아키텍처 요소다. 비즈니스/바운디드 콘텍스트는 비즈니스 역량과 지식 영역으로 나눠진 소프트웨어 서브시스템 또는 모델의 경계, 빅볼 오브 머드^{Big Ball of Mud}는 대부분의 기업이 시들해지는 '비아키텍처', 포트 및 어댑터 아키텍처는 기초적이면서도 다양한 스타일, 모듈은 소프트웨어 구성 요소를 포함하는 패키지다.

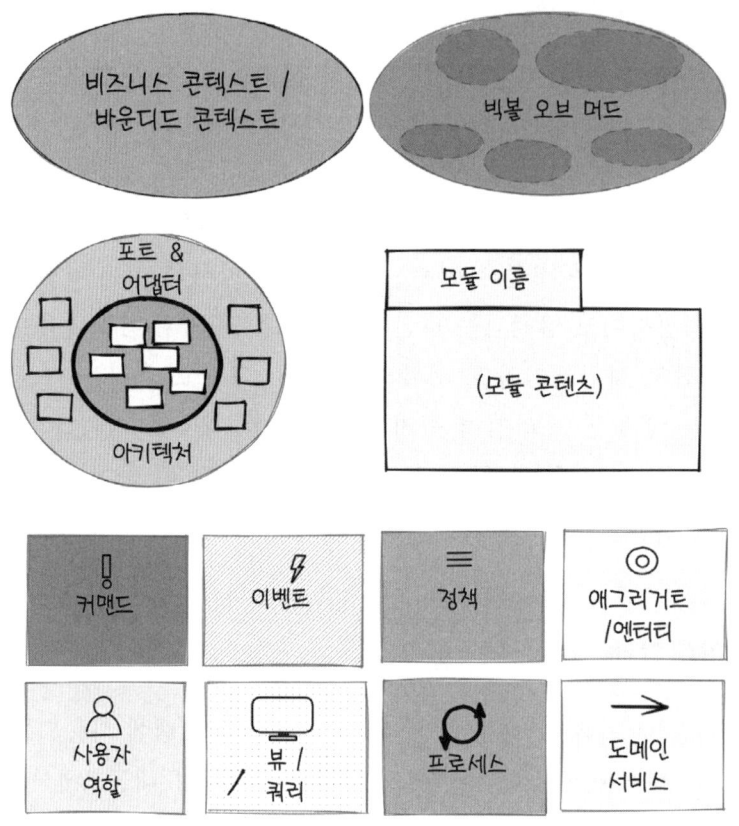

그림 P.2 이 책 전체에서 아키텍처 다이어그램에 사용된 모델링 요소

그림 P.2의 하단에는 서브시스템 내에서 발생하며 때때로 다른 서브시스템으로 이동하는 8가지 전술적 구성 요소 유형이 나와 있다. 커맨드는 상태 전환을 유발하고, 이벤트는 서브시스템 경계에서 상태 전환을 캡처하고 기록하며, 정책은 비즈니스 규칙을 설명하고, 애그리거트/엔터티는 상태를 유지하고 소프트웨어 동작을 제공하며, 사용자 역할은 시스템과 상호작용하고 종종 페르소나를 나타내며, 뷰/쿼리는 사용자 인터페이스에서 렌더링할 수 있는 데이터를 수집하고 검색하고, 프로세스는 최종 완료까지 여러 단계의 작업을 관리하고, 도메인 서비스는 횡적으로 공통된 소프트웨어 동작을 제공한다.

특히 컬러 대신 패턴을 사용하는 흑백 인쇄본을 읽을 때 요소 유형의 범례/키는 그림 P.2를 참고하자.

참고문헌

[Natalie-Fratto-Risk] https://twitter.com/NatalieFratto/status/1413123064896921602
[Natalie-Fratto-TED] https://www.ted.com/talks/natalie_fratto_3_ways_to_measure_your_adaptability_and_how_to_improve_it
[New-Kingmakers] https://www.amazon.com/New-Kingmakers-Developers-Conquered-World-ebook/dp/B0097E4MEU

> InformIT 사이트에 이 책의 사본을 등록하면 업데이트 및/또는 수정 사항이 있을 때 편리하게 액세스할 수 있다. 등록 프로세스를 시작하려면 informit.com/register로 이동해 로그인하거나 계정을 만들면 된다. 제품 ISBN(9780137355464)을 입력하고 전송하라. 등록 제품 탭에서 이 제품 옆에 있는 보너스 콘텐츠 액세스 링크를 찾아 해당 링크를 따라 사용 가능한 모든 보너스 자료에 액세스할 수 있다. 새 에디션 및 업데이트에 대한 특별 혜택에 대한 알림을 받으려면 확인란을 선택해 이메일을 수신할 수 있다.

문의

한국어판에 관한 질문은 에이콘출판사 편집 팀(editor@acornpub.co.kr)이나 옮긴이의 이메일로 문의하길 바란다.

한국어판 정오표는 에이콘출판사 도서정보 페이지(http://www.acornpub.co.kr/book/monoliths-microservices)에서 찾을 수 있다.

1부
실험을 통한 전략적 학습으로 혁신하기

1부에서는 디지털 트랜스포메이션 digital transformation을 수익 창출을 위한 비즈니스 전략으로 설정해 이 책의 목표를 소개한다. 모든 기업은 향후 수십 년 동안 지속될 산업의 경계를 넘나드는 경쟁에서 살아남을 수 있는 유일한 방법이 소프트웨어 개발에 집중하는 것임을 심각하게 받아들여야 한다. 그러나 생존 여부는 대부분 나약함이나 두려움, 또는 단순히 혁신적인 사고의 부족에서 비롯되는 경우가 많다.

대담함, 용기, 자신감을 갖고 리드하려면 다른 생존자들이 사용자에게 제공하는 평범한 이점을 확실하게 뛰어넘는 비즈니스 중심의 차별화된 소프트웨어를 제공해야 한다. 확실한 승자만이 혁신을 이룩할 수 있다. 이러한 종류의 성공은 해당 산업이 이미 달성한 것을 개선하고 개선 사항을 소프트웨어 제품으로 실현함으로써 촉진할 수 있다. 어떤 승자는 발명가로서 산업이 작동하는 방식을 완전히 바꿀 것이다. 그렇지만 승리한 혁신가가 되는 데 발명이 반드시 필요한 것은 아니다.

업계 리더의 혁신 달성은 의도적으로 발생한다. 가장 큰 혁신은 끊임없는 실험과 지속적인 개선에서 비롯됐다. 이러한 유형의 추진력을 지원하는 사고방식과 도구를 처음 3개의 장에서 살펴본다.

1장. 비즈니스 목표와 디지털 트랜스포메이션

스페이스엑스SpaceX는 로켓이나 우주여행 및 탐사를 발명하지 않았다. 대신 스페이스엑스는 기존에 존재하지만 상대적으로 폐쇄적인 산업에서 극단적인 혁신을 이뤘다.

- 진정한 목표는 괴짜를 흥분시키는 반짝이는 새로운 기술 제품을 꾸준히 만들어 내는 것이 아니라 비즈니스 중심의 혁신이어야 한다는 것을 이해해야 한다. 반짝이는 것이 명확하고 정당한 목적을 갖지 않는 한, 그것은 진정한 비즈니스 중심의 혁신을 방해하는 요소에 불과하다. 초점은 소프트웨어 제품의 혁신에 있어야 한다.
- 일반적으로 혁신은 존재하는 것을 획기적으로 개선하는 것들로 구성돼 있음을 인식하자. 새로운 시장을 포착할 수 있는 독창적이고 혁신적인 제품의 잠재력은 모든 사람을 직시한 것에서 나왔을 가능성이 높다. 현재 존재하는 것들은 새로운 전달 메커니즘과 수익 모델을 잘 고려하면 어제보다 훨씬 더 큰 가치를 제공하는 혁신의 촉매제가 될 수 있다.
- 소프트웨어 작업이 어디에서 잘못됐는지 파악하자. 이렇게 하면 로컬 시스템 프로젝트에서 동일한 문제가 발생하기 시작하거나 이미 발생했을 때 이를 인식할 수 있다. 이러한 문제는 대개 효과적인 협업 커뮤니케이션이 부족하거나, 커뮤니케이션은 이뤄지지만 주제가 한 전문 영역에서 다른 영역으로 전환되는 시점을 인지하지 못하는 경우에서 시작된다. 2가지 상황 모두 죽지 않는 진흙탕 같은 거대한 소프트웨어로 이어진다.
- 커뮤니케이션은 지식에 관한 것이며, 지식 공유는 뻔하고 평범한 것을 넘어설 수 있는 유일한 방법이다. 평범한 사고, 즉 당연한 것에 기반을 둔 가정에 끊임없이 도전하는 것이 발견으로 이끄는 실험의 첫걸음이다.
- 어떤 비즈니스의 경우에도 제품 회사처럼 생각하는 것은 틀리지 않는다. 많은 기업이 비기술 제품을 판매한다. 기업이 제품으로서의 소프트웨어에 투자할 때 품질의 새로운 차원이 생겨나고 끝없는 애완동물 기능에 대한 내부 욕구보다는 명확한 고객 기반 수익 목표를 통해 개선하려는 동기가 도출된다. 아직 그 단계에 이르지 못했다면 과감하게 도전해야 할 때다.

2장. 전략적 학습을 위한 필수 도구

팀원들이 빨리 배우기 위해 스스로 로켓을 추락시키는 실험을 허용하지 않았다면 스페이스엑스는 지금처럼 빨리 성공하지 못했을 것이다. 로켓을 추락시키는 것은 빠르게 실패하는 소프트웨어 실험보다 훨씬 더 비싸다. 그러나 스페이스엑스의 실험 결과는 시장 지배로 이어졌다.

- 소프트웨어 아키텍처와 기술 플랫폼보다 비즈니스 이니셔티브를 우선시하자. 잠재 고객들에게 당신이 사용할 소프트웨어는 마이크로서비스 아키텍처를 사용하거나 클라우드에서 실행돼야 한다고 얘기해보자. 아마도 그 메시지를 들은 사용자들은 멍한 상태로 아무 반응도 하지 않을 것이다. 사용자는 마이크로서비스나 클라우드에 관심이 있는 것이 아니라 결과에 관심이 있다.
- 사용자에게 최상의 결과를 제공하는 가장 빠른 방법은 점진적 개선을 일관성 있게 추진하는 것이다. 최고의 서비스 수준 아키텍처와 배포 방법 옵션들을 놓고 필요와 목적을 완전히 이해한 상태에서 선택하자.
- 실험은 실패하기 마련이고, 실패는 나쁜 것이 아니다. 모든 빠른 실패는 빠른 학습으로 이어진다. 알 수 없는 상황에 대처할 수 없는 계약자 모델이 아니라 실험적 사고방식에 의존하는 엔지니어링 모델을 사용하자.
- 실패 문화를 수용하되, 실패 문화는 비난하는 문화가 아니라는 것을 이해해야 한다. 혁신은 취약한 과학적 사고방식을 가진 사람들에게 보복의 위협을 가하지 않아도 그 자체로 몹시 어렵다. 통제된 실패가 성공으로 이어질 때 그 실패는 황금 항아리로 인도하는 레드 카펫이 될 것이다.
- 기업의 비즈니스 역량을 인식하는 것은 전략적 소프트웨어 이니셔티브 중에서 가장 큰 투자를 해야 하는 부분을 파악하는 좋은 방법이다. 무료로 구입하거나 다운로드할 수 있는 것을 구축하지 말자. 이러한 솔루션은 일반적이고 차별화되지 않으며, 구현하기가 복잡한 경우가 많기 때문이다. 당신의 비즈니스를 핵심 기능으로 정의하고 적절한 집중과 투자를 실행한다면 가치를 제공하게 될 것이다.

3장. 이벤트 우선의 실험과 발견

다양한 유형의 성격을 가진 사람들이 협업, 의사소통, 학습, 실험과 발견 기반의 혁신, 향상된 소프트웨어 구성에 대한 심층 분석을 달성하려고 할 때 의사소통의 문제를 어떻게 극복할 수 있을까?

- 외향적인 사람과 내향적인 사람을 구분하지 말아야 한다. 비즈니스 및 기술 전문가를 나눠 개발을 진행하게 되면 그 의도적인 분리를 반영하는 소프트웨어가 탄생하게 된다. 이렇게는 제대로 된 소프트웨어를 만들어낼 수도 없을 것이며, 완전히 반대 방법으로는 더 문제다. 발견 기반 혁신을 향한 끝없는 추진력과 함께 2가지 사고방식을 결합하는 방법을 찾아야 한다. '방법'은 3장에서 소개되고 2부에서 더 자세히 살펴본다.
- '이벤트 우선$^{event-first}$'은 생소하거나 위협적으로 들릴 수 있으나 겁먹을 필요는 없다. 일상생활에서 거의 모든 것(어쩌면 모든 것)이 우리의 반응을 자극하는 사건, 즉 이벤트로 인해 이뤄진다는 점을 고려하자. 소프트웨어에서 이벤트는 발생한 일에 대한 기록이며, 이에 대한 응답으로 추가적인 일들이 발생한다. 학습 및 발견 도구로서 이벤트에 초점을 맞추는 것은 실험에서 최고의 경험이다.
- 실험은 조직이 빠른 학습 도구를 사용해 빠르게 반복할 때 효과적이다. 빠른 학습을 위해서는 비즈니스 전문가와 기술 전문가 간의 협업 커뮤니케이션이 필요하다. 이러한 기본 기술은 종이와 펜 정도의 값싼 모델링 도구 또는 무료 온라인 협업 도구를 사용해 향상될 수 있다.
- 대면 원격, 또는 하이브리드 방식의 방식과 관계없이 이벤트 스토밍$^{Event Storming}$으로 알려진 가벼운 탐색 활동을 지원하는 저렴하거나 무료인 도구를 사용할 수 있다. 가장 중요한 세부 사항은 명백한 질문에 답할 수 있는 사람과 평범한 것에 기꺼이 도전할 자세가 돼 있는 비즈니스 및 기술 전문가가 세션에 모두 포함돼 있는지 확인하는 것이다.

잠재적으로 새로운 사고방식을 준비해야 한다. 컴퓨팅과 소프트웨어는 더 이상 반복적이고 수동적인 종이 기반 작업을 피하는 수단이 아니다. 그런 생각은 적어도 30년은 뒤처져 있는 것이다. 소프트웨어를 비용 센터로 취급하지 말아야 한다. 오늘날의 사고방식은 모든 산업에서 새로운 비즈니스 시대의 도래에 따라 모든 것을 바꾸는 소프트웨어를 제공하고자 하는 것이다. 소프트웨어를 이익 창출 센터로 승격하고, 전략적 혁신이 결과를 만들 수 있는 유일한 방법이라고 여겨야 한다.

1장
비즈니스 목표와 디지털 트랜스포메이션

가장 뛰어난 비즈니스 성과는 수많은 소비자가 필요로 하는 완전히 독창적이면서 최적의 가격이 책정된 제품을 만드는 것이다. 역사적으로나 상식적으로나 이러한 성과를 실현하는 것은 핵심적인 시장 수요층에게 무엇이 필수적이고 가장 필요한지를 식별하는 능력에 달려있다. 이는 플라톤의 저서에서 "우리의 필요가 진정한 창조자가 될 것이다."라는 격언에 잘 나타나 있다. 이 문장은 오늘날 "필요는 발명의 어머니다."라는 말로 더 잘 알려져 있다.

그러나 가장 높은 수준의 혁신가는 소비자가 무엇이 필요하다는 것을 깨닫기도 전에 기발한 제품을 발명한 사람들이다. 이들의 혁신적인 성취는 우연히 이뤄진 것도 있지만 "왜 안 돼?"[1]라고 대담하게 묻는 사람들로부터 탄생한 것도 있다. 수학자이자 철학자인 알프레드 노스 화이트헤드 Alfred North Whitehead가 "발명의 기반은 과학이고, 과학은 전적으로 유쾌한 지적 호기심의 산물"이라고 주장했을 때도 아마 이 개념을 떠올렸을지 모른다[ANW].

물론 대다수의 기업은 냉혹한 현실에 직면해 있다. 시장에 광범위한 영향을 줄

---

1. 조지 버나드 쇼(George Bernard Shaw)는 "어떤 사람들은 사물의 그대로에서의 이유를 묻는다. 한편, 다른 사람들은 아예 없었던 것을 꿈꾸며 왜 안 되냐고 묻는다."라고 했다.

정도의 혁신적인 제품을 개발하는 것은 날마다 일어나는 일은 아니다. 전체 시장을 장악할 정도로 완전히 독창적인 제품을 발명하는 것은 조준하지 않고 황금 항아리의 중심을 명중시키려고 하는 것과 같은 일이다.

시장을 지배하는 사업 모델은 근본적으로 경쟁을 만들 수밖에 없다. 이런 사업 모델에서의 독창성은 원조를 창조하는 것이 아니라 복제본에 가격을 잘 책정하는 일에 불과하다. 아주 큰 과녁을 맞히는 것은 평범하고 상상력이 부족한 행위에 지나지 않을 뿐 아니라 확실한 성공을 보장하는 수단도 아니다. 그럼에도 (더 많은) 경쟁을 만드는 것이 최선으로 보인다면 스티브 잡스Steve Jobs의 다음과 같은 충고를 고려하자. "경쟁 상황에서 내가 더 잘할 수 있다고 말하지 마라. 다르게 하겠다고 말하라."

> **스페이스엑스(SpaceX)의 혁신**
>
> 1970년부터 2000년까지 1Kg을 우주에 발사하는 비용은 평균 18,500달러였다. 스페이스엑스 Falcon 9의 경우 비용은 Kg당 2,720달러에 불과했다. 이는 비용을 7배나 개선한 것이고, 오늘날 스페이스엑스가 거의 모든 우주 발사 사업을 장악한 것은 이제 비밀이 아니다. 스페이스엑스는 도대체 어떻게 이런 성공을 만든 것일까? 그들은 그 당시 유일한 자금 조달 방법인 정부와 계약대로 일하지 않았다. 그들의 최우선 목표는 우주에 물체를 발사하는 비용을 극적으로 줄이는 것이었고, 주요한 하위 목표는 부스터 로켓을 복원해서 재사용하는 것이었다. 그들은 목표를 달성하는 과정에서 추락했던 부스터들의 영상을 모두 유튜브(YouTube)에 공개했다. 실험과 이벤트를 통합하는 전략(이 경우에는 부스터 로켓 발사 실험)은 여러 엔지니어링 팀이 다른 팀들과 최신 버전을 빠르게 시험해 볼 수 있는 좋은 방법이었다. 그들이 정부와 맺었던 계약은 아마도 스페이스엑스가 실험하는 중에 생긴 많은 추락 사고를 용납하지 않았을 것이다. 그러나 세부 사항까지 모든 것을 계획하고 고민하는 대신에 몰랐던 것을 밝히기 위한 실험 도중에 수많은 추락을 경험함으로써 신뢰성이 높으면서도 저렴한 부스터 로켓을 5배나 빨리 개발할 수 있었다. 실험을 통해 원인을 찾는 것은 엔지니어링에서 상당히 전통적인 접근 방식이지만 계약 모델에서는 절대 허용되지 않는다. 스페이스엑스 팀은 리스크가 없을 때까지 기다리는 것보다 실험해 보고 추락의 원인을 찾아내는 것이 훨씬 저렴하다고 얘기한다[Mary Poppendiek].

모방은 전략이 아니다. 차별화가 전략이다.

차별화는 꾸준히 추구해야 하는 전략적인 비즈니스 목표다. 보통 사람들에게 순수한 발명은 불가능해 보일 수도 있지만, 혁신을 향한 지속적이고 끈질긴 개선은 그렇게 불가능해 보이지는 않을 것이다. 이 책에서 필자들은 독자가 디지털 트랜스포메이션 과정의 끊임없는 개선을 통해 전략적인 비즈니스 차별화를 달성할 수 있게 도울 예정이다.

디지털 트랜스포메이션: 무엇이 목표인가?

비범한 것을 만들어야 주요한 위업이라고 얘기할 수는 있지만, 그렇다고 실질적인 혁신을 향한 의지를 갖고 작고 과학적인 실험을 계속하는 것을 단념해서는 안 된다. 최종적인 Z 지점에 도달하는 것은 아주 복잡할 수 있지만 A 지점에서 B 지점으로 도달하는 정도의 실험은 충분히 달성할 것으로 기대할 수 있다. 그다음에 C 지점에 도달하면 마찬가지로 D 지점에도 도달할 수 있다. 이 논리는 우리가 실험실 코트와 보호대를 착용하고 계속 실험하다 보면 새로운 시장을 사로잡을 수 있는 독특한 제품을 만날 수 있다는 것을 믿는 것이다.

마이크로소프트 오피스Microsoft Office를 처음부터 작업 생산성을 혁신한 제품으로 인정하는 것과는 상관없이 확실히 시장에서 가장 성공적인 제품군임은 분명하다. 사실 마이크로소프트는 오피스 365Office 365를 통해 워드프로세서와 스프레드시트를 재발명할 필요가 없었다. 그럼에도 그들은 여러 기능 후보군 중에서도 전체 팀이 협업할 수 있게 하는 새로운 전달 메커니즘과 기능들을 추가했다. 이를 두고 마이크로소프트가 디지털 트랜스포메이션을 통한 혁신을 통해 또다시 승리를 거둔 것이라고 할 수 있을까?

일반적으로 기업들은 디지털 트랜스포메이션을 비즈니스 혁신가에게 맡기면서도 정작 트랜스포메이션에서 혁신이라는 핵심적인 부분은 간과하고 있다. 혁신을 만드는 트랜스포메이션을 위해 기업은 단순히 인프라 플랫폼을 변경하는 것과 새로운 제품 가치를 구축하는 것의 차이를 이해해야 한다. 예를 들어 온프레미스 데이터센터에서 클라우드로 비즈니스 디지털 자산을 가져오는 것이 주요한 IT 이니셔티브일 수는 있지만, 그 자체가 혁신을 만들 수 있는 비즈니스 이니셔티브는 아니다.

소프트웨어를 클라우드로 이전하는 것 자체가 디지털 트랜스포메이션인가? 그럴 수도 있는데, 미래의 차별화를 지원할 수 있는 변화일 때만 그렇다. 클라우드가 혁신할 기회를 제공하는 경우가 그런 경우다. 그렇지 않더라도 최소한 디지털 자산 운영의 높은 비용 부담을 줄여 새로운 제품의 개발로 자금이 흐를 수 있게 해야 한다. 클라우드를 전통적인 데이터센터를 관리하는 책임으로부터 여러분들을 자유롭게 하는 기회로 생각하자. 클라우드로의 전환이 어떤 유형의 비용을 다른 유형의 비용으로 치환하는 것에 불과하다면 트랜스포메이션이라고 할 수 없다. 이미 세계적으로 컴퓨팅 인프라 서비스를 성공적으로 제공한 아마존Amazon은 클라우드 혁신의 바람을 불러온 디지털 트랜스포메이션의 대표적인 사례다. 그러나 클라우드를 사용하고자 아마존을 구독하고 비용을 지불하는 것 자체는 구독자가 혁신할 수 있는 트랜스포메이션은 아니다. 교훈은 명확하다. 혁신할 것인가, 혁신을 당할 것인가.

단순히 클라우드에 이전하는 것이 혁신이 아닌 것처럼 새로운 분산 컴퓨팅 아키텍처를 만드는 것 자체도 혁신이라고 할 수 없다. 보통의 사용자들은 자신이 사용하는 서비스가 분산 컴퓨팅으로 제공되는지, 마이크로서비스인지 모놀리스인지, 심지어는 무슨 기능을 사용하고 있는지도 신경 쓰지 않는다. 다만 사용자들은 결과를 중요하게 생각한다. 따라서 사용자들의 업무 흐름에 나쁜 영향을 미치지 않으면서 결과를 빠르게 제공할 수 있도록 개선해야 한다. 소프트웨어를 통해 의미 있는 트랜스포메이션의 기회를 잡으려면 더 좋은 사용자 결과를 가능한 한 빠르게 제공할 수 있도록 소프트웨어의 아키텍처를 설계해야 한다.

클라우드를 사용할 때 혁신적인 트랜스포메이션 목표를 달성하려면 개선된 아키텍처와 설계 접근(그리고 생산성 향상을 위한 추가적인 튜닝)이 필요하다. 서비스형 인프라IaaS, Infrastructure as a Service를 사용하면 기업이 인프라를 혁신하려고 애쓰는 대신 혁신적인 비즈니스 소프트웨어에서 작업할 수 있게 된다. 인프라스트럭처의 혁신은 시간이 많이 걸리고 비용이 많이 들 뿐만 아니라 비즈니스 수익에도 도움이 되지 않을 수 있다. 그러나 어떤 기업이 사내에서 인프라 기술을 직접 개발해서는 절대로 아마존 웹 서비스AWS, 구글 클라우드 플랫폼Google Cloud Platform, 애저Azure의 수준으로 인프라와 운영의 요구 사항을 해결할 수 없을 것이다. 하지만 이 말이 모든 상황에서 맞지는 않는다. 어떤 비즈니스의 경우는 운영을 사내로 가져오거나, 계속 온프

레미스에서 유지하는 것이 훨씬 비용 효율적일 수도 있다.[a16z-CloudCostParadox]

A에서 B로, B에서 C로, C에서 D로... 다음 단계를 수행하기 위해 충분히 배울 수 있도록 이 단계 중 하나는 여러 번 반복해야 할 수도 있다는 것을 기억하자. 그리고 J에서 K에 도착하기 전에 다시 G로 돌아갈 수도 있고, 아예 Z에 가지 않아도 된다는 것을 이해하면 우리는 진정으로 해방될 수 있다. 트랜스포메이션 단계 중 어느 단계에서도 긴 주기를 갖는 것은 팀이 혁신하는 데 좋지 않다. 2장에서는 실험이 혁신의 친구이자 우유부단함의 적이라는 것을 보여준다.

소프트웨어 아키텍처 개요

이 절에서는 이 책에서 자주 언급되는 **소프트웨어 아키텍처**^{Software Architecture}라는 용어를 소개하는데, 이 책 전반에 걸쳐 더 자세히 다룰 다소 광범위한 주제다.

지금은 소프트웨어 아키텍처를 건축 아키텍처와 유사하다고 생각하자. 건물은 구조를 갖고 있고, 규정한 대로 특징들을 제공함으로써, 설계사와 건축주가 논의한 설계적인 특성에 대한 커뮤니케이션 결과를 반영한다. 건물은 다양한 서브시스템으로 구성된 전체 시스템을 형성하며, 각 서브시스템에는 고유한 목적과 역할이 있다. 이 서브시스템들은 모두 건물의 다른 부분과 느슨하거나 밀접하게 연결돼, 건물이 그 목적대로 기능할 수 있도록 개별적이거나 결합한 상태로 작동한다. 예를 들어 건물의 공조 시스템은 전력, 배관 작업, 온도 조절기, 단열재 그리고 냉각이 효율적으로 이뤄지기 위한 폐쇄된 영역도 필요하다.

마찬가지로 소프트웨어 아키텍처는 하나가 아니라 여러 구조의 공식과 같은 구조적 설계를 제공한다. 구조적 설계는 시스템 컴포넌트를 구성해서 함께 작동할 수 있는 통신 수단을 제공한다. 또한 이 구조는 컴포넌트의 클러스터를 분리해서 독립적으로 기능할 수 있게 한다. 따라서 구조는 기능 속성보다 품질 속성을 달성하는 데 도움이 돼야 하며, 내부의 모든 컴포넌트는 시스템 개발 팀이 명시한 기능을 구현해야 한다.

그림 1.1은 2개의 서브시스템(전체 시스템의 일부만 표시)을 보여준다. 각 서브시스템에는 내부적으로 함께 작동하지만 다른 서브시스템과 분리된 컴포넌트가 있다. 두 서브시

스템은 교환되는 정보를 나타내는 상자를 사이에 두고 통신 채널을 통해 정보를 교환한다. 이 두 서브시스템은 물리적으로 2개의 배포 단위로 분리돼 있고, 네트워크를 통해 통신한다고 가정한다. 이는 분산 시스템의 일부를 형성한다.

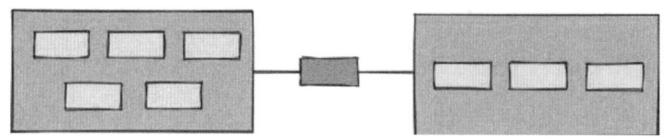

그림 1.1 소프트웨어 아키텍처는 서브시스템들의 구조를 제공하고 그들 사이의 통신을 지원한다.

건물과 소프트웨어 아키텍처 모두에게 중요한 또 다른 측면은 불가피한 변화를 지원해야 한다는 것이다. 현재 아키텍처에서 기존 컴포넌트들이 새로운 요구 사항을 충족하지 못하는 경우 과도한 비용이나 노력 없이 교체 가능해야 한다. 또한 아키텍처는 전체 아키텍처에 큰 영향을 미치지 않으면서 필요한 확장을 수용할 수 있어야 한다.

소프트웨어에 문제가 생기는 이유

엔터프라이즈의 소프트웨어 개발이 열악하고 심각한 상황이라는 것을 과장해서 얘기하려는 것이 아니고, 과장할 수도 없을 것이다.

글로벌 기업들과 엔터프라이즈 소프트웨어 시스템의 상태에 대해 논의해보면 주요 문제점을 빠르게 알 수 있다. 이 문제들은 항상 혁신한 지 오래돼 수십 년 동안 유지 관리를 해온 오래된 소프트웨어들과 관계가 있다. 대부분의 논의에서 경영진들이 소프트웨어 개발을 비용 센터로 생각하고 있어 개선을 위한 투자가 어렵다는 것을 확인할 수 있다. 그러나 오늘날 소프트웨어는 수익 센터가 돼야 한다. 불행하게도 기업의 집단적인 사고방식은 소프트웨어가 단순히 수작업을 더 빠르게 처리하게 해주는 것이라는 30년 전 생각에 머물러 있다. 특정 애플리케이션(또는 서브시스템)은 핵심적인 비즈니스 목적을 위해 구축된다. 시간이 지남에 따라 비즈니스 핵심 목적이 향상될 수도 있지만 상당히 변형될 수도 있다. 기능 추가가 지속적으로 광범위하게 일어나다 보면 애플리케이션의 원래 목적이 손실될 수 있다. 잘 알려지지 않은 기능 추가에 대한 이해는 굉장히 다양하기 때문에 다른 비즈니스 부서에는 다른 기능이 될 수도 있다는 의미이기도 하다. 이는 여러 명이 냄비를 함께 젓는 상황으로 이어진다. 결국 신속한 개발은 실패를 보상하기 위한 노력의 일환으로, 긴급한 버그를 수정하고 데이터베이스에서 직접 데이터를 수정함으로써 전략적인 방향에서 소프트웨어 실행을 유지하는 것으로 변질된다. 새로운 기능을 개발할 때는 추가적인 버그가 생기는 것을 피하고자 천천히 그리고 신중하게 진행한다. 그런데도 새로운 버그가 주입되는 것을 피할 수 없다. 시스템의 무질서 수준이 계속 증가하고 전체적인 변경 이력에 대한 이해를 잃어버림에 따라 하나의 변경이 더 큰 소프트웨어 본체에 미칠 전체 영향을 파악하는 것은 불가능하다.

팀들은 개별 애플리케이션(서브시스템) 또는 대규모 시스템 전체에서 소프트웨어 아키텍처에 대한 명확한 의도를 표현할 수가 없다는 것을 인정하게 된다. 하드웨어 설계와 운영 환경이 클라우드와 같이 발전된 상황에서는 어느 정도 아키텍처가 존재한다고 해도 일반적으로 견고하지 않으며 구식이다. 소프트웨어 설계도 의도적으로 그렇게 만든 것이 아니므로 존재하지 않는 것처럼 보인다. 결과적으로 소프트웨어를 구현했던 아이디어는 암묵적이어서 작업한 소수 사람의 기억에 의존하게 된다. 아키텍처와 설계 모두 대개 임시방편이고, 간단히 말해 이상하다. 이러한 인식할 수 없는 문제점들은 잘못된 작업과 함께 정말 조잡한 결과로 이어진다.

잘 정의된 아키텍처를 설계하지 않는 것만큼 위험한 것은 단지 기술적인 이유로 아키텍처를 도입하는 것이다. 소프트웨어 설계자와 개발자는 이전에 사용했던 것과 비교해서 새로운 개발 스타일 또는 많은 과대광고와 업계 소문의 대상이 되는, 새로 명명된 소프트웨어 도구와 관련해 매혹되는 경우가 많다. 이는 일반적으로 IT 전문가가 잘못된 결정이 실행 환경 및 운영을 포함한 전체 시스템에 미칠 영향을 완전히 이해하지 못하기 때문에 우발적인 복잡성[2]을 초래한다. 그렇다, 마이크로서비스 아키텍처나 쿠버네티스Kubernetes 같은 도구들은 적절한 맥락에서 적절하

---

2. 우발적인 복잡성은 개발자가 문제를 해결하는 중에 생기며 고쳐질 수 있다. 어떤 소프트웨어에서 상속된 핵심 복잡성도 있는데, 이는 문제를 해결하는 과정에 생긴다. 핵심 복잡성은 피할 수 없긴 하지만 잘 설계하면 서브시스템이나 컴포넌트에 고립시킬 수도 있다.

게 적용되지만 많은 경우 부적합하게 도입되기도 한다. 불행히도 아키텍처의 도입은 비즈니스 요구 사항에 대한 통찰력에 의해 이뤄지는 경우가 거의 없다.

빨리 바꿔야 하는 데 바꾸지 않아 생기는 시스템 내 소프트웨어 모델의 부정확성은 부채의 은유를 사용해서 표현한다. 대조적으로 통제되지 않은 변경이 허용돼 지속적으로 시스템에 축적되는 것을 소프트웨어 엔트로피라고 한다. 둘 다 자세히 살펴볼 가치가 있다.

부채의 은유

수십 년 전, 아주 훌륭한 소프트웨어 개발자였던 워드 커닝햄^{Ward Cunningham}은 금융 소프트웨어를 개발하던 당시에, 상사에게 소프트웨어를 왜 수정해야 하는지 설명해야 했다[Cunningham]. 그 수정 사항들은 즉흥적으로 만들어졌던 것이 아니고, 사실은 반대 상황인 계획적인 것에 가까웠다. 이런 유형의 변경은 소프트웨어 개발자가 무엇을 해야 하는지 모두 알고 있는 것처럼 보이고 수행하기 쉬워 보이게 하는 역할을 한다. 이런 변경은 **소프트웨어 리팩토링**^{software refactoring}이라고 불리는 기법이다. 이 경우에 리팩토링은 새로 얻은 비즈니스 지식을 소프트웨어 모델에 반영하고자 의도적으로 수행하는 것이다.

리팩토링 작업의 정당성을 확보하고자 커닝햄은 문제 영역을 팀이 점점 알아갈수록 그에 맞게 소프트웨어를 수정해야 한다고 설명했다. 그렇지 않으면 팀의 문제에 대해 깊어진 이해와 소프트웨어의 현재가 불일치하게 돼 비틀거리면서 작동하게 된다고 생각했기 때문이다. 비틀거림이 계속되면 결국 부채에 이자가 붙는 것과 같이 팀의 개발 속도를 점점 더 늦추게 된다. 이런 의미로 부채의 비유가 탄생했다.

돈을 빌릴 수 있으면 누구든 돈이 없을 때보다 일을 더 빨리 완료할 수 있다. 물론 대출이 있으면 이자를 지불하게 된다. 소프트웨어의 개발에 있어 부채를 만드는 기본적인 아이디어는 일단 빨리 배포하고 나중에 갚겠다는 생각이다. 부채는 새로 습득한 지식을 소프트웨어에 반영하면서 상환된다. 그 당시 업계에서는 오늘날과 마찬가지로 부채가 있다는 것을 알면서 소프트웨어를 시장에 급히 내놓으면서도 부채를 상환할 필요는 없다는 생각이 팽배했다.

물론 그 뒤에 일어날 일은 누구나 짐작할 수 있다. 부채가 계속 쌓이고 있는데도 부채를 계속 늘리게 되면 채무자의 자산은 결국 모두 이자를 갚는 데 사용되고 결국 구매력이 없어지게 된다. 소프트웨어의 부채도 비슷하다. 소프트웨어의 부채가 많은 개발자는 결국 큰 손해를 보게 된다. 기능을 추가하는 것이 점점 더 오래 걸리다가 결국은 거의 진전을 이루지 못할 상태까지 이르게 된다.

부채 은유를 현대적으로 이해하면서 생기는 많은 문제가 있다. 많은 개발자는 이 은유가 소프트웨어를 더 빨리 출시하기 위해 설계와 구현을 부적절하게 하는 것을 지지하는 것으로 생각한다. 그러나 이 은유는 그런 나쁜 관행을 지지하기 위해 생긴 것이 아니다. 그런 관행을 따르는 것은 차용인이 높은 이자로 서브프라임 대출[3]을 받다가 채무 불이행에 이를 정도로 재정이 악화되는 것과 비슷하다. 부채는 통제할 수 있는 범위 안에서만 유용하다. 통제할 수 없는 부채가 쌓이면 시스템은 불안정해질 수밖에 없다.

소프트웨어 엔트로피

소프트웨어 엔트로피software entropy[4]는 다른 은유이지만 소프트웨어 시스템 조건의 관점에서 부채 은유와 밀접하게 관계가 있다. 엔트로피라는 단어는 시스템의 무질서를 측정하기 위해 열역학 분야의 통계 역학에서 사용된다.

이 주제에 너무 깊이 들어가려고 하지 않겠다. "열역학 제2법칙은 고립된 계에서 엔트로피는 시간이 지나도 감소하지 않는다고 말한다. 고립된 계는 엔트로피가 최대 상태인 열역학적 평형 상태를 향해 자발적으로 변화한다."[Entropy] 소프트웨어 엔트로피 은유는 소프트웨어의 변경은 필연적이며 특별한 노력을 기울이지 않는

---

3. 2008년, 금융 위기가 몇 년 동안 계속됐다는 것을 모르는 사람이 있다. 이 글로벌 위기는 부적격한 차용인에게 서브프라임 대출을 주택 구입 용도로 제공한 것에서 촉발됐다. 이 책의 초기 원고를 읽은 일부 독자는 "서브프라임 대출이 뭔가요"라고 물었다. 이 역사를 알아야 그 독자와 같은 사람들이 재정적인 문제에서 벗어날 수 있다.
4. 엔트로피 외에도 소프트웨어 부패, 소프트웨어 부식, 소프트웨어 침식과 같은 표현이 문제를 생생하게 표현한다. 필자는 주로 엔트로피를 사용하고 있다.

한 소프트웨어의 변경이 제어할 수 없는 복잡성을 증가시키는 현상을 가리킨다.[Jacobson]

빅볼 오브 머드

앞에서 설명한 것과 같은 시스템이나 애플리케이션은 빅볼 오브 머드^{Big Ball of Mud}라고 알려져 있다. 아키텍처의 관점에서 빅볼 오브 머드는 무계획적으로 구축된, 제멋대로 커진, 엉성한, 테이프와 전선으로 대충 고친, 정글, 규제되지 않은 성장, 반복된 땜질과 같이 표현해왔다. "정보가 멀리 떨어진 시스템 요소들 사이에 난잡하게 공유되고, 대부분의 중요한 정보는 전역화되거나 복제돼 공유된다. 전체 시스템 구조는 단 한 번도 잘 설계된 적도 없다. 이런 상황이라면 이미 알아볼 수 없을 정도로 부패한 소프트웨어라고 볼 수 있다."[BBoM]

빅볼 오브 머드 아키텍처는 차라리 비(非)아키텍처^{un-architecture}라고 표현하는 것이 더 적합해 보인다.

이 장에서는 빅볼 오브 머드 아키텍처의 특성인 무작위로 구조화된 것, 규제되지 않은 성장, 반복되고 편법적인 수리, 난잡하게 공유되는 정보, 전역화 또는 중복된 중요 정보 중에 몇 가지만 다룬다.

엔터프라이즈 사이에 일반화된 빅볼 오브 머드로 인해 많은 조직이 경쟁을 할 수 없는 마비 상태를 경험하게 됐고, 이 현상이 비즈니스 산업 전반으로 확산됐다. 한때 경쟁 구도를 누렸던 대기업이 막대한 부채와 엔트로피가 쌓인 시스템에 발목을 잡히는 일은 굉장히 흔하다.

그림 1.2의 빅볼 오브 머드와 그림 1.1의 시스템을 쉽게 대조할 수 있다. 물론 그림 1.2의 시스템이 지원하는 기능의 수가 그림 1.1의 시스템과 대응되지는 않는다. 그러나 첫 번째 시스템의 아키텍처가 질서 정연한 반면에 두 번째 시스템이 부족한 부분은 분명하다. 혼란스럽다.

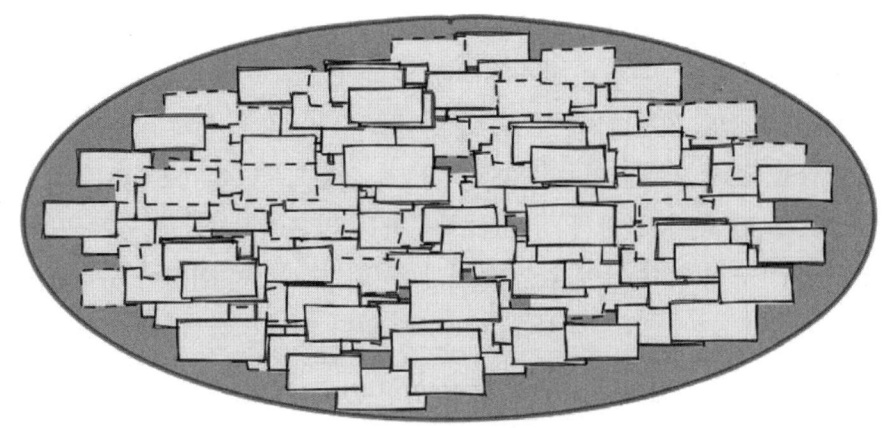

그림 1.2 빅볼 오브 머드는 비아키텍처로 분류돼야 마땅하다.

이러한 혼란스러운 상황에서는 매년 소프트웨어 배포를 몇 번밖에 할 수 없게 만들며, 이전 해의 배포보다 더 심각한 문제를 초래한다. 개인은 자식이 속한 팀의 상황을 바꿀 수 있는 변화를 만들 수 없다는 것을 알게 되면 변화에 무관심하고 현실에 안주하게 되는 경향이 있다. 그다음 단계로 환멸과 사기가 꺾이는 시기가 온다. 이런 상황에 직면한 기업은 소프트웨어 혁신을 할 수 없고 경쟁을 계속할 수 없다. 결국 그들은 몇 달에서 몇 년 안에 이전의 마켓 리더들을 대체할 정도로 발전할 수 있는 민첩한 스타트업의 희생양이 된다.

실제 사례

지금부터 빅볼 오브 머드의 사례 연구를 통해 부채와 엔트로피의 영향으로 인해 비즈니스 혁신에 어려움을 겪는 상황을 살펴보자. 독자가 나쁜 소식을 접하는 데 이미 지쳐있을 수 있으므로 스포일러를 제공하면 이 어려운 상황은 시간이 지남에 따라 개선된다.

기업이 소프트웨어 개발 과정에서 겪는 문제를 가장 잘 설명할 수 있는 것은 실제 사례다. 여기에서는 빅볼 오브 머드를 해결하는 예로, 보험 업계에서 나온 사례를 살펴보겠다.

사람이 살다 보면 어느 시점에서 적어도 하나의 보험회사와는 거래를 하게 마련이다. 사람들이 보험을 가입하는 이유는 여러 가지가 있다. 법적인 의무를 충족하기 위해 가입하는 경우도 있고, 미래의 위험에 대비하기 위한 경우도 있다. 보험 보장 정책에는 건강, 생명, 자동차, 주택, 모기지, 금융 상품 투자, 국제 여행과 같은 개인 보험이 포함될 수 있고 심지어는 좋아하는 골프 클럽의 분실을 보호하는 것도 포함될 수 있다. 보험 분야의 정책 상품을 혁신하는 것은 상상할 수 있는 거의 모든 위험을 커버할 수 있어서 끝이 없어 보인다. 어떤 잠재적인 위험이 있다면 대부분의 경우 이를 보장하는 보험회사를 찾을 수 있다.

보험의 기본 개념은 사람이나 물건의 손실 위험에 대해 일정 요금을 지불하면 손실이 발생했을 때 피보험자나 피보험물에 대해 계산된 만큼의 재정적 가치를 회복할 수 있다는 것이다. 보험은 큰 수의 법칙으로 성공한 사업 모델이다. 이 법칙은 상당히 많은 사람과 물건이 위험에 처해 있는 것에 비해 실제로 일어나는 손실에 대한 위험의 확률은 상대적으로 아주 작기 때문에, 모든 사람이 지불하는 보험료가 보험사가 지불하는 보상액보다 훨씬 크다는 것을 설명해준다. 사상자 수나 손실 가능성이 클수록 보험회사에 지불해야 하는 수수료도 커진다.

보험 도메인의 복잡성을 상상해보자. 자동차와 주택에 대한 보장은 동일한가? 자동차 보험에 적용되는 비즈니스 규칙의 일부를 보완하면 주택 보험도 같이 처리하는 것이 가능할까? 자동차와 주택에 대한 보장 정책이 공통점이 많아 '충분히 유사한' 것으로 볼 수 있다고 하더라도, 이 두 도메인의 보험 정책에서 다뤄야 하는 위험의 유형이 다르다는 것을 생각해보자.

보험에 대한 몇 가지 시나리오를 생각해보자. 집이 다른 집에 부딪혀 피해를 입히는 것보다 자동차가 다른 자동차에 부딪힐 가능성이 훨씬 더 높다. 주방에서 화재가 발생할 가능성은 자동차 엔진에 불이 붙을 가능성보다 더 크다. 보다시피 두 보험의 차이는 작지 않다. 보험 보장 유형의 다양성을 고려할 때 피보험자에게 가치가 있으면서 보험사에게 손실을 입히지 않는 보험 정책을 만들려면 상당한 투자가 필요하다.

따라서 보험회사의 경우 비즈니스 전략, 운영, 소프트웨어 개발은 상당히 복잡할 것이라는 것을 이해할 수 있다. 그렇기 때문에 보험회사들은 보험 상품의 작은 부분집합을 전문으로 하는 경향이 있다. 시장에서 더 큰 플레이어가 되는 것을 원치 않는 것이 아니라, 보험의 모든 부문에서 경쟁하는 것보다 작은 부분집합에서 경쟁하는 것이 이점이 더 크기 때문이다. 따라서 한 보험회사가 이미 전문화한 보험 영역을 계속해서 선도하려고 하는 것은 놀라운 일이 아니다. 그러나 전문 영역일지라도 비즈니스 전략을 조정하고, 불확실하지만 계산된 위험도 수용하면서 신제품을 개발하는 것은 놓치기에 아까운 유리한 기회다.

누커버리지^{NuCoverage} 보험을 소개할 시간이다. 이 가상의 회사는 이전에 필자가 경험한 실제 시나리오를 기반으로 한다. 누커버리지는 저렴한 보험료에 중점을 둔 사업 모델로, 2001년에 설립돼 미국에서 저렴한 자동차 보험의 선두 주자가 됐다. 이 회사는 저가의 운전자 보험이라는 특정 시장에서 분명한 사업 기회를 봤고, 성공했다. 성공의 요인은 위험과 보험료를 아주 정확하게 평가해 가장 저렴한 보장을 제공하는 능력이었다. 설립된 지 약 20년 후 이 회사는 전체 미국 보험 시장 전체에서는 23%를 차지하지만, 저가 운전자 보험 시장에서는 거의 70%를 차지하고 있다.

현재의 비즈니스 콘텍스트

누커버리지는 현재 자동차 보험의 선두 주자이지만 다른 보험 상품 영역으로 사업을 확장하고 싶다. 이 회사는 최근 주택 보험을 추가했으며, 개인 보험 상품 라인을 추가하려고 하고 있다. 그러나 새로운 보험 상품을 추가하는 것이 생각했던 것보다 복잡하다는 것을 깨달았다.

개인 보험 상품 라인의 개발 프로세스가 진행되는 동안 경영진은 미국 최대 은행 중 하나인 웰뱅크^{WellBank}와 파트너십을 체결했다. 두 회사의 파트너십을 통해 웰뱅크는 자체 브랜드로 자동차 보험을 판매할 수 있게 됐다. 웰뱅크는 사람들에게 친숙한 자동차 대출과 함께 자동차 보험을 판매할 수 있다는 점이 큰 잠재력을 갖고 있다고 보고 있다. 웰뱅크가 판매하려는 자동차 보험에는 자연스럽게 누커버리지의 보험 정책이 반영됐다.

물론 누커버리지 자동차 보험 상품과 웰뱅크에서 판매하는 상품 간에는 차이점이 있다. 가장 두드러진 차이점은 다음 영역이다.

- 보험료 및 보장 범위
- 규정 및 보험료 산정
- 리스크 평가 체계

누커버리지는 이러한 유형의 파트너십을 경험한 적이 없었다. 그러나 경영진은 즉시 사업 범위를 확장하고 완전히 새로운 혁신적인 비즈니스 전략을 도입할 수 있을 것으로 기대했다. 하지만 어떻게 현실화할 수 있을까?

사업 기회

누커버리지의 이사회와 경영진은 웰뱅크 파트너십보다 훨씬 큰 전략적 사업 기회를 포착했다. 신생 보험사를 지원할 수 있는 화이트 레이블$^{white-label5}$ 보험 플랫폼을 도입하기로 결정했는데, 이 플랫폼은 많은 기업이 자체 브랜드로 보험 상품을 판매할 수 있게 지원한다. 각 기업은 자신의 고객을 잘 알고 있어서 어떤 보험 상품을 판매해야 하는지 안다. 누커버리지에게 최근 맺은 웰뱅크와의 파트너십은 하나의 사례일 뿐이다. 누커버리지는 화이트 레이블 플랫폼을 통해 보험 사업의 비전을 공유할 수 있는 미래 지향적인 파트너를 쉽게 찾을 수 있게 됐다.

예를 들어 누커버리지는 자체 금융 서비스를 제공하는 자동차 제조업체와 파트너십을 구축할 수 있다. 고객이 자동차를 구매할 때 딜러는 금융사 보험과 자동차 제조업체 브랜드 보험을 모두 제공할 수 있다. 아무 회사나 쉽게 보험회사가 될 수는 없지만 보험 판매로 수익을 낼 수는 있다는 사실 때문에 이 사업의 가능성은 무한하다고 할 수 있다. 장기적으로 누커버리지는 오토바이, 요트, 애완동물 보험과 같은 보험 상품을 만들어서 사업의 다각화를 고려했다.

이 사업 기회는 이사회와 경영진에게는 아주 흥미로운 것이었지만 소프트웨어 개

---

5. 화이트 레이블 제품은 한 회사(생산자)가 생산한 제품 또는 서비스를 다른 회사(마케터)가 브랜드를 변경해 마치 마케터 회사가 만든 것처럼 보이게 하는 것이다.

발 팀에게는 받아들이기 힘든 계획이었다. 원래의 자동차 보험 애플리케이션은 기한의 압박 때문에 빠르게 구축됐고, 이로 인해 빅볼 오브 머드 상태의 모놀리스Monolith가 됐다. 그림 1.3에서 알 수 있듯이 이 시스템은 20년 이상의 요구 사항 변화로 인해 상환하지 못한 기술 부채가 많았다. 그리고 개인 보험 상품 라인을 지원하는 과정에서 만든 계획되지 않은 변경으로 인해 감당할 수 없을 정도로 복잡한 시스템이 됐다. 이제 이 시스템은 현재의 비즈니스 목표를 지원할 수 없게 됐다. 그럼에도 개발 팀은 요구 사항에 응해야 한다.

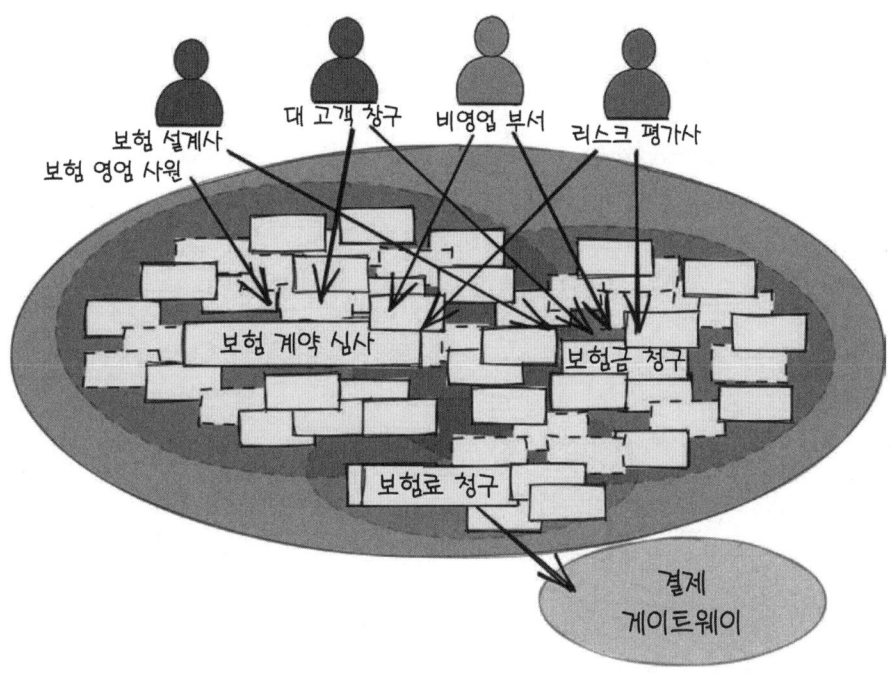

그림 1.3 누커버리지 회사의 빅볼 오브 머드 시스템. 모든 비즈니스 활동에 기술 부채가 누적돼 있고 엔트로피의 최대치에 가까울 정도로 소프트웨어 구성 요소가 복잡하게 얽혀 있다.

누커버리지가 이해해야 하는 것은 이제 그들의 비즈니스가 더 이상 보험에만 국한되지 않는다는 것이다. 항상 프로덕트를 만드는 회사였지만 그 프로덕트가 보험 상품이었을 뿐이다. 디지털 트랜스포메이션은 이 회사를 기술 회사로 만들고 있으며 현재 만들고 있는 프로덕트에는 이미 소프트웨어가 포함돼 있다. 이를 위해 누커버리지는 자사를 기술 제품 회사처럼 생각하고 이 위상을 지원하는 결정을 빠를 뿐만 아니라 장기적 관점에서 내려야 한다. 이는 기업의 사고방식에 있어 매우 중요한 변화다. 누커버리지의 디지털 혁신을, 기술을 선택하는 것으로만 추진한다면 성공할 수 없다. 회사 경영진은 사용할 디지털 도구와 사용 방법을 결정하기 전에 조직 구성원의 사고방식과 조직 문화 및 프로세스를 바꾸는 데 중점을 둬야 한다.

당신의 회사와 콘웨이의 법칙

오래 전(아마 1967년) 멀지 않은 은하계(우리 은하계)에서 한 똑똑한 소프트웨어 개발자가 시스템 개발에 있어 피할 수 없는 현실을 제시했다. 법칙으로 알려질 정도로 불가피하다. 그 정말 똑똑한 개발자는 멜 콘웨이$^{Mel\ Conway}$라는 사람이고, 그가 제안한 피할 수 없는 현실은 콘웨이의 법칙$^{Conway's\ Law}$으로 알려져 있다.

> 콘웨이의 법칙: 시스템의 구조는 설계하는 조직의 커뮤니케이션 구조를 닮는다.[콘웨이]

빅볼 오브 머드 시스템이 일반적으로 '우연히 만들어진 아키텍처, 관리되지 않고 성장한 코드, 즉흥적인 수정의 반복'의 특성을 갖는 것은 커뮤니케이션의 문제에서 기인하기 때문에 콘웨이의 법칙과 상당히 관계가 있다. 그리고 비즈니스 이해관계자와 기술 이해관계자 사이의 커뮤니케이션은 많은 사람이 항상 놓치는 주요한 요소다. 이 둘 사이의 커뮤니케이션은 깊이 있는 학습을 통해 혁신을 만들어내는 주요한 요인이다.

> 주장: 소프트웨어를 통한 혁신을 이루려면 무엇보다 커뮤니케이션-학습-혁신으로 이어지는 핵심 경로에 집중해야 한다.

이런 법칙 안에서 현실을 '개선'하는 것이 가능할까? 예를 들어 인간이 만유인력의 법칙에 반해 개선할 수 있는 것은 없다. 우리는 모두 점프하면 떨어진다. 점프해서 떠있는 시간도 계산할 수 있지만 그뿐이다. 어떤 사람은 더 높이, 더 멀리 뛸 수 있긴 하지만 지구의 모든 사람과 동일하게 중력의 법칙을 따를 수밖에 없다.

이런 법칙이 재미있는 것은 만유인력의 법칙과 마찬가지로 콘웨이의 법칙을 넘어서 현실을 개선할 수 있는 방법은 없다는 것이다. 다만 콘웨이의 법칙을 이해하고 피할 수 없는 현실을 더 잘 다룰 수 있도록 자신을 훈련할 수는 있다. 이 법칙의 도전과 가능성을 모두 생각해보자.

커뮤니케이션은 지식에 관한 것이다

지식은 모든 회사에서 가장 중요한 자산이다. 한 조직이 모든 분야에서 최고일 수는 없다. 그러나 특정 전문 분야의 지식에 있어서는 경쟁 우위를 구축할 수 있으므로 핵심 역량을 선택해야 한다.

회사의 지식은 문서와 같은 물리적 산출물이나 소스코드로 구현한 모델 및 알고리듬으로 구체화될 수 있지만, 직원들의 집합적 지식과 비할 바가 아니다. 집합적 지식의 대부분은 개인의 생각에 담겨 있다. 이렇게 외부화되지 않은 지식을 암묵지 tacit knowledge라고 한다. 이는 문서로 작성되지 않은 업무 절차나 개인 각자가 선호하는 작업 방식과 같은 것의 집합이다. 개인의 지식은 기술과 산출물 또는, 회사가 창립된 이래 모아온 문서화되지 않은 영업 비밀이나 역사적, 맥락적 지식과 같은 것들이다.

사람들은 조직 안에서 의사소통을 통해 지식을 교환한다. 따라서 의사소통이 잘될수록 회사의 지식 공유가 더 잘될 것이다. 그러나 지식은 보상 없이 백과사전처럼 입력한다고 공유되는 정적인 것이 아니다. 목표를 염두에 두고 지식을 공유해야 학습이 되고, 집단 학습의 경험은 획기적인 혁신이 될 수 있다.

지식은 산출물이 아니다

지식은 물건을 교환하는 것처럼 전달하는 것이 아니기 때문에 지식 전달은 그림 1.4와 같이 의미 부여와 의미 해석의 조합으로 이뤄진다.[Polanyi]

의미 부여는 사람이 지식을 전달할 때 발생한다. 지식은 정보로 구조화돼 외재화된다.[LAMSADE] 받는 쪽의 사람은 의미 해석 과정을 거친다. 이 개인은 수신한 정보에서 데이터를 추출해 개인 지식을 생성하고 내재화한다. 두 사람이 동일한 정보에 동일한 의미를 부여할 확률은 상호 의사소통의 정확성뿐만 아니라 각자의 과거 경험과 정보를 읽은 문맥에 의해 결정된다.

어떤 사람이 받는 정보가 다른 사람이 전달하고자 하는 것과 정확히 일치한다는 보장은 없다. 구체적인 예를 통해 살펴보자.

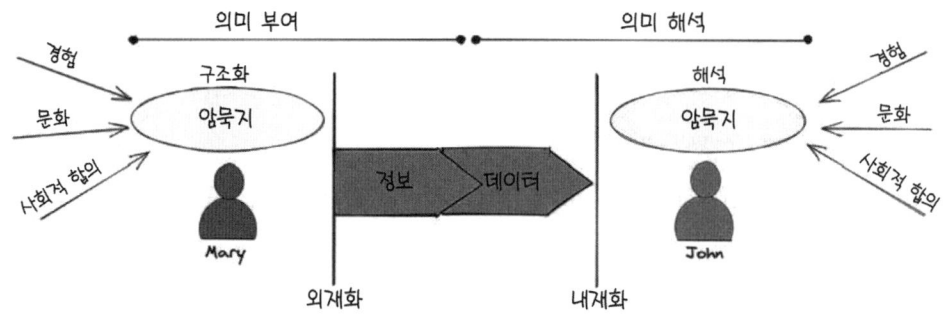

그림 1.4 암묵지의 전달은 감각 전달과 감각 수용의 과정을 통해 이뤄진다.

전화 게임

전화 게임은 특정한 의사소통 구조의 문제를 보여준다. 이 게임을 다른 이름으로 알고 있을 수도 있지만 규칙은 동일하다. 사람들이 줄을 만들고 줄의 한쪽 끝에서 한 사람이 줄의 다음 사람에게 메시지를 속삭인 다음, 메시지가 줄의 마지막 사람에게 도달할 때까지 다음 사람에게 반복되는 식으로 계속된다. 마지막 메시지 수신자는 자신이 받은 메시지를 모두에게 알리고 줄 맨 앞에 있는 사람은 원본 메시지를 공개한다. 물론 재미는 마지막 메시지가 원본 메시지와 다르게 심하게 왜곡되는 데서 나온다.

이 게임에서 가장 흥미로운 점은 의사소통의 모든 지점에서 왜곡이 발생한다는 것이다. 메시지 발신지에 가장 가까운 사람을 포함해 모든 사람이 정확하게 따라 하기 힘든 내용을 듣게 되기 때문이다. 이런 메시지 왜곡 현상은 전달하는 사람이 많을수록 더 심해진다.

이 게임에서는 본질적으로 중계를 하는 모든 사람이 이전 사람의 메시지를 번역해야 하는데, 이는 단 두 사람의 의사소통조차 쉽지 않은 현실을 다시 일깨워준다.

본질적으로 중계된 커뮤니케이션의 모든 지점은 새로운 번역을 생성한다. 이는 단 두 사람의 소통조차 어려운 현실을 일깨워준다. 명확한 메시지를 합의하는 것이 불가능한 것은 아니지만 상당히 어렵다.

실제 비즈니스에서 이런 일이 발생하면 게임도 아니고 재미도 없다. 메시지가 복잡할수록 전달된 메시지가 부정확할 가능성이 더 커진다. 현실에서는 그림 1.5와 같이 중계 지점이 많은 경우가 흔하다. 아주 큰 조직에서는 20개 이상의 계층이 있을 수도 있다. 필자는 사람들로부터 조직의 계층이 너무 많고 구조가 너무 복잡해서 어떤 일이든 의도한 대로 정확하게 달성하는 것이 극도로 어렵다는 얘기를 종종 듣는다.

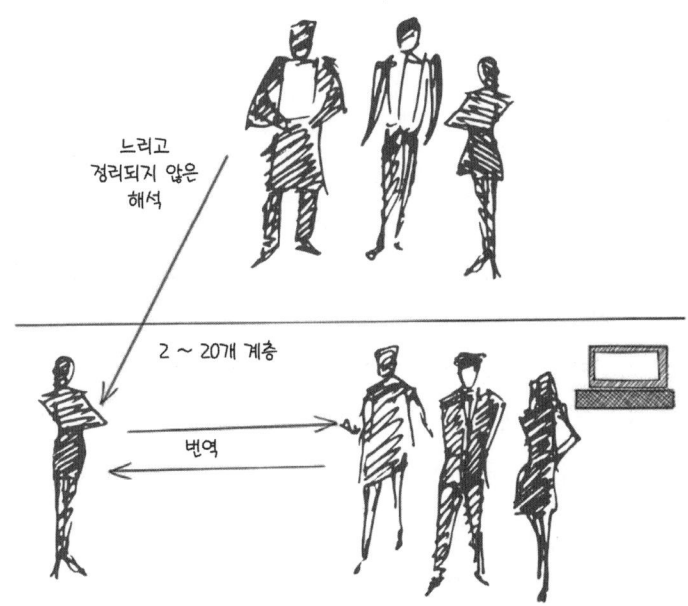

그림 1.5 C-레벨, 프로젝트 관리자, 개발자로의 일반적인 커뮤니케이션 구조

비즈니스에서 이런 일이 발생하면 게임도 아니고 재미도 없다. 물론 메시지가 복잡할수록 부정확성이 더 커질 가능성이 커진다. 그림 1.5와 같이 릴레이 지점이 많이 있는 경우가 많다. 매우 큰 조직에서는 20개 이상의 수준이 있을 수 있다.

저자는 종종 조직의 모든 것이 어느 정도의 정확도로 달성되는 것이 극도로 어려운 것처럼 보이는 계층 구조가 너무 많다는 얘기를 듣는다. 그리고 소프트웨어 개발자들은 그 계층 구조의 가장 끝에서 안타까운 현실에 놀랄 뿐이다.

합의는 어렵다

팀원들의 무관심, 안일함, 환멸, 사기 저하와 같은 부정적인 감정은 극복할 수 있다. 이를 위해서는 팀이 도달 가능한 목표를 수립하고, 팀의 의사소통을 개선하고, 가치 중심으로 소프트웨어를 점진적으로 만들어나갈 수 있는 새롭고 가벼운 기술을 제공해야 한다.

그렇지만 조직의 계층 간 의사소통의 단절과 얘기하는 방식의 차이로 인해 비즈니스와 기술 이해관계자 사이의 거리가 멀어질 수 있다. 조직에서 큰 변화를 만들려고 할 때 의견의 차이가 크면 합의를 이루기 어렵다.

그리고 기술 리더십은 자신의 팀의 일에 대한 비평을 위협으로 느끼거나, 큰 변화가 있을 조짐이 보일 때도 문제가 생길 수 있다. 변화의 필요성이 곡해되면 기술 팀에서 오랫동안 존재했던 것들이 지속 가능하지 않다는 의미로 받아들여질 수 있다. 역사적으로 자주 언급되듯 인간은 자아를 갖고 있고, 열심히 일해서 만들어낸 것에 막대한 투자를 하는 경우가 많다. 자신이 열심히 만든 것에 대한 강한 애착을 흔히 '결혼'이라고 부른다. 결혼과 같이 자신과 긴밀하게 연결된 제도가 깨질 수 있는 것처럼 보일 때 사람들은 종종 지금까지 한 일이나 방식에 집착하는 방어적인 자세를 취한다. 사람들이 이런 상황에서 취하는 완고한 입장을 넘어서는 것은 쉽지 않다.

통상적인 비즈니스에 적합하지 않는 유형의 변화를 강력하게 권고하는 외부의 사람들도 있다. 이 명백한 적군들은 시간 압박과 소프트웨어 부채나 엔트로피에 대한 비난이 상충하는 환경에서 오랫동안 일해야 했던 그들만의 사정을 이해하지 못한다. 기술 리더십은 이런 상황에 대한 불편한 인식을 점점 더 많이 하게 되다가 '경영진의 배신'이 있었다고 생각하게 된다. 결국 새로운 변화에 대한 책임자가 지정되고, 과속 버스가 무자비하게 밀고 나가는 가차 없는 방식으로 기술 부채를 상환하게 될 것이 뻔하다.

기술 리더십이 이러한 불안을 가질 때 그들은 일반적으로 자신의 우려를 지지할 만한 구성원 몇 명에게 털어놓으면서 의심을 더 증폭시킨다. 당연히 그들을 신뢰하는 그 팀원들은 두려움에 떨게 되고, 두려움은 광범위한 저항으로 이어진다.

그러나 불가능하지는 않다

이 문제는 '우리 대 그들'로 불리는 회사 문화에 의해 가장 자주 고착화돼 있다. 이는 의사소통 구조의 문제로 인해 더 심해진다. 그림 1.5를 다시 보면 문제가 보이지 않는가? 이 그림은 '우리 대 그들' 사고방식을 낳는 위계 구조를 보여준다. 지시는 위에서 내려오고, 하위 조직은 단순히 이를 수행할 뿐이다. 이러한 위계 구조를 유지한 채 변화를 기대한다면 경영진은 협력적 변화를 이끌어낼 수 있는 결과를 기대해서는 안 된다.

높은 곳에서 명령이 내려지고 부하가 명령을 수행한다. 이 계층 구조가 유지된다면 경영진은 협력적 변화로 이어지는 결과를 기대해서는 안 된다.

협력적인 변화는 경영진 수준에서 시작되는 리더십에서 비롯돼야 한다. 그러나 경영진의 명령과 통제가 지지받지 못하더라도 기존의 통제 방식을 새로운 통제 방식으로 바꾸는 것만이 능사는 아니다.

팀이 개인보다 대규모 프로젝트에서 훨씬 더 성공적인 경우가 많다. 성숙한 스포츠 팀은 혁신적인 전술서를 만들어 모범적인 플레이들을 지루하지만 오랫동안 정확하게 팀 전체에 전파함으로써 성공하게 된다.

팀처럼 행동하려면 팀이 돼야 한다. 팀의 의사소통은 단방향이 아니다. 팀원은 전술서에서 간과된 것에 대해 제안하거나 또는 명시된 플레이에 이런 저런 움직임을 추가하거나 비효율을 제거하는 것이 좋을 수 있다고 제안할 수 있는 충분한 경험을 갖고 있다. 모든 팀원의 역량과 다양한 관점이 존중받을 때 훨씬 효과적으로 의사소통을 할 수 있다(그림 1.6).

그림 1.6 팀플레이를 해야 의사소통 구조를 최적화 할 수 있다.

최적의 의사소통을 위해 다음 요소를 고려하자.

- 우리와 그들을 나눠 생각하지 말고 모두 우리라고 생각한다.
- 섬김 리더십은 어떤 누구보다도 아래 있어서는 안 된다.
- 전략적인 조직 구조의 힘을 실현해야 한다.
- 누구도 자신의 건설적인 관점을 전달하는 데 위협을 느껴서는 안 된다.
- 긍정적인 영향은 사람들이 건설적인 행동을 하도록 동기를 부여하는 데 중요하다.
- 상호 존중을 바탕으로 비즈니스-기술 파트너십을 형성하는 것이 필수적이다.
- 심도 있는 의사소통, 비판적 사고 및 협력은 파괴적이고 혁신적인 소프트웨어 시스템을 달성하는 데 필수적이다.

이러한 전략적 행동 패턴은 새롭고 새로운 것이 아니라 수세기 전부터 있던 성공적인 조직의 관행이다.

콘웨이의 법칙은 조직의 의사소통 구조가 더 큰 이익을 위해 만드는 방법을 추측하도록 내버려 두지는 않는다. 콘웨이의 논문에서 결론은 다음과 같다.

> 우리는 설계 조직의 구조화에 대한 기준을 찾았다. 설계 작업은 의사소통의 필요성에 따라 조직돼야 한다.
> 가장 처음에 만들었던 설계가 항상 최상의 솔루션은 아니기 때문에 기존 시스템 개념을

변경해야 할 수도 있다. 따라서 효과적인 설계를 위해서는 조직의 유연성이 중요하다. 조직을 간결하고 유연하게 유지한 설계 관리자에게 보상할 방법을 찾아야 한다.[콘웨이]

이러한 아이디어는 그림 1.5에 반영돼 있으며 이 책 전반에 걸쳐 다룬다.

소프트웨어 전략 (다시) 생각하기

좀 더 기술적인 부분을 다루기 전에 여러 번 생각을 해보는 것을 권장한다. 우리가 추구해야 하는 전략적 비즈니스 목표가 무엇인지 이해할 때까지는 시스템의 기술적 특성을 결정하려고 해서는 안 된다. 비즈니스 목표에 대해 여러모로 생각을 해본 후에 시스템 수준의 계획을 세우는 것이 의미와 목적이 있을 것이다.

생각하기

많이 인용되기로 유명한 조지 버나드 쇼(George Bernard Shaw)는 생각하는 것과 관련해 다음과 같이 말했다.

> 나는 당신이 평소에 거의 생각하지 않을 것으로 생각한다. 1년에 두세 번 이상 생각하는 사람도 거의 없다. 나는 일주일에 한두 번 생각하는 것만으로도 국제적인 명성을 얻었다.

물론 우리는 모두 매일 생각하며, 생각 없이 사는 것은 불가능할 것이다. 그러나 쇼의 재미있는 진술은 일반적인 사람들에 대한 흥미로운 사실을 폭로한다. 우리는 삶의 대부분을 반복적인 일들로 보내며, 정기적으로는 일종의 자동 운행 모드를 사용하고 있다고 볼 수 있다. 사람들은 세부 사항에 대해 생각할 필요가 없을수록 자신이 하는 일에 대해 의식적으로 생각하지 않는다. 노인들이 노년기에 의식적으로 지적 활동을 계속하지 않는 한 인지 능력을 잃게 되는 경향이 큰 것도 이런 이유다. 쇼의 말은 사상가들 사이에서 가장 유명한 사람도 깊은 생각은 그렇게 자주 하지 않는다는 것을 의미한다. 그렇다면 지식 근로자들이 깊이 생각하지 않는다는 우려는 맞는 말이라 할 수 있다.

지식 근로자가 자동 운행 모드를 사용하는 경우가 문제인데, 소프트웨어는 실수를 거의 용납하지 않기 때문이다. 특히 소프트웨어에서의 실수는 오랜 기간 동안 해결되지 않은 상태로 남아있게 된다. 소프트웨어 개발자가 각자 주의하지 않으면 기술 부채의 상환이 더뎌지고 규제되지 않은 성장을 허용해서 결국은 편법적인 수리를 반복하는 상황으로 전락한다.

또한 개발자가 비즈니스를 초점에 맞춰 생각하기보다 회사에서 판매하려는 제품을 만드는 것에 집중하는 현상도 우려된다. 새로운 기술의 유행이나 과대광고는 내부의 비즈니스 채널에서보다 외부에서 더 많이 유입된다. 깊이 생각하지 않고 현실에 안주하는 개발자는 기술이 문제를 해결해 주기를 기대한다. 어떤 개발자는 새로운 기술이라는 장난감에 마음이 사로잡히기도 한다. 포모 증후군[FOMO, Fear of Missing Out][6] 현상은 깊게 생각하지 않는 것에서 비롯된다.

그림 1.7 생각하는 리더가 돼라. 많이 생각하고 토론하라.

---

6. 다른 사람들이 나보다 더 재미있고 나은 삶을 지내는 것을 보고, 그것이 나에게는 없을 때 느끼는 심리적 불안감이다. 소셜미디어에서 자신만 소외당할지 모른다는 불안감 때문에 과도한 집착을 보이는 것 역시 이 증후군과 관련이 있다. 본문에서는 유행하는 기술을 나는 알아야 하고, 자랑하고 싶은 마음에 맹목적인 선택을 하는 상황을 뜻한다. – 옮긴이

그림 1.7이 강조하는 것처럼 먼저 적절한 비즈니스 결정을 내리고 기술 결정을 내릴 때 시스템 사양을 세부적으로 검토하는 것이 필수적이다. 다음은 몇 가지 동기 부여를 위한 검토 항목이다.

- **우리는 무엇을 하고 있는가?** 아마도 기한을 맞추기 위해 품질이 낮은 소프트웨어를 배포하고 있을 것이다. 이런 소프트웨어는 나중에 리팩토링하기 어려울 뿐더러 리팩토링을 계획하고 있지 않을 가능성도 높다. 개발 팀은 더 새롭고 인기가 많은 아키텍처를 솔루션으로 대대적인 재개발을 추진하고 있을지도 모른다. 비슷한 상황에서 유명한 아키텍처를 기존 시스템에 적용하는 데 실패했거나, 적용한 후에 유지 관리하는 데 실패한 개발 팀이 많다는 사실을 간과하지 말라.
- **우리는 그런 일을 왜 하고 있을까?** 보유 중인 소프트웨어를 솔루션으로 판매하라는 외부인의 조언은 작동만 하고 존재의 이유가 없는 소프트웨어를 보완하는 것보다 훨씬 더 매력적으로 들릴 것이다. 또한 FOMO[7] 및 CV 주도 개발[8]은 좋은 개발 기술을 연마하는 것보다 더 매력적일 수 있다. 그러나 특정 아키텍처 또는 기술이 실제 비즈니스 및 기술 요구 사항에 의해 정당화되는지 반드시 확인해야 한다.
- **모든 것을 생각하자.** 모든 학습은 찬성과 반대 의견 모두에 대해 비판적 사고로 검토돼야 한다. 확고한 의견을 갖고 가장 큰 소리로 말하는 것만으로는 증거가 되지 않는다. 정보에 입각한 방식으로 명확하고, 광범위하고, 깊이 있고, 비판적으로 생각하는 것은 매우 중요하다. 이는 심오한 학습으로 이어질 수 있다.

---

7. 포모(FOMO, Fear Of Missing Out)는 본래 마케팅 용어였으나 사회병리 현상을 설명하기 위한 심리학 용어로도 사용된다. 포모는 '놓치거나 제외되는 것에 대한 두려움', 또는 '자신이 해보지 못한 가치 있는 경험을 다른 사람이 실제로 하고 있는 것, 또는 정확히 확인되지 않았지만 그렇게 보이는 상황에 대한 막연한 불안감'에 대해 묘사할 때 주로 사용된다. - 옮긴이
8. CV(이력서, Curriculum Vitae) 주도 개발(CDD)은 어떤 문제를 해결할 때 특정 기술이 합리적인지보다 프로그래머의 이력서를 향상시킬 설계 및 개발 선택을 우선시하는 소프트웨어 개발 프로세스다. - 옮긴이

깊은 생각을 통해 우리는 소프트웨어 개발에 의한 전략적 차별화에 대한 접근 방식을 다시 생각할 수 있게 된다.

다시 생각해보기

고대 히포크라테스 선서[9]에는 "해로움이 없게 하라"는 문구가 포함돼 있다고 한다. 이는 의학뿐만 아니라 소프트웨어 엔지니어링을 포함한 다른 분야에서도 관련이 있는 것 같다. 레거시 시스템은 바로 유산이다. 유산은 가치, 즉 상속된 가치를 의미한다. 결국 가치가 없다면 그것은 유산이 아니며 폐기됐을 것이다. 지속적이고 광범위하게 사용되는 시스템은 대체하기 어렵다. 소프트웨어 전문가들은 경영진이 잘 이해를 못한다고 생각하지만, 경영진들은 수익을 창출해 왔고 지금도 수익을 내고 있는 시스템에 대한 수십 년간의 투자가 훼손되면 안 된다고 생각한다.

물론 막대한 부채와 엔트로피가 현재 시스템을 계속 작동하게 하는 책임이 있는 사람이나 궁극적인 교체를 적극 권장하는 사람의 잘못이 아닐 수도 있다. 솔직히 말해 많은 레거시 시스템은 은퇴할 때 약간의 도움이 필요하다. 레거시 시스템이 증손자가 있을 정도로 나이가 많은 사람이나 더 이상 우리와 함께 살지 않는 사람들이 만든 구식 프로그래밍 언어, 기술, 하드웨어로 만들어진 시스템일 경우는 특히 더 그렇다. 오래된 데이터베이스를 사용하고 메인프레임에서 실행되는 코볼^{COBOL}과 같은 소프트웨어도 마찬가지라는 것을 이 책의 필자들도 부정하지 않았다.

C나 C++로 구축된 비즈니스 시스템도 위 사례와 비슷하다. 이 시스템들이 구축될 당시에 C나 C++가 코볼보다 더 나은 선택이었다. 이런 선택의 장점은 당시에 256K ~ 640K 정도로 RAM 사용이 제한된 PC용 소프트웨어가 많이 만들어져야 했는데, C 프로그램은 메모리 공간이 적게 필요하다는 것이었다. 폭스프로^{FoxPro}나 소외된 델파이^{Delphi}나 유일하게 완전히 사장된 비주얼 베이식^{Visual Basic} 언어와 같은 더 이상 지원되지 않는 구식 언어와 기술을 기반으로 구축된 시스템도 있었다.

---

[9]. "해로움이 없게 하라"라는 히포크라테스 선서가 오늘날에도 여전히 적절하고 적용 가능한 것으로 간주되는지, 이 구체적인 진술이 언제 나왔는지는 논외로 한다. 많은 의사가 여전히 이 선서를 중요하게 생각한다.

레거시 시스템을 교체할 때의 주요 문제는 교체하는 과정에서 기능이 누락되거나 이전에 작동했던 기능이 손상되는 것이다. 또한 레거시 시스템이 지속적으로 변경될 때나 아주 느린 속도로 변경될 때도 역시 시스템의 교체는 일어나게 된다. 시스템 변경은 꼭 새로운 기능의 추가를 의미하는 것은 아니다. 일상적인 코드 패치나 데이터 저장을 의미할 수도 있다. 움직이는 표적을 교체하는 것은 어렵다. 소프트웨어가 마땅히 받아야 할 관리를 받지 못해 안 좋은 상태에 있다는 것은 말할 것도 없다. 표적이 움직이고 있는데, 열심히 총을 쏠 때가 돼서야 갑자기 세심한 주의를 기울인다면 당연히 표적을 못 맞출 가능성이 크다.

적절한 현대적인 아키텍처, 기술, 프로그래밍 언어를 사용해서 시스템을 교체한다고 변경 작업이 덜 위태로운 것은 아니다. 많은 사람이 현재 코드를 버리고 완전히 새롭게 구현해서 끝내는 것이 유일한 방법이라고 결론을 내린다. 이렇게 완전한 변경 전략을 옹호하는 사람들은 변경 요구로 인한 방해를 받지 않고 위업을 달성하기 위해 최소 몇 달의 시간이 필요한 것이 일반적이다. 이런 요청은 최소 몇 개월 동안은 움직이는 표적을 정지시키는 것을 의미한다. 그러나 이미 언급했듯이 모든 시스템은 어느 정도의 코드와 데이터 패치가 계속 필요할 가능성이 크다. 변경을 보류해달라는 요구를 받아들인다면 과연 얼마의 기간 동안 보류해야 할까?

선택의 여지가 없을 때

필자 중 한 명은 플랫폼의 구현 방식을 개선하기 위한 레거시 소프트웨어의 대대적인 변경에 참여했다. 예를 들어 MS-DOS의 그래픽 유저 인터페이스(GUI)로 구현된 대규모 시스템을 마이크로소프트 윈도우 API 기반으로 변경하는 것을 생각해보자. 문제에 깊이 파고들기 전에 생각하기 어려운 정말 까다로운 것은 두 플랫폼의 API가 매개변수를 바꿀 수 있다는 것이다. 예를 들어 한쪽 GUI의 API에서 X, Y 좌표계가 변경됐다고 해보자. 두 API 사이에서 데이터를 번역하는 중 어느 하나라도 누락되면 추적하기 굉장히 어려운 문제가 발생할 수 있다. 이런 '매우 어려운' 문제는 실제로 수개월의 조사가 필요했다. C/C++ 프로그램이 복잡한 원인 중 가장 큰 부분은 잘못된 메모리 참조로 인해 메모리를 잘못 덮어쓰는 것뿐만 아니라 때때로 매번 다른 방식으로 메모리를 덮어쓰는 안전하지 않은 메모리 공간이다. C/C++의 이런 특성 때문에 기괴한 메모리 액세스 위반이 여러 가지 신비한 방식으로 발생했다.

물론 이런 문제들은 오늘날의 현대화된 프로그래밍 환경에서는 일반적인 문제가 아니다. 현대 프로그래밍 언어는 대부분 이러한 특정 유형의 오류를 방지하도록 설계돼 있다. 하지만 여전히 예측할 수 없는

> 잠재적인 문제가 남아 있다. 이런 예측 불가의 합병증을 처리하기 위해 문제에 '뛰어들어서, 분해하고, 새로운 것을 코딩하는' 데 요청했던 '개월 수'의 많은 부분을 소모하게 된다. 대규모 시스템 전환은 항상 생각보다 어렵고 시간이 오래 걸린다.

이런 사례에서 다시 생각해봐야 할 여지는 어디 있을까? 레거시 시스템의 탈출구를 없애 버리면 큰 피해가 발생할 것이다. 방대한 문제에 대한 주먹구구식 대응은 엄청난 문제로 대체되거나 또 다른 엄청난 문제가 생기는 것으로 끝날 가능성이 높다. 빅볼 오브 머드가 기업의 표준이 되면 경쟁력이 마비된다. 치료를 통한 건강 회복의 희망이 있다면 먼저 환자가 숨부터 쉴 수 있어야 한다. 시스템의 재구현에 뛰어들 방법을 찾을 필요는 있지만 물이 많이 튀는 다이빙 자세를 취해서는 안 된다. 파장을 줄이기 위한 방법과 전략이 필요하다.

아직 고려되지 않은 것을 통해 새로운 학습의 기회를 만들 수도 있다. 원래 비주얼 베이식으로 구현된 대규모 시스템을 C#으로 다시 작성하면 전략적 관점에서 배울 것은 전혀 없다. 한 고객은 코볼 레거시 시스템의 교체 작업에서 40년에 걸쳐 개발된 비즈니스 규칙의 70%가 쓸모없게 된 것을 발견했다. 그러나 여전히 코볼 코드로 작성된 시스템을 사용하고 있기 때문에 이를 처리하기 위한 인지 부하가 필요했다. 이제 레거시 시스템에 담겨 있는 정보를 배우지 않고 코볼에서 현대 아키텍처, 프로그래밍 언어 및 기술 세트로 이러한 모든 비즈니스 규칙을 변환하는 데 시간과 노력을 투자한다고 상상해보자. 이 변환 작업은 불필요한 재작업을 제외하더라도 최소 몇 년은 필요한 복잡한 프로젝트다.

이전에 소개한 동기 부여 체크리스트에 더해 다음 질문은 중요한 전략적 학습의 필요성을 강조한다.

- **사업 목표와 전략은 무엇인가?** 전략적 이니셔티브에 포함된 모든 소프트웨어 기능에는 핵심 비즈니스 목표의 달성을 측정할 수 있는 추적 방법이 있어야 한다. 이를 달성하기 위해 (1) 비즈니스 목표, (2) 해당 목표 달성이 영향을 끼치는 대상 시장 부문(개인 및/또는 그룹), (3) 대상 시장 부문에서 이뤄져야 하는

영향을 명시한다. 필요한 영향을 이해하기 전에는 필요한 소프트웨어 기능이나 특정 요구 사항의 범위를 식별할 방법이 없다. 전략적 목표와 영향을 파악하기 위한 도구는 이 책의 뒷부분에서 설명한다.

- **우리는 왜 이것을 하지 않을까?** 기술에서 전략적 결정을 내릴 때 고려해야 하는 또 다른 중요한 용어가 있다. "필요하지 않을 것이다"[YAGNI, You Aren't Gonna Need It]다. 이 용어는 팀이 현재 불필요한 비즈니스 기능의 개발을 방지하는 데 도움이 되며, 그렇게 해야 하는 데에는 충분한 이유가 있다. 불필요한 소프트웨어를 제공하는 데 시간과 돈을 쓰고 위험을 감수하는 것은 잘못된 선택이다. 불행히도 YAGNI를 선언하는 것은 이와 반대되는 관점을 나쁜 시각으로 만드는 수단이 됐다. YAGNI를 비장의 카드로 잘못 사용하면 팀의 충성도를 얻거나 획기적인 학습 기회를 얻을 수 없는 문제가 있다. 때때로 '필요하지 않은' 일부 기능을 구현하지 않는 것은 엄청난 실수다. 그런 기능을 개발하지 않음으로 인해 혁신적 차별화로 이어질 수 있는 돌파구가 당장 사라진다면 오히려 기회나 손실을 인식하고 깊이 생각해야 하는 전략가의 능력에 문제가 있거나 기회를 놓친 것일 가능성이 크다. 사실, 후속 토론을 위한 여지를 절대적으로 거부하는 행동은 혼동된 상황에서 가장 생각이 약한 사람을 보여주는 반증이다.

- **우리가 새로운 것을 시도할 수 있을까?** 팀은 어떤 전략이 목표한 시장에서 효과가 있을 것이라는 점에 동의하거나 동의하지 않을 수 있다. 전략에 대한 시장의 반응을 절대적으로 예측하는 것은 대부분 불가능하다. 시장의 반응을 정확하게 측정하려면 시장에 비즈니스 아이디어를 시도할 기회를 줘야 한다. 실험의 과학을 사용하는 것은 전략의 실제 가능성과 한계를 이해하는 유일하고 진정한 방법을 제공할 수 있다. 그러나 새로운 것을 시도하기 위해 기존의 멘탈 모델에서 벗어나 생각하는 것이 항상 쉬운 것은 아니다. "사람들이 어떤 멘탈 모델에 묶여 있을 때, 특히 그것이 무의식적이거나, 문화나 기대와 엮여서 사람들을 얼마나 억제하고 있는지 알 수 없는 경우에는 깨닫기가 매우 어렵다."[Brabandère]

- **서비스 수준의 요구 사항은 무엇인가?** 일단 합리적인 전략적 비즈니스 목표가

이해되면 관련된 팀은 반드시 내려야 하는 아키텍처 결정을 식별하기 시작할 수 있다. 후보 아키텍처 결정은 서비스 수준 요구 사항에 따라 달라진다. 아키텍처의 일부 세부 사항에 대한 결정을 지연시키는 것은 이점이 있는 경우가 많기 때문에 팀은 솔루션에 너무 빨리 정착해서는 안 된다. 예를 들어 팀이 어떤 문제를 해결하기 위해 마이크로서비스 아키텍처가 필요하다는 확신이 생겼다. 그러나 네트워크에서 분산된 서비스 도입을 연기하면 분산 컴퓨팅으로 인한 오버헤드에 대처하는 것보다 실제 비즈니스에 집중하는 데 도움이 될 수 있다(2장의 '배포는 마지막에' 절 참고).

다시 한 번 생각해보는 것은 중요한 단계이며 옳게 느껴진다. 다차원적이고 비판적으로 사고하고, 평범한 입장에서 새로운 전략적 관점으로 관점을 바꿔 다시 생각해보는 이점이 있다.

그러나 모든 레거시 모놀리스Monolith가 반드시 빅볼 오브 머드 시스템 형태라고 결론을 내릴 필요는 없다. 대다수는 확실히 빅볼 오브 머드 시스템이지만 이러한 판단을 내리기 전에 신중하게 생각해야 한다.

모놀리스 시스템은 나쁜 것인가?

지난 몇 년 동안 소프트웨어에 적용된 모놀리스 및 모놀리스로 된Monolithic이라는 단어는 매우 부정적인 의미를 갖게 됐다. 그럼에도 모놀리틱 레거시 시스템의 대다수가 빅볼 오브 머드의 상태가 됐다고 해서 모든 레거시가 필연적으로 그렇게 된다는 것은 아니다. 문제는 모놀리스 자체가 아니라 진흙이다.

모놀리스라는 용어는 단순히 전체 애플리케이션 또는 전체 시스템의 소프트웨어가 둘 이상의 서브시스템을 하나의 컨테이너에서 동작하게 설계했다는 것을 의미한다. 모놀리스 컨테이너는 종종 전체 애플리케이션 또는 시스템의 모든 또는 대부분의 서브시스템을 보유한다. 시스템의 모든 부분이 하나의 컨테이너에 보관되기 때문에 독립형self-contained으로 설명하기도 한다.

모놀리스의 내부 아키텍처는 서로 다른 서브시스템의 구성 요소를 서로 격리하게 설계할 수 있지만 서브시스템 간의 통신 및 정보 교환 수단을 제공할 수도 있다. 그림 1.8은 그림 1.1과 동일한 2개의 서브시스템을 보여주지만 두 서브시스템 모두 모놀리식 컨테이너 내부에 있다.

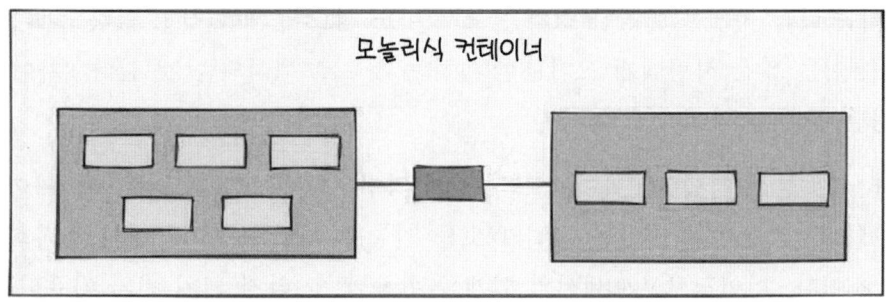

그림 1.8 전체 시스템의 일부를 보여주는 모놀리식 컨테이너. 전체를 구성하는 여러 서브시스템 중 2개만 여기에 표시했다.

그림 1.1에서는 2개의 서브시스템이 2개의 프로세스에서 물리적으로 서로 분리돼 있고, 네트워크를 통해 통신한다고 가정했다. 이 그림은 분산 시스템을 의미한다. 그림 1.8에서 동일한 두 서브시스템은 물리적으로 동일한 프로세스에서 함께 있으며 프로그래밍 언어의 메서드나 함수와 같은 간단한 프로세스 내 통신 메커니즘을 통해 정보 교환을 수행한다.

궁극적인 시스템 아키텍처가 마이크로서비스가 되더라도 모놀리스로 시작하는 시스템에는 이점이 있다. 서브시스템 간에 네트워크 연결이 없으면 초기에 불필요하고 상당히 비생산적인 많은 문제를 피할 수 있다. 또한 모놀리스를 사용하는 것은 강한 결합이 우려되는 서브시스템 간에 느슨한 결합에 대한 필요성을 파악할 수 있는 좋은 방법이다. 마이크로서비스 아키텍처로의 전환을 계획하고 있다면 궁극적으로 결합이 실제로 얼마나 느슨한지 알게 될 것이다.

일부 사람들은 분산 마이크로서비스 아키텍처가 목표인 경우에 초기 개발에 모놀리식 아키텍처를 사용하는 접근 방식에 반대하지만 이 주제는 이 책의 2부 및 3부에서 다룰 예정이니 그때까지 판단을 보류할 것을 권장한다.

마이크로서비스는 좋은 것인가?

마이크로서비스라는 용어는 여러 가지를 의미하게 됐다. 한 가지 정의는 마이크로서비스가 100줄을 넘지 않아야 한다는 것이다. 100줄이 아니라 400줄이라고 주장하는 사람도 있고 1,000줄이라고 주장하는 사람도 있다. 이런 식으로 마이크로서비스라는 이름 자체를 반영한 정의는 모두 어느 정도 문제를 갖고 있다. '마이크로'라는 용어는 많은 사람에게 크기를 의미하는 것으로 해석되는 것 같다. '마이크로'는 정말 무엇을 의미하는 걸까?

컴퓨터 CPU를 설명할 때 '마이크로'의 전체 명칭은 마이크로프로세서다. 마이크로프로세서의 기본 아이디어는 CPU의 모든 기능을 하나 또는 몇 개의 집적회로에 담는 것이다. 마이크로프로세서의 설계를 활용할 수 있게 되기 전의 컴퓨터는 일반적으로 많은 집적회로로 구성된 여러 회로 기판에 의존했다.

그러나 마이크로프로세스라는 용어가 집적회로나 트랜지스터의 규모로 개념을 설명하지 않는다는 것에 유의하자. 그림 1.9는 사용 가능한 가장 강력한 CPU 중 하나가 여전히 마이크로프로세서라는 점을 보여준다. 예를 들어 28코어 Xeon Platinum 8180에는 80억 개의 트랜지스터가 있다. Intel 4004에는 2,250개의 트랜지스터가 있었다(1971년). 그러나 둘 다 마이크로프로세서다.

그림 1.9 Intel Xeon은 가장 강력한 최신 마이크로프로세서 중 하나다. '너무 많은 회로와 트랜지스터'를 갖고 있기 때문에 마이크로프로세서가 아니라고 말하는 사람은 아무도 없다.

마이크로프로세서의 제한은 일반적으로 목적에 따라 설정된다. 즉, 어떤 마이크로프로세서 유형이 다른 유형과 같은 성능을 제공할 필요가 없다. 전력 자원이 제한된 소형 장치에 사용해야 할 경우의 마이크로프로세서는 전력 소모가 적어야 한다. 또한 단일 마이크로프로세서의 성능(성능이 뛰어난 모델 중 하나라도)이 특정 컴퓨팅 환경에 충분하지 않은 경우 그 컴퓨터에는 여러 개의 마이크로프로세서가 제공된다.

마이크로서비스를 코드의 줄 수로 정의하는 또 다른 문제는 프로그래밍 언어마다 특정 시스템 기능을 지원하는 데 필요한 코드의 줄 수가 다르다는 것이다. 마이크로서비스의 크기를 100줄 이내로 정의한다고 할 때 자바^{Java}의 경우와 루비^{Ruby}의 경우가 다르다. 자바가 루비보다 코드가 33% 더 많이 필요한 경향이 있기 때문이다. 자바 대 클로저^{Clojure}의 대결에서는 자바가 약 360% 더 많은 코드가 필요하다.

그리고 더 요약해서 말한다면 아주 작은 마이크로서비스를 만들 때 다음과 같은 여러 가지 단점이 있는 것으로 나타났다.

- 마이크로서비스의 수가 수백, 수천, 심지어 수만까지 증가할 수 있다.
- 종속성에 대한 이해가 부족할 때 변경 사항을 예측할 수 없다.
- 변화를 예측할 수 없으면 변경을 하지 않거나 폐기하게 된다.
- 유사한 기능을 복사-붙여 넣기 하면서 더 많은 마이크로서비스가 생성될 수 있다.
- 마이크로서비스가 계속 증가하면서 종종 쓸모없어지는 마이크로서비스로 인해 비용이 증가한다.

이러한 단점들은 주로 시스템의 결과물이 원했던 만큼 깨끗한 분산 시스템이 아닐 가능성이 있음을 시사한다. 이 장의 배경을 보면 문제의 정의가 분명해야 한다. 본질적으로 그림 1.10에서 보면 아주 많은 작은 마이크로서비스들이 모놀리식 빅 볼 오브 머드와 같은 상황을 만들었다. 모놀리식 빅볼 오브 머드 시스템에서 경험했던 것과 똑같은 문제, 즉 즉흥적인 아키텍처, 규제되지 않은 성장, 편법으로 반복되는 수정, 난잡하게 공유되는 정보, 중요한 정보가 전역에 공유되고 중복되는 것과 같은 문제를 만드는 시스템을 이해해줄 사람은 아무도 없다.

이러한 문제를 해결하기 위해 추가적인 노력도 할 수 있고 다양한 솔루션도 있지만 일반적으로는 마이크로서비스마다 완전히 개별의 컨테이너를 배포하지 않는 것으로 해결한다.

마이크로서비스를 나눈 기준으로 가장 좋은 방법은 크기가 아니라 목적을 정의하는 것이다. 마이크로서비스는 모놀리스에 비해 작지만 우리가 제공하는 지침은 아주 작은 마이크로서비스를 구현하지 않는 것이다. 이러한 사항은 나중에 이 책의 2부에서 자세히 설명할 것이다.

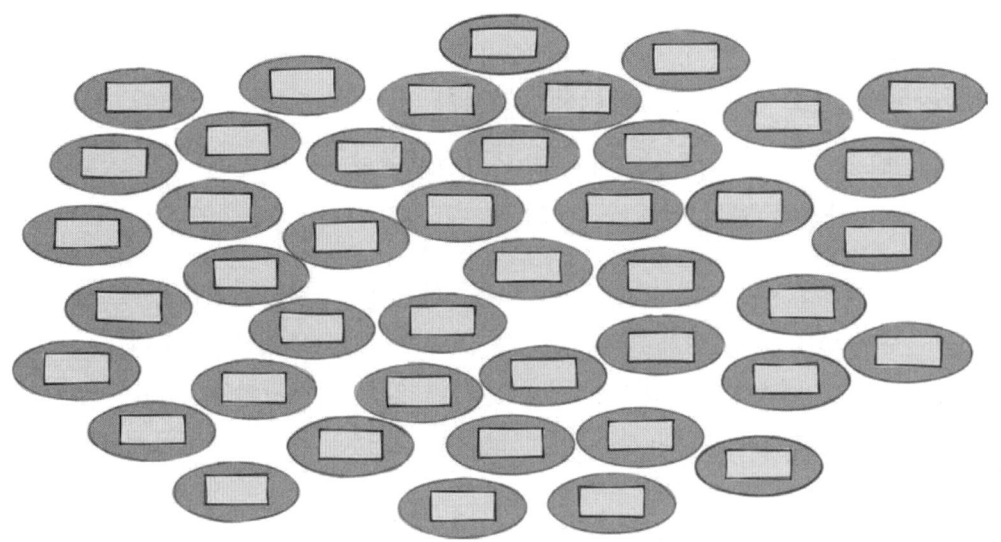

그림 1.10 아주 작은 많은 마이크로서비스를 만들면 결국 분산된 빅볼 오브 머드 시스템를 얻게 된다.

▌애자일을 비난하지 말라

1969년 영화 <If It's Tuesday, This Must Be Belgium(오늘이 화요일이라면 여긴 벨기에가 확실해)>에서 여행 가이드가 미국인 그룹을 이끌고 유럽 전체를 대충 훑어가면서 빠르게 여행하는 내용이 있다. 이런 방식의 여행은 아마 많은 사람이 겪어봤을 것이다.

애자일^{Agile} 소프트웨어 개발에서도 비슷한 여행이 발생할 수 있다. "지금 오전 10시이고 우리는 데일리 스탠드업을 하고 있다. 우리는 애자일을 해야 하니까." 데일리

스탠드업을 형식적으로 실행하면 가치 있는 프로젝트 커뮤니케이션 도구가 형식적인 행사로 바뀌게 된다. Scrum.org에서 <Agile: Methodology or Framework or Philosophy(애자일: 방법론 또는 프레임워크 또는 철학)>라는 주제를 읽어보면 정말 눈이 번쩍 뜨이게 된다. 이 글을 쓰는 시점에 이 게시물에는 약 20개의 댓글이 달렸고 다양한 답변이 있었다.[10] 이 문제에 대한 합리적인 질문은 "애자일이 왜 중요하냐"이다.

최근 애자일 소프트웨어 개발이 많은 비판을 받고 있다. 대부분의 비판은 며칠간의 교육 후에 마스터리 인증$^{mastery\ certification}$을 얻을 수 있는 특정 프로젝트 관리 방법론에 대한 현실적인 우려다. 애자일 자격증을 쉽게 취득하는 것과 애자일에 대한 비판은 관련이 크기 때문이다. 애자일 소프트웨어 개발이 추구하는 바를 감안하면 참 슬픈 일이다. 스스로 애자일 방법론을 사용하거나 애자일하다고 주장하는 업계의 대부분은 이전 Scrum.org에서 언급돼 있듯 애자일을 제대로 정의하지 못하고 있다.

원래의 애자일 철학은 형편없는 소프트웨어 개발자를 좋은 소프트웨어 개발자로 만들겠다고 약속한 적이 없다. 애자일이 약속을 한 적이 있는가? 애자일 방식으로 소프트웨어를 개발하려는 마음가짐(애자일 선언$^{Agile\ Manifesto}$)이 있고 그 뒤에 역사가 있다.[Cockburn] 애자일은 개발자가 그러한 사고방식을 받아들이게 만들 수도 없다.

한 가지 문제를 생각해보자. 애자일 소프트웨어 개발의 아이디어는 애자일에 대한 접근 방식을 사전적인 의미인 민첩함으로 볼지 아니면 고유한 '애자일' 방식으로 볼지에 대한 논쟁으로 축소됐다. 사실 우리는 애자일을 그냥 '접근법'이라고 부르는 것만으로도 비난을 받을 수 있다. 따라서 이제부터는 '애자일'을 더 이상 '애자일'이라고 하지 않고 #애자일이라고 지칭할 것이다. 이 용어는 애자일의 가능한 많은 쓰임을 표현하기 위한 것이다. 그러니 각 개인이 #애자일의 철자를 어떻게 선택하든 소프트웨어 개발자는 #애자일이 가져다주는 것보다 더 많은 것을 #애자일로부터 얻어야 한다.

---

10. 3가지 옵션의 순열을 조합한 경우의 수가 6개라는 점을 감안하면 20개의 답변만 달려 있다는 사실이 더 이상해 보인다.

두 번째 문제를 생각해보자. 굉장히 복잡해 보이지만 어떻게 보면 상당히 간단한 개념이다. 예를 들어 #애자일의 용어와 적용 단계는 지하철 노선도를 비유해 표현할 수 있다. 최소한 하나의 컨설팅 회사는 뉴욕시 또는 런던 지하철 시스템의 지도 형태로 #애자일 접근 방식을 설명할 것이다. 지하철 노선도의 임의의 곳으로 이동하는 것이 매우 복잡하지 않기도 하지만, 대부분의 사람은 아침에는 직장에 가고 저녁에는 집에 오는 식으로 일상적인 이동 경로 때문에 지하철 노선도 전체를 보고 다양한 경로를 고민하지는 않는다.

이는 참으로 불행한 일이다. 많은 사람이 #애자일의 개념을 납치해서 엉뚱한 곳으로 옮겨 버리거나 피상적으로 여행하는 것 같다. 훨씬 간단하게 사용해야 한다. #애자일에서 일하는 것은 협업, 전달, 반영, 개선의 4가지로 요약돼야 한다.

[Cockburn-Forgiveness]

현재 상황과 관련도 없는 상태로 정교한 경로를 결정하기 전에 개발 팀은 다음 4가지 기본 단계를 통해 출근하고 집으로 돌아가는 방법을 배워야 한다.

1. **목표를 식별한다.** 목표는 개별 작업보다 크다. 소프트웨어가 소비자에게 미치는 영향을 찾으려면 협업이 필요하다. 이렇게 협업을 통해 만든 소프트웨어의 영향은 소비자의 행동을 긍정적으로 변화시킨다. 이런 유형의 팀은 소비자들이 필요로 하는 것을 파악하고 있다 그들이 필요성을 깨닫기도 전에 말이다.

2. **짧은 기간의 반복^{iteration}을 정의하고 구현한다.** 반복은 원하는 결과에 더 가까운 결과를 지속적으로 만들고자 일련의 작업을 되풀이하는 것이다. 반복할 작업을 식별하려면 팀이 협력해야 한다. 프로젝트의 압박, 피할 수 없는 방해 요인, 하루의 끝이나 한 주의 끝을 포함해서 집중할 수 없는 시간을 감안해 팀은 작업 내용을 쉽게 기억하고 파악할 수 있는 규모로 제한해야 한다.

3. **적당한 가치가 달성되면 증분^{increment}을 배포한다.** 증분은 특히 수량이나 가치 면에서 새로 얻거나 추가된 것, 또는 무언가가 변화한 정도나 양을 의미한다. 하루를 일한 것만으로 가치를 사용자에게 전달할 수 없었다고 해도, 적어도 가치를 향한 증분은 만들 수 있다. 그리고 한 팀은1 ~ 2일 정도의 작업을

마치면 그것을 모두 합쳐서 가치를 배포하거나 전달할 수 있어야 한다.

4. **결과를 검토하고 기술 부채를 기록한 후에 다시 1단계부터 반복한다.** 이제 달성한 (또는 달성하지 못한) 개선 내용을 반영한다. 증분이 의도한 대로 중대한 영향을 미쳤는가? 성공적이지 않은 경우에 팀은 다른 가치를 가진 증분을 만들고자 새로운 반복을 한 세트 더 실행할 수 있다. 성공적인 경우에는 팀은 성공의 이유를 기록해둔다. 중요한 가치를 전달하게 되더라도 점진적인 결과가 팀이 완전히 성공했다는 느낌을 주지 않는 것은 아주 정상이다. 짧고 반복적인 구현은 팀이 학습할 기회를 주고 문제 영역에 대한 더 명확한 이해를 할 수 있게 해준다. 반복은 시간제한이 있어서 현재 결과를 즉시 리모델링하거나 리팩토링할 충분한 여유 시간을 주지는 않는다. 이때 남은 작업들은 부채로 기록한다. 부채는 다음 반복에서 해결할 수 있으며, 한층 향상된 가치를 제공할 수 있게 된다.

너무 앞서가는 계획은 목표와 실행에 있어 갈등을 낳는다. 또한 너무 빨리 진행하면 부채를 의도적으로 무시하거나 기록하는 것을 잊어버리게 된다. 큰 압박을 받을 때 팀은 부채를 제때 갚지 못할 수도 있다.

필수적인 #애자일에 대한 이 간략한 개요에서 식별된 몇 가지 단계를 사용해서 팀을 훨씬 더 발전시킬 수 있다. 이것이 실험이 제공하는 사고방식이며 #애자일이 기본적으로 있어야 하는 것이다. #애자일보다 #애자일을 통해 더 많은 것을 얻을 수 있다.

▍진전 없이 머물지 않기

빅볼 오브 머드에 갇힌 채 기술적으로 복잡한 우회로를 택한 회사는 문제를 풀고 탈출구를 찾아야 한다. 은색 총알과 같은 만능 해결책은 없다. 하지만 회사에서 써먹을 만한 해결책이 있긴 하다.

기술 부채가 커지고 소프트웨어의 엔트로피 수준이 최대치에 도달했을 때 처음엔 품질이 좋았던 소프트웨어가 그 정도까지 부식되고 정상 궤도를 이탈하는 데는 몇 년이나 수십 년이 걸린다. 이 혼란에서 진전을 이루려면 시간이 걸릴 것이다. 그렇더라도 큰 변화를 만드는 것이 시간이나 돈을 낭비하는 것은 아니다. 이 주장에 대한 2가지 이유를 생각해볼 수 있는데, 둘 다 손실이 날 곳에 계속 투자하기로 한 형편없는 결정에서 비롯된다.

- **결정의 심층적 확정**^{Escalation of commitment}: 이것은 결정, 행동 또는 투자로 인해 점점 더 부정적인 결과에 맞닥뜨린 개인이나 집단이 진로를 변경하지 못하고 잘못된 행동을 계속하는 인간 행동 패턴을 말한다. 행위자는 이전의 결정과 행동을 유지한 채로 비합리적인 행동을 지속하게 된다.[EoC]
- **매몰 비용의 오류**^{Sunk cost fallacy}: 매몰 비용은 더 이상 미래에 대한 결정과 관련이 없는 과거에 지불한 금액이다. "매몰 비용은 실제로 사람들의 결정에 영향을 미치며 사람들은 투자(예: 매몰 비용)으로 인한 추가 지출이 정당하다고 믿는다. 사람들이 '일단 돈, 노력, 시간을 투자한 곳에 노력을 지속해서 쏟는 경향이 더 크다'는 것을 의미한다. 이러한 행동은 '손절매'로 표현할 수 있는 굴복을 거부하고 '좋은 돈을 나쁜 곳에 버리는 것'으로 표현할 수 있다."[SunkCost]

이것은 기존 시스템의 일부 문제를 해결하는 것이 매몰 비용 오류를 쫓는 행동과 동일하다는 것을 의미하지는 않는다. 요점은 부채가 많고 엔트로피가 거의 최대인 기존 시스템을 그대로 유지하는 것은 감정적 관점과 재정적 입장 모두에서 손실을 보는 제안이라는 것이다.

팀이 진흙 얼룩 부분을 영웅적으로 물리치는 동안에도 시간은 멈추지 않고 변화도 멈추지 않을 것이다. 피할 수 없는 변화가 계속되는 상황에서도 진흙 속으로 더 깊이 가라앉지 않고 전진하는 것은 절대적으로 필요하다. 이러한 조건에서 성공하려면 분산 컴퓨팅보다 태도가 더 중요하다. 긍정적인 태도는 자신감을 통해 개발되며, 이 책의 나머지 부분에서는 전략적 혁신을 달성하기 위해 자신감을 갖고 한 걸음을 더 나아가는 데 필요한 여러 도구와 기술을 제공할 것이다

정리

1장에서는 주요 비즈니스 목표로서 소프트웨어의 차별화를 달성하기 위한 수단으로써 혁신의 중요성을 살펴봤다. 디지털 트랜스포메이션의 끊임없는 개선을 목표로 하는 것은 '소프트웨어가 세상을 집어삼키는' 시대에 가장 강력한 플레이다. 모든 회사에서 적용될 수 있는 역할을 가진 소프트웨어 아키텍처를 소개했다. 1장에서는 콘웨이의 법칙이 조직과 팀 내부의 의사소통 경로를 어떻게 형성하는지, 그리고 조직과 팀이 생산하는 소프트웨어에 영향을 미치는 방식을 탐구했다. 의사소통의 중요성을 설명하면서 지식이라는 주제를 전면으로 꺼냈다. 지식은 모든 회사에서 가장 중요한 자산 중 하나다. 소프트웨어로 최상의 결과를 얻으려면 지식을 암묵지에서 공유된 지식으로 끌어올려야 한다. 적절한 커뮤니케이션 경로 없이는 지식을 공유할 수 없으며, 둘 중 하나 없이는 경쟁 우위를 확보할 수 없다. 잘못된 의사소통은 결국 불완전한 지식과 제대로 모델링되지 않은 소프트웨어로 이어지며, 최악의 결과로는 빅볼 오브 머드 시스템으로 이어진다. 마지막으로 본원적인 #애자일 사고방식과 이것이 팀이 올바른 목표에 집중해 문제를 해결하는 데 어떻게 도움이 되는지에 초점을 맞춰봤다.

1장의 주요 내용은 다음과 같다.

- 혁신은 디지털 트랜스포메이션의 가장 중요한 측면이다. 혁신은 경쟁사와 차별화된 수익 모델로 이어지므로 모든 기업의 전략적 목표가 돼야 한다.
- 소프트웨어 아키텍처는 엄청난 비용과 노력을 들이지 않고 불가피한 변화를 지원할 수 있어야 한다. 좋은 아키텍처가 없다면 대안으로 나쁜 아키텍처를 적용하게 되는데, 이렇게 되면 결국에는 아키텍처가 해체된다.
- 빅볼 오브 머드 시스템은 조직이 지식을 공유하고 학습할 수 없는 단절된 의사소통 구조를 가졌을 때 만들어지는 결과다.
- 조직 안의 사람들은 혁신의 돌파구를 만들 수 있는 개방적이고 세심한 의사소통을 통해 지식을 교환해야 한다.
- 모놀리스 시스템이 반드시 나쁜 것은 아니며 마이크로서비스가 반드시 좋

은 것도 아니다. 둘 중 어느 하나를 선택하는 것은 목적에 따라 세부적인 정보를 근거로 해 합리적으로 결정한 결과다.

2장에서는 빈약한 의사소통을 개선하고 기업 문화의 기준을 더 높게 설정하는 데 도움이 되는 전략적 학습 도구를 소개한다. 이 도구들을 통해 실험을 기반으로 정보에 입각한 결정을 내리는 방법과, 소프트웨어와 아키텍처에 적용할 수 있는 방법을 배울 수 있다.

▌참고문헌

[ANW] A. N. Whitehead. "Technical Education and Its Relation to Science and Literature." Mathematical Gazette 9, no. 128 (1917): 20-33.

[a16z-CloudCostParadox] https://a16z.com/2021/05/27/cost-of-cloud-paradoxmarket-cap-cloud-lifecycle-scale-growth-repatriation-optimization/

[BBoM] https://en.wikipedia.org/wiki/Big_ball_of_mud

[Brabandère] Luc de Braband re and Alan Iny. Thinking in New Boxes: A New Paradigm for Business Creativity. New York: Random House, 2013.

[Cockburn] https://web.archive.org/web/20170626102447/http://alistair.cockburn.us/How+I+saved+Agile+and+the+Rest+of+the+World

[Cockburn-Forgiveness] https://www.youtube.com/watch?v=pq1EXK_yL04 (presented in French, English, and Spanish)

[Conway] http://melconway.com/Home/Committees_Paper.html

[Cunningham] http://wiki.c2.com/?WardExplainsDebtMetaphor

[Entropy] https://en.wikipedia.org/wiki/Entropy

[EoC] https://en.wikipedia.org/wiki/Escalation_of_commitment

[Jacobson] https://en.wikipedia.org/wiki/Software_entropy

[LAMSADE] Pierre-Emmanuel Arduin, Michel Grundstein, Elsa Negre, and Camille Rosenthal-Sabroux. "Formalizing an Empirical Model: A Way to Enhance the Communication between Users and Designers." IEEE 7th International Conference on Research Challenges in Information Science (2013): 1-10. doi:

10.1109/RCIS.2013.6577697.

[Manifesto] https://agilemanifesto.org/

[Polanyi] M. Polanyi. "Sense-Giving and Sense-Reading." Philosophy: Journal of the Royal Institute of Philosophy 42, no. 162 (1967): 301-323.

[SunkCost] https://en.wikipedia.org/wiki/Sunk_cost

2장
전략적 학습을 위한 필수 도구

전략은 비즈니스 기회 창출의 관점에서 중요한 부분이다. 전략 수립은 목적을 달성하기 위해 독창적이고 새로운 계획을 만드는 것이고, 이를 통해 다양한 수익원을 창출하게 된다. 어떤 전략을 세우면 우리의 비즈니스를 다른 비즈니스와 차별화할 수 있을까? 이런 질문을 기반으로 수립된 전략은 비즈니스 혁신을 이루기 위한 기초가 된다. 전략 수립 과정에서 비즈니스 가치를 식별하고 차별화된 전략을 발굴해야 하는데, 이 과정에서도 혁신이 필요하다.

> 누군가에게 앞으로 일어날 큰 사건이 뭐가 있겠냐고 물어볼 수는 없다. 헨리 포드(Henry Ford)가 말한 걸 인용해 보겠다. "내가 고객들에게 무엇을 원하는지 물어봤다면 그들은 그저 '더 빠른 말'이라고만 대답했을 것이다."
>
> — 스티브 잡스(Steve Jobs)

그렇다고 해서 고객에게 앞으로 일어날 큰 사건에 관해 묻는 것이 의미가 없는 것은 아니다. 사실 '더 빠른 말'이라는 대답을 통해 '더 빠른 여행'이라는 시사점을 얻을 수 있고, 가치를 식별하는 과정에서 고객의 답변은 결정적 힌트가 될 수 있다. 일반적으로 고객 그리고 대중과의 소통은 중요하다. 그럼에도 비즈니스는 자신의 비즈니스를 누구보다 잘 이해할 수 있는 능력을 갖춰야만 한다. 이 능력이 바로 성공의 필수 조건이다. 이 능력을 끊임없이 추구해야 하고, 학습 과정에서 지속적으로 파헤치고 발견해야 한다. 스티브 잡스의 아이팟^{iPod} 관련 연설의 앞부분에서 애플^{Apple}의 내부 역량에 대해 언급한 부분을 보자.

> 우리는 모두 음악을 좋아해서 아이튠즈(iTunes)를 만들었다. 아이튠즈를 최고의 주크박스로 만들기 위해 우리가 생각하던 모든 것을 담아냈다. 그리고 우리가 만든 멋진 음악 도서관을 항상 옆에 끼고 다니고 싶었다. 우리 팀은 정말 열심히 일했다. 그 이유는 바로 우리 모두 같은 것을 원하고 있었기 때문이다. 아이튠즈의 첫 수백 명의 고객은 바로 우리 자신이었다.
>
> 대중적인 유행을 만들고 싶은 것도, 사람들을 속이려는 것도, 사람들이 원하지도 않는 것을 원하게 설득하려는 것도 아니다. 그저 우리가 무엇을 원하는지 알아내려고 하는 것이다. 그리고 우리가 원하는 것 중 다른 사람들도 똑같이 원하는 것들을 고르는 방법을 고민하기 시작했고, 결국 일가견이 생겼다. 그게 우리가 돈을 받고 하는 일이니까.
>
> — 스티브 잡스

사람과 사실로부터 지식을 발견할 수 있는 좋은 도구를 갖고 있다면 무엇이든지 잘 배울 수 있다. 2장에서는 전략적 탐색 도구를 소개하고 도구의 사용 방법을 보여준다. 가장 좋은 도구가 때로는 바깥이 아닌 안쪽에 있다는 것을 기억하자.

▌이른 결정, 늦은 결정, 맞는 결정, 틀린 결정

올바른 결정과 잘못된 결정 못지않게 제시간 안에 결정하는 방법을 배우지 않으면 기껏 선택한 결정이 의미 없어질 수 있다. 제시간 안에 결정한다면 그 결과가 어찌 됐던지 간에 도움이 될 수 있다. 의사결정을 두려워하지 말고 언제 결정을 내려야 하는지 고민해보자. 어떤 결정은 가능한 한 일찍 내리는 것이 최선이고, 어떤 결정은 가능한 한 늦게 내리는 것이 최선이다. 그중 일부는 올바른 결정이 될 것이고, 나머지는 잘못된 결정이 될 것이다. 용기를 갖고 잘못될 수도 있는 어려운 결정을 내리는 것 자체를 격려할 수 있는 마음가짐을 가져보자.

#애자일의 일반적인 원칙으로, 모든 결정은 **최종 책임 순간**$^{LRM,\ Last\ Responsible\ Moment}$에 이뤄져야 한다고 말한다.[Cohn] 우리는 어떻게 '최종 책임 순간'이라는 것을 깨달을 수 있을까? 메리^{Mary}와 톰 포펜디크$^{Tom\ Poppendieck}$는 이렇게 조언한다.

동시 소프트웨어 개발(Concurrent Software Development)은 요구 사항의 일부만 정의된 상태에서 개발을 시작하고, 짧은 기간 동안 개발을 진행하면서 빠르게 피드백을 받고, 이를 다시 시스템에 반영하고 개선하는 과정을 반복적으로 수행한다. 동시 소프트웨어 개발은 최종 책임 순간까지 결정을 미루는 것이 가능하다. 즉, 의사결정에 실패해서 중요한 대안이 없어지기 전에 결정해야 한다. 의사결정이 최종 책임 순간 이후에 이뤄진다면 중요한 대안이 사라진 채 어쩔 수 없는 선택을 하게 된다. 이런 선택은 일반적으로 의사결정의 접근법으로 좋지 않다.[1][Poppendieck]

다른 시각으로 보면 결정이 일찍 이뤄지든 늦게 이뤄지든 무책임하게 내려지면 안 된다.[LeanArch] 무책임한 의사결정은 주어진 상황에 대한 충분한 이해가 없을 때 발생하고, 대부분 너무 이른 결정에 다다르게 된다. 반대로 충분한 정보가 제공된다면 의사결정에 필요한 이해와 통찰력을 얻을 수 있다. 그러나 정보가 제공된다고 해도 충분히 검토되지 않는다면 그 결과는 명확하다.

시간이 지날수록 필요한 결정을 미루는 것이 잘못된 결정을 내리는 것보다 더욱더 나쁘다. 스스로 동기를 부여한 사람들은 어떤 일이 일어나기를 가만히 앉아서 기다리지 않는다. 개발을 막 시작한 단계에서는 잘못된 결정으로 인해 일부 불완전한 코드를 작성하거나 범용적인 추상화 계층을 정의하는 일은 비일비재하게 일어난다. 또한 개성이 강한 일부 개발자는 팀의 방향과는 다른 방향으로 가고 있을 수도 있다. 이러한 임의적인 행동들은 헌신적인 기여로 이어지지만 의사결정 과정에서 팀을 배제하게 한다. 이런 패턴이 전체 소프트웨어 생명주기 동안 지속될 수 있는 애플리케이션 또는 아키텍처 구조를 설정한다.

확실하지 않은 가정 위에 놓인 통제 불능의 구조와 형태, 추상화에 노력을 쏟아붓는 것이 바람직한지 스스로에게 물어보자. 당연하지만 애플리케이션 아키텍처가 나아가야 할 방향을 미리 결정하는 것이 가장 좋다. 하지만 잘못된 아키텍처를 만들 수 있다는 두려움에 발목 잡힌 채로 끌려다닐 수도 있다.

팀이 바로 활용할 수 있는 정보를 충분히 갖고 있다면 결정을 내릴 수 있다. 제공된

---

1. 되돌리기 어렵고 중요한 의사결정은 최대한 늦게 내리자는 의미다. 결정하지 않은 비용이 결정하는 비용보다 커지기 전에만 의사결정을 수행한다면 최대한 많은 정보를 수집해서 실패의 위험을 낮출 수 있기 때문이다. – 옮긴이

정보를 기반으로 여러 사람이 다양한 관점에서 의견을 제시할 것이다. 하지만 무한정으로 모든 정보가 수집되고 모든 의견이 일치될 때까지 기다릴 수는 없다. 잘못된 결정을 한다고 해서 누가 돌에 이름을 새겨놓는 것도 아니다. 잘못된 결정이 만든 부정적인 결과를 숨기지 않고 솔직하게 인정할 수 있는 팀은 최대한 빨리 상황을 바로잡을 수 있다. 빠르게 아키텍처 구조를 다시 잡는 것은 시간을 많이 소모하지 않는다. 늦어진다면 그로 인한 비용은 많이 증가할 것이다. 이런 개선 과정은 학습의 일환이며, 학습은 변화를 이끌어낼 수 있다.

잘못된 결정을 내리기 전에 애플리케이션의 구조화를 시작하는 데 오랜 시간을 기다렸다면 무엇을 얻을 수 있을까? 결정을 빨리하고 개선을 했을 때와 같은 결정이 내려질까? 아니면 결정하고 개선하는 과정에서 뼈아픈 경험을 했을 때 더 나은 결과가 나올까? 경험에 따르자면 후자가 우세하다. 우리가 부채를 기록하고 최대한 빨리 갚는 것과 같은 이치다. 이것이 바로 최종 책임 순간에 내리는 성숙한 의사결정이다.

다시 우리가 가져야 할 사고방식으로 돌아와 보자. 의사결정을 하지 못한 채 발만 구르고 있거나 잘못된 것으로 판명된 결정으로 주눅 들어 있을 필요가 없다. 소프트웨어 개발자와 함께 하는 컴퓨터 과학자로서 우리가 하는 거의 모든 것은 일종의 실험이라고 생각할 수 있다. 일부 성공적인 실험은 단지 우리의 가정이 옳았다는 것을 확인하는 것일 뿐이다. 다른 실험들은 우리의 생각이 옳은지 유효성을 검증해보기 위해 수행한다고 생각하면 된다.

하지만 과도하게 이른 의사결정은 무책임한 행동이다. 예를 들어 사전 정보 없이 "우리는 마이크로서비스를 도입할 거야", "범용적으로 솔루션을 만들고 추상화를 통한 모델링을 하자"라면서 미리 아키텍처를 수립하는 것은 잘못된 것이다. 이런 결정은 선택의 필요성과 정당성이 드러날 때까지 미뤄야 한다.

전문가와 아마추어의 차이는 타이밍에 달려있다.

영국의 컴퓨터 과학자이자 교수인 해롤드 팀블리비(Harold Thimbleby)는 에세이 「Delaying Commitment(수행 미루기)」(IEEE Software, May/June 1988)에서 전문가와 아마추어의 차이에 관한 의견을 제시했다. 전문가는 어떻게 하면 중요한 결정을 늦춰야 하는지 알고, 오류를 최대한 오랫동안 감추면서 더 큰 문제가 발생하기 전에 개선하는 방법을 알고 있다고 한다. 아마추어는 처음부터 모든 것을 제대로 하고 싶어 하고, 그래서 풀어야 하는 문제가 그들의 문제 해결 능력을 넘어서면 결국 잘못된 결정을 일찍 해버리게 된다고 말했다.[DrDobbs]

팀블리비가 말하지 않은 것이 있다. 전문가는 일상적인 일에 대해서도 머릿속에서 빚을 지고 갚는 일이 지속적으로 일어난다는 것이다.

의사결정의 결과물로서 학습 과정이 만들어진다. 결정은 행동으로 이어지며, 이는 새로운 요구 사항을 만들어내고 새로운 지식을 습득하게 한다. 동시에 핵심 애플리케이션의 과제를 해결해나가는 진전을 이룬다. 결국 결정은 학습과 지식 습득으로 귀결되므로 의사결정을 소홀히 해서는 안 된다. 1장에서 설명했듯이 지식은 모든 비즈니스에서 가장 중요한 자산이다. 지식은 모든 것을 바꾼다.

여전히 불확실성은 다른 방식으로 우리에게 영향을 끼칠 위험성이 있다. 그리고 나도 모르게 갖고 있는 편향된 인식은 종종 무책임한 결정을 내리게 만든다. 여러 가지 중에서도 특히 포모 증후군[FOMO, Fear of Missing Out]에 빠질 수 있다.[LogFal] 예를 들어 무책임하게 마이크로서비스를 선택하게 만드는 원인을 살펴보자.

- **권위에 대한 호소:** 어떤 사람이 어느 분야에 권위가 있는 것 같고, 그 사람이 어떤 명제가 사실이라고 주장할 때 발생할 수 있는 현상이다. 예를 들어 전문가처럼 보이는 누군가가 마이크로서비스는 좋고 모놀리스는 나쁘다고 주장하면 그 얘기를 들은 사람은 위험하고 부적절한 결정을 내릴 수도 있다.
- **참신함에 대한 호소:** 결정을 위한 정보의 증거가 아이디어의 참신함에 있다고 생각하는 현상이다. 마이크로서비스가 새롭게 유행하고 있다면 반드시 도입해야 한다고 생각한다.
- **군중에 대한 호소:** 포모 증후군과 비슷하다. 많은 사람이 채택하는 아이디어가 옳다고 판단하는 현상이다. 어떤 아이디어가 좋다고 얘기하는 사람들이

점점 늘어가는 현상을 보게 된다면 내가 그 아이디어에 동참해서 유행을 따라야 한다는 생각이 든다. 마이크로서비스의 인기가 날이 갈수록 늘어난다면 우리도 빨리 도입해야 한다고 결정한다.

모든 종류의 인지 오류와 확증 편향에 빠지지 않게 도와주는 도구가 있다. 그중 하나가 비판적 사고를 사용하는 것이다.

> 비판적 사고는 사고 패턴의 한 유형으로, 자신의 신념과 행동을 기반으로 의사결정에 집중하고, 자신을 돌아보는 시간을 가지면서 자아 성찰을 해야 한다고 말한다. 비판적 사고는 사람들이 더 많은 논리로 추론하고, 복잡하게 얽힌 정보를 처리하고, 문제 상황의 다양한 측면을 볼 수 있게 해주기 때문에 더 확실한 결론을 도출할 수 있게 만든다.[CT]

소프트웨어 개발은 각 결정의 영향력이 크든지 작든지 상관없이 많은 양의 의사결정이 수반된다. 그리고 소프트웨어 생명주기 동안 현재까지 걸어왔던 길과 앞으로 가야 할 길을 모두 기억하기는 어렵다. 특히 팀에 새로 들어온 팀원의 경우는 아무것도 알 수가 없다. 사실상 오랫동안 일했던 팀원도 과거에 내렸던 결정을 일일이 기억하는 것이 힘들고, 더욱이 한 팀원이 모든 결정에 관여하지도 않았기 때문에 모든 세부 사항을 알 수는 없다. 게다가 시간이 지날수록 팀이 내린 결정의 개수가 많을 것이고, 사람이란 자주 떠올리지 않은 기억은 잊기 마련이다. 이러한 상황에서 팀은 종종 왜 그런 결정이 내려졌는지 추적할 방법이 없고, 결정의 결과만 덩그러니 남겨져 있게 된다.

보통 알아도 무시하거나 모른 채로 넘어가 버리기는 하지만, 의사결정의 추적은 소프트웨어 개발에서 가장 중요한 활동 중 하나가 돼야 한다. 아키텍처 결정 기록[ADR, Architecture Decision Record]과 같은 도구를 사용하면 팀의 의사결정 중에 발생한 일을 관리할 수 있고, 팀의 의사결정 과정을 추적하는 데 매우 유용하다. 아키텍처 결정 기록은 의사결정마다 최초 안건, 예상 결과 그리고 최종 결과를 연결하는 데 도움이 된다. 이 장의 뒷부분에 나오는 '전략적 아키텍처' 절에서 아키텍처 결정 기록과 다른 여러 기법을 자세히 설명한다.

소프트웨어 개발 프로젝트의 생명주기에서 당장 선택하기 어려운 장기적 결정을 뒤로 미루고 의사결정 과정을 추적하는 데 도움을 줄 수 있는 다양한 소프트웨어 개발 기법이 있다. 이 책의 뒷부분에서 여러 기법을 자세히 소개한다. 그중 한 가지 도구는 8장에서 소개할 포트 및 어댑터 아키텍처다. 또한 이 장의 뒷부분에서 설명할 시네핀^{Cynefin}과 같은 인지 프레임워크를 사용해서 의사결정을 쉽게 할 수 있다.

문화와 팀

실험과 학습을 이용하는 #애자일 문화를 만들기 위해 잘못된 것도 보상받아야 한다. 잘못이 결국 옳은 것으로 이어질 수 있다면 말이다. 게다가 디지털 트랜스포메이션에 성공하기를 원한다면 소프트웨어를 새로운 시선으로 바라볼 수 있도록 조직의 문화도 바꿔야 한다. 소프트웨어는 단순히 비즈니스를 지원하는 것에서 벗어나 하나의 제품으로 인식해야 한다. 문화를 바꾸는 것 그리고 팀을 구성하고 지원하는 방식 모두 많은 고민이 필요하다.

엔지니어링 모델(Engineering Model) vs. 계약 모델(Contractor Model)

소프트웨어 개발 접근 방식으로 엔지니어링 모델 그리고 그 반대 개념인 계약 모델이 있다. 일반적으로 잘 알고 있는 계약 모델을 먼저 살펴보자. 계약 모델에서는 회사 직원이든 계약 관계의 직원이든 상관없이 개발자에게 작업을 수행할 명확한 업무를 주고, 개발자는 그 어떤 것에서도 실패해서는 안 된다. 엔지니어링 모델에서는 가설을 기반으로 실험적인 개발을 수행하고, 그 과정에서 학습과 개선의 노력을 아끼지 않는다.

스페이스엑스(SpaceX)와 테슬라(Tesla)는 엔지니어링 모델을 사용한다. 반대로 대부분의 소프트웨어 프로젝트는 계약 모델로 운영한다. 2가지 접근 방식 중 어떤 방식이 소프트웨어 산업에 거대한 혁신을 가져왔는지는 분명하다.

"스페이스엑스는 생각보다도 훨씬 빨리 목표를 달성했다. 우주 발사체 비용을 대폭 줄였고, 부스터 로켓의 회수와 재사용이 가능하게 만들었다. 어떻게 할 수 있었을까? 스페이스엑스는 정부로부터 우주 탐사를 위한 자금을 지원받았지만 정부와의 계약에 따라 움직이지 않았다. 대신 목표를 위해서라면 로켓도 기꺼이 추락시켰다. 이벤트 통합 전략(이 경우에는 부스터 로켓 실험)은 각 엔지니어링 팀에서 개발한 최신 버전의 구성 요소를 다른 팀에서 개발한 모든 구성 요소와 함께 신속하게 테스트하는 방법이다. 정부의 계약은 한 번에 성공하는 수밖에 없게 돼 있기 때문에 정부가 스페이스엑스의 실험 발사체들이

> 계속 추락하는 것을 지켜보지는 않았을 것이다. 그러나 스페이스엑스는 모든 세부 사항을 결정하기 위해 힘들게 고민하기보다는 알려지지 않은 미지(unknown unknown)의 것을 찾기 위해 여러 실험을 시도했다. 그 결과 스페이스엑스는 안정적이면서 저렴한 부스터 로켓의 개발 속도를 약 5배 정도 빠르게 만들었다. 실험을 통한 가설 증명은 전형적인 엔지니어링 접근 방식이지만 계약 모델에서는 일반적으로 허용되지 않는 것이다. 하지만 스페이스엑스의 엔지니어링 팀은 문제점을 찾기 위해 위험이 없을 때까지 '영원히' 기다리기보다는 실험을 계속하는 것이 훨씬 저렴한 과정임을 발견했다."[Mary Poppendieck]

기업 문화는 자신만의 독특한 물리적, 사회적, 심리적 환경을 만드는 가치와 행동을 포함한다. 문화는 팀의 상호작용 방식, 가치 있는 지식 생성 과정, 변화에 대한 수용과 저항 그리고 궁극적으로 지식의 공유와 격리 방식까지 영향을 미친다. 문화는 조직 구성원의 집단 가치, 신념, 원칙을 나타낸다.[Org-Culture]

조직은 건강한 문화를 만들고자 끊임없이 노력해야 한다. 건강한 문화는 여러 혜택을 제공한다. 조직의 비전과 임무, 목표를 달성하기 위한 합의를 끌어내기 쉬워지며, 팀의 응집력이 높아지고, 직원은 더욱 동기 부여되고, 업무 효율성도 극대화할 수 있다.

문화는 누가 정해주거나 고정된 것이 아니다. 리더십과 직원의 행동에 따라 개선되기도 하고 퇴보하기도 한다. 문화가 건강하지 않다면 앞에서 언급한 혜택을 위해 누군가가 나서서 문화를 바꿀 때다.

다른 것보다 가장 먼저 구축하기 시작해야 할 것은 바로 건강한 조직 문화다. 건강한 문화를 충분히 일궈내지 못한 기업은 인재를 잃을 수 있으며, 결과적으로 기반 지식의 일부를 잃을 수 있는 위험이 있다. 이러한 실패는 장기적으로 기업의 생산성과 혁신을 방해하고 비즈니스의 성공을 저해한다.

혁신을 촉진하는 데 초점을 맞춘 문화는 리더와 직원 모두에게 가치를 부여한다. 리더는 혁신을 위한 문화 구축에 무엇이 수반하는지 이해한다고 주장하지만 사실 알고 있다고 해도 이런 문화를 만들고 유지하는 것은 어렵다. 그 전에 혁신적 문화 구축의 걸림돌은 바로 그 문화가 무엇이고 어떻게 일궈내야 하는지 알지 못하는 것이다.

실패는 치명적이지 않다

실패에 대한 관점은 좋든 나쁘든 가장 중요한 조직의 문화적 요소 중 하나다. 왜 이렇게 많은 팀이 실패를 두려워할까? 실패에 대한 두려움은 의사결정 방식에 영향을 미친다. 팀마다 의사결정 방식이 다르거나 혹은 아예 의사결정을 하지 않으려고 한다. 좀 더 정확하게 말하면 실패로 이어질 수 있는 잘못된 결정을 내려야 한다는 두려움이 결정을 계속 미루거나 또는 아예 내려지지 않게 만든다.

이 장의 앞부분에서 엔지니어링 모델이 실패로부터 조직의 학습을 유도하기 때문에 계약 모델보다 월등하다는 것을 말했다. 실패는 우리의 최종 목표가 아니다. 대신 일부 실패가 충분히 예상되는 가설을 시도하는 것이 요점이다. 모든 실험적 실패는 목적을 위한 수단이고, 무엇이 어떻게 동작할지 배우기 위한 수단이다. 팀이 전혀 실패하지 않는다면 학습을 통해 새로운 길을 찾지 않은 것이다. 팀은 우물 안 개구리처럼 안락한 공간에서 이미 잘 알고 있는 것 위에서만 결정한다. 사실 이런 모습은 매우 흔하다.

실패에 대한 두려움이 실패 그 자체보다 더 나쁠까? 실패하는 것과 아예 시도조차 하지 않는 것 중에는 무엇이 더 나쁠까? 라이트^{Wright} 형제는 1899년에 항공 연구와 실험을 시작했고, 초기에 엄청난 노력과 함께 많은 실패를 겪었다. 라이트 형제의 성공은 그들보다 먼저 시도하고 실패했던 다른 사람들의 경험 덕분이라고 한다. 대부분의 사람은 1903년의 첫 성공적인 비행만을 기억한다. 즉, 목표의 달성 자체와 달성 과정만 축하한다.

#애자일과 실패를 용납하는 문화는 기꺼이 실험을 수행할 수 있게 하고 실패해도 괜찮다는 심리적 안정감을 제공한다. 이것이 비즈니스를 성공으로 이끌고 경쟁 우위를 높이는 방법이다. 하지만 몇 가지 관리하기 까다로운 행동 양식 사이에서 균형을 맞춰야 한다. 조직 문화가 실패를 용납하더라도 무능과 현실에 안주해서는 안 된다.[Pisano] 특히 이런 행동 양식은 불확실성 투성이인 소프트웨어 개발에서 매우 중요하다. 많은 수의 거대한 빅볼 오브 머드 시스템(1장 참고), 그리고 이런 시스템이 전 세계적으로 일반적이라는 사실을 봤을 때 성공으로 가는 길에서 실패는 흔한 일

임을 알 수 있다. 그러나 이 문제는 결국 계속 반복되다가 전략적 종말을 초래한다.

1. 처음부터 빅볼 오브 머드를 만드는 것은 의도했든 하지 않았든 소프트웨어 개발 원칙 관점에서 실패다.
2. 빅볼 오브 머드 시스템이 특정 규모에서 유용하게 동작한다는 사실은 비즈니스 초기에만 유효하다.
3. 1번의 장기적 악영향을 바꾸려는 노력이 없다면 빅볼 오브 머드 시스템의 코드 품질은 오로지 악화되기만 하며, 나중에는 더욱 큰 악영향을 끼치게 된다.
4. 빅볼 오브 머드 시스템의 변화에 대한 대응 능력은 관성 수준에 머무르게 되고, 결국 비즈니스의 장기적인 요구 사항을 제공하는 데 실패하게 된다.

실패는 흥미로운 학습 기회로 이어질 수 있다. 또한 열악한 모델 설계, 취약한 코드, 부족한 아키텍처, 결점 투성이 분석 그리고 일반적인 기술 부족의 결과로서 중요한 교훈이 얻어질 수 있다. 가능하면 3번 시점 전에 아무리 늦더라도 4번 전에 반드시 이런 상황을 인식하는 것이 중요하다.

그러므로 긍정적인 실패와 부정적인 실패를 구분해야 한다. 긍정적인 실패는 정보와 지식을 생산하는 반면, 부정적인 실패는 큰 비용을 소모하고 비즈니스에 해를 끼칠 수 있다. 실패는 학습 기회로 이어지고, 학습은 성공에 한 걸음 다가서게 하는 구체적 성과와 지식을 산출한다. 이때 실패에 관한 보상이 주어져야 한다. 라이트 형제는 여러 번 실패했지만 결국 비행에 성공했다.

실패 문화는 비난 문화가 아니다

실패 문화와 비난 문화의 관계는 잘 이해되지 않는 경우가 많다. 비난 문화는 실패를 용납하지 않는다. 실패가 결과적으로 긍정적 결과를 가져오는지 부정적 결과를 가져오는지 상관없이 항상 처벌의 대상으로 여긴다. 비난 문화는 학습을 통한 성과를 축하해주지 않고 궁극적인 성공의 결정적 요인으로 고려하지도 않는다. 학습을 통한 성과는 그저 버려진다.

비난 문화는 문제 해결을 위한 실험을 계획조차 세울 수 없게 한다. 그 결과, 모든 일을 동일하고 일률적이며 평범한 방식으로 진행한다. 누구나 비난받기 싫어하기 때문에 실패할 수도 있는 새로운 시도를 두려워한다. 비난 문화가 있는 조직에서는 성공이 처음부터 실패 가능성이 없었던 것처럼 자연스레 넘어가는 것이며, 실패하면 처벌을 받을 수도 있다. 이런 곳에서는 아무도 위험을 감수하려 하지 않는다. 비난 문화의 결과는 계약 모델의 결과와 비슷한 양상을 가진다.

그 결과, 기업은 혁신 대신 운영 효율성을 통해 수익을 높이려고 한다. 가장 대중적인 접근법 중 하나는 인수합병이다. 인수합병을 통해 수많은 인적 자원을 통합하고, 이는 거대한 수익으로 이어진다. 수익 추구를 위해 비즈니스 혁신보다는 주주에게 보기 좋은 연간 보고서를 계속 생산할 수 있는 운영 효율성을 선택한다. 이 전략은 한동안 효과가 있지만 끝없이 이익을 내기 힘들다. 사실 길게 보자면 이익을 줄여가는 방법이라고 할 수 있다. 또 다른 인수합병이 없는 한 이익은 거품처럼 사라진다.

> **삶과 죽음의 결정: COVID-19 백신과 광산 구조 작전**
>
> COVID-19로 발생한 대유행 동안 미국 정부는 많은 백신 연구와 개발 프로젝트에 자금을 지원했다. 일부는 실패하고 일부는 성공했다. 정부는 일부가 실패할 것을 알았지만 그래도 다른 일부는 성공하리라는 기대를 안고 위험을 감수했다.
>
> 칠레의 한 광산에서 발생한 참사와 연이어진 구조 작전 또한 실험의 다른 예다. 이 구조 작전은 나라 안의 최고 기술자로 여겨지는 사람이 맡았고, 광부를 구출하기 위해 동시에 4~5개 팀이 다른 경로로 진입을 시도했다. 어떤 팀은 실패했고 어떤 팀은 성공했던 팀만큼 빠르게 도착하지는 못했지만, 제시간에 진입했다. 중요한 것은 어떻게든 생명을 구한 것이다.
>
> 생사의 갈림길에서 도전할 때는 여러 방안을 사용하는 것은 적절한 공학적 접근이다. 생사의 갈림길 정도는 아니더라도 여러 가지 방안을 탐색하는 것은 문제 해결을 위한 가장 빠르고 효율적인 방법이다.[Mary Poppendieck]

한마디로 운영 효율성에 치중하는 기업은 비난 문화의 산실이라고 볼 수 있다. 비난 문화는 수동적 공격^{Passive-aggressive}으로 관리[2]하고, 팀 내부의 사소한 일까지 통

---

2. Passive-aggressive는 직역 의미에 의역 의미를 숨겨서 놀리거나 비꼬는 상황을 나타낸다. 겉으로는 수동적(passive)으로 순응하는 것처럼 말하지만 속으로는 저항(aggressive)한다는 뜻이다. 예를 들어 "너 오늘은 괜찮아 보이네."라는 말은 상황에 따라 빈정대는 의미라는 것을 우리는 알고 있다. 이 문맥의 예를 들면 프로젝트 관리자가 외주 개발자에게 상황상 어쩔 수 없이 야근을 해야 한다고 정중히 부탁하지만 속마음은 그냥 시키면 하라는 생각을 하는 상황을 들 수 있다. – 옮긴이

제하며, 업무 시간을 과도하게 측정하고, 마감일을 지키기 위한 야근을 강요한다. 비난은 다른 사람의 잘못을 들추고, 잘됐더라도 잘못된 것처럼 보이게 만드는 주요 수단이다. 실적 점검이 자세히 이뤄질 때 내 잘못을 감추기 위한 유일한 방법은 바로 비난이다.

실험을 하는 것이 실험을 하지 않는 것보다 더 비쌀 필요는 없다. 지식 공유를 통해 효과적인 학습으로 이어지는 소통 또한 마찬가지다. 콘웨이의 법칙에 맞춰 실험과 소통에 관해 생각해보자.

콘웨이의 법칙의 올바른 이해

1장에서 언급했듯 누구나 중력의 법칙을 거스르지 못하는 것처럼 콘웨이의 법칙 또한 거스를 수 없다. 법칙은 피할 수 없다. 중력은 지구 규모의 법칙이므로 지구 내의 일반적인 환경에서는 피할 수 없다. 프랑스의 어딘가에 서 있는 사람이나 미국의 어딘가에 서 있는 사람이나 받는 중력은 동일하다. 하지만 우주 규모에서 중력은 같지 않다. 사람이 지구에 있느냐 달에 있느냐에 따라 다른 중력이 적용될 것이다. 이 규칙은 콘웨이의 법칙에도 적용된다.[3]

모든 조직은 각자 다른 방식으로 조직을 구성하고 체계를 갖춘다. 그렇기 때문에 각 조직은 서로 다른 콘웨이의 법칙을 경험한다. 조직 변경은 콘웨이의 법칙의 영향을 줄이거나 강화할 것이다. 팀 토폴로지Team Topology[TT]에서 강조했듯이 추구하는 시스템 구조가 현재 조직 구조와 맞지 않는다면 시스템 혹은 조직 중에 하나는 변경될 필요가 있다.

그러나 조직을 재구성하는 이유가 오로지 기술적인 아키텍처라고 생각한다면 콘웨이의 법칙을 오해한 것이다. 기술적인 아키텍처는 비즈니스 전략 아키텍처를 지원하고자 존재한다. 개별 팀 조직은 비즈니스 전문가와 소프트웨어 개발 전문가 간의 필요한 대화를 촉진할 수 있어야 한다. "도메인 전문가의 참여는 최종 사용자

---

3. 우리가 달에서 소프트웨어 개발을 할 수 있기 전까지는 아직 지구에 있는 팀을 위해 콘웨이의 법칙으로 받는 영향을 바꿀 수 있는 여러 조건을 언급할 것이다.

의 참여를 뜻하고, 최종 사용자의 요구 사항으로 기능 개발을 하는 것과 같다. 최종 사용자와 도메인 전문가가 린^{Lean}과 애자일 프로젝트에서 가장 소중한 접점임을 깨달아야 한다."[LA]

'역 콘웨이 법칙'은 2015년 소트웍스(ThoughtWorks) 출신들이 만든 조직적 패턴이다. 마이크로서비스가 유행하게 됐을 때 이 법칙을 만들었다. 이 패턴에서는 기존 팀이 새로운 아키텍처 목표에 부합할 것으로 기대하기보다 원하는 아키텍처 구조를 설계한 뒤 그것에 맞게 팀을 구성하라고 조언한다. 팀 간 소통을 최적화하고자 팀을 재구성한다면 원활한 소통으로 인해 추구하는 아키텍처가 이뤄질 가능성이 커진다.[TW-ICM]

멜 콘웨이$^{Mel\ Conway}$는 자신의 논문에서 바로 이 '묘책'을 다루고 있다. 해당 논문에서 콘웨이의 법칙과 관련된 인용문은 다음과 같다.

"우리는 설계 조직 개편의 기준을 발견했다. 설계 작업은 소통의 필요성에 맞춰서 구성돼야 한다."

"조직의 유연성은 효과적인 설계를 위해 중요하다."

"조직을 탄탄하고 유연하게 유지할 수 있게 설계한 매니저에게 보상하라."

콘웨이는 아주 오래전인 1967년에 이런 현상을 관찰하고 해결책까지 담아 1968년에 책을 출간했다. 이런 통찰력을 가졌다는 점에서 그는 인정을 받을 만하다.

아직 팀 간의 소통을 개선하기 위해 어떻게 팀을 효과적으로 구성할 수 있을지에 대한 문제가 남아있다. 다음은 몇 가지 방법을 나열한 것이다.

- **팀을 모은다.** 브루스 터크먼$^{Bruce\ Tuckman}$[Tuckman]에 따르면 팀은 업무 수행 단계 전에 반드시 팀을 구성하고 규범을 세우는 단계를 거쳐야 한다. 팀원은 서로 효과적으로 일할 수 있는 방법을 찾기 위한 시간이 필요하다. 많은 교류는 일상적으로 발생하고 습관처럼 이뤄진다. 교류를 통해 팀은 업무 수행이 가능하게 암묵적인 지식을 만드는데,[4] 이 과정은 분명 시간이 필요하다.

---

4. 개발 팀이 프로젝트를 기반으로 일하고 프로젝트가 완료됐다고 판단될 때 종종 개발 팀은 해산하고, 개발한 소프트웨어는 유지 보수 팀에게 넘어간다. 이 과정에서 개발 팀에서 쌓인 암묵적 지식은 사라져버린다.

- **팀 크기를 제한한다.** 주어진 소프트웨어 도메인 문제를 풀어나갈 수 있는 가장 작은 팀을 만들어야 한다. 팀의 규모가 커지면 커질수록 내부 조정과 소통 비용이 점근적으로 증가한다. 더욱이 팀 크기 계수는 첫 번째 콘웨이의 법칙("소통이 설계를 지시한다")뿐만 아니라 프레드 브룩스[Fred Brooks]의 내부 소통 공식인 $n(n-1)/2$[Brooks]도 고려해야 한다. 즉, 소통 경로가 n^2에 비례해서 증가하는 것이다. 팀을 구성하는 사람이 많을수록 소통의 경로가 너무 많아지기 때문에 소통이 어려워진다. 예를 들어 10명이면 45개[5]의 소통 경로가 있고, 50명이면 1,225개의 소통 경로가 있다. 그러므로 5명에서 10명 정도가 최적이라고 여겨진다.
- **독립적인 팀을 만든다.** 서로 의존성이 있는 여러 팀을 효율적으로 조율하려면 많은 시간과 노력이 필요하다. 코드 의존성을 최소화하고 릴리스 및 배치를 조정하면 납기 소요 시간과 코드 품질에 긍정적인 영향을 줄 수 있다.
- **비즈니스 역량을 중심으로 팀을 조직한다.** 소프트웨어 개발은 다양한 기술이 필요한 매우 복잡 미묘한 과정이다. 그러므로 팀 내 기술 세트를 다양화할 수 있게 장려해야 한다. 팀이 비즈니스 전문가, 소프트웨어 아키텍트, 개발자, 테스터, 데브옵스[DevOps], 심지어 최종 사용자 등 다양한 기술을 가진 사람들로 구성되면 모두 평등한 관계로 업무를 수행할 수 있다. 팀 내 기술의 다양성은 의사결정과 책임에 대한 자율성을 부여할 뿐만 아니라, 콘웨이의 법칙에 따라 기술 종류를 기반으로 만들어진 사일로[Silo] 조직보다 더 건강한 조직을 구성할 수 있다.
- **팀의 소통 게이트웨이[Gateway][6]를 정의한다.** 다양한 기술 세트와 활기찬 자율성은 팀 내 소통을 최적화하지만, 팀 간 소통은 반드시 게이트웨이를 거치게 해야 한다. 아키텍처 컴포넌트 간 통신 방식과 비슷한 그림이다. 팀 간의 논의는 어떤 프로토콜이 필요하고, 프로토콜을 통해 팀 간 콘텍스트 매핑과 번역 작업이 이뤄져야 한다. 프로토콜은 팀을 보호하는 경계를 세우고, 팀의 목표와 방향성을 간섭받지 않고 허가받지 않은 의견 교환이 이뤄지지

---

5. $10(10-1)/2 = 45$
6. 우리나라에서는 주로 컨택 포인트라고 부른다. – 옮긴이

- **팀은 단일 책임을 갖는다.** 하나의 팀이 전체 아키텍처에서 너무 많은 작업과 콘텍스트를 관리하도록 요구하거나, 더 심하게는 여러 프로젝트를 동시에 진행한다면 좋은 결과가 있을 수 없다. 이런 실수를 저지르면 콘텍스트 개념이 혼동되며 뒤섞일 위험이 있고, 자연스럽게 의사소통의 복잡성은 증가하고 중첩될 것이다. 그렇다고 해서 단일 책임은 단 한 가지 콘텍스트만을 다뤄야 한다고 말하는 것이 아니다. 한 가지 도메인 문제를 풀어나갈 때 여러 콘텍스트를 알아야 할 필요도 있다.

- **팀에서 멀티태스킹을 제거한다.** 콘웨이의 법칙과 직접적인 연관이 없더라도 인간의 뇌는 기본적으로 멀티태스킹에 효율적이지 않고, 복잡한 문제를 해결하는 상황에서는 더욱 그렇다. 멀티태스킹을 하려면 콘텍스트 전환이 필요하고, 전환할 콘텍스트와 관련된 기억을 끄집어내야 한다. 안타깝게도 인간은 기억을 끄집어내서 전환하는 과정이 몇 분 또는 수십 분도 걸릴 만큼 잘하지 못한다. 멀티태스킹은 생산성을 낮추고 효과적인 소통 채널마저 무너뜨린다. 멀티태스킹이 인간에게 효과가 있다는 인식이 잘못됐다는 것은 쉽게 확인할 수 있다. 멀티태스킹을 하는 사람이 평소 집중했을 때는 당연히 신경 썼을 만한 기본적인 것들을 간과해서 많은 에러를 만드는 상황을 쉽게 볼 수 있기 때문이다. 정말 똑똑한 사람들이 멀티태스킹 환경에서 어떻게 평균 이하로 바뀌는지 관찰해보면 그저 놀라울 따름이다.

그림 2.1은 소프트웨어를 만드는 서로 다른 팀 구조를 보여준다. 각 팀의 조직 구조와 동일하게 아키텍처 구조가 만들어진다. 왼쪽 그림의 팀은 기술 기반 사일로다. 종종 소통 경로의 가운데 있는 팀(그림 2.1의 백엔드 팀)은 다른 팀(DBA 팀과 UI 팀)과 소통하고 조정해야 하는 의무가 있기 때문에 많은 부담이 있다. 문제를 더 복잡하게 만드는 요인으로, 팀은 여러 비즈니스 콘텍스트(여기서는 청구, 계약, 보험 상품)에서 일하기 때문에 효율성이 더욱 떨어진다. 상호의존성과 경직된 소통이 비즈니스 가치 전달을 복잡하게 만든다.

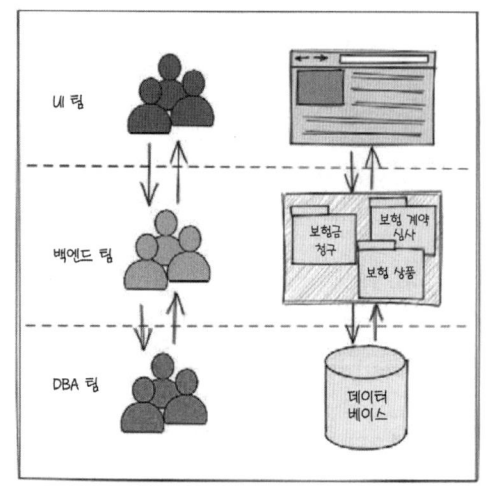 

그림 2.1 콘웨이의 법칙. 왼쪽: 기술 기반 사일로. 오른쪽: 교차 기능 기술, 비즈니스 역량

그림 2.1의 오른쪽은 비즈니스 역량에 맞춰 구성된 교차 기능$^{Cross-functional}$ 팀을 보여준다. 팀은 자율적이며, 관리하는 서브시스템 아키텍처의 전체 생명주기를 책임진다. 팀원은 날마다 소프트웨어 개발만 하지 않는다. 개발한 소프트웨어가 운영에서 어떻게 동작해야 할지에 대한 통찰력도 갖고 있기 때문에 팀원은 지원 작업의 일종으로 운영에 관한 업무를 돕는다. 이는 최종 사용자와 더 좋은 관계를 만들 수 있다. 고객과 사용자의 새로운 통찰력이 팀이 맡은 비즈니스 역량을 높이는 데 도움이 되기 때문에 일종의 선순환을 그린다고 할 수 있다.

간과해서는 안 될 점은 바로 비즈니스 전문가와 소프트웨어 개발 전문가의 소통을 위해 팀을 만들어야 하는 것이다. 한 팀이 다른 팀과는 쉽게 얘기할 수 있지만 비즈니스 전문가와 긴밀한 소통이 불가능하고, 그 상황에서 전략적 산출물을 만들어야 한다면 근본적인 소통 문제는 해결되지 않은 것이며, 조직은 개편 전보다 더 심각한 상황에 놓이게 될 수 있다.

안전한 실험 환경 조성

더 나은 건강한 문화를 구축하기 위한 첫걸음으로서 비난과 실패 문화의 차이를 인정해야 한다. 다음 단계는 비즈니스를 위한 안전한 실험을 가능하게 해야 한다.

그렇다고 해서 각 팀이 알아서 무작위로 아키텍처 선정이나 기술 도입을 해도 된다고 말하는 것은 아니다.

안전한 실험은 규율을 의미하며, 규율은 잠재적으로 큰 학습 결과와 지식을 산출할 수 있는 아이디어를 신중하게 선택하는 것을 의미한다. '안전'에 대한 여러 해석이 많지만 에릭 홀나겔Erik Hollnagel은 "안전은 받아들일 수 없는 위험으로부터의 자유이다.[Hollnagel]"라고 정의했다. 다른 말로, 안전한 실험은 생각하지 못했던 사건이 발생할 수 있다는 것을 인지하고, 원하지 않는 결과가 나왔더라도 팀을 보호하는 것이다.

안전한 실험이 진행되는 동안 조직은 학습 과정을 평가하고 수집된 정보를 검사한다. 평가와 검사 결과를 반영해서 이 실험을 계속 진행할지 취소할지 결정할 수 있다. 중요한 것은 실패와 그에 따른 비즈니스 위험성을 줄여 안정성을 높이는 것이다. 새로운 것을 맹목적으로 시도하면서 그것을 실험이라고 부르는 것은 위험하다. 이런 식이라면 모든 것이 실험이다. 실험은 안전해야 한다.

모듈 먼저

우리는 '전략적 학습을 위한 필수 도구'부터 시작해서 성공하기 위해 필요한 실패 문화의 논의까지 얘기했다. 그런데 갑자기 '모듈module'이라는 기술적인 주제로 바로 넘어가는 것인가? 우선 이 절의 내용은 전혀 기술적이지 않다. 다양한 종류의 컨테이너가 물건을 담기 위해 만들어졌다는 것은 누구나 알고 있다(예: 부엌 서랍, 냉장고 내 음식 보관 서랍). 컨테이너에 라벨을 붙이고, 각 컨테이너 안에 무엇인가를 담는 과정은 논리적이어야 한다. 그렇지 않다면 컨테이너 안에서 원하는 물건을 찾으려고 할 때 찾기 힘들 것이다. 소프트웨어 개발을 위해 팀은 다른 것을 시도하기 전에 컨테이너부터 바로 잡아야 한다. 1장에서 콘웨이의 법칙을 얘기했던 것과 같은 내용이다.

콘웨이의 법칙은 다음과 같이 계속된다.[Conway]

> 왜 대규모 시스템은 분해되는 것일까? 그 과정은 세 단계로 일어나는 것으로 보이는데,

처음 두 단계는 통제할 수 있다. 세 번째 단계는 통제할 수 없는 동형성(Homomorphism)[7]의 직접적 결과다.

첫째, 거대한 시스템이 필요하다는 초기 설계자들의 인식 그리고 조직 내 어떤 압력으로부터 시작한다. 이런 불안감으로 인해 과도하게 많은 사람을 설계에 할당하고 싶은 유혹이 싹트고, 이는 억제하기 힘들다.

둘째, 통상적으로 경영진은 큰 설계 조직에 원하는 바가 있고, 이를 적용하는 과정에서 조직의 의사소통 구조는 분리돼 버린다.

셋째, 동형성의 원칙으로, 시스템의 구조는 설계 조직에서 발생한 의사소통 구조의 분리를 그대로 반영하게 된다.

모듈을 그저 '기술 주제'라고 치부하는 것은, 전략적 학습을 돕는 가장 가치 있는 도구를 내다 버리는 것과 같다.

모듈화는 인간이 반드시 해결해야 하는 복잡한 문제를 어떻게 다루는지 알려주기도 한다. 비즈니스 문제 공간 전체를 고려하면서 효율적으로 처리할 수 있는 사람은 없다. 인간은 큰 문제를 해결하기 전에 자신이 알고 있는 것을 분해해서 작은 문제 집합으로 만들려는 경향이 있다. 작은 문제는 추론하기 더 쉽기 때문에 해결책을 만들기 쉽고, 작은 문제에 대한 해결책이 모여 큰 문제를 해결한다. 그렇지 않으면 모듈화는 쓸모없게 된다.

이런 문제 해결 방식은 심리학에 뿌리를 두고 인간 마음의 한계를 반영한다. 인간의 뇌는 한 번에 매우 제한된 개념만 다룰 수 있다. 이는 1956년에 발행된 조지 A. 밀러$^{George\ A.\ Miller}$의 논문 「The Magical Number Seven, Plus or Minus Two: Some Limits on Our Capacity for Processing Information(마법의 숫자 7 ± 2: 정보 처리 능력의 한계)」[Miller]에 설명돼 있다. 밀러의 법칙$^{Miller's\ Law}$에서 말하기를, 인간의 단기 기억은 7 ± 2개의 '덩어리'만 갖고 있을 수 있다고 한다. 정확한 숫자는 사람마다 다를 수 있지만, 확실한 것은 이 용량이 매우 제한적이라는 것이다. 이러한 한계로 인해 인간은 정보를 계층적으로 분해해서 작은 덩어리로 만든다. 분해 과정은 이 덩어리의 크

---

7. 서로 다른 2가지(시스템, 조직)가 같은 모습을 띠게 되는 것을 동형성이라고 한다. 여기서는 조직과 시스템이 같은 모습을 같게 되는 현상을 뜻한다. - 옮긴이

기가 적당해질 때까지 진행된다. 적당한 크기란 인지 부하$^{Cognitive\ load}$[8]의 스트레스가 크지 않아서 정보의 처리에 문제가 없으며, 정보의 학습을 통해 우리의 정신 모델을 키울 수 있는 정도를 말한다.

이제 다시 모듈 얘기로 돌아가자. 복잡한 문제 해결을 위해 문제를 분해한 뒤 답을 찾아 조합하는 방법을 얘기했고, 이 방법은 분해 과정을 거친 정보의 덩어리를 관리하는 데 도움을 준다. 인간은 단계적 처리 방법을 사용해서 성공적인 결과를 도출하고 복잡한 문제도 해결할 수 있다.

모듈화는 콘웨이의 법칙 기저의 개념적 바탕이다. 중요한 의사소통을 하는 과정에서 모듈을 포착하고 이해할 수 있기 때문이다. 동시에 모듈은 솔루션 공간$^{Solution\ space}$을 어떤 경계로 나누기 때문에 솔루션 공간 전체가 진흙탕이 되는 상황을 피할 수 있게 한다. 모듈은 개념적 경계와 물리적 구획에 모두 사용된다.

걱정하지 말자. 곧 모두 이해가 갈 것이다. 어떻게 모듈이 소통을 통해 학습에 도움을 주는지 생각해보자.

그림 2.2는 보험 상품, 계약, 청구라는 3가지 모듈을 보여준다. 3가지 각각 별도의 비즈니스 역량이 모여 있는 곳이다.

팀은 비즈니스 관계자와 소프트웨어 개발 관계자로 구성된다. 예를 위해 한 팀이 3개의 비즈니스 역량 중 하나만 개발을 진행하고, 계약에 관한 솔루션을 개발하는 책임이 있다고 가정하자.

이 팀의 경우 대화의 주요 콘텍스트는 계약일 것이다. 그러나 계약 솔루션을 제공하기 위해 보험 상품과 청구, 심지어 다른 비즈니스 역량에 대해서도 논의가 필요하다. 하지만 이 팀은 다른 콘텍스트에 대한 책임 혹은 권한이 없다.

대화는 전체 비즈니스 도메인을 거치면서 다양한 경로로 이뤄지기 때문에 팀원은 반드시 자신의 콘텍스트가 '종료'되는 시점, 다른 콘텍스트로 '입장'하는 시점 그리

---

8. 인지 부하는 학습 과정에서 필요한 인지적 요구량을 말한다. 어떤 정보가 학습되기 위해 들어오는 정보를 처리해야 하는데, 처리할 수 있는 정보의 양보다 학습을 통해 들어오는 정보의 양이 많을 때 문제가 발생하며, 이를 인지 부하가 큰 상태라고 말한다. – 옮긴이

고 다시 자신의 콘텍스트로 '복귀'하는 시점을 명확하게 인지해야 한다. 대화 도중 자신의 콘텍스트에 관련된 것을 포착했다면 팀원은 팀의 향후 논의와 궁극적 해결책을 이끄는 데 도움이 될 만한 단어나 표현을 기록해야 한다.

개념적인 모듈은 실존하지 않는데, 콘텍스트가 담긴 소통의 기록은 어디 있는 것일까? 당장은 화이트보드, 위키 또는 다른 문서일 수 있다. 당연하지만 지워진 화이트보드에 적혔었던 정보를 잃어버리지 않고 영구적으로 보관하려는 방법도 있어야 한다.

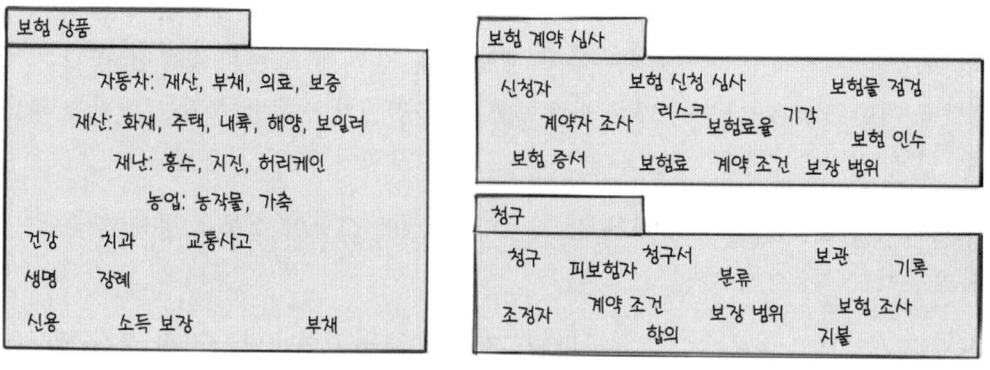

그림 2.2 모듈은 개념적 경계이자 물리적 구획이다.

소통에 도움이 된다면 팀은 다른 모듈에 관한 대화의 어떤 부분이든 기록할 수 있다. 하지만 팀은 다른 콘텍스트에 대한 권한은 없어 확실한 답을 내린다든지 미래에 영향을 주는 결정을 한다든지 할 수는 없다. 사실 다른 콘텍스트에 대해 어떠한 공식적 내용이 필요하다면 관련된 팀과 직접 소통해야만 한다. 그래서 외부 콘텍스트에 대해 제시한 어떤 용어나 표현은 단지 다른 팀이 책임을 지고 있는 실질적인 것을 전해서 말해주는 것일 뿐이다. 또한 전해서 말한 것이든지 공식적인 것이든지 다른 콘텍스트에 대해 기록한 용어와 표현은 관련 콘텍스트 모듈에 기록하고 팀이 맡은 모듈에는 기록하지 않는다.

팀의 대화가 진행될수록 더 많은 학습을 하게 되고, 더 많은 비즈니스 개념을 파악하게 된다. 팀이 상세한 내용을 파악하면 그림 2.3처럼 계약 모듈 내부에 추가 모듈을 만들 수 있다. 더 작은 모듈을 만들어 팀이 나눈 대화와 논의를 더욱 체계화한다.

합리적인 질문으로 계약 내부에 있는 모듈인 인수, 처리, 정책, 갱신을 격상시켜 계약과 같은 레벨로 올리는 것이 타당할까? 적당한 시기에 고려해야 하고, 또 그렇게 함으로써 얻는 장점도 있다. 하지만 정확히 그 시기가 언제일까? 앞서 언급했듯 팀은 "우리는 아직 그런 결정을 받아들이기에 충분한 정보가 없다."라는 본질적인 부분으로 다시 돌아가야 한다. 지금 당장 결정한다면 무책임한 일이 돼버릴 것이다. 향후에 대화를 통해 새로운 방향으로 나갈 수 있지만 지금 성급히 결론을 내리는 것은 상식적으로 이해할 수 없다. 이를 현재 확인된 개념에 근거한 (비)결정이라고 부른다. 일반적으로 팀은 각 개념에 대한 응집도와 다른 개념과의 관계를 이해할수록 모듈을 덜 분리하려는 경향을 가진다.

멋진 일이다. 팀은 자신의 개념적 경계 안에서 모든 것을 깔끔하게 유지하려고 노력하고 있기 때문이다. 하지만 팀은 그저 노력만 하는 게 아니라 성공하고 있다. 이는 빅볼 오브 머드를 피하는 길을 찾기 위해 필요한 가장 중요한 첫걸음이다. 원활한 소통과 의사결정이 소프트웨어 개발의 필수 덕목으로 생각한다면 팀은 확실히 올바른 방향으로 나아가고 있다.

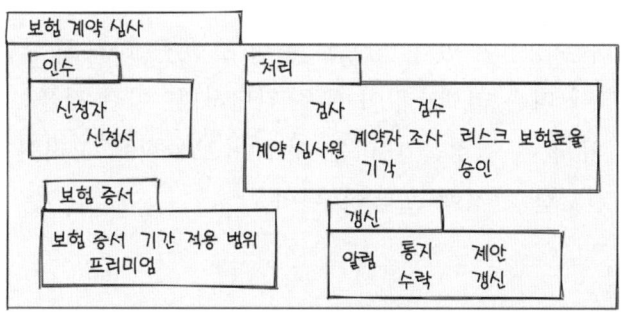

그림 2.3 소스코드를 구성하기 위해 사용되는 다른 모듈의 모듈 구획

그리고 팀이 관찰한 내용을 필수적으로 소프트웨어 구현에도 반영해야 한다. 시간이 지나면서 소프트웨어 모델의 질서는 악화되기 마련인데, 팀은 반드시 대화로부터 만들어진 설계를 소프트웨어 모델에 계속 적용해서 질서를 유지해야 한다. 이렇게 하면 모듈의 두 번째 용도를 발견할 수 있다. 모듈은 바로 물리적 구획이다. 팀은 물리적 모듈을 만들어 소스코드에 넣어야 한다. 그림 2.3에 예로 나온 논리적

모듈을 사용해 표 2.1에서는 해당 소프트웨어 모듈을 예로 보여준다.

표 2.1 보험 계약 심사 모듈이 제공하는 명시적 코드 구현 구획

모듈명	설명
NuCoverage.Underwriting	계약 심사 최상위 모델
NuCoverage.Underwriting.Model	계약 심사 모델이 들어있는 모듈
NuCoverage.Underwriting.Model.Intake	인수 모델의 모듈
NuCoverage.Underwriting.Model.Policy	정책 모델의 모듈
NuCoverage.Underwriting.Model.Processing	처리 모델의 모듈
NuCoverage.Underwriting.Model.Renewals	갱신 모델의 모듈

실제 사용 중인 프로그래밍 언어에 따라 모듈은 조금씩 다르게 선언될 수 있지만 지금 중요한 것은 아니다. 무엇이 어디에 들어있는지 분명하게 식별할 수 있는 명시적 이름을 사용해서 모듈을 선언하는 것이 중요하다. 팀이 담당하는 콘텍스트에 대한 기본적인 이해만 있다면 현시점에서 누구나 모듈과 코드를 이해하는 데 무리가 없을 것이다.

이 접근법의 또 다른 장점이 있다. 앞으로 팀이 모델 중 하나를 상위 모듈로 올리도록 결정한다면 그에 따른 리팩토링이 매우 간단하다. 이런 점을 고려했을 때 매번 무릎 반사[Knee-jerk]와 같은 결정을 내리는 것보다 모듈화를 고려한 큰 그림을 미리 그려보는 것이 견고한 결정에 도움이 된다.

배포는 마지막에

마이크로서비스를 먼저 선택하는 것은 위험하다. 그렇다고 모놀리스를 장기적으로 선택하는 것도 위험하다. #애자일에서 의사결정이 언제나 그렇듯이 배포 방법 같은 결정은 최종 책임 순간에 내려져야 한다. 다음은 애자일 선언문의 2가지 원칙이다.

- 가장 높은 우선순위는 가치 있는 소프트웨어의 지속적 전달[CD, Continuous Delivery]을 통해 고객을 만족시키는 것이다.

- 주 단위에서 월 단위로, 짧은 시간 단위를 두고 소프트웨어를 자주 배포한다.

이제는 '짧은 시간 단위'의 의미가 일, 시간, 심지어 분까지 짧아졌다. 요약하자면 일찍 자주 전달하자는 것이다.

이런 상황에서 어떻게 배포에 관한 결정을 최대한 늦출 수 있을까? 결정에 관한 시작과 빈도보다는 결정의 유형을 따져보자. 배포 유형은 선택 사항이고, 선택할 수 있는 여러 가지 옵션이 있다. 선택은 언제나 바뀔 수 있다. 배포 유형을 뭐로 했든지 간에 서비스 제공을 시작하고 빈번히 배포하는 것은 필수 사항이다.[9]

처음에는 빠른 실험과 구현, 전달^{Delivery}[10]을 도와줄 수 있는 배포 옵션을 선택하는 것이 가장 좋다. 비즈니스 문제를 이해하기 전에 분산 컴퓨팅 문제 해결을 위해 힘을 쏟는 것은 헛된 노력이기 때문에 초기 단계에서는 모놀리스 아키텍처를 사용하는 것이 좋다.

많은 소프트웨어 개발자가 분산 컴퓨팅에 대한 아이디어를 좋아해서 서비스를 공개할 때 분산 컴퓨팅으로 개발했다고도 알리고 싶어 한다. 미래를 상상하면 멋지고 심지어 짜릿하기까지 하다. 이러한 시도를 전혀 해보지 않았거나 경험이 적은 사람들은 분산 컴퓨팅에 깊이 빠져들 기회가 있다는 생각에 흥분될 수 있다.

처음 운전을 배울 때처럼 이건 어찌 보면 새로운 도전과 비슷하다. 젊었을 때 운전할 기회가 있다는 건 일반적으로 매우 기대되는 모험이다. 운전이라는 도전이 더는 새롭지 않을 때 색다른 자극을 위해 더욱더 빠른 속도감을 즐겨볼 수도 있다. 그러다가 속도위반 과태료 통지서를 받아보거나 교통사고를 겪게 된다면 도로에서 과속에 대한 유혹은 사라지고, 운전에 흥미를 느끼던 마음은 어느새 끝에 다다르게 된다. 그런데도 멋진 스포츠카에 올라타서 마음껏 가속 페달을 밟아볼 수 있는 상상은 다시금 마음속에 있던 짜릿함을 끌어낸다. 그렇더라도 한 지점에서

---

9. 9장에서 서비스형 기능(FaaS, Function as a Service)를 포함한 서버리스 아키텍처(Serverless Architecture) 배포 유형을 선택했을 때 무엇이 어떻게 달라질 수 있는지 다룬다.
10. Delivery(전달)와 Deploy(배포)는 다른 의미를 갖는다. 두 단어 모두 배포라고 옮긴다면 독자의 올바른 이해를 해칠 수 있기 때문에 Delivery는 전달이라는 단어로 번역했다. – 옮긴이

다른 지점으로 안전하게 제시간에 이동할 수 있다는 매력은 여전히 유효하다. 특히 가족과 함께라면 안전은 최우선이다.

분산 컴퓨팅을 직접 만들어본 사람들은 입을 모아 어렵다고 말하지만, 결국 잘 동작하게 완성했을 때 찾아오는 즐거움은 부인할 수 없다고 한다. 동시에 분산 컴퓨팅은 긴장감이 넘치는 스포츠가 아니고 무엇보다 힘들다. 현실적이고 책임감도 넘치며, 경험이 많은 소프트웨어 개발자는 결국 분산 컴퓨팅은 목적을 위한 수단임을 인정할 것이다. 좋은 고객 경험을 만들 수 있는 컴퓨팅 인프라를 결정하는 것은 비즈니스 요구 사항으로부터 나와야 하고, 항상 분산 컴퓨팅이 올바른 결정은 아니다.

비즈니스로부터 고객 만족을 위해 클라우드로 소프트웨어를 올리기로 마음먹었다면 어느 정도 분산 컴퓨팅이 필요할 가능성이 크다. 동시에 컴퓨팅 자원의 전체 분배를 줄이거나 복잡성을 낮출 수 있는 방법을 찾는 것이 최우선 과제여야 한다. 이 부분에 여전히 의문이 남으면 1장으로 돌아가서 '디지털 트랜스포메이션: 무엇이 목표인가?' 절을 다시 읽어보자.

마이크로서비스 혹은 모놀리스 중에 어떤 하나를 지지하는 것이 아니다. 비즈니스 상황에 맞는 올바른 결정을 지지하는 것이다. 분산 컴퓨팅(네트워크 연결을 포함하는 서브시스템 간 소프트웨어 통신)이 내재하고 있는 문제를 피하는 것이 빠른 전달과 지속적인 전달을 가능하게 한다. 초기에는 규모와 성능 문제가 존재하지 않기 때문에 분산 컴퓨팅이 갖는 문제를 굳이 마주할 필요가 없다.

최종 책임 순간에 비즈니스에 따라 시스템이 더 넓은 세계로 나아가기 위한 문을 열었다면 팀이 개발하는 시스템이 어떻게 늘어나는 부하를 처리하는지 관찰할 수 있게 대비해야 한다. 성능과 확장의 지표가 시스템 문제 해결의 필요성을 나타내고 있을 때 한 개 혹은 그 이상의 모듈을 모놀리스에서 마이크로서비스로 추출하는 것이 합리적이다. 이때는 마이크로서비스의 느슨한 결합(loose coupling)을 반영한 아키텍처와 설계 기술을 사용하는 개발 스타일이 필요한 시점이다. 마이크로서비스로 떼어져 나왔지만 모놀리스와 함께 원활하게 동작해야 하며, 분산 컴퓨팅의 일반적인 장애 상황을 겪지 않게 해야 한다.

팀이 모듈을 먼저 결정하고 사용 가능한 가장 단순한 배포 방법을 선택했을 때 이 접근법은 최대 책임 순간에 경험적 정보를 기반으로 결정을 내릴 수 있는 견고한 토대를 마련해준다.

▎모듈과 배포, 그 사이

모듈에 대해 고민한 후 그리고 배포 방법에 관한 결정 전에 수행해야 할 많은 작업이 있다. 다음 작업이 이에 포함된다.

- 어떤 비즈니스 역량을 시스템의 어떤 부분에 호스팅할지 파악하기
- 영향력 있는 전략적 기능 파악하기
- 소프트웨어 개발의 복잡성과 위험성 이해하기
- 전체 비즈니스 프로세스 이해를 위해 협업하기
- 모든 것이 정상 동작한다는 것을 증명하기 위한 내용 추론하기

다음 절에서 첫 3가지 작업을 다룬다. 3장에서 비즈니스 프로세스에 대한 협업 학습과 소프트웨어 정확성 주장에 대한 추론을 다룬다.

비즈니스 역량, 비즈니스 프로세스, 전략적 목표

비즈니스 역량은 수익을 창출하기 위해 존재하는 비즈니스 기능이다. 어떤 기능은 **핵심 비즈니스**core business 기능인 반면, 다른 기능은 그렇지 않다. 핵심 비즈니스 역량은 비즈니스 내에서 반드시 뛰어나고 차별화돼야 하는 역량이다. 비즈니스는 핵심 역량을 중심으로 혁신해야 한다. **지원 비즈니스**supporting business 역량은 하나 혹은 그 이상의 핵심 역량을 동작하게 하는 데 필요한 역량이지만, 기업이 혁신을 시도해야 하는 역량은 아니다. 그러나 지원 역량은 별도 솔루션을 구매해서 대체할 수 없을 수 있고, 이런 경우에는 반드시 구축해야만 한다. **일반 비즈니스**general business 역량은 비즈니스로서 기능은 필요하지만 직접적으로 비즈니스 핵심 역량에 도움을 주지는 않는다. 일반 비즈니스 역량은 가능하다면 반드시 구매(라이선스, 구독 등)해야 한다.

비즈니스 역량은 비즈니스의 **무엇**what을 말하는 것이지, **어떻게**how를 말하는 것이 아니다. 계약이 누커버리지NuCoverage의 비즈니스 역량이라고 생각해보자. 회사가 역량을 수행할 방법은 여러 가지가 있다. 우편으로 할 수도 있고, 전화로 할 수도 있고, 또는 완전 자동화된 디지털 워크플로 처리일 수도 있다. 무엇과 어떻게는 다른 것이다. 구현 세부 사항이 어떻게 되는지 중요하지만 시간이 지남에 따라 변경될 수 있다. 그런데도, 비즈니스의 무엇, 즉 보험 계약 심사는 미래에도 계속 존재할 가능성이 높다.

누커버리지는 경쟁력 있는 할인가로 보험 상품을 제공하면서도 최소한 경쟁사만큼의 이익을 창출하고자 혁신해야 한다. 또한 누커버리지는 이제 화이트 레이블White label 보험 상품을 제공해서 혁신을 이룰 것이다. 이는 분명 직접적인 수익 창출원이다. 하지만 어떤 것이 핵심 비즈니스 역량이고 어떤 것이 지원 비즈니스 역량인가? 그림 2.4에 표현된 비즈니스 역량과 아래 목록에 설명된 추론을 함께 고려해보자.

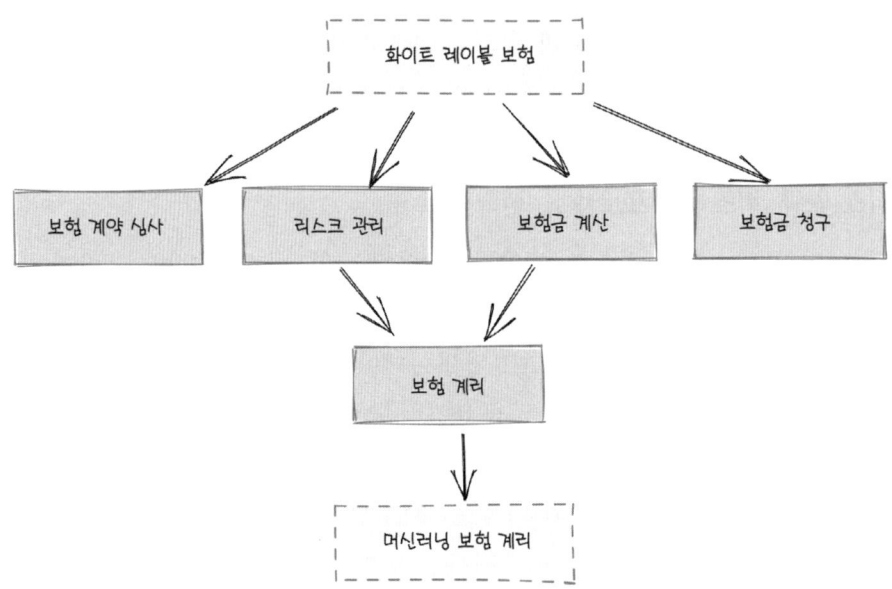

그림 2.4 누커버리지 비즈니스 기능 중 일부. 실선 상자는 현재 비즈니스 기능, 점선 상자는 미래 비즈니스 기능

- 보험 계약 심사는 주어진 보험의 리스크를 따져보고 보험 증서를 발행할

가치가 있는지, 아니면 보험 증서를 거절해야 하는지 결정하는 역량이다. 비즈니스 기능은 디지털 워크플로 처리로 구현되지만, 워크플로 처리가 어떻게 수행될지는 비즈니스 역량이 아니다.

- 보험 계약 심사는 아무것도 없는 상태에서 일어나지 않기 때문에 어떤 형태의 리스크 관리가 있어야만 좋은 비즈니스 투자와 나쁜 비즈니스 투자를 구분할 수 있다고 가정하자. 보험에서 리스크 관리는 주로 보험 계리에 중점을 두고 있으며, 과학의 영역으로 인정할 만큼 충분히 복잡하다. 현재는 보험 계리 비즈니스 역량은 업계 데이터와 경험에 기반을 두지만, 앞으로는 머신러닝[ML, Machine Learning] 알고리듬의 힘을 빌려 좋은 리스크와 나쁜 리스크를 더욱 잘 구분할 수 있게 될 것이다. 미래의 머신러닝 알고리듬은 실제 구현이 되겠지만, 다시 말하자면 이것은 어떻게 할지의 문제이고, 비즈니스 역량은 아니다.

- 모든 보험사는 보험 증서에 명시된 대로 보험금 청구를 처리해야 하며, 누커버리지도 예외는 아니다. 보험금 청구를 통한 정당한 손해 복구는 보험회사와 피보험자가 맺은 거래다. 디지털을 중심으로 하는 보험사에게 가입자의 손실과 적용 범위를 깊이 이해하는 것이 핵심 비즈니스 역량이다. 보험금을 과다하게 지급하지 않는 것은 물론, 부당한 계약 항목으로 인해 명예 훼손을 당하지도 않아야 한다. 청구는 어떻게 동작할까? 꼭 대답해야 하는 질문이지만 비즈니스 역량은 '무엇'의 영역이지 '어떻게'의 영역이 아니다.

- 누커버리지는 전사적 자원 관리[ERP, Enterprise Resource Planning] 시스템을 사용해서 비즈니스 운영 효율성을 높일 수 있을 정도로 성장했고, 누구도 이 시스템이 중요하지 않다고 하는 사람은 없을 것이다. 운영 효율성은 누커버리지에 최대한 도움이 돼야 한다. 그러나 앞서 언급했듯이 운영 효율성만으로는 지속 가능한 비즈니스를 만들 수 없다. 전사적 자원 관리 시스템은 수익 창출의 핵심이 아니며 핵심 비즈니스 역량을 받쳐주는 일반적인 영역이기 때문이다. 문제를 지나치게 단순화하려는 것이 아니라 핵심 역량과 다른 역량의 차이를 강조하기 위한 것이다. 전사적 자원 관리 시스템을 선택하는 것은 본질적으로 기능과 이점을 목록화해서 회사가 필요한 것들을 표시하고, 표시된 내용이 같은 상품 중에 하나를 고르는 것일 뿐이다.

- 누커버리지는 이제 화이트 레이블 보험 플랫폼 시장 진입을 눈앞에 두고 있다. 새로운 플랫폼을 그저 기술 세트 하나를 추가한 정도로 치부할 수도 있지만, 이는 단순히 사고방식을 조금 바꾸는 것 이상의 문제다. 누커버리지는 이제부터 소프트웨어를 비즈니스 지원을 위한 도구로 바라보는 것에서 벗어나, 반드시 프로덕트형 소프트웨어$^{\text{SaaP, Software-as-a-Product}}$로 인식을 전환해야 한다. 이런 인식을 바탕으로 먼저 소프트웨어를 개발하고 운영하는 것이 핵심 비즈니스다. 시간이 흘러 새로운 소프트웨어가 기름칠이 잘된 기계가 된다면 핵심에서 멀어지게 되겠지만, 지금은 웰뱅크^{WellBank}와 거래를 성사시키는 것이 가장 중요하다.

앞서 언급한 요점은 몇 가지 질문을 떠올리게 한다. 보험 계약 심사가 핵심 비즈니스 역량인가? 보험 계리가 지원 비즈니스 역량인가? 청구에 더 많은 비즈니스 역량을 드러낼 수 있는 세부 정보가 있는가? 누커버리지는 어떻게 현재 비즈니스 모델을 망가뜨리지 않으면서 완전히 새로운 비즈니스 모델을 수립하고, 이를 통해 새로운 도약을 할 수 있을까? 이와 같은 질문은 나중에 전략적 설계를 깊이 있게 검토한 뒤 답변할 수 있다.

지금은 비즈니스 프로세스(비즈니스의 어떻게와 무엇, 즉 비즈니스 역량들의 관계)에 집중해보자. 비즈니스 프로세스는 비즈니스 역량을 정의하고 지원하는 일련의 행동이고, 결국 전략적 비즈니스 목표를 의미한다. 대부분 프로세스는 그림 2.5와 같이 여러 비즈니스 기능이 협업하는 모습을 띤다.

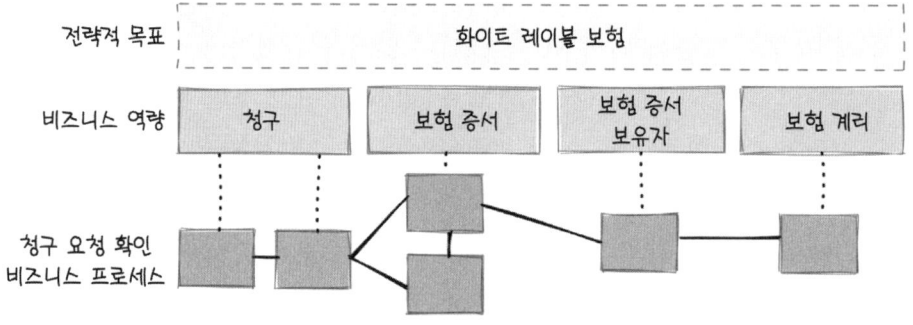

그림 2.5 비즈니스 프로세스에는 전략적 목표를 지원하기 위한 여러 비즈니스 기능이 포함된다.

예를 들어 청구 비즈니스 역량은 **청구 요청 확인**^{Check Claim Request}, **청구 요청 처리**^{Settle Claim}와 같이 다양한 비즈니스 프로세스를 포함한다. 청구 요청 확인 비즈니스 프로세스는 누커버리지가 화이트 레이블 보험을 위한 새로운 전략적 목표를 수립하기 전부터 존재했다. 하지만 그림 2.5에서 보는 것처럼 새로운 목표에 맞춰 조정될 필요가 있다. 어떻게 청구 요청 확인 비즈니스 프로세스가 동작하는지 확인해보자.

1. 보험 증서에 대한 새로운 청구가 시작된다. 청구 요청 확인은 청구 외에도 다양한 비즈니스 역량을 조율해야 한다. 예를 들어 보험 증서 비즈니스 역량은 요청받은 보험 증서가 아직 유효한지 확인해줘야 한다. 비활성됐거나 만료된 보험 증서로 청구하는 일이 발생할 수도 있기 때문이다. 대부분 보험 증서가 유효한지 확인하는 일이 불필요하겠지만, 항상 그렇다고 장담할 수 없다. 언제 어디서나 예외 상황은 있기 마련이다.
2. 확인이 완료되면 보험 증서 비즈니스 역량은 보험 적용 범위에 관한 정보를 제공하고, 청구를 어떻게 처리할지 결정한다.
3. 다음으로 보험 증서 보유자 관리 비즈니스 역량이 보험 증서 보유자에 대한 이력 및 현재 정보를 제공한다. 예를 들어 청구와 관련된 사람 중 운전자가 있다면 운전자에 관한 어떤 정보를 확인하는 것이 유용할 수 있다. 운전자의 운전면허가 정지 혹은 취소 등 어떤 문제가 있다면 어떨까? 또는 보험 증서 보유자의 현재 주소를 확인해서 청구 프로세스의 뒷부분에서 사용할 수도 있다.
4. 보험 계리 비즈니스 역량은 부정 청구 요청을 판별하기 위한 점검을 수행한다.

화이트 레이블 비즈니스 전략 목표를 지원하기 위해 누커버리지는 모바일 장치에서 여러 **청구 요청 확인**을 동시에 진행할 수 있게 만들기로 했다. 이런 추가 기능은 웰뱅크 같은 고객과 더 많은 거래를 성사시킬 수 있는 밑거름이 될 수 있다. 새로운 프로세스는 더 많은 비즈니스 역량의 참여가 필요하고, 또한 비즈니스 역량은 모두 동시에 운영되고 있다는 점을 유념하자. 그리고 청구 비즈니스 역량은 조직 차원의 광범위한 비즈니스 프로세스 내의 일부분일 수도 있다.

아직 답하지 못한 중요한 질문이 있다. 비즈니스 역량과 비즈니스 프로세스는 비슷해 보이지만 서로 다른 개념이다. 이 둘을 어떻게 하면 잘 구분할 수 있을까? 경험적으로 얻은 몇 가지 규칙을 소개하면 다음과 같다.

- 비즈니스 역량과 비즈니스 프로세스를 구별하는 가장 좋은 방법은 명명 규칙이다. 비즈니스 역량은 보통 영문으로 명사-동사 순서로 이름 짓는다. 예를 들어 **구독 계산**Subscription Billing[11] 또는 **청구 처리**Claims Processing[12]다. 반면에 비즈니스 프로세스는 **청구 요청 확인**과 같이 영문으로 동사-명사 순서로 이름 짓는다.[13]
- 비즈니스 프로세스는 기업이 일을 어떻게 처리하는지 관심이 있고, 이에 대한 프로세스 모델은 비즈니스가 일을 어떤 순서로 처리하는지 잘 표현한다. 비즈니스 역량은 구조를 담는 그릇이고, 비즈니스 프로세스는 흐름을 담는 그릇이다.
- 비즈니스 프로세스는 기술 발전, 규제, 내부 정책, 고객 선호도 등의 다양한 이유로 인해 자주 변경될 수 있고, 그래서 변동성이 크다. 비즈니스 역량은 비즈니스가 본질적으로 무엇을 하는지 포착하고, 그 결과에 초점을 맞춘다. 그래서 비즈니스 역량은 자주 변하지 않는다.

비즈니스 역량은 전략적 수준의 소통을 촉진한다. 전략적 논의를 위해 비즈니스 역량을 고려한다면 높은 수준의, 개념적인 그리고 좀 더 추상적인 생각과 의도를 포함할 수 있다. 그러나 비즈니스 이해관계자와 전략적 논의를 진행하면서 비즈니스 역량을 식별하다 보면 어느새 비즈니스 프로세스 얘기로 넘어가 버리는 경우가 많다. 많은 비즈니스 담당자는 프로세스를 중심으로 생각하고 프로세스의 결과에

---

11. 이 비즈니스 역량의 이름으로 계산(Billing)이라는 단어가 채택됐다. 이 단어는 동사이고, 비즈니스 프로세스로 오해할 수 있는 경우를 보여주기 위해서다. 전체 이름은 비즈니스 역량의 명명 규칙을 따르는 구독 계산서(Subscription Billing)다. 이 책의 다른 부분에서 구독 계산서(Subscription Billing)를 줄여 계산서(Billing)라고도 사용한다.
12. 이 책의 다른 부분에서 청구 처리(Claim Processing)를 줄여 청구(Claim)라고도 사용한다.
13. Billing은 회사에서 고객에게 사용료 납부를 청구하는 의미이고, Claim은 고객이 회사에게 보험료를 청구하는 의미다. 둘 다 한국어로 옮기면 청구가 올바르지만 같은 단어를 사용해서 원문의 의미를 잃어버릴 수 있기 때문에 Billing은 계산으로 번역했다. - 옮긴이

관심을 기울이기 때문에 역량보다는 프로세스 얘기를 더 선호한다.

이런 이유로 비즈니스 역량과 프로세스의 차이를 이해하고 인식하는 것이 중요하다. 미묘하지만 매우 중요한 차이다. 프로세스는 비즈니스 역량 간의 결합을 만든다. 비즈니스 역량이 아닌 프로세스 기반으로 설계한다면 잘못된 모델 경계를 만들어내게 된다. 이는 비즈니스 활동과 운영을 저해할 수 있고, 또한 조직 내 자연스러운 소통 구조를 역행하게 만든다. 5장에서 비즈니스 역량을 소프트웨어 모델로 구현하는 방법을 살펴본다.

중요한 교훈은 "비즈니스 프로세스는 비즈니스 역량을 뒷받침하고, 비즈니스 역량은 비즈니스 전략을 뒷받침한다."는 것이다.

목적 기반의 전략적 개발

소프트웨어 개발에서 가장 큰 문제 중 하나는 비즈니스에 거의 가치가 없는 소프트웨어 기능을 개발하는 것이다. 이것이 바로 YAGNI$^{You\ Aren't\ Gonna\ Need\ It}$를 주장하는 전형적인 이유다. 그렇지만 YAGNI를 지키자고 아무리 말해도 대부분 실패하거나 한 귀로 흘려버리고 만다.

소프트웨어 개발자와 비즈니스 관계자 간의 협업과 소통 채널을 제대로 구축하지 않았을 때 이러한 낭비가 종종 발생한다. 그다음 자연스럽게 이어질 결과로서 절대 존재하지 말아야 할 소프트웨어가 만들어져버리고 만다. 일부 팀은 어떤 기능이 굉장히 좋은 아이디어라고 자의적으로 판단하고 개발해서 배포했을 때 이런 일이 생길 수 있다. 하지만 보통 비즈니스 이해관계자가 정리한 요구 사항을 개발자가 잘못 이해해서 생기는 경우가 더 많다. 개발자가 자신의 구현이 잘못돼 추후에나 사용될 것이라는 사실을 모른다면 그 기능은 사용되지 않은 채 먼 미래의 문제로 남게 될 것이다.

비즈니스 이해관계자 및 영향력 있는 고객/사용자가 특정 기능을 요구하거나 영업 및 마케팅 부서에서 큰 거래를 성사시킬 수 있는 잠재력을 인지해 필요성을 인식하고 이러한 요구가 추가를 유도하는 문제도 흔히 발생한다. 그런 다음 상상했던 가치가 제공된 후에는 여러 가지 이유로 수요가 사라질 수 있다. 고객/사용자가 해결 방법을 찾거나 열정을 잃거나, 영업 팀이 약속대로 거래를 성사시키거나, 심지어 거래를 아예 성사시키지 못할 수도 있다. 상상했던 가치를 실현하기 위한 어렵고 위험한 작업이 완료된 후에 어느 순간 상상했던 가치는 잊혀진다.

좀 더 기본적인 이유로 불필요한 기능을 구현하는 경우도 있다. 오래전부터 존재했고 이제는 진부한 그 이유는, 바로 잘못된 결정이다. 물론 잘못된 결정으로 인한 실패를 몰랐다는 탓으로 돌릴 수도 있다. 하지만 기능을 완전히 구현하는 데 필요한 비용이 턱없이 비싸다면 먼저 비용이 적게 드는 실험을 통해 확인하고, 가능하다면 높은 비용을 지급하지 않았어야 한다.

이러한 모든 상황은 비즈니스 이해관계자와 소프트웨어 개발 팀 모두에게 주요 불만 사항이다. 더군다나 어떻게 결정을 내리게 됐는지에 대한 의사결정 일지가 없다면 당시 관계자만 알고 있는 암묵적 지식에 의존하는 것 말고는 추적할 방법도 없다. 동시에 의사결정 일지가 있어 왜 그런 결정이 내려졌는지 알 수 있더라도 잘못된 기능을 제거하는 데는 아무런 도움이 되지 않는다. 사용하지 않는 기능이 포함되지 않은 소스코드 버전으로 되돌아가면 어떨까? 분명 이 방법은 유효하다. 하지만 이 기능이 무언가 잘못될 수 있다는 가정 아래 새로운 버전이 매겨졌을 때만 가능하다. 오랫동안 숨어있던 잘못됐지만 의심받았던 적이 없었던 기능을 되돌리기 위해 소스코드 버저닝versioning을 사용한다는 것은 솔직히 말하면 끔찍한 방법이다. 다른 기능도 이 코드에 의존할 수 있기 때문에 버전을 과거로 돌리는 것은 많은 고민을 낳는다.

앞서 언급한 모든 상황은 소스코드 버전 관리의 문제가 아니다. 일반적으로 다음 2가지 문제 중 하나다.

- 잘못된 소통의 문제다. 이 책에서 처음부터 일관되게 소통에 관해 얘기하고 있다는 것을 잊지 말자.
- 명확하게 식별된 목표 기반 비즈니스 대신 누군가의 주장 혹은 집착이 결정을 강요한다.

첫 번째 경우는 이 책에서 계속 언급한 소통의 중요성을 인식하자. 두 번째 경우에는 실제 비즈니스 목표를 수면 위로 올려야만 한다.

이런 결정을 돕고자 **임팩트 매핑**Impact Mapping[Impact]이라는 의사결정 도구가 개발됐고, 전략적 목표 아래 어떤 기능 개발에 투자하는 것인지 아니면 단순한 상상의 값을 만든 것인지 구별하는 데 도움을 준다. 다음 질문을 통해 전략적 목표 달성을 위해 어떤 영향이 필요한지 파악해보자.

1. **왜?** 비즈니스 목표 몇 개를 나열해본다. 목표는 시간에 따라 변하기 때문에 지금 당장 완벽한 리스트를 만들 필요는 없다. 하지만 한두 개 혹은 여러 개의 목표를 적어본 뒤 좀 더 전략적인 것을 집어내고, 덜 중요한 것과 비교해서 어떤 다른 점이 있는지 확인할 수 있다. '메리Mary를 행복하게 만들기'는 비즈니스 목표가 아니고, '웰뱅크를 행복하게 만들기'도 마찬가지다. '주택 보험과 자동차 보험 결합 상품 만들기'는 비즈니스 목표로서 알맞으며, '집 주소별 주택과 자동차 결합 상품 견적', '화이트 레이블 자동차 보험'도 좋은 비즈니스 목표가 될 수 있다.

2. **누가?** 주어진 목표를 성공적으로 만들기 위해 행동이 바뀌어야 하는 행위자를 찾아야 한다. 임팩트 매핑의 목적상, '행위자'는 사람일 수도 있고 그룹, 조직, 시스템 또는 유사한 무엇일 수 있다. 행위자는 지정된 목표를 성취하기 위해 반드시 어떤 영향을 받아 변해야 한다. 행위자는 긍정적, 중립적이거나 부정적일 수 있다. 다시 말해 비즈니스에 대해 이미 긍정적인 행위자라고 할지라도 행동을 변화시킬 수 있는 영향이 있어야 한다. 반대로 행위자는 현재 비즈니스에 관심이 없거나 부정적인 의견을 갖고 있을 수 있다. 예를 들어 다른 솔루션의 사용자이거나 또는 그 솔루션을 제공하는 비즈니스일 수 있다. 어떤 경우든지 간에 우리의 비즈니스는 반드시 행동의 변화를 일으킬 수 있는 영향을 줘야 한다.

3. **어떻게?** 목표를 달성하기 위해 각 행위자에게 어떤 영향을 줘야 하는지 정의한다. 행위자에게 필요할 것 같은 기능을 일일이 적어보라는 것이 아니다. 전략적 목표를 달성하는 데 초점을 맞춰 비즈니스 활동 중 일부를 선별

해야 한다. 어떤 구체적인 행동 또는 부족함을 개선하는 행동 등이 필요하다. 긍정적인 행위자뿐만 아니라 중립적이고 부정적인 행위자에 대한 영향도 고려하는 것이 중요하다. 부정적인 행위자의 경우 비즈니스의 긍정적 영향을 저해하는 상황이 있을 수 있고, 어떻게 부정적 영향을 방지하고 제거할지 고민해야 한다.

4. **무엇을?** 각 영향을 실현하는 데 필요한 결과물을 식별한다. 전략적 소프트웨어의 콘텍스트에서 결과물은 일반적으로 특정한 영향을 끼치고자 개발한 소프트웨어 기능 그 자체다. 그러나 결과물을 식별할 때 소프트웨어가 최선의 답이 아닐 수 있다. 또는 소프트웨어를 구현할 수 있을 때까지 임시 방편을 사용할 수도 있다. 예를 들어 누커버리지가 머신러닝 알고리듬을 사용해서 고도로 자동화된 데이터 기반 보험 계리 시스템을 구축할 수 있을 때까지 회사는 고도로 숙련된 보험 설계사와 함께 계약 비즈니스 역량을 내재화하는 선택을 할 수 있다. 또한 보험 설계사는 비즈니스 전문성을 가진 보험 계리사와 함께 보험 계리 시스템을 규정하는 데 도움을 줄 수 있다. 머지않아 보험 설계사는 소프트웨어 혁신 능력을 갖춘 전문가로서 정규직으로 전환할 수도 있다.

대부분 소프트웨어 개발은 4번째 질문으로 시작하며 3번째, 2번째 또는 1번째 질문을 식별하지 못할 수 있다. 전략적 비즈니스 측면에서, 1 ~ 4번째 질문은 올바른 순서일 뿐만 아니라 명확한 진행 방향을 제시한다. 또한 위 질문은 비즈니스 목표를 달성하기 위한 비기술적 요소 또는 인지하지 못한 공백을 채우는 방법을 찾는 데 도움이 된다. 또한 질문의 순서대로 진행하면 재정적 부담을 줄일 수 있는 방법을 찾을 수도 있다. 이전 질문에 대한 답을 모두 했을 때 최고의 결과물이 소프트웨어일 필요가 없다는 사실을 좀 더 분명하게 만들 수 있기 때문이다.

마인드맵Mind Map은 임팩트 매핑[Impact]을 실행하기에 좋은 방법이다. 그림 2.6은 템플릿과 예를 보여준다.

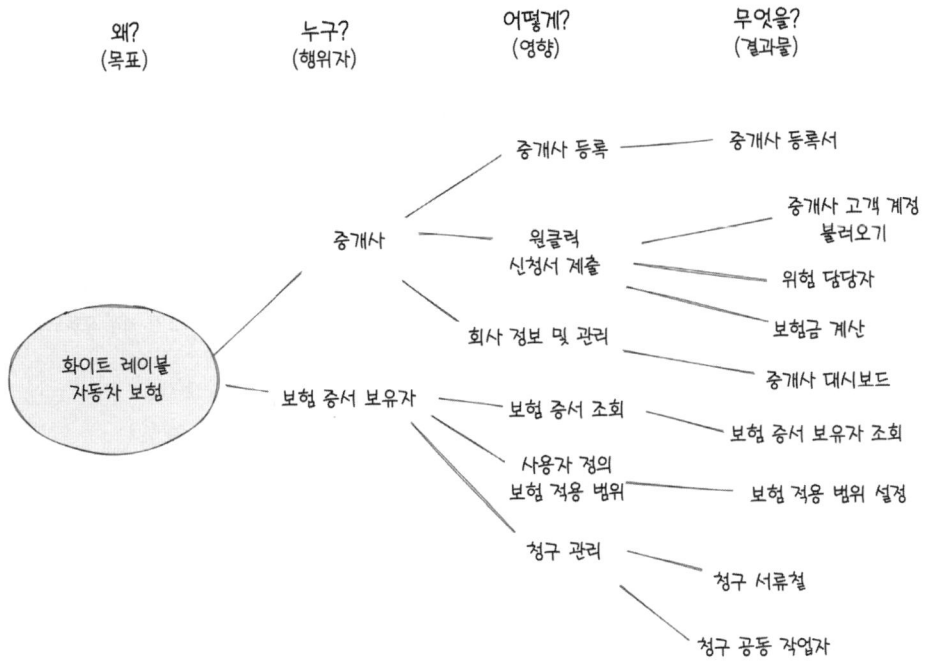

그림 2.6 화이트 레이블 자동차 보험의 임팩트 맵

그림 2.6에 나타난 영향 중 일부는 **지원적 영향**supporting impact이고, 나머지는 **전략적 영향**strategic impact이다. 예를 들어 지원적 영향은 웰뱅크 같은 새로운 보험 중개사가 등록할 수 있게 하는 것이다.[14] 중개사가 일단 등록하면 원클릭 신청서 제출과 같은 기능을 사용해서 쉽게 유효한 신청서를 제출할 수 있게 하는 것은 전략적 영향에 속한다.

원클릭 신청서 제출의 영향으로 산출되는 3가지 결과물은 **중개사 고객 계정 불러오기**Import Agent Customer Account, **리스크 담당자**Risk Gatekeeper 그리고 **보험료율 계산**Rate Calculator이다. 첫 번째 중개사 고객 계정 불러오기는 현재 어떤 형태로도 존재하지 않는다. 나머지 2개는 현재 핵심 비즈니스를 지원하기 위해 이미 어느 정도 존재한다. 두말할

---

14. 이와 같은 정보는 누구에게도 공개하지 않는다. 보험 중개사가 되려면 필요한 자격 요건을 갖춰야 한다. 누커버리지는 새로운 중개사와 프랜차이즈 계약을 통해 적절한 교육을 제공하지만, 보험 등록을 위한 세부 사항은 새로운 중개사의 영역으로 남긴다.

필요 없이 3가지 결과물을 결합하는 하나의 새로운 결과물이 필요하다. 즉, 결합을 위해 백그라운드 워크플로를 관리하는 어떤 구성 요소를 식별해야만 한다. 그림 2.7에서 보는 것처럼 새로운 구성 요소인 계약 심사 프로세서를 식별해서 영향 지도에 추가할 수 있다. 3장에서 이러한 구성 요소를 좀 더 자세히 다룬다.

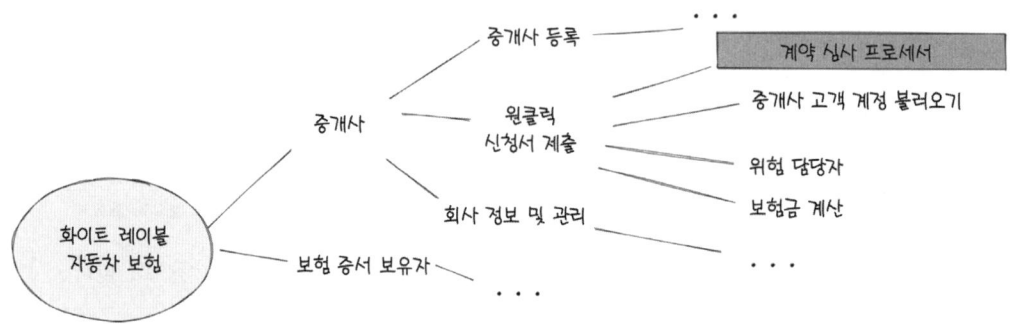

그림 2.7 원클릭 신청서 제출 내 추가 검토 과정을 통해 계약 심사 프로세서라는 제어 컴포넌트 발견

의사결정을 위한 시네핀 프레임워크

시스템의 모든 요구 사항을 사전에 정확하게 알 수 있다면 소프트웨어 개발 작업은 매우 쉬워질 것이다. 하지만 요구 사항은 누군가의 머릿속에서 나온 뒤 변하고, 또 변하고, 또 변한다. 이것이 현실이다. 게다가 실험 결과, 새로운 지식 습득, 운영 시스템 이용 피드백, 경쟁사 활동과 같은 외부 요인, 시장 붕괴 등으로 인한 변화는 개발 계획에 미리 반영할 수도 없다.

많은 기업이 원래 계획을 몇 차례 수정하면 충분하다고 확신한다. 누커버리지는 화이트 레이블 제품을 통해 새로운 시장 기회를 발굴하기를 원한다. 이는 자연스럽게 비즈니스 전략, 조직 그리고 소프트웨어 개발에 관한 변화를 파급시킨다. 기업은 변화를 일으키는 데 필요한 노력을 어떻게 하면 모든 내부 사람에게 알리고 공감대를 형성할 수 있을까?

시네핀^{Cynefin} 프레임워크는 이러한 목적을 위해 사용할 수 있는 도구다. 1999년, 데이브 스노든^{Dave Snowden}에 의해 만들어졌으며 제조, 연구, 정치, 소프트웨어 개발 등의 다양한 분야에 성공적으로 적용됐다. 시네핀 프레임워크는 의사결정권자가 어떻게 상황을 인지하고 자신의 행동과 다른 사람의 행동을 어떻게 이해하는지 알아보는 데 도움을 준다.

그림 2.8에서 보듯이 시네핀 프레임워크는 주변에 확실Clear, 복잡Complicated, 난해Complex, 혼란Chaotic이라는 4개의 영역으로 구성된다. 그리고 다섯 번째 무질서Disorder 영역이 가운데 위치한다.

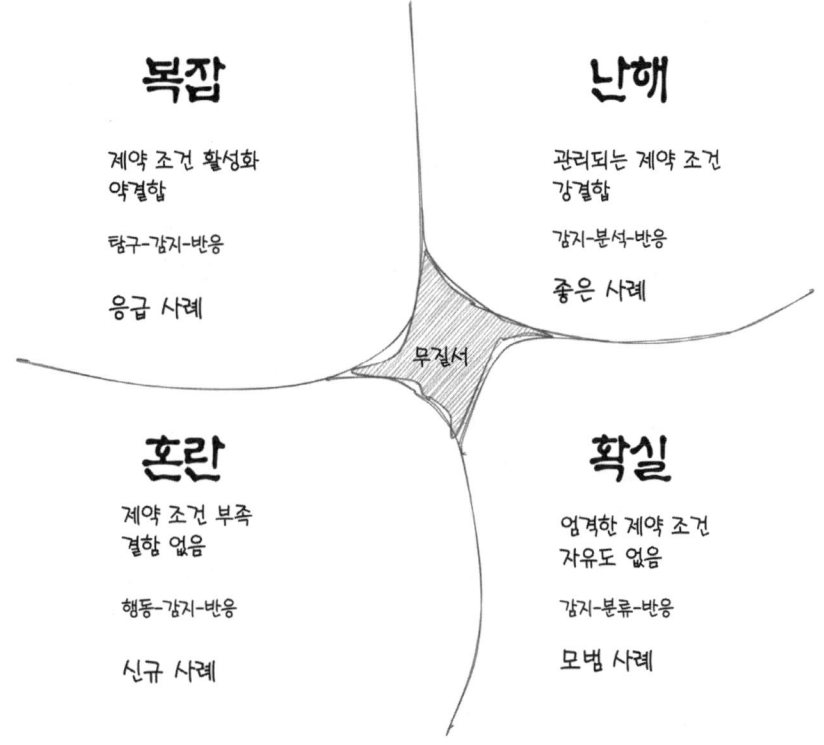

그림 2.8 시네핀 프레임워크와 5개 영역

다음 목록에서는 비즈니스 문제를 예시로 설명했지만 시네핀 프레임워크는 기술적 문제도 각 영역으로 분류해서 설명할 수 있다.

- **확실:** 명확Obvious 또는 단순Simple으로도 불린다. 확실 영역은 원인과 결과의 관계를 누구나 알고 있고 예측이 가능하며, 합리적인 사람 누구나 자명하다고 생각하는 것을 의미한다. 여기에는 일반적인 관행을 적용할 수 있고,

접근법은 감지, 분류, 반응이다. 어떤 문제가 발생하는지 감지하고 그 문제를 사전에 정의된 범주 중 하나로 분류한다. 해당 분류에 따라 무엇을 할지 결정하고 반응한다. 모든 사람이 이미 정답을 알고 있다. 누커버리지의 소프트웨어 개발 팀은 이미 전자 문서를 어떻게 처리하는지 명확히 알고 있다.

- **난해:** 원인과 결과의 관계를 이해하기 위해 좀 더 분석이 필요하다. 이런 종류의 시나리오에서는 비즈니스 전문가의 지식을 활용해서 이전에 성공적인 관행을 적용한다. 문제에 관해 여러 가지 해결책이 있을 수 있지만 전문가의 지식을 통해 무엇을 해야 하는지 결정한다. 접근법은 감지, 분석, 반응이다. 어떤 문제가 발생하는지 감지하고, 전문가의 지식을 통해 조사하고 분석하며, 무엇을 할지 결정하고 반응한다. 계약이 보험 업계에서 일반적인 과정 중 하나이지만 소프트웨어 개발자는 전문가가 보유한 지식에 의존하지 않고 계약 솔루션을 정확히 구현하는 것은 불가능할 것이다.

- **복잡:** 원인과 결과의 관계가 뒤늦게야 명확해진다. 복잡한 문제는 예측 불가능한 결과를 가져온다. 어떤 방법을 통해 올바른 솔루션에 도달할 수 있다고 예상한다고 해도 실제 구현하려고 시도하는 것은 좋은 결과 또는 받아들일 만한 결과를 가져오지 못할 수 있다. 조직은 실수하거나 관찰을 통해 뒤늦은 깨달음을 얻은 뒤에서야 좋은 솔루션을 얻을 가능성이 높다. 바로 이때 안전한 실험을 수행해야 한다. 지식은 실패로부터 얻어지고 새로운 이해는 관행, 환경, 디지털 자산의 변화를 주도하기 위해 사용돼야 한다. 이 영역에서는 전문적 지식과 일반적 관행은 성공을 보장할 수 없고, 결과는 항상 변화한다. 오히려 혁신과 새로운 관행이 필요한 시점이다. 접근법은 탐구, 감지, 반응이다. 탐구를 위해 여러 입력값으로 실험하고, 실패 혹은 성공을 감지하고, 무엇을 할지 결정하고 반응한다. 여러 보험 계열에서 완전히 자동화된 디지털 보험 계리 분석은 난해한 영역이다.

- **혼란:** 시스템 수준에서 원인과 결과 사이에는 아무런 관계가 없다. 이런 종류의 시나리오에서는 당장 솔루션이 필요하다. 위기가 닥쳤을 때 더 큰 피해를 주기 전에 해결할 필요가 있다. 첫째, 질서정연한 상태로 회복해야

한다. 혼란은 통제할 수 없는 결과를 가져오는 사고로 발생하고, 상황을 진정시키고 통제 속에 두기 위해 응급조치가 필요하다. 접근법은 행동, 감지, 반응이다. 안정화하기 위해 어떤 행동이든지 시도하며, 실패 또는 성공을 감지하고, 다음에는 무엇을 할지 결정하고 반응한다. 한 지역에서 발생한 시스템 장애가 다른 지역으로 연쇄적 확산이 일어나 서비스 중단으로 이어지는 상황이다. 시스템은 반드시 어떤 시정 조처를 하기 전에 먼저 안정화해야 한다.

- **무질서**: 어떤 단계에 있는지 명확하지 않고 어떤 계획이 동작할지 모를 때 무질서 영역에 있다고 한다. 무질서 영역은 가장 위험한 상황으로서 최대한 빠르게 벗어나야 한다. 그러려면 상황을 신속하게 작은 부분으로 분해하고 작은 문제를 분석해야 한다. 조직은 작은 문제가 4가지 영역 중 어디에 속하는지 결정해서 반드시 적절한 접근법을 찾아 문제를 해결해야 한다. 질서정연한 상태로 회복한 뒤에 개선을 위한 계획을 세울 수 있다. 무질서 영역에서 4개의 영역 중 한 곳으로 옮겨지기 때문에 무질서가 프레임워크 중심에 위치한다.

혼란과 무질서 영역은 우선 상황을 안정시켜야 한다. 그 뒤 철저한 회고 그리고 같은 혹은 비슷한 사유로 인한 서비스 중단을 방지하기 위한 계획 수립에 주의를 기울여야 한다. 결함이 있는 디지털 자산의 올바른 개선을 포함한 재발 방지 계획은 당연히 즉각적으로 수행돼야 하며, 피해를 받은 부분과 전체 시스템에 대한 모니터링 역시 개선이 필요하다.

시네핀 프레임워크의 핵심 구성 요소는 지식이다. 각각의 상황을 이해하는 것은 문제와 해결책을 더욱 명확하게 만드는 데 도움이 된다. 각 영역에서 권장하는 접근법(감지-분류-반응 등)을 사용하면 문제를 더 잘 이해할 수 있고, 문제를 덜 복잡한 영역으로 전환하는 데 도움이 된다. 영역 간 전환은 시계방향으로 이뤄진다. 확실 영역이라고 안심하기만 해서는 안 된다. 확실 영역의 해결책은 현재 상태에 안주하게 만들어서 혼란 영역으로 빠르게 전환될 수 있다는 것에 주의해야 한다. 이런 상황은 암묵적 지식이 유실될 때(핵심 담당자가 지식의 인수인계 없이 회사를 떠날 때), 지식이 잘못 적용됐을 때, 또는 일반적으로 알려진 성공적 관행이 쓸모없어졌지만 계속 사용할 때 발생할 수 있다.

스노든Snowden에 따르면 애자일 프로젝트 관리를 사용하면 문제 영역이 복잡 영역에서 난해 영역으로 전환하게 된다고 한다. 크고 복잡한 문제를 많은 수의 작은 문제로 쪼개면 개별 문제의 복잡도가 감소하기 때문이다.

요점은 새로운 소프트웨어 개발이 적어도 복잡 영역, 종종 난해 영역, 가끔은 혼란 영역에 있다는 것이다. 많은 고객과 개발자는 소프트웨어 개발을 난해 영역의 작업으로 간주하고 복잡 영역으로 보는 경우는 거의 없다. 일반적으로 소프트웨어 개발에 포함된 모두가 복잡도를 과소평가하는 경향이 있고, 복잡도가 명확해졌을 때 모두 놀란다. 이는 종종 혼돈으로 상황을 만들거나, 최소한 깊은 기술 부채와 엔트로피로 이어지는 솔루션을 만들어버리게 된다.

순진하지도 지적으로 정직하지도 않은 팀이 있다고 하자. 이런 팀은 자신들이 풀어야 하는 문제가 복잡 영역 혹은 더욱 안 좋은 영역에 존재한다고 인식했을 때 비로소 솔루션을 얻어낼 명확한 방법이 없다고 인정한다. 복잡 영역이라고 판단될 때 반드시 대화를 통해 안전한 실험을 수행해야 한다.

더 나아가서 복잡 영역에서 의사결정자는 예측이 아니라 이미 일어난 일에 대한 관찰을 통해 정보를 수집해야 한다. 관찰은 반복적인 실험의 기초가 되는 경험적 모델을 제공한다. 자주 변하는 상태에 적응하는 것은 팀이 문제를 더욱 잘 이해할 수 있게 도와준다. 또한 정보에 입각한 결정을 내리는 데 도움을 주고, 이는 올바른 해결책을 위한 바탕이 된다. 이 장 뒷부분의 '도구 적용' 절에서 어떻게 누커버리지가 시네핀 프레임워크를 사용해서 마이크로서비스 사용 여부를 결정하는지 보여준다.

스파게티와 요리 속도

지금까지 이 책에서는 2개의 장을 투자해서 소프트웨어 개발과 함께 전략적으로 혁신할 수 있는 방법을 소개했다. 이를 통해 비즈니스를 차별화하고 독특한 비즈니스 가치를 찾는 방법을 알아봤다. 다음 2개의 장에서는 더 나아가 협업 소통, 학습 그리고 소프트웨어 조직을 자세히 알아본다. 전략적, 경쟁적 우위를 선점하기 위한 혁신은 어려운 길이기 때문에 더 알아볼 가치가 있다.

개인의 음식 선호가 무엇이든지 간에 파스타 같은 면 요리는 일반적으로 많은 사람이 좋아하는 음식이다. 일부는 그렇지 않더라도 대다수는 분명 좋아한다. 맛있는 소스를 곁들인 스파게티나 쌀국수를 상상하는 것만으로도 입에 침이 고이게 한다.

파스타가 식욕을 떨어뜨리는 상황은 상상하기 힘들 것이다. 그런데도 '스파게티 코드'라는 용어는 정말 맛없는 소프트웨어 시스템과 보기도 싫은 소스코드를 일컫는 말로 수십 년 전에 만들어졌다. 그래서 스파게티 코드를 피하고자 완전히 다른 해결책을 추구해왔다. 잘못 만들어진 소프트웨어의 가장 슬픈 점은 이미 비즈니스 복잡성만으로도 어려운 상황을 더욱더 악화시킨다는 것이다.

스파게티 비즈니스는 소프트웨어로 구현하기 이전부터 항상 존재하며, 스파게티 코드는 거기에 더해진 골칫덩어리다. 임시 아키텍처, 소프트웨어 모델의 점진적 왜곡, 잘못 선택한 추상화, 사용하기도 전부터 코드 재사용 기회 모색 그리고 숙련되지 않은 개발자 등 여러 가지 이유로 소프트웨어가 복잡해진다. 소프트웨어 복잡성으로 인해 비즈니스가 혁신적 수준으로 비즈니스 복잡성을 해결하지 못한다. 우리는 소프트웨어 복잡성과 싸워야 한다. 비즈니스 복잡성을 요리해서 맛있는 음식을 만들 수 있게 하자.

스파게티를 요리하는 작은 단계를 시작하는 것이 로켓 과학rocket science[15]으로의 거대한 도약일까? 이럴 때 "어떤 명사도 로켓 과학이 아니다."라는 말을 사용하고 싶다. 여기서는 '어떤 명사'를 소프트웨어 개발로 바꿔보자. "소프트웨어 개발은 로켓 과학이 아니다." 소프트웨어를 통한 비즈니스 혁신은 점점 더 어려워지는 문제를 규칙을 갖고 해결할 수 있다.

1장과 2장 그리고 다음 몇 장에서 제공되는 도구는 10 ~ 12분 사이에 비즈니스 스파게티를 요리해볼 수 있게 고안됐다. 즉, 도구가 없을 때보다 더 빨리 성과를

---

15. 로켓 과학(Rocket science)은 매우 어렵고 이해하기 힘든 일을 뜻하는 의미로 사용된다. – 옮긴이

달성할 수 있게 한다. 때로는 더 빨리 요리를 만드는 것이 도구가 아닐 수 있다. 핵심은 도구가 없을 때보다 더 높은 효율을 내기 위해 인간의 사고를 개방하는 것이다.

전략적 아키텍처

소프트웨어 아키텍처는 흔히 기술 지향적인 전문가들이 일련의 결정을 통해 만드는 것으로 생각한다. 소프트웨어 구성 요소, 서브시스템, 전체 시스템 솔루션의 아키텍처는 일반적으로 소프트웨어 아키텍트라고 불리는 전문가들의 몫이다. 아키텍트라는 용어는 여러 가지 의미와 함축된 내용을 갖고 있고, 일반적으로 비즈니스 문화와 관련이 있다. 필자는 여전히 매일같이 프로그래밍 업무를 하면서도 심층적인 기술적 자격을 갖춘 아키텍트를 많이 알고 있다. 반대로 어떤 아키텍트는 그들의 경력에서 소프트웨어를 전혀 구현하지 않거나 아주 간단히만 참여한다. 사실은 아키텍처의 업무 범위 내 어디에 있는 사람이든지 아키텍트라는 중요한 역할에 자격이 충분한지 불충분한지 논하기 어렵다. 자격은 언제나 적성, 태도, 적응력, 민첩성을 기반으로 한다.

소프트웨어 아키텍트는 적절한 시기에 내려지는 의사결정을 문제없이 지원하고자 전략적 변화를 손쉽게 반영할 수 있는 유연한 아키텍처를 설계할 수 있어야 한다. 소프트웨어 아키텍처의 최악의 실패는 아키텍트가 성공 사례로 입증된 일반적 관행에서 벗어나는 아키텍처 결정을 내리고, 현실 세계의 제약 사항에 대한 이해가 없으며(때때로 상아탑 Ivory tower 아키텍트와 아키텍처[16]라고 부른다), 소통 방식을 고려하지 않고 그때그때 구조에 대한 결정을 내리는 것이다. 이러한 실패는 2가지 범주로 분류할 수 있다. 첫째는 형편없는 아키텍처, 둘째는 무의미한 아키텍처다(1장에서 비아키텍처 unarchitecture 라는 용어를 사용했다).

분명한 점은 소프트웨어 아키텍트만이 아키텍처를 책임지는 전문가여서는 안 된

---

16. 상아탑(Ivory tower)은 현실과 동떨어진 장소를 뜻한다. 예를 들어 아키텍트 팀이 별도로 존재하며 개발 팀의 상황은 전혀 모른 채로 아키텍처를 설계하는 상황을 들 수 있다. - 옮긴이

다는 것이다. 아키텍처는 여러 이해관계자에 의해 개발되는 가치 사슬value chain을 지원한다. 아키텍처는 솔루션에 공을 들여온 여러 사람 간의 소통을 뒷받침하는 가상의 공간일 뿐만 아니라 솔루션에 관한 현재와 미래의 결정을 지원하는 유연한 구조를 포함한다. 그러므로 아키텍처는 모든 이해관계자의 것이고, 개발자뿐만 아니라 비즈니스 전문가를 모두 포함한다. 이는 중요한 결론으로 이어진다. 소프트웨어 아키텍트는 모든 이해관계자와 공개적 협업을 촉진할 수 있는 기술을 보유해야 하고, 이를 통해 견실한 아키텍처를 추구해야 한다.

짧고 솔직하게 말하자면 이 책은 매우 단순하고 여러 용도로 사용할 수 있는 아키텍처 방식을 추구한다. 이런 아키텍처 방식은 몇 가지 다른 이름으로 알려져 있다. 가장 대중적인 이름 중 2가지는 포트Port와 어댑터Adaptor 그리고 헥사고날Hexagonal이다. 클린 아키텍처Clean Architecture라고 불리며, 가끔은 어니언 아키텍처Onion Architecture라고도 불린다. 모두 같은 것을 가리키는 다른 이름이다. 어떤 이름이든 이런 아키텍처 방식은 구현과 변경 모든 지점에서 유연성과 적응성을 제공하며, 자세한 내용은 8장에서 다룬다.

전략적 소프트웨어 아키텍처의 핵심 관점은 시간에 따라 어떤 이유로 어떻게 개선됐는가다. 애플리케이션, 서브시스템, 전체 시스템의 생명주기 동안 이뤄진 결정의 동기를 추적하는 일은 어려울 수 있다. 팀은 새로 들어온 팀원에게 결정에 관해 설명할 수 있어야 한다. 또한 오래된 팀원은 기억을 되살려서 비즈니스 이해관계자에게 어떻게 일이 진행돼서 현재 우리가 어떤 상태인지 설명할 수 있어야 한다.

다행히도 아키텍처 결정 기록ADR, Architecture Decision Record이라는 간단하고 민첩한 도구가 있다. 아키텍처 결정 기록은 팀이 오랫동안 소프트웨어를 위해 내린 기록을 추적하는 데 도움을 준다. 아키텍처 결정 기록은 각각의 중요한 아키텍처 결정과 당시의 콘텍스트 그리고 결과를 기록하는 문서 양식을 제공한다.

각 아키텍처 결정 기록은 아키텍처가 적용된 소스코드와 함께 저장되고, 모든 팀원이 쉽게 접근하고 확인할 수 있다. 누군가 #애자일에서는 어떤 문서화도 필요하지 않고 현재 코드 자체적으로 모든 것을 설명한다고 항의할 수 있다. 하지만 그런 관점은 원래 의도를 정확하게 이해하지 못한 것이다. #애자일 접근 방식은 불필요한 문서화는 지양하지만 기술과 비즈니스 이해관계자가 현재 콘텍스트를 이해하는 데 도움이 되는 모든 문서화는 허용한다. 게다가 아키텍처 결정 기록은 매우 가볍고 간단하다.

사용할 수 있는 아키텍처 결정 기록 양식은 많지만 마이클 니가르드Michael Nygard는 그중에 특히 단순하지만 강력한 양식[Nygard-ADR]을 제안했다. 그는 아키텍처 결정 기록이 '아키텍처적으로 의미 있고 중요한' 결정에 관련된 기록의 집합이어야 한다고 말했다. 의미 있고 중요하다는 것은 아키텍처 구조, 비기능적 특성, 의존성, 인터페이스 또는 구성 기술에 영향을 미치는 모든 결정을 뜻한다. 이 양식이 어떤 모습인지 살펴보자.

- **제목:** 따로 설명이 필요 없을 만큼 자명한 결정의 제목
- **상태:** 결정의 상태(제안, 수락, 거부, 중단, 대체 등)
- **콘텍스트:** 이 결정 또는 변경이 필요하다고 마음먹게 된 동기 혹은 관찰된 이슈에 대한 설명
- **결정:** 선택한 해결책과 이유
- **결과:** 이 변경으로 인해 무엇이 쉬워졌고 무엇이 어려워졌는지에 관한 설명

다음 절에서는 누커버리지 내 팀에서 사용한 아키텍처 결정 기록을 예로 보여준다.

도구의 적용

누커버리지는 기존 모놀리스 애플리케이션으로 비즈니스를 계속 운영할 것인지, 아니면 새로운 화이트 레이블 전략을 지원하기 위해 다른 아키텍처를 도입할 것인지 결정해야 한다. 선임 아키텍트는 마이크로서비스 아키텍처를 권장한다. 하지만 섣불리 결정을 내리는 것은 현명하지 못하다. 비즈니스와 기술 이해관계자는 철저한 분석을 촉진하는 의사결정 도구를 사용해서 상황을 더 잘 이해한 뒤 결정을 내리기로 했고, 의사결정 도구는 시네핀 프레임워크를 선택했다. 표 2.2는 시네핀

프레임워크의 결과를 정리한 것이다.

표 2.2 모놀리스 아키텍처에서 마이크로서비스 아키텍처로의 전환에 관련된 리스크와 복잡성을 결정하기 위한 시네핀 프레임워크[17]

	현재 콘텍스트	마이그레이션 리스크 요소	리스크 요소 대응 방안
확실, 알려진 지식	모놀리스는 모듈화가 잘 돼 있다. 모듈을 쪼개 네트워크 호출로 변경하는 것은 문제가 되지 않는다. 마이크로서비스의 일반적 관례는 모든 팀원이 잘 알고 있다.	안일함과 편안함. 팀은 분산 시스템을 파고들고 싶은 열망이 강하다. 현재 상태에 대한 심층 분석 부재. 보편적이고 일반적인 관례는 존재하지 않는다.	'일반적인 관례'의 가치와 한계를 인식해야 한다. 단순한 마이크로서비스로의 전환이라고 생각하면 안 된다. 솔루션을 지나치게 단순화하면 안 된다.
복잡, 알려진 미지	모놀리스가 모듈화가 잘 안 돼 있을 수도 있는데, 현재로서는 애플리케이션 전체를 확인한 바가 없다. 커뮤니티에서 마이크로서비스의 일반적 관례가 일관된 모습으로 확립돼 있지 않다. 이 팀은 모놀리스에서 마이크로서비스로 마이그레이션해본 경험이 없다.	전문가들은 마이그레이션에 대한 새로운 접근법을 무시한다. 전문가들은 자신의 솔루션이나 과거 솔루션의 효율성을 지나치게 맹신한다. 전문가의 견해는 서로 상충되며, 마이그레이션에 대한 일반적 접근법도 반대한다.	외부 및 내부 이해관계자들을 독려해서 전문가의 의견에 의문을 제기하게 한다. 실험과 시나리오 기반 분석을 통해 사람들이 다르게 생각하고 다른 방식의 반응을 하게 만든다.

(이어짐)

---

17. 럼즈펠드 매트릭스(Rumsfeld Matrix)로, 지식에 대한 전이 과정으로서 알려져 있다. 이 매트릭에서는 지식을 4가지 영역으로 분류한다. 알려진 지식(Known Knowns)은 우리가 무엇인지 알고 이해하고 있는 지식이다. 알려진 미지(Known Unknowns)는 우리가 무엇인지는 알지만 이해하지는 못하고 있는 지식이다. 즉, 모르는 것 자체를 알고 있는 상태다. 알려지지 않은 지식(Unknown Knowns)은 우리가 이해하고는 있지만 존재 자체는 인지하지 못하는 지식이다. 알려지지 않은 미지(Unknown Unknowns)는 우리가 인지하지도 못하고 이해하지도 못하는 완전 미지의 영역이다. 저자는 이 영역을 시네핀 프레임워크의 영역과 연결지어서 설명하고 있다. - 옮긴이

	현재 콘텍스트	마이그레이션 리스크 요소	리스크 요소 대응 방안
복잡, 알려지지 않은 미지	모놀리스는 모듈화가 잘 돼 있지 않으며, 네트워크를 통한 호출로 변경하는 것은 쉽지 않을 것이다. 누구도 모놀리스에서 마이크로서비스로 마이그레이션하는 모범 사례에 동의하지 않는다. 이 팀은 마이크로서비스로의 마이그레이션에 대한 경험이 없으며, 이 작업에 대한 전문가를 초빙하려고 해도 그 사람이 정말 전문가인지 판단할 능력이 없다.	이해관계자의 마이그레이션 문제에 대한 신속한 해결책 요구. 나머지 이해관계자에게 주어진 결정을 강요하려는 유혹. 마이그레이션에 대한 권위주의적 대응 모델.	인내심을 갖고 실험을 통해 발견되는 마이그레이션 패턴을 허용한다. 실패에서 배우고 어떤 관례가 효과가 있고 없는지 확인한다.
혼란, 알 수 없음	모놀리스 애플리케이션은 매일 배포하고 재시작하기 어렵다. 많은 운영 시스템 내 버그로 인해 많은 팀이 비즈니스 운영을 위한 긴급 지원에 시간을 소모해야 한다.	시스템 운영을 통해 발견한 내부 관례를 지나치게 오래 의존함. 혁신이 없음. 비즈니스 시스템을 계속 돌아가게 하기 위해 '리더(leader) 숭배'에 지나치게 의존함.	동일한 도메인 문제를 해결할 팀을 여러 개로 구성한다. 현재 관점에 안주하지 말고 혁신을 장려한다. 문제를 혼란 영역에서 난해 영역으로 전환한다.

중대한 분석 과정을 거친 뒤 모든 이해관계자는 누커버리지가 난해 영역에 위치한다는 것에 동의했다. 어느 누구도 현재 모놀리스 애플리케이션이 손쉽게 마이크로서비스 기반 분산 아키텍처로의 전환이 쉽지 않다고 생각하기 때문이다. 게다가 커뮤니티 또는 마이크로서비스 전문가 사이에서도 넓은 의미로 합의된 일반적인 관례가 없는 것으로 보인다.

마이크로서비스 아키텍처를 사용한다면 각 서비스 간 메시지를 교환해서 통신한다는 의미를 내포한다. 이 요구 사항에 대한 아키텍처를 결정하고자 여러 가지 구현 방식이 논의됐고, 처음에는 REST 기반 메시지 교환 방식을 사용하기로 결정했다. 이 결정은 아키텍처 결정 기록으로 정리됐고 리스트 2.1과 같이 문서화됐다.

리스트 2.1 REST 메시지 교환 방식 채택에 관한 아키텍처 결정 기록

```
제목: ADR 001: REST 메시지 교환

상태: 실험적, 수락

콘텍스트: 서브시스템과 협업을 위한 이벤트 메시지 발행

결정: 웹 표준을 사용해 기술에 구애받지 않게 함

결과:
장점: HTTP, 확장성, 저렴한 실험 비용
단점: 성능 (문제 가능성 낮음)
```

소프트웨어 개발을 진행하기 위한 현재로서 최선의 방안은 다음과 같다.

- 실패할 수 있더라도 실험할 수 있는 환경을 보장하고, 실패로 인한 불이익이 없어야 한다.
- 실험 범위를 모놀리스 애플리케이션으로 제한한다.
- 팀이 보고 배울 수 있을 만한 전문가 2명을 참여시켜 실패할 가능성을 낮추게 한다.

누커버리지는 소프트웨어 아키텍처와 디자인 패턴을 수립해야 한다는 절박함에 처해있다. 모놀리스에서 마이크로서비스 아키텍처 방식으로 안전하게 전환하고, 이를 통해 시스템이 새로운 화이트 레이블 보험 전략 계획을 잘 뒷받침하게 만들고 싶기 때문이다. 팀은 지금 힘들 수도 있지만 좋은 성과를 내고 있고 앞으로의 여정을 기대하고 있다.

정리

2장에서는 성공을 가능케 하는 문화를 포함해서 여러 가지 전략적 학습 도구를 선보였다. 어떤 비즈니스든지 차별화와 혁신을 통해 전략적 목표를 이루고자 한다면 이러한 사항은 필수적이다. 임의적 결정은 완전히 신뢰하기 어렵기 때문에 정보에 입각한 결정을 내리는 것이 중요하고, 의사결정 시에 콘텍스트를 반영하고 통찰력을 갖고 살펴봐야 한다. 이를 강화하고 더 나은 의사결정을 위해서는 문화적으로 안전한 실험과 통제된 실패를 반드시 받아들여야 한다. 콘웨이의 법칙은 실패에 대해 용서가 없기 때문에 새로운 문화가 필요한 것이다. 앞에서 언급했던 것처럼 문제 공간을 더 작은 문제로 나눠 문제의 이해를 돕고 잘 정리된 모듈로 사용하는 노력 또한 필수적이다. 수익 창출을 추구하는 모든 비즈니스는 비즈니스 역량을 운영 전반에 걸쳐 모듈로 분류해야 한다. 목표 지향적 결정이 기능 지향적 결정보다 낫고, 임팩트 매핑은 팀의 의도에 맞게 전략적 결정을 할 수 있게 돕는다. 시네핀 프레임워크 같은 도구는 의사결정에 도움을 준다. 그 외에 아키텍처 결정 기록[ADR] 같은 도구는 결정의 장기적 추적을 가능하게 만든다.

2장의 주요 내용은 다음과 같다.

- 의사결정을 내리기에 가장 적절한 시기를 이해한다.
- 실험 결과는 정보에 입각한 의사결정을 위한 중요한 지식의 원천이다.
- 안전한 실험과 통제된 실패를 의사결정 도구로 사용하는데, 조직 문화가 어떤 영향을 끼치는지 확인해야 한다.
- 더 나은 이해와 문제 해결을 위해 비즈니스 역량을 인지하고 모듈화해야 한다.
- 시네핀과 아키텍처 결정 기록[ADR]과 같은 도구를 사용해서 의사결정에 도움을 주고 장기적인 추적이 가능하게 해야 한다.

3장에서는 이벤트 우선 실험과 발견을 위한 도구를 살펴본다. 이를 통해 빠르게 학습하고 탐험할 수 있으며, 혁신에 한 걸음 먼저 다가갈 수 있게 될 것이다.

참고문헌

[Brooks] Frederick P. Brooks, Jr. The Mythical Man-Month. Reading, MA: Addison-Wesley, 1975.

[Cohn] Mike Cohn. User Stories Applied: For Agile Software Development. Boston, MA: Addison-Wesley, 2004.

[Conway] http://melconway.com/Home/Committees_Paper.html

[CT] "Book Reviews and Notes: Teaching Thinking Skills: Theory and Practice. Joan Baron and Robert Sternberg. 1987. W. H. Freeman, & Co., New York. 275 pages. Index. ISBN 0-7167-1791-3. Paperback." Bulletin of Science, Technology & Society 8, no. 1 (1988): 101. doi:10.1177/0270467688008001113. ISSN 0270-4676.

[DrDobbs] Mary Poppendieck. "Morphing the Mold." August 1, 2003. https://www.drdobbs.com/morphing-the-mold/184415014

[Hollnagel] Erik Hollnagel. "The ETTO Principle: Efficiency-Thoroughness Trade-Off or Why Things That Go Right Sometimes Go Wrong." https://skybrary.aero/bookshelf/books/4836.pdf

[Impact] Gojko Adzic. Impact Mapping: Making a Big Impact with Software Products and Projects. https://www.impactmapping.org/

[LA] James O. Coplien and Gertrud Bjornvig. Lean Architecture: for Agile Software Development. Hoboken, NJ: Wiley, 2010.

[LogFal] https://www.logicalfallacies.info

[Miller] "The Magical Number Seven, Plus or Minus Two: Some Limits on Our Capacity for Processing Information." https://en.wikipedia.org/wiki/The_Magical_Number_Seven,_Plus_or_Minus_Two

[Nygard-ADR] https://github.com/joelparkerhenderson/architecture_decision_record/blob/master/adr_template_by_michael_nygard.md

[Org-Culture] "OrganizationalCulture." https://en.wikipedia.org/wiki/Organizational_culture

[Pisano] Gary P. Pisano. "The Hard Truth about Innovative Cultures." https://hbr.org/2019/01/the-hard-truth-about-innovative-cultures

[Poppendieck] Mary Poppendieck and Tom Poppendieck. Lean Software Development: An Agile Toolkit. Boston, MA: Addison-Wesley, 2003.

[TT] Matthew Skelton and Manuel Pais. Team Topologies. Portland, OR: IT Revolution, 2019.

[Tuckman] Bruce W. Tuckman. "Developmental Sequence in Small Groups." Psychological Bulletin 63 (1965): 384-399.

[TW-ICM] https://www.thoughtworks.com/radar/techniques/inverse-conway-maneuver

3장
이벤트 우선의 실험과 발견

사람들은 흔히 비즈니스 임원, 영업, 마케팅 직원 그리고 고객을 상대하는 일을 하는 사람들은 공통적으로 외향적이고 의사소통을 잘한다고 생각하는 경향이 있다. 외향적인 사람들은 사회적 상호작용을 통해 활력을 얻으며, 솔직하게 표현하고 적극적으로 경청하는 것에서 통찰력을 얻는다. 그리고 소프트웨어 개발자와 프로그래머는 이와 정반대다. 침묵과 고독에 대한 선호도가 높으며 도전적인 퍼즐을 푸는 것을 즐긴다. 이런 유형의 전문가 집단에게 많은 사람과 시끄러운 대화나 적극적인 참여를 하라는 사회적 요구는 그들을 지치게 한다.

그러나 다수의 견해와 달리 이러한 고정 관념들은 어느 것도 맞지 않는 것으로 밝혀졌다. 실제로 수십 년 전에 조사한 결과에 따르면 450명의 CEO 중 70%가 내성적인 것으로 집계됐다. '소통이 삶의 원동력'인 환경에서 외향적인 리더는 비즈니스 비전과 모델을 명확히 세우는 데 도움이 되지 않았다. 어떤 사람의 성격적 특성이 강점이 되든 약점이 되든 한 사람 한 사람은 모두 다르며, 대부분은 복잡한 일을 돌파하고자 위로 올라갈 능력이 있다. 약점의 극복, 심지어 강점에서 비롯된 약점(지식 공유에 참여할 때 조급증과 고압적인 지배로 이어지는 외향성 등)을 극복할 수 있는 능력은 거의 모든 사람에게 있다.[Inverted-U][1] 특별히 총명하고 존경받는 사람들 간의 협력적 소통은

---

1. 역U자 가설(Inverted-U): 여키스-도슨(Yerkes-Dodson)의 법칙에 따르면 사람에게는 최적의 각성 수치가 있어 스트레스가 아주 높거나 낮을 때보다 적정한 수준의 스트레스가 있을 때 수행 능력이 최대가 된다. - 옮긴이

한 사업을 다른 모든 사업과 차별화하는 전략적 혁신과 차별화에 있어 꼭 필요한 요소이기 때문에 개개인이 성격적 약점을 극복하는 것은 필수적이다.

문제는 성격 유형이 아주 다양한 상황에서 어떻게 커뮤니케이션 문제를 극복해 협업을 위한 소통, 학습, 소프트웨어 개선을 위한 심층 분석을 할 수 있느냐는 것이다. 이것이 이 장에서 다루는 주제다.

소프트웨어 개발에서 몇 가지 기본 개념은 컴포넌트가 함께 잘 작동하게 하는 근간이 된다. 이러한 개념을 먼저 소개해 능동적인 학습과 지식 습득을 가속화할 수 있는 도구를 최대한 활용할 수 있게 도우려고 한다.

커맨드와 이벤트

인간으로서 우리가 매일 하는 일의 대부분은 커맨드command와 이벤트event에 대한 대응이다. 우리는 행동의 의도(커맨드)와 그 행동의 결과(이벤트)의 관점에서 인간의 사고를 이해하는 경향이 있다. 사람끼리 업무와 관련된 얘기를 할 때를 생각해보자.

우리가 보통 하는 일은 '퇴근 전까지 이사회에 비전 선언문을 전달할 것'과 같은 커맨드에 대한 반응이다. 이 문장이 커맨드로 생각되지 않을 수도 있지만 요약하면 그것이 바로 그것이다. 어떤 일을 달성하기 위해 후속 조치가 반드시 필요한 사항이다.

우리가 날마다 겪는 두 번째 유형의 소통은 이벤트에 반응하는 것이다. 비전 선언문이 완성돼 이사회에 전달되면 이사회 구성원은 비전 문서를 사용할 수 있다는 사실에 반응할 수 있다. 그 반응의 일부는 비전 선언문을 읽고 다음에 이사회가 열릴 때 이에 대한 논평을 준비하는 것이다. 이 경우 이벤트는 이사회에 전달된 비전 선언 문서다.

이사회 구성원 중 한 명 이상은 다른 우선순위나 개인적인 사정으로 인해 문서를 즉시 읽지 못하거나 아예 읽지 못하기도 한다. 이런 경우, 상황은 3가지 결과 중 하나로 이어진다.

- 이벤트를 통해 전달된 정보를 확인한다. 그런 다음, 사람의 판단에 따라 이사회 구성원 수신자는 이 사실을 몇 가지의 자기 커맨드로 번역한다. 비전 문서를 읽고 비전 문서에 대한 논평을 준비한다.
- 이벤트를 통해 전달된 정보의 처리를 나중으로 미루고 나중에 처리하는 것이 가능할 수 있다.
- 다른 사람이 더 잘 논평할 수 있다는 것을 안다면 그 이벤트의 처리를 완전히 무시해도 된다.

커맨드와 이벤트의 이해를 바탕으로 한 의사소통의 개념이 소프트웨어에 어떻게 적용되는지 생각해보자. 먼저 커맨드를 사용하고 그 다음에 이벤트를 사용한다.

'이벤트 우선event-fitst'에 대한 논의를 커맨드부터 시작하는 이유는 무엇일까? 이는 말과 수레의 딜레마다. 이벤트는 주로 커맨드의 결과다. 하지만 잠깐만, 아직 정의를 하지 않았다. 소프트웨어에서 커맨드란 무엇이며 이벤트는 무엇일까?

소프트웨어에서 커맨드는 명령형 레코드, 즉 어떤 작업을 수행하기 위한 명시적 요청으로 명명된 데이터 세트다. 약 30년 전, 그래픽 사용자 인터페이스를 사용한 소프트웨어가 등장하기 시작했을 때 윈도우를 가득 채운 확인 버튼과 취소 버튼을 생각해보자. 사용자는 이 버튼을 클릭해 소프트웨어가 어떤 작업을 수행하게 한다. 이러한 버튼을 커맨드 버튼이라고 하는 이유는 버튼을 클릭하면 명령이 실행되기 때문이다. 확인이라고 표시된 버튼을 클릭하면 일반적으로 그 윈도우 내의 커맨드를 완료하는 작업을 수행한다. 취소 버튼을 클릭하면 이 윈도우의 커맨드가 적용되지 않게 취소된다. 따라서 소프트웨어의 커맨드는 사용자가 명령을 실행하게 하는 특정 버튼을 클릭한 결과로 수행되고, 윈도우에 포함된 데이터 세트는 커맨드의 일부로 포함된다.

소프트웨어 관점에서 이벤트는 커맨드가 실행됐다는 사실에 대한 기록을 캡처한다. 이벤트는 과거에 발생한 행동을 표현하는 방식으로 명명된 데이터의 집합이다. 명확히 하자면 이벤트는 일반적으로 커맨드로 인해 발생한다. 비즈니스에 있어 어떤 이벤트의 발생은 그 사건을 기록해할 만큼 상당히 중요하다. 이제 이에 대한 이해를 윈도우의 확인 커맨드와 결합해보자. 일단 커맨드가 실행되면 이벤트가 기록되고 해당 이벤트에는 명령의 데이터 일부 또는 전체가 포함될 수 있다.

커맨드와 이벤트를 조합해서 사용하는 예를 생각해보자. 한 보험 신청자가 보험을 신청하려고 한다. 이를 위해 신청자는 온라인 보험 증서 신청에 필요한 데이터를 작성한다. 데이터를 제출하기 위해 사용자 인터페이스에는 Apply Now이라는 커맨드 버튼이 있다. Apply Now 버튼을 클릭하면 Apply Now 커맨드의 데이터에 신청서 양식의 데이터가 포함돼 서비스에 전송된다. 서비스가 신청서 양식 데이터를 수신한 후 이를 검증했을 때 데이터가 완전하고 정확하다면 서비스는 커맨드에 포함된 데이터를 저장하는 PolicyApplicationSubmitted(정책 적용이 제출됨)라는 이벤트를 기록해 보험 증서 승인 프로세스를 시작한다. 그림 3.1은 이 과정을 보여준다.

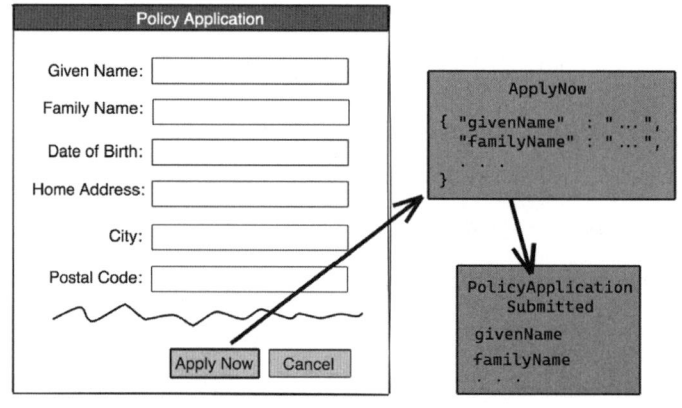

그림 3.1 지금 적용 커맨드는 Policy Application Submitted 이벤트를 발생시킨다.

이때 Apply Now 커맨드가 어떻게 명시되는지 확인한다. 신청서가 유효하지 않아 커맨드의 실행이 거부될 수도 있다.

Apply Now 커맨드가 완료됐다고 가정하면 과거 시제의 명사-동사 표현, 즉 PolicyApplicationSubmitted로 명명된 이벤트에 사건이 기록된다. 원칙적으로 이벤트는 후속 사용을 보장하기 위해 데이터베이스에 저장돼 지속적으로 유지된다.

어떤 경우에는 그것을 발생시키는 커맨드 없이도 이벤트가 발생한다. 예를 들어 시계가 8월 31일의 23:59:59와 같은 특정 시각에 도달할 때 이벤트가 발생할 수 있다. 특정 비즈니스의 경우 해당 월이 종료되는 것이 중요할 수 있습니다. 이것이 가상의 회사인 누커버리지^NuCoverage에 중요한 상황이라면 사실적인 사건으로 포착될 수 있다. Month Ended와 같은 이름은 영업 콘텍스트 내에서 사용되는 경우 잘 적용될 수 있다. 그러나 회계와 같은 재정 콘텍스트에서 월말은 다른 의미를 갖는다. 예를 들어 Ledger Period Closed(원장 기간 마감)은 장부의 이벤트로 잘 작동할 수 있다. 그림 3.2는 이 시간 기반 이벤트 모델을 보여준다.

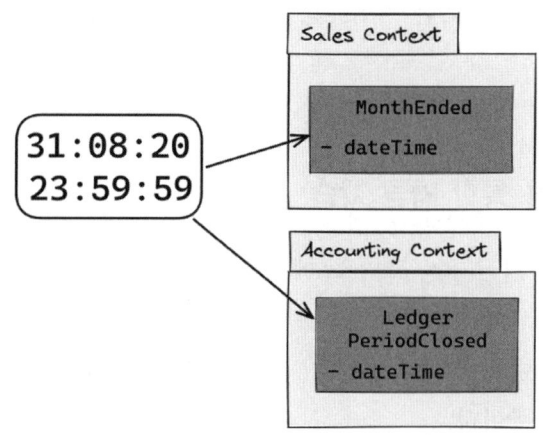

그림 3.2 시간의 변화에 의해 발생된 이벤트에는 커맨드가 필요하지 않다.

이것은 2장에서 소개한 사상과 더 관련이 있다. 개념의 이름을 지정할 때는 의사소통의 콘텍스트를 존중하는 것이 중요하다. 2장은 청구, 보험 계약 심사, 보험 상품이라는 이름의 콘텍스트에 초점을 맞췄다. 이 장에서는 각각 고유한 모듈에 포함된 2개의 추가 콘텍스트로 영업 및 회계를 소개한다. 이 예는 어떤 비즈니스 내에 다양한 콘텍스트가 존재할 수 있으며 효과적인 의사소통을 위해서는 팀원들이 소프트웨어를 설계하는 대화를 할 때 명확한 콘텍스트를 염두에 두고 있어야 함을 강조한다.

소프트웨어 모델의 사용

분명하지 않은 것은 앞의 예가 소프트웨어 모델의 표현이라는 것이다. 소프트웨어 모델링은 비즈니스의 복잡성을 이해하는 데 큰 부분을 차지한다. 또한 생성된 모델은 일상적인 비즈니스 절차 및 프로세스를 소프트웨어 컴포넌트들과 연결하는 데 사용된다. 소프트웨어 모델에 사용되는 이름은 임의로 선택하는 것이 아니라 신중하게 선택하고 팀 커뮤니케이션의 맥락과 조화를 이룰 때 의미가 있다.

이제부터 이 책에서는 차별화된 혁신을 위한 심층적인 학습과 획기적인 통찰력을 얻을 수 있는 실습의 목적으로 소프트웨어 모델링이라는 용어를 주로 사용한다. 이벤트는 팀이 비즈니스의 심층적인 학습을 건설적이고 빠르게 추진하기 위해 사용할 수 있는 핵심 도구다. 또한 커맨드와 여러 소프트웨어 모델링 개념이 모두 중요한 역할을 한다.

이벤트 스토밍을 통한 빠른 학습

유명한 발명가이자 혁신가인 토마스 에디슨Thomas Edison은 성공을 위한 자신이 했던 수많은 시도에 대해 언급한 적이 있다. 에디슨은 일반적으로 '실패'라고 하는 수많은 일을 겪은 후 이렇게 말했다. "나는 실패한 적이 없다. 동작하지 않는 10,000가지 방법을 찾았을 뿐이다."

에디슨이 실제로 전구를 발명한 것은 아니다. 그가 이 문제를 연구할 때쯤에는 가로등, 공장, 상점에서 전구가 이미 보편화돼 있었다. 그러나 그 제품들은 한계가 있었다. 에디슨이 발명한 것은 최초의 실용적이고 저렴한 전구였다.[Time-Edison] 그는 또한 이 장치를 혼자 발명하지도 않았다. 이 업적을 달성하고자 에디슨의 팀은 목표에 맞는 필라멘트를 찾기 위해 6,000가지에 달하는 다양한 종류의 필라멘트들을 테스트했다.[Edison-Museum]

알렉산더 그레이엄 벨Alexander Graham Bell은 전화기를 발명했다. 일부 다른 사람도 자신이 최초로 전화기를 발명했다고 주장하면서 논란이 됐다. 어쨌든 벨은 1667년, 영국의 물리학자이자 수학자인 로버트 훅Robert Hooke이 만든 음향 현악 전화기를 포함해 다른 사람들이 수세기에 걸친 실험과 발견을 거친 후 1876년에 특허를 받은 전화기를 만들어냈다. 에디슨도 강력한 전화 신호를 생성하는 탄소 마이크를 발명해 전화의 성공에 기여했다. 그러나 최초의 전화는 극소수의 소비자에게만 도움이 됐는데, 향후에 전신 교환기와 함께 운영되면서 보편화됐다. 전화 교환기의 발명이 없었다면 궁극적으로 전화의 대중적인 사용은 불가능했을 것이다.[Phone-History]

여기서의 핵심은 근시안적 비전이나 지식의 부족이 미미한 수준의 혁신을 만들고, 다른 사람들이 발명한 것을 개선하는 유형의 구상에 머물게 한다는 것이다. 요점: 팀은 종종 어떤 문제들을 해결하는 것으로 시작하지만 실험과 협업을 통해 혁신을 만들 더 좋은 기회를 발견하기도 한다. 초기 목표가 평범하거나, 기껏 해야 중간 정도의 수준이라고 지적받지 않게 하자. 발명을 하는 프로세스는 소통을 통해 이뤄지며, 이것이 혁신으로 이어지는 것이다.

실패에 관대한 문화에서 실험하게 하는 것이 혁신을 이룰 수 있는 환경을 조성하는 열쇠다. 이런 환경을 방해하는 것은 다음과 같은 질문이다. 혁신을 이루려면 몇 번의 실패를 해야 하고, 얼마나 오래, 얼마나 많은 자금이 필요한가?

물론 6,000 ~ 10,000번의 실패가 비즈니스 계획, 일정, 예산의 일부인 경우는 거의 없다. 다시 말하지만 초기 전구나 초기 전화기의 때에도 많은 실패가 계획됐던 것은 아니다.

> 요컨대 뛰어난 조직은 실패를 감지하고 분석하는 것 이상으로 학습과 혁신을 명백한 목적으로 하는 똑똑한 조직을 만들려고 노력한다. 물론 이러한 조직의 관리자가 실패를 즐기는 것은 아니다. 그러나 그들은 실패를 실험의 필연적인 부산물로 인식한다. 그들은 또한 큰 예산으로 극한의 실험을 할 필요가 없다는 것도 알고 있다. 작은 규모의 파일럿, 새로운 기술의 테스트 실행 또는 시뮬레이션으로 충분하다.[HBR-Failure]

실제로 진정한 양자 컴퓨팅의 광범위한 사용과 같은 위대한 발명은 기술적인 진보를 촉진하기 위해 절실히 필요하다. 결과적으로 발명을 추구하는 사람들은 실험에 막대한 투자를 하고 작동하지 않는 10,000가지 이상의 방법을 배울 준비가 돼 있어야 한다. 모든 사람이 수익을 창출하기 위한 수단으로 점진적 혁신을 달성한 후에, 이를 더 큰 점진적 혁신을 달성하는 데 재투자하는 것이 핵심이다. 즉, 빠르고 저렴하게 학습하는 것이 필수다.

의사소통, 협업, 발견을 기반으로 하는 학습을 적은 노력으로 가능하게 해주는 동급 최고의 방법으로 알베르토 브란돌리니Alberto Brandolini가 개념화하고 개발한 이벤트 스토밍Event Storming[EventStorming]이라는 도구가 있다. 이 접근 방식에 드는 비용은 집단적인 상상력이 필요한 창의적인 활동에 관련된 모든 지식 근로자를 참여시키는 것으로 충분하다. 이 세션에 비즈니스 전문가나 소프트웨어 개발 전문가가 포함되지 않는다. 반대로 이벤트 스토밍에는 비전, 중요한 이해관계, 질문, 답변, 알려진 지식known known, 알려진 미지known unknown를 논의하려는 의지 그리고 알려지지 않은 미지를 발굴하려는 집념을 가진 모든 사람의 참여가 필요하다. 이 활동에는 참여자 모두가 지식을 활용해 평범함을 넘어선 무언가를 성취하는 것이 필요하다.

> **참고**
>
> 필자 중 한 명인 반 버논(Vaughn Vernon)은 2016년, 『Domain-Driven Design Distilled』[DDD-Distilled]에서 이벤트 스토밍을 강조했다. 이벤트 스토밍이 처음 소개된 것은 알베르토 브란돌리니가 강사로 초대된 반의 '2013 IDDD Workshop' 이벤트 중 하나였다. 도메인 주도 설계(DDD)가 많은 전문가에게 소개돼 강력한 발판을 마련한 곳이기도 하고, 이 책의 필자들이 직접 만난 곳이기도 하다. 그 워크숍은 소프트웨어 개발 역사에서 빛나는 순간이었다. 반과 그 워크숍의 일부 학생은 그 이후로도 이벤트 스토밍을 사용하고 지지하고 있다.

보통 이상의 소프트웨어를 만들려면 일반적으로 의사소통이 되지 않거나(불쾌한 의사소통의 원인) 부서 간 협력을 방해하는 모든 비즈니스 사일로를 극복해야 한다. 불통과 경쟁 그리고 적대적인 행동이 혁신을 가로막는다. 일하는 것을 방해 받는 사람들보다 궁극적으로는 비즈니스의 피해가 더 크다. 누구에게나 선택권이 있고, 2가지 선택(협력하거나 방해하지 말거나)이 주어진다.

이벤트 스토밍의 기본 아이디어는 시스템에서 발생하는 설명적인 사건들을 시간 순서로 모델링하는 것이다. 과거 사건을 모델링하기 위해 스티커 메모에 기록하는 사실 기반의 사건들은 동적인 환경을 설명하는 세부적인 정보를 모델링하는 요소로 보완된다. 시간 순서는 왼쪽에서 오른쪽으로 기록된다. 그림 3.3의 모델에서 주황색 요소(색상으로 표현되는 경우)는 이벤트이고 다른 색상은 보조적인 요소를 나타낸다. 타임라인에서 일관되게 사용되는 주황색 요소의 수를 보면 이벤트 스토밍이 확실히 이벤트 우선으로 모델링하는 도구라는 것을 알 수 있다.

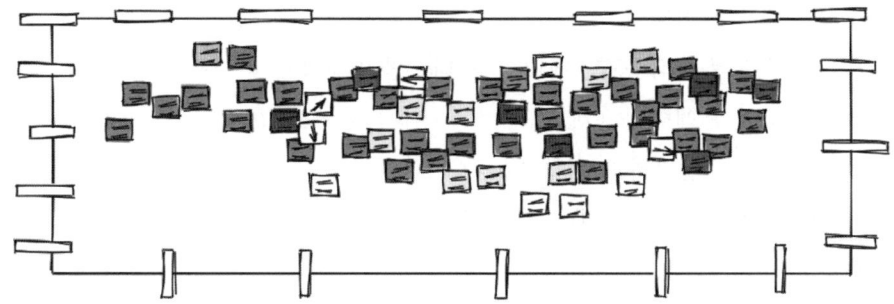
그림 3.3 이벤트 스토밍을 통해 비즈니스 기회에 대한 인식과 통찰력을 얻을 수 있다.

원격 세션이 필요한 경우

이벤트 스토밍은 주로 대면 활동이 권장된다. 그러나 음성 및 화상 통화를 지원하는 온라인 협업 도구를 사용하거나 그리기 기능이 있는 가상 화이트보드를 사용해도 유사한 경험을 구현할 수 있다. 필자들은 가상 환경에서 스토밍 세션을 개최할 때의 장점과 단점을 모두 경험하고 논의한 바 있다.

원격 세션을 사용하는 이점은 창의적인 작업을 완료하기 위해 꼭 협업해야 하는 작업 팀을 원격으로 구성할 수 있다는 것이다. 대면 협업으로 인한 건강의 위협으로 인해 모든 것을 원격으로 진행하는 시대에 이는 필수 사항이다. 대면 협업이 다시 가능해지고 COVID-19 전염병 이전의 기업 정책으로 돌아가더라도 원격 세션은 계속해서 필요하다. 원격은 오랫동안 유지될 것 같다.

원격 이벤트 스토밍 세션에서 발생하는 주요 장애는 통신 문제다. 비디오나 오디오가 몇 초 정도 지연되거나 대화가 종종 고르지 않은 경우가 있다. 많은 사람이 참여할 때 문제는 더욱 악화된다. 대면 세션을 진행하면 대화가 분기됐다가 재개되는 경향이 있다. 그러나 원격으로 더 많은 사람이 참여한 상태에서 대화가 시작되면 두 사람만 대화할 때보다 훨씬 더 나빠질 수 있다. 이것은 손들기 및 가상 소회의실과 같은 약속을 만들어서 보완할 수 있지만 어떤 방법으로도 대면 세션만큼의 상호작용을 촉진할 수 없다. 모든 협업 환경과 그렇지만 플랫폼의 한계 내에서 얻을 수 있는 것만 얻게 된다.

화상 통화와 가상 화이트보드 모두 디스플레이가 장비가 필요하다는 점을 감안할 때 원격 회의에도 물리적 공간 제한이 있다. 참가자에게 디스플레이가 2개 이상이거나 매우 큰 디스플레이가 1개 있는 경우 이는 실제로 문제가 되지 않는다. 화상 통화에 적은 공간을 할당하고 가상 화이트보드에 더 큰 영역을 할당하는 것이 보통 더 나은 경험을 제공한다. 그러나 기업 임원 및 기타 경영진이 그렇게 넓은 시야를 확보하는 경우는 흔하지 않다. 이것을 사업비용으로 강력히 고려해야 한다. 참여가 필요한 모든 사람을 위해 충분한 대형 외부 디스플레이를 구입하면 디스플레이 공간 제한을 극복할 수 있다. 이러한 디스플레이는 보통 수백 달러/유로에 구입할 수 있으며 대부분의 노트북 컴퓨터는 내장 또는 외부 디스플레이의 동시 출력이 가능하다. 이러한 환경에 익숙하지 않은 사람들도 이벤트 스토밍에 대형 디스플레이가 필수 불가결함을 곧 알게 될 것이다.

이벤트 스토밍의 창시자인 알베르토 브란돌리니를 비롯한 일부 사람은 이 기법이 온라인 협업 도구[Remote-Bad]를 갖고 적절히 실행하는 것이 불가능하다고 결론을 내렸다. 다른 사람들은 대면 세션보다 가상 접근 방식을 선호하고 편하게 느끼기도 한다. 이런 사람들은 필요에 의해 매우 제한된 수의 참가자를 초대해 진행하는 경향이 있다.

원격 팀이 지역적으로 광범위하게 흩어져 있어 원격 회의가 불가피한 경우는 가상 이벤트 스토밍 세션이 꼭 필요하다. 이 경우에는 알베르토도 이미 원격 세션의 필요성을 인정했다.[Remote-Demanded]

세션 진행

이 절에서는 이벤트 스토밍의 진행을 살펴본다. 앞에서 언급한 조언과 상식에 비춰봐도 원격 세션 외에 다른 선택이 없을 때 다음 모범 사례를 최대한 적용하자. 물리적 모델링 도구에 대한 설명 이후에 개인에게 필요한 노력을 설명하겠다.

모델링 평면

이벤트 스토밍에는 넓은 벽, 예를 들어 10미터/야드 정도의 긴 종이를 부착해 만들 수 있는 사실상 무제한의 모델링 평면이 필요하다.[2] 이 너비는 분명히 무제한은 아니지만 많은 경우에 충분하다. 이 길이가 충분하지 않은 경우에는 더 넓은 벽을 찾거나 인접한 벽을 활용해 계속할 수 있다. 구매 옵션에 따라 호환되는 롤 용지(914mm/36인치 너비)를 사용할 수 있다. 예를 들어 3M 마스킹 용지[3M-Paper], 3M 스카치 배너 및 사인 용지[Scotch-Paper], 페이콘 컬러 크래프트 듀오-피니시 용지$^{Pacon\ Colored\ Kraft\ Duo-Finish\ Paper}$[Pacon-Paper] 등 다양한 플로터 용지를 사용할 수 있다. 그림 3.4는 이 설정을 보여준다.

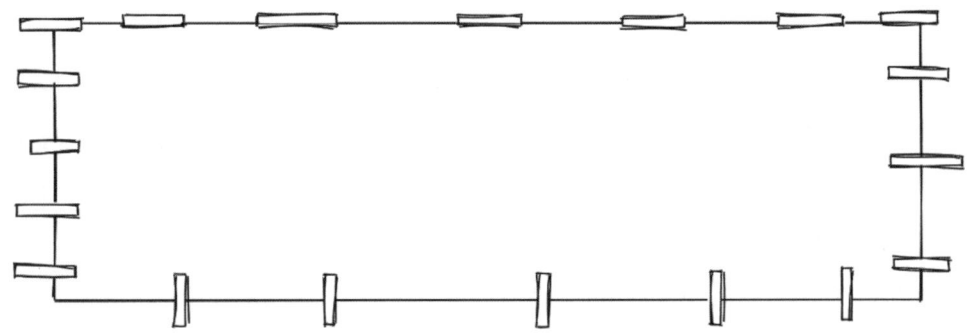

그림 3.4 모델링 평면으로 넓은 벽면에 긴 도화지를 사용하자.

보드 마커

참가자들은 필기를 해야 하므로 멋진 펜이 필요하다. 그림 3.5에 표시된 샤피 파인 포인트 퍼머넌트 마커$^{Sharpie\ Fine\ Point\ Permanent\ Marker}$[Sharpie](Sharpie Ultra Fine 아님!) 같은 것이 필요하다. 농담하는 것이 아니다. 펜은 눈에 띄는 차이를 만든다. 연필, 볼펜, 극세사 펜을 사용하는 경우 참가자들은 가까운 거리에서도 글씨를 잘 볼 수 없다. 아주 굵은 마커를 사용하는 경우 잉크 번짐과 제한된 쓰기 공간으로 인해 글씨를 읽기 어렵다. 또한 필자는 샤피 파인 포인트$^{Sharpie\ Fine\ Point}$ 펜이 모든 참가자를 더 똑똑하

---

2. 필자들은 미터와 야드가 다른 길이 단위라는 것을 인지하고 있다. 그러나 미터법과 표준이 다른 의미라는 것을 이해한다면 측정 자체가 의미를 가진다는 것을 이해할 수 있다.

게 만든다고 생각한다. Just Right™는 '골디락스와 곰 세 마리'[Goldilocks]만을 위한 것이 아니다.[3]

그림 3.5 적절한 보드 마커는 모든 사람을 더 똑똑하게 만들 수 있다. 약속한다.

스티키 노트

모델 요소의 유형들을 나타내기 위해 특정 색상의 스티커 메모를 사용한다. 모든 색상은 모델링 맥락에서 고유한 개념을 나타낸다. 개념이 잘 정립돼 있긴 하지만 이벤트 스토밍 세션을 과학으로 여기지 않는 것이 중요하다. 비즈니스 자체가 충분히 복잡하다는 것을 생각하면서 모델링으로 인한 복잡도가 추가로 생기지 않도록 모델링 경험은 최대한 단순하게 유지하자. 스토밍에서 가장 중요한 부분은 발견 기반의 학습이 이뤄지게 열린 의사소통의 장을 만드는 것이다. '완벽하게 정의된 모델'을 만들기 위해 새 참가자들의 의견을 교정하는 것은 역효과를 낼 것이다. 세션의 성공에 중요한 의견들이 충분히 공유되지 못할 수도 있기 때문이다. 모두가 서로를 이해하는 가운데 획기적인 학습 활동에 기여할 때 이를 성공적인 경험이라고 할 수 있다.

그림 3.6과 다음 목록에 설명된 요소 색상과 유형을 사용하는 것을 고려한다.

---

3. 『골디락스와 곰 세 마리』는 세계적으로 잘 알려진 전래동화를 아이들이 직접 색깔을 칠하고 스티커를 붙여서 나만의 그림책으로 만들 수 있게 구성된 책이다. - 옮긴이

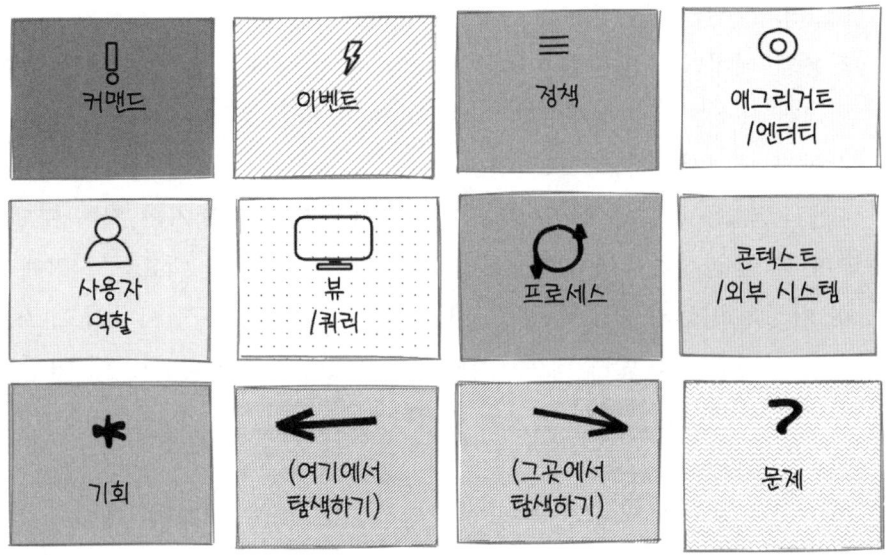

그림 3.6 색상과 유형의 이름에 따라 모델링 요소를 구분할 수 있는 스티키 노트들 (참고: 흑백 책을 읽는 독자들을 위해 설명하면 패턴과 함께 색상도 구분돼 있다).

- 커맨드는 하늘색이다. 커맨드는 명령형이며 무언가를 하라는 명시적인 요청이다. 일반적으로 커맨드는 데이터에 대한 일부 작업을 수행하기 위한 사용자 행동의 결과다.
- 이벤트는 주황색이다. 이벤트는 주어진 모델 콘텍스트에서 중요한 일이 발생했다는 사실을 기록하며 종종 사용자가 성공적으로 커맨드를 실행한 결과다. 이벤트는 과거 시제를 사용해 명사-동사로 명명된다. 예를 들어 우리 모델에는 Policy Application Submitted, Month Ended, Ledger Period Closed라는 이벤트가 포함된다. 이 도구의 이름이 이벤트 스토밍이라는 점을 감안할 때 이 모델링 경험을 주도하는 것은 이벤트이기 때문에 적어도 초기에는 이벤트 유형의 스티키 노트가 더 많을 것으로 예상된다.
- 정책은 보라색이다. 정책은 반드시 충족돼야 하는 비즈니스 규칙이나 규칙의 집합 또는 결과에 따라 사용할 수 있는 지침의 집합이다. 예를 들어 명령이 실행된 후 이벤트가 발생하고 이 이벤트가 다운스트림 모델에 미치는 영향에 대한 결정이 있을 수 있다(보라색은 제조업체에서 라일락 등으로 명명할 수 있는 일반적인 색상이다).

- 애그리거트/엔터티는 옅은 노란색이다. 여기에서 데이터가 저장되고 명령이 적용돼 데이터에 영향을 미치며 이벤트는 발생한 일을 설명하는 결과다. 이러한 요소는 애플리케이션, 리스크, 보험 증서, 보험금 청구, 적용 범위와 같이 모델에서 명사로 표현된다.
- 사용자 역할은 밝은 노란색이다. 이는 조사자 또는 조정자와 같이 모델에서 어떤 역할을 하는 사용자다. 어떤 특성을 가진 사람을 대표하기 위해 설정한 가상의 인물의 이름일 수도 있다. 이러한 요소는 특정 시나리오, 스토리, 사용 사례를 살펴보는 데 유용하다. 페르소나는 가상의 개인이 어떻게 생각하고 주어진 상황에서 무엇을 하거나 하고 싶어 하는지 예측하는 데 사용할 수 있다.
- 뷰/쿼리는 짙은 녹색이다. 사용자를 위한 뷰를 렌더링하려면 데이터 저장소에서 쿼리를 실행해 뷰의 데이터를 검색해야 한다. 이 요소는 사용자 인터페이스에서 나중에 쿼리될 데이터를 위해 이벤트를 통해 데이터 저장소에 어떤 뷰를 투영하는 시점을 표현할 수도 있다.
- 프로세스는 보라색이다. 프로세스는 정책과 유사해 보이지만 최종적인 결과를 만들어내기 위해 일련의 단계를 수행할 책임이 있다. 일련의 단계를 실행하기 위한 라우팅 규칙은 기본적으로 프로세스를 지정하는 정책이다(보라색은 제조업체에서 라일락 등으로 명명할 수 있는 일반적인 색상이다).
- 콘텍스트/외부 시스템은 밝은 분홍색이다. 비즈니스 프로세스가 외부 시스템을 통해 시작되거나 외부 시스템이 모델링한 프로세스의 영향을 받을 수 있다. 외부 시스템과 서브시스템은 팀이나 팀 내 대화 내용과 관련된 맥락에 의해 결정된다. 또한 이벤트 스토밍에서 모델링한 양이 늘어나면서 시스템의 어떤 영역이 어떤 콘텍스트에 속하는지 더 명확해질 수 있다. 그때 모델링 공간에 분홍색 스티커를 놓고 콘텍스트 이름을 지정하자.
- 기회는 연두색이다. 새로운 경쟁 우위를 활용하기 위해 탐색하고 실험할 수 있는 기회를 나타내는 모델 영역을 표시한다. 강점, 약점, 기회, 위협[SWOT] 분석에 익숙한 사람들은 이것을 SWOT 모델의 기회와 유사하다고 생각할 수 있다.

- **문제**는 빨간색이다. 이 스티커는 비즈니스 프로세스의 특정 영역에 있는 문제 중에서 추가 탐색과 실험이 필요한 부분을 표시한다. 문제로 표시한 영역에 추가적인 노력을 한다면 가능한 한 혁신이나 개선으로 이어져야 한다. SWOT 분석에 익숙한 사람들은 이것을 위협과 유사하다고 생각할 수 있다.
- **투표 화살표**는 진한 파란색이다. 스토밍 세션을 생산적으로 마친 후 모델러는 각각 2개의 진한 파란색 화살표 스티커를 붙여 모델의 기회나 문제를 가리킬 수 있다. 가장 많은 화살표가 가리키는 기회 또는 문제는 다음 세션에서 집중할 영역이 돼야 한다.
- **메모**는 흰색이다. 메모는 여유 공간을 활용해 특정 모델 요소에 직접 작성한다. 메모를 작성할 때는 메모가 아니라 정책을 정의해야 한다는 신호일 수도 있다. 때때로 메모는 여러 모델 요소에 적용되기도 하지만 정책으로 활용되지 않는다. 또한 방향/흐름 화살표를 그리는 것은 특히 흐름이 다시 업스트림으로 바뀔 때 유용할 수 있다. 메모의 유형을 구분해야 한다면 모두 흰색 스티커를 사용해도 좋고 모델 요소에 사용되는 색만 아니면 다른 색을 사용해도 된다. 종이 모델링 평면에 직접 메모하진 말자. 모델 요소 스티커를 이리저리 움직이다 보면 그 스티커에 대한 메모를 함께 움직여야 할 수도 있기 때문이다. 모델링 평면에 적힌 메모와 기호는 움직일 수 없어 곳곳에 긁힌 자국이 남게 된다.

이벤트 스토밍 기법이 사용되기 시작한 이후로 '표준 색상'이 있는 스티커 세트를 찾기가 어려워졌기 때문에 때로는 모델링 요소들의 색상 정의를 조정해야 할 수도 있다. 이러한 경우 그림 3.6과 같은 템플릿을 준비해야 한다. 모든 공동 작업자가 서로 동기화되게 유지하려면 각 모델 요소 유형마다 고유한 색상을 사용하는 것이 아주 중요하다.

또한 각 모델 요소 유형에 대해 고유한 아이콘을 정의해야 한다. 아이콘의 주된 용도는 색맹 참가자를 위한 것이다. 워크숍을 진행하다 보면 어떤 유형의 색맹이 있는 학생들을 만나게 된다. 어떤 사람에게는 색상의 차이가 음영의 차이로 뚜렷이 보인다. 그럼에도 아이콘은 모델링 요소 유형을 한눈에 빠르게 구분하는 데 도움이 될 수 있으며, 이벤트 스토밍의 색상 정의에 익숙하지 않은 새로운 참가자에게 편리할 수 있다.

빅픽처 모델링

이벤트 스토밍에서 빅픽처 모델링은 탐색 중인 시스템의 전체 흐름을 발견하는 활동이다. 일반적인 상업용 항공기는 대륙을 횡단할 때 35,000피트/10,700미터에서 순항한다. 맑은 하늘에서 인간의 눈은 240마일/386km 높이까지 볼 수 있으며 그 이상도 가능하다. 비슷하게 생각해볼 때 빅픽처 모델링의 결과는 이벤트 스토밍을 통해 발견한 프로세스와 흐름에 대한 일종의 시스템 비전이다. 사람들은 지상에서 육안으로 바라볼 때 약 5.3km의 거리까지 볼 수 있다. 원하는 거리일 수 있지만 디자인 레벨의 이벤트 스토밍을 사용할 때는 훨씬 더 적을 수 있다.

> **참고**
> 빅픽처 모델링 목적의 이벤트 스토밍을 사용하는 것이 이 책의 주제다. 디자인 레벨의 모델링에 대한 자세한 논의와 예는 나중에 출간할 『Implementing Strategic Monoliths and Microservices(전략적 모놀리식 및 마이크로서비스 구현)』(Vernon & Jaskuła, Addison-Wesley, 출간 예정)에서 찾을 수 있다.

이벤트 스토밍을 효과적으로 사용하려면 모델링 요소가 함께 작동하는 방식을 이해하는 것이 중요하다. 모델링 범위(빅픽처 또는 디자인 레벨)에 따라 사용 중인 모델 요소 유형의 수와 조합이 다르게 전개된다. 빅픽처 모델링을 기준으로 치트시트(cheatsheet)를 만드는 것을 고려하자.

치트시트

이벤트 스토밍이라는 이름은 모델 요소 유형의 우선순위에 대한 좋은 단서를 제공하다. 물론 다른 요소들도 큰 도움이 될 것이다. 이 책에서는 9가지를 설명하며, 여러분이 마주치는 모델링 상황에 따라 다양한 조합으로 사용될 수 있다. 그림 3.7은 모델링 요소 치트시트의 그림을 제공하며 다음 목록은 사용 방법에 대한 아이디어를 제공한다.

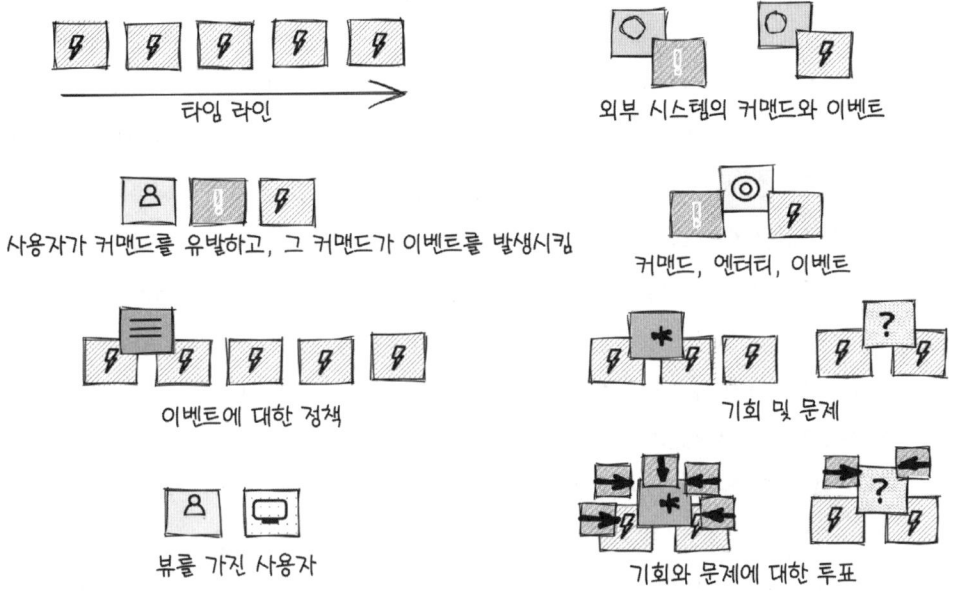

그림 3.7 빅픽처 이벤트 스토밍 치트시트.

- **이벤트:** 프로세스의 아이디어를 표현하는 데 필요한 여러 이벤트 요소를 작성해 왼쪽에서 오른쪽으로 타임라인을 만든다. 이 프로세스에 대한 자세한 내용은 '도구 적용' 절의 뒷부분에 나와 있지만 지금은 이벤트로 모델링 평면을 채우는 관점에서 생각하자. 이벤트를 많이 발견할수록 좋으며 처음에는 이벤트의 순서는 양보다 덜 중요하다.
- **커맨드:** 이벤트는 일반적으로 커맨드에 의해 발생하지만 항상 그런 것은 아니다. 커맨드는 일반적으로 일부 사용자의 작업 결과다. 따라서 이벤트를 유발하는 커맨드를 표시하는 것이 유용하면 그 커맨드가 유발하는 이벤트의 왼쪽에 배치한다. 이벤트가 발생하기 전에 시간 순서대로 커맨드가 발생하기 때문이다.
- **정책:** 이벤트 스토밍 중에 이전에는 알려지지 않았던 것들이 발견될 것이기 때문에 세션 참가자는 자연스럽게 만들어진 몇 가지 아이디어에 익숙하지

않을 것이다. 아무도 깊이 알지 못하는 세부 사항을 파헤치는 데 시간을 할애하기보다는 정책 스티커를 사용해 모호한 영역의 이름을 지정한 다음 계속 진행하는 것이 좋다. 더 많이 파악할 수 있는 시점에 세부 내용을 정리하는 것이 더 효율적이다. 때때로 사람들은 의견 불일치가 생길 때 다음 단계로 넘어가지 못하는 경향이 있다. 따라서 이벤트 스토밍 진행자는 해당 지점을 표시하고 팀이 다음 단계로 넘어가서 집중할 수 있게 해야 한다.

- **사용자 역할/페르소나:** 모델의 특정 영역에서 이벤트를 유발하는 커맨드를 표현할지 여부와 상관없이 그 시나리오에 참여할 사용자의 종류를 표시하는 것이 유용할 수 있다. 그들이 만든 행동의 결과인 요소들 앞에(왼쪽에) 밝은 노란색의 사용자/페르소나^{persona} 스티커 메모를 넣는다.

- **콘텍스트/외부 시스템:** 이벤트 스토밍 활동 중에 특정 콘텍스트와 통신하는 시스템 영역이 나타나면 콘텍스트를 식별한 모델의 각 영역 위에 분홍색 스티커를 배치하고 콘텍스트의 이름을 지정한다. 외부 소스에서 발행된 커맨드나 이벤트가 현재 설계 중인 모델로 들어온 것을 발견하면 커맨드나 이벤트를 유발한 요소를 분홍색 스티커로 표시할 수 있다. 이는 외부 자극을 받아들이는 것과 외부 시스템으로 자극을 어떻게 방출할 것인지까지 고려해야 한다는 의미라는 것에 주의하자.

- **뷰/쿼리:** 중요한 사용자의 경험에 주의를 기울이는 것이 필요할 때 사용자 인터페이스 또는 데이터를 제공하는 뷰에 쿼리의 이름을 적은 녹색 스티커를 모델링 평면에 배치한다. 이러한 경우 뷰와 상호작용할 사용자 역할이나 페르소나를 표시하는 것이 종종 유용하다. 뷰/쿼리는 궁극적으로 어떤 목적을 위한 데이터가 명시적으로 수집돼야 하며, 미리 조립되거나 형식이 변화돼 있어야 함을 보여주기 위해 사용된다.

- **애그리거트/엔터티:** 이러한 종류의 요소는 빅픽처 모델에서는 일반적으로 덜 필요하지만 애그리거트 또는 엔터티는 중요한 데이터의 소유자와 동작 요소를 표시하는 데는 여전히 도움이 될 수 있다. 이 구성 요소는 명사 형태다. 이 구성 요소에서 커맨드가 실행되고 이벤트가 발행된다. 따라서 애그리거트나 엔터티가 사용될 때마다 왼쪽의 커맨드(무엇을 하라는 지시)와 오른쪽의

하나 이상의 이벤트(커맨드 실행으로 인해 발생하는 결과)가 쌍을 이룰 수 있다.
- **기회와 문제:** 향후에 활용할 수 있는 기회와 해결해야 하는 문제를 모델 영역을 표시한다. 문제는 모델 모호성이나 불확실한 정책을 표시하는 것과는 다르다. 문제는 팀이 모델 영역의 어떤 요소가 현재 잘못됐고 향후 문제를 일으킬 수 있다는 것을 충분히 이해하고 있는 것이다. SWOT 분석에 익숙한 사람들은 이것을 기회와 위협과 유사하다고 생각할 수 있다.
- **투표:** 모델링 작업을 진행하면서 몇 가지 기회나 문제를 식별한 후 팀에서 가장 주의가 필요한 기회나 문제에 대해 투표한다. 가장 많은 표를 얻은 기회나 문제가 해결된다. 나머지는 백로그^{backlog}에 넣어 놓거나 중요하지 않은 것으로 무시할 수 있다.

시간이 지나면 모델링 평면은 주황색 이벤트뿐만 아니라 다른 유형의 요소와 색상으로 가득 차게 될 것이다. 너무 많은 것 같으면 시간 순서대로 옮기고, 중복된 것이나 불필요한 것을 떼어낸다. 이제 전체 모델링 평면을 한번 보자. 평면이 많은 스티커로 화려해졌다면 성공을 의미하는 것이다. 이러한 활동을 통해 "실수"하고 그로부터 배우는 것은 저렴하다. 또한 불필요한 스티커를 많이 만들었다가 제거하는 것이 너무 적게 상상하는 것보다 훨씬 낫다.

도구 적용

높은 고도에서의 빅픽처 모델링 경험에 참여하도록 초대되는 대상에는 개발 중인 시스템에 대한 기존 지식이나 후속 조치에 대한 이해관계자의 관심을 가진 비즈니스 및 기술 전문가를 모두 포함해야 한다. 이 두 그룹이 겹칠 가능성이 높으며, 다음과 같은 사람들을 모두 포함시켜야 한다.

- 비전을 주도하고 추진하는 책임이 있는 사람
- 중요한 비즈니스 또는 기술과 이해관계가 있는 사람
- 탐색할 시스템에 대해 질문하거나 답변할 수 있는 사람
- 알려진 지식과 알려진 미지를 이해하는 사람

- 알려지지 않은 미지$^{unknown\ unknowns}$를 파헤치는 집념의 소유자
- 습득한 지식을 활용해 평범함을 넘어선 성취를 얻으려는 사람

모든 사람은 마커가 있어야 하며 스티커 메모, 특히 이벤트를 모델링하는 데 사용되는 주황색 스티커를 사용할 수 있어야 한다. 관련된 모든 사람은 공개적으로 말할 수 있어야 한다.

사무실에서 파티나 점심 식사를 제공하는 것도 고려하자. 무슨 말인가 하면 대부분의 사람은 누군가가 먼저 음식을 가져다주기를 기다린다. 정말 배고프고 부끄러움을 덜 타는 한 명 또는 몇 명의 사람이 접시를 들고 음식을 담아 적합한 장소를 찾은 다음 먹기 시작한다. 이러한 사람들을 쇄빙선^{icebreaker}이라고 한다. 특정 사람을 쇄빙선으로 지정해 놓으면 모든 사람이 음식을 더 쉽게 먹기 시작하도록 분위기를 만들 수 있다. 몇 사람에게 접시를 사람들에게 나눠주고 음식이 있는 곳까지 데려가게 하는 것도 좋다.

비슷한 방식으로 한 명 또는 몇 명의 참가자에게 얼음을 깰 준비를 하도록 요청해 이벤트 스토밍 세션을 시작한다. 쇄빙선 이벤트들을 타임라인에 있는 주황색 스티커 메모에 적어 폭풍우가 시작되게 해야 한다. 타임라인에서 이벤트가 발생하는 위치를 기준으로 시작, 중간 또는 끝부분에 모델링 평면 위치에 쇄빙선 역할의 이벤트들을 배치한다. 이러한 쇄빙선 이벤트들은 이미 잘 알려진 사건이거나 최소한 시스템이 어떻게 작동하거나 작동할 것인지에 대한 설명이어야 한다. 그림 3.8은 몇 가지 쇄빙선 이벤트의 초기 배치를 보여준다.

이벤트 스토밍 세션에서 최악의 문제 중 하나는 팀이 동의나 합의 또는 팀 전체의 승인을 강하게 열망하기 시작할 때 발생한다. 하지만 이는 창의성을 차단하는 길이다. 민첩성^{agility}은 합의와 승인보다 개인의 표현과 자발성을 강조한다. 누구에게나 마커와 스티커가 있기 때문에 자발성이 촉진될 수 있다. 모든 사람이 자신이 알고 있는 것과 존재하는 것을 개선시킬 수 있다고 생각하는 것도 기록하는 것을 권장한다.

대화는 썰렁하게 흐를 것이다. 타임라인은 아이디어가 한창 모이다가 썰물이 일어

난 후에나 정리할 수 있다. 일부 참가자는 기본 그룹에서 떠났다가 다시 합류하기도 한다. 이는 자연스러운 현상이므로 낙담해서는 안 된다.

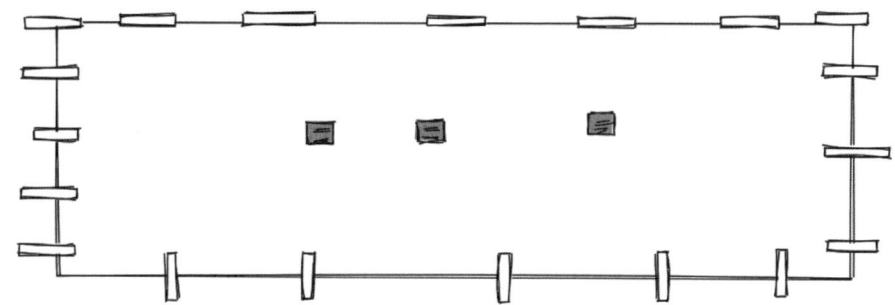

그림 3.8 쇄빙선 역할의 이벤트들은 '폭풍우'가 시작되게 하고 자발성을 촉진한다.

때때로 현재 그 세션이 어떤 상태인지 또는 어떻게 돼야 하는지에 대한 불확실하고 의견 불일치가 있을 수 있다. 적절한 비즈니스 전문가가 있으면 이러한 모호성이 해결될 수 있지만 때로는 기존 또는 제안된 비즈니스 프로세스 규칙에 대한 이해가 충분하지 않을 수 있다. 이를 해결하는 잘못된 방법은 불일치를 계속 허용하는 것이다. 올바른 질문과 올바른 답변을 할 사람이 없다는 의미이기 때문이다. 이러한 경우 진행자는 보라색 정책 스티커를 사용해서 혼동되는 지점을 표시하고 이름을 지정해야 한다. 주제에 대해 더 잘 알고 있는 사람들과의 인터뷰가 필요한 경우에는 향후에 추가적인 대화가 필요하다는 표시를 한다. 어떤 경우에는 준수해야 하는 표준에 대한 연구가 필요할 수 있으며, 특정 지식 영역 또는 현재 부족한 것에 대한 실험이 필요할 수도 있다.

그림 3.9는 문제의 이벤트 주변에 알려지지 않은 것을 표시하기 위해 정책 스티커를 사용하는 방법을 보여준다. 2장의 그림 2.6과 그림 2.7을 다시 참고하자. 원클릭 신청서 제출이라는 영향에 대한 발견을 보여준다. 그림 3.9의 이벤트는 거기에서 나온 결과물에 해당한다. 이 이벤트 스토밍 세션은 임팩트 매핑[4] 세션 전후 또는 동시에 발생했을 수 있다. 임팩트 매핑은 적절한 시기에 쉽게 함께 사용할

---

4. 임팩트 매핑(Impact Mapping)은 소프트웨어 제품으로 큰 영향을 미치고자 하는 팀을 위한 경량의 협업 계획 기법이다.– 옮긴이

수 있는 도구다.

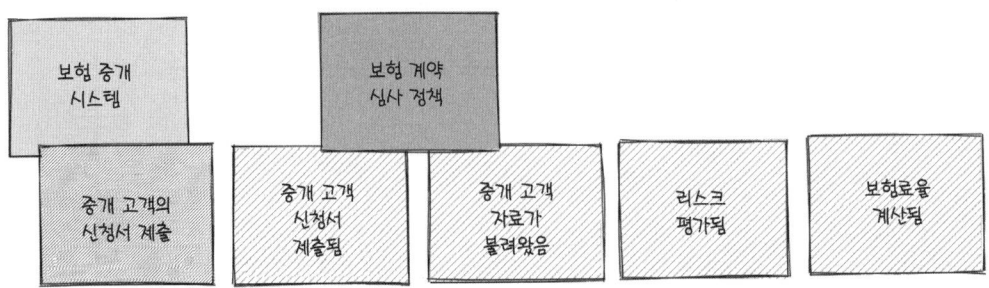

그림 3.9 중개사의 보험 계약 심사 정책은 모델에 더 자세한 정보가 필요한 위치를 표시한다.

그림 3.9에 있는 보험 중개사의 보험 계약 심사 정책의 요점은 이벤트 스토밍 팀이 중개사의 고객을 가져오기에 필요한 전체 데이터와 동일한 고객의 보장 범위 신청 제출과 관련된 세부 사항에 대해 불확실하다는 것이다. 그림 2.6 및 2.7의 아이디어는 원 클릭 신청서 제출이 고객 계정 및 신청서 정보의 전체 페이로드를 전달해야 하지만 팀은 이것이 무엇인지 또는 중개사가 제공하는 방법을 아직 알지 못한다는 것이다(예: 웰뱅크). 따라서 그들은 이 영역을 최소한 몇 명의 다른 누커버리지 주제 전문가의 관심을 받아야 하는 정책으로 표시한다. 정책을 사용하면 현재 명확하게 설명할 수 없는 세부 사항에 얽매이지 않고 스토밍 세션을 계속 진행할 수 있다.

또한 그림 3.9는 커맨드가 하나 이상의 이벤트의 원인인 경우를 나타낸다. 중개사의 고객 신청서 제출 명령은 외부 중개 시스템(예: 웰뱅크)에서 수신된다. 팀은 사용 및 프로세스 시나리오의 전체 콘텍스트를 설명하는 데 도움이 됐기 때문에 이 명령을 빅픽처 모델에 표시하기로 결정했다. 외부 중개 시스템이 명령을 실행할 책임이 있음을 나타내는 것은 해당 영역에서 수행해야 할 상당한 작업의 필요성을 나타낸다. 외부 시스템은 의심할 여지없이 다른 그룹과 관련된 진행 중인 이벤트 스토밍 세션의 목표가 될 것이다. 해당 그룹에는 이 노력의 구성원이 일부 중복될 수 있다.

그림 3.10을 살펴보면 기회와 문제가 모두 발견됐다. 피보험 사용자가 자신의 정책 정보를 볼 때 보장을 강화하라는 메시지가 표시돼야 한다. 예를 들어 운전 기록이

좋은 사용자는 다중 차량 할인을 제공받을 수 있다. 또한 누커버리지가 화이트 레이블 채널을 통해 주택 보험을 제공하기 시작하면 피보험자도 더 유리한 주택 보험 적용 범위와 가격을 제공받을 수 있다. 팀은 이 작업을 수행하는 방법을 논의하고 웰뱅크와 같은 에이전트의 추가 데이터가 필요할 것이라고 확신한다. 이 프로세스에는 고객의 월별 은행 거래 명세서에 공유되는 제안뿐만 아니라 사전 예방적 이메일 및 캠페인이 포함돼야 한다.

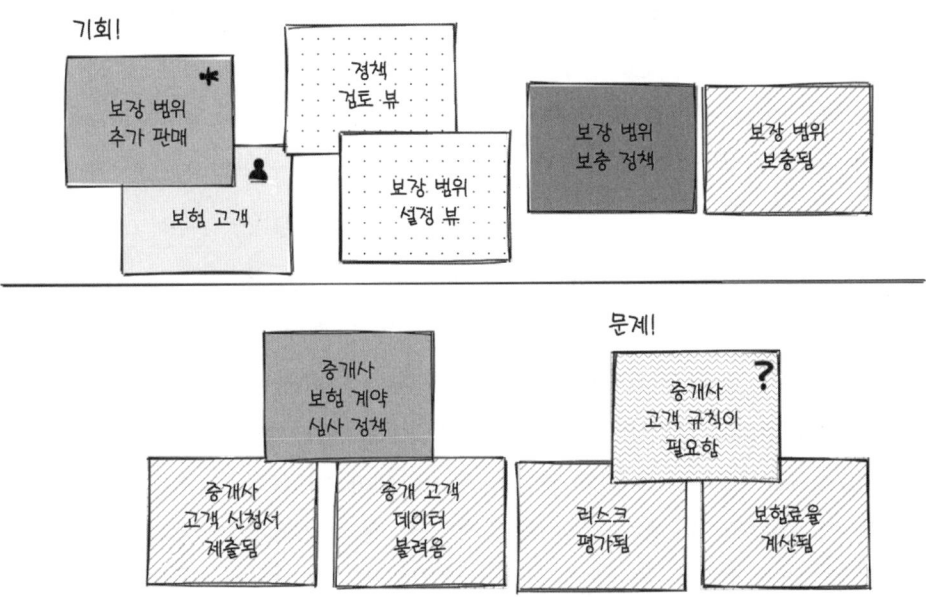

그림 3.10 기회 한 건과 문제 한 건이 식별됐다.

또한 그림 3.10은 문제를 강조한다. 웰뱅크와 같은 중개사는 누커버리지가 고객에게 제공하는 보험료 및 보장뿐만 아니라 리스크 및 보험료율 규칙에 만족하지만, 팀은 일부 중개사가 이러한 모든 항목에 대해 사용자 지정 규칙을 지정하기를 원할 것으로 예상한다. 또한 누커버리지는 브랜드 변경을 통한 스타일 지정을 넘어 사용자 지정 가능한 사용자 인터페이스 구성 요소를 제공해야 할 수도 있다.

팀이 기회와 문제에 대한 투표 지점에 도달하면 보장 범위 확대 판매 기회를 즉시 추구해야 한다는 데 동의한다. 그러나 웰뱅크가 가장 먼저 활성화될 중개 회사이고 현재 누커버리지의 표준 리스크 및 보험료율 규칙, 보험료 및 보장을 제공하게 돼 기쁜 상태다. 중개사 고객 지정 규칙이 필요함Agent Custom Rules Required 이벤트에 대한 정책은 나중에 결정해도 충분하다는 것에 팀이 동의했다. 이 특정 문제는 백로그에 포함돼 적절한 미래의 시점에 해결된다. 6장의 '도구 적용' 절에서는 미래에 어떤 일이 발생하는지 설명한다.

누커버리지 팀이 해결하고자 하는 또 다른 문제는 누커버리지가 데이터를 통해 분석한 결과, 많은 지원자가 완료 전에 지원 프로세스를 중도 포기하고 있는데, 그 이유가 무엇인지 밝히는 것이다. 신청을 시도한 사용자에 비해 신청서 제출률이 매우 낮다. 이는 상당한 수의 잠재적인 새 정책이 발행되지 않고 있음을 의미한다. 누커버리지는 이벤트 스토밍을 사용해 현재의 구독 프로세스를 검색하기로 결정한다.

그림 3.11은 구독 프로세스의 시작을 보여주는데, 곧바로 흥미로운 패턴을 관찰할 수 있다. 보험 계약 심사와 보험료율 콘텍스트는 지속적으로 정보를 교환한다. 팀원들 간의 토론을 통해 리스크에 따른 보험료율을 지속적으로 평가해야 하고, 구독 프로세스가 진행되는 동안 보험료율을 반복적으로 평가해야 함을 알게 됐다. 현재 평가된 리스크에 따라 답변을 작성하는 신청자에게 여러 가지 추가 질문이 제기될 수 있다. 결과적으로 다양한 지원 양식의 필드가 채워짐에 따라 리스크와 비율이 반복적으로 재평가되고 재계산된다.

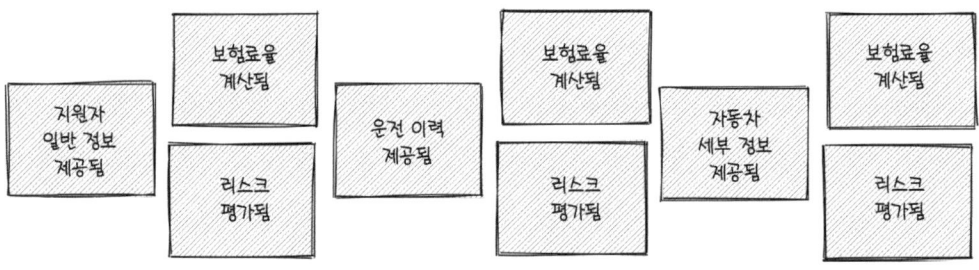

그림 3.11 현재의 구독 프로세스

팀은 가격을 공정하게 계산하고 리스크를 정확히 평가하기 위해 보험료율 콘텍스트에 매우 상세한 데이터가 있어야 하며, 이는 사용자 경험에 매우 직접적인 영향을 미친다는 것을 빠르게 식별했다. 최종 보험료율을 얻으려면 지원자는 상세한 내용의 문서들이 없으면 답할 수 없는 많은 질문에 답해야 한다. 그리고 예상 리스크가 높을 경우 가입 프로세스가 중단되며, 신청자는 보험 신청이나 계산된 프리미엄 가격 조회를 할 수 없게 된 채로 좌절에 빠지게 된다. 팀은 구독 프로세스가 너무 번거로워 리스크 평가와 보험료율 계산을 다르게 처리해야 한다고 결론지었다. 그들은 현재의 이벤트 스토밍 모델을 버리고 새 모델을 시작했다.

얼마 동안 보험료율 팀은 이전의 보험료율 계산 및 리스크 평가 방법을 대체하고자 머신러닝 알고리듬으로 통제되는 안전한 실험을 수행해왔다. 그들은 머신러닝 알고리듬으로 장난치면서 과대광고를 하는 것이 아니라 이 방식을 실질적으로 사용하기를 원했다. 팀은 실험을 통해 소프트웨어가 머신러닝의 이점을 활용하는 방법을 배웠다. 그들은 현재의 리스크 평가 및 보험료율 계산 모델을 유지하는 데서 실제로 고통을 겪고 있었다. 규칙이 아주 복잡하고 새 규칙을 모델에 포함하는 것이 굉장히 어려웠으며, 가격 계산을 조정하는 데도 오류가 발생하기 쉬웠다. 보험료율 팀은 잘못 계산된 가격과 제대로 평가되지 않은 리스크를 기반으로 프로덕션 버그를 수정하는 데 시간을 많이 낭비했다. 그림 3.12는 작업 결과를 강조 표시한다.

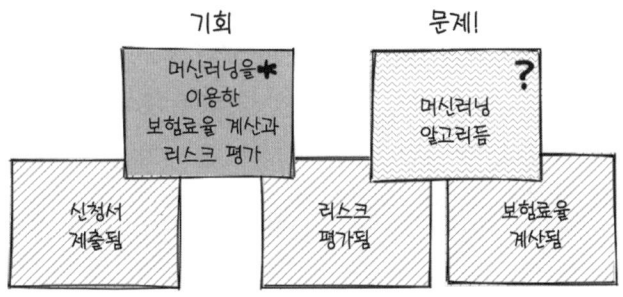

그림 3.12 머신러닝을 통한 새로운 기회 발견

비즈니스에 미치는 영향은 상당했다. 회사가 이미 많은 과거 데이터를 보유하고 있다는 점을 감안할 때 머신러닝은 정말 유망한 기술인 것 같았다. 또한 데이터

제공자로부터 더 많은 데이터를 쉽게 구매할 수 있으므로[5] 머신러닝 알고리듬을 강화할 수 있다. 신청서 양식에 최소한의 정보만 입력해도 팀은 새로운 알고리듬을 사용해 리스크를 평가하고 비율을 계산할 수 있게 됐다. 팀이 몇 가지 오탐을 예상하긴 했지만 사업 구조상 너무 많은 불량 운전자에게 보장을 제공할 리스크는 그리 높지 않다. 시간이 지남에 따라 머신러닝 알고리듬이 미세 조정되고 결과가 더 좋아질 것이다. 또한 팀은 재정적으로 피해를 주는 로직을 구현할 위험을 더욱 낮추고자 A/B 테스트를 통해 새로운 구현을 실험할 것이다. 이 기회의 발견은 팀의 열정을 불러일으켰다. 보험 신청 절차를 간소화할 수 있다는 사실도 새로운 발견이었다.

신청 절차를 간소화할 수 있다는 소식을 듣고 누커버리지의 비즈니스 관계자는 또 다른 아이디어를 생각해냈다. 그들은 소셜 미디어 채널을 사용해 판매를 촉진할 수 있는 방법도 잠시 생각해봤지만 복잡한 신청 양식 때문에 거의 불가능하다는 것을 깨우쳤다. 그러나 그들은 이제 사용자가 몇 번의 클릭만으로 보험을 신청할 수 있는 페이스북Facebook의 챗봇을 고려하게 됐다. 비즈니스는 소셜 미디어 추천 엔진을 활용할 수 있을 뿐 아니라 머신러닝 알고리듬을 활용해 상황과 과거 데이터를 기반으로 최적의 리스크와 보험 가격을 결정할 수도 있다. 이는 그림 3.13에 표시된 모델에서도 확인된다.

비즈니스는 대부분의 젊은이가 세상을 바라보는 시야가 소셜 미디어와 휴대폰만으로 한정돼 있다는 것을 안다. 이 정책 적용 채널을 여는 것은 새로운 시장으로 확장하려는 누커버리지의 도전에서 핵심적인 조력자가 될 것이다. 비즈니스가 젊은이들을 이해하고 있음을 보여줌으로써 젊은이들의 마음을 사로잡는 것은 평생에 걸친 충성도를 구축할 수 있는 잠재력이 있다.

---

5. 이 참조 데이터는 소유자의 동의 없이 판매되는 개인 정보를 의미하는 것이 아니라 일부 국가에서 구매할 수 있는 식별 불가능한 정보를 의미한다. 이러한 정보에는 차량 및 차량과 관련된 리스크(사고, 도난당한 대수 등)에 대한 데이터들이 있다.

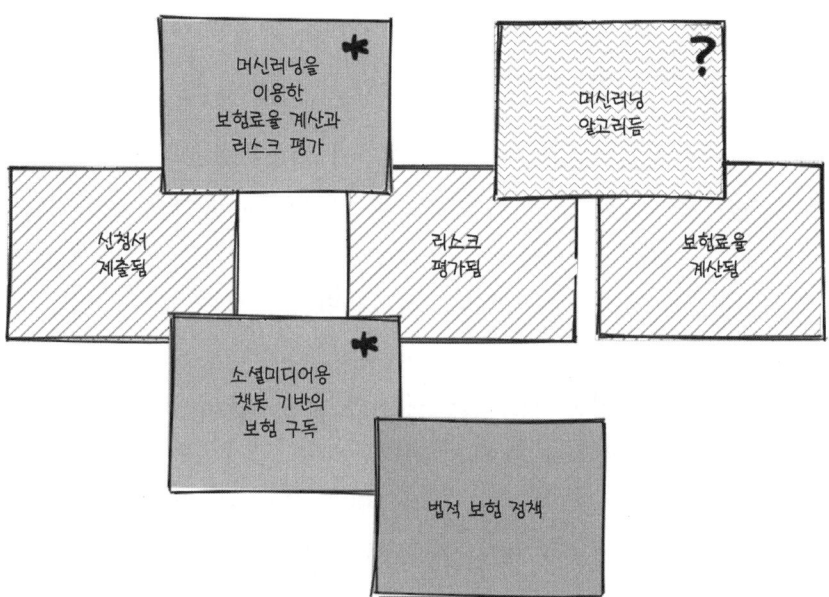

그림 3.13 이벤트 스토밍을 통해 새로운 재미있는 발견을 할 수도 있다.

그러나 비즈니스는 삶의 변화와 상관없이 보험 계약자와 지속적인 사회적 추세와 함께 도약하고 성장할 수 있는 능력도 보여야 한다. 사업체는 모든 보험 계약자의 삶의 다음 단계를 다뤄야 한다. 대부분이 새로운 보험에 가입할 수 있는 위험을 수반할 것이기 때문이다. 이는 이 책의 2부에서 살펴볼 도메인 중심 접근 방식으로 촉진되는 심층 지식을 발견하기 위한 더 많은 실험과 발견 기반 학습을 의미한다.

정리

팀은 의사소통 문제를 극복하고 협업, 학습과 소프트웨어의 개선에 대한 심층적인 분석을 하는 데 도움이 되는 도구를 수용해야 한다. 실패에 관대한 문화 속에서 안전하고 신속한 실험을 가능하게 하는 것이 혁신적인 환경을 만드는 열쇠다. 이벤트 스토밍은 인간 사고의 표현을 포착한다. 이 기법에는 실행 가능한 커맨드로 사용자의 의도를 기록하는 방법이 포함되며 일련의 이벤트를 찾는 활동은 탐색의 핵심이다. 또한 정책, 데이터 및 행동 엔터티, 사용자 역할, 뷰, 콘텍스트 경계 그리고 기회와 문제, 추가로 논의할 항목 등 을 표시하는 방법은 심층 학습을 위한 모델링 요소로 활용할 수 있다.

- 이벤트 우선 모델링은 모든 이해관계자가 의사소통을 하는 데 발생하는 간극을 해소하고 인간 중심의 생산성과 발견을 가능하게 한다..
- 이벤트 우선 모델로 실험을 추진하면 능동적인 학습을 할 수 있게 되며, 사람이나 도구에 더 적은 비용을 지불하면서 지식을 습득하는 것을 가속화할 수 있다.
- 이벤트 스토밍은 기존 비즈니스 조직 간 의사소통의 단절 문제를 극복함으로써 부서 간 협력을 가능하게 한다.
- 이벤트를 검토해 모델링 작업을 시작하면 팀이 건설적인 피드백을 활용하고 비즈니스 소프트웨어 복잡성을 이해함으로써 심층 학습을 빠르게 추진할 수 있다.

지금까지 이 책은 차별화된 혁신을 가져오기 위한 학습과 발견을 통한 비즈니스 소프트웨어 전략의 실현을 강조해왔다. 2부에서는 이미 살펴본 접근 방식을 기반으로 비즈니스가 도메인 중심 결과에 도달할 수 있는 방법을 살펴본다. 지식 중심의 관점으로 바라보면 소프트웨어 제품을 지속적인 개선하는 흐름을 만들 수 있으며, 이는 경쟁 우위를 통한 전략적 차별화로 이어진다.

▌참고문헌

[3M-Paper] https://www.3m.com/3M/en_US/company-us/all-3m-products/~/3M-White-Masking-Paper/?N=5002385+3293242382&rt=rud

[DDD-Distilled] Vaugh Vernon. Domain-Driven Design Distilled. Boston: Addison-Wesley, 2016.

[Edison-Museum] http://edisonmuseum.org/content3399.html

[EventStorming] https://leanpub.com/introducing_eventstorming

[Fortune-Campbell] https://archive.fortune.com/magazines/fortune/fortune_archive/1996/05/13/212382/index.htm
[Goldilocks] https://en.wikipedia.org/wiki/Goldilocks_and_the_Three_Bears
[HBR-Failure] https://hbr.org/2011/04/strategies-for-learning-from-failure
[Inverted-U] https://www.researchgate.net/publication/258180060_Too_Much_of_a_Good_Thing_The_Challenge_and_Opportunity_of_the_Inverted_U
[Pacon-Paper] https://pacon.com/dual-light/rainbow-colored-kraft-duo-finishrolls-36-x-1000-white.html
[Phone-History] https://en.wikipedia.org/wiki/History_of_the_telephone
[Remote-Bad] https://blog.avanscoperta.it/2020/03/26/remote-eventstorming/
[Remote-Demanded] https://blog.avanscoperta.it/2020/03/26/eventstorming-in-covid-19-times
[Sharpie] https://www.sharpie.com/all-markers/classic/super/SHSuperBlackFine
[Time-Edison] https://time.com/3517011/thomas-edison/

2부
비즈니스 혁신 추진

1부에서 수익을 창출하기 위한 비즈니스 전략으로 디지털 혁신을 추구하고 이를 위한 노력을 촉진하기 위해 적절한 사고방식, 문화, 학습 도구를 적용한다는 목표를 설정했다. 이제 가치 창출 목표를 촉진하고 유지할 수 있는 소프트웨어 개발 기술을 탐구할 때다. 이는 기업이 전략적으로 투자해야 하는 부분과 하지 말아야 하는 부분을 이해하는 데 도움이 된다.

2부에서 다루는 고급 기술은 실행하고 적용하기 용이하다. 간략히 요약하면 이 접근 방식은 비즈니스 기능과 프로세스에 대한 인식과 관점의 차이는 일반적이면서 필요하다는 것을 인정한다. 즉, 비즈니스 전문 분야에서의 콘텍스트와 특정한 의사소통에 따라 동일한 개념으로 보일 수 있는 것이 실제로는 보는 관점에 따라 상당히 다르거나 중요한 뉘앙스의 차이가 있다는 것이다. 예를 들어 누커버리지 내부 정책의 개념을 생각해보자. 실제로 정책은 단일 개념이 아니라 복수의 개념이기 때문에 이 용어에는 다양한 의미가 포함돼 있다. 같은 이름을 가진 다른 개념을 이해하려면 정책에서 사용되는 용어를 주어진 의미와 일련의 비즈니스 규칙을 포함한 콘텍스트 안에서 생각해봐야 한다.

소프트웨어 개발에 접근하는 '새로운 방법'을 도입할 때면 사람은 이것을 단지 또 다른 새로운 것으로 여길 위험이 분명히 있다. 그런데도 이 기술이 아주 새로운 것이 아니라는 것은 주목할 만하다. 이 기술에 사용된 개념은 20년이 넘었으며,

이 개념과 함께 제안된 기술은 거기에 수십 년 전에 사용됐던 가치 있는 기술 구현을 집약해 성문화한 것이다. 이 책의 필자들은 개념의 명칭들이 아니라 그 접근 방식에 사용된 실제 구현을 홍보하기로 결정했다. 명칭이 잘못된 구현의 사용을 설명하는 것으로 오용될 수 있기 때문이다. 슬프게도 한동안 이 기술은 그런 경우가 많았다. 사람들은 성공 사례를 원하면서도 기술을 의도한 대로 이해하고 실행하는 데 필요한 노력을 기울이지 않는 경우가 많다. 몇 가지 개념의 명칭을 소개하는 것은 그 의미와 상관없이 여러분을 더 잘 이해할 수 있는 부류로 끌어올리기 위한 것이다. 하지만 구현에 초점을 맞춘다면 명칭에만 집중하는 것보다 새 기술을 도입할 가능성을 더 높일 수 있다.

다른 선택은 대부분의 소프트웨어 팀이 흔히 하는 것처럼 사람들의 생각과 의사소통의 맥락에 따라 다르게 사용돼서 분명히 의미상 차이점을 가진 하나의 용어를 하나의 통일된 것으로 병합하려고 시도하는 것이다. 이런 종류의 병합은 문제만 있는 것이 아니라 해를 입히는 것으로 밝혀졌으며, 대부분의 경우 많은 노력을 들이고도 결국은 크고 지긋지긋한 진흙 같은 소프트웨어를 만들게 된다. 보험을 가입하기 위한 신청서 접수, 잠재적 보험의 리스크 및 보험료율 계산, 보험 인수, 보험금 청구 제기, 보험 갱신은 모두 매우 다른 개념이며 별도의 소프트웨어 콘텍스트에서 다르게 모델링해야 한다. 2부에서 제공하는 기술과 구현은 넓은 범위에 적용 가능한 모듈 기반 소프트웨어 콘텍스트를 사용할 예정이다.

▍4장. 도메인 주도의 결과 달성

이 책에서 사용된 도메인domain이라는 단어는 지식의 영역을 의미한다. 이전에 정립한 것처럼 지식은 모든 비즈니스에서 가장 가치 있는 자산 중 하나다.

- 기존 지식은 중요하고 가치가 있지만 현재 지식에만 의존하는 비즈니스는 평범하거나 지식, 아니 새롭고 획기적인 지식이라도 경쟁사가 따라잡으면 평범해져 버린다는 리스크가 있다. 지속적인 지식 습득은 소프트웨어 요구사항 목록의 최우선순위에 있어야 한다.

- 지식의 영역을 이름으로 식별하고 나면 이 영역에는 분명 기존 지식이 있다. 팁은 기존 서브시스템에서 계속 지식을 습득하는 것뿐만 아니라 혁신이 예상되는 영역에서도 새로운 획기적인 지식을 계속 얻는 것이다.
- 도메인은 문제 공간, 즉 새로운 소프트웨어 개념이 경쟁 우위를 제공할 수 있는 비즈니스 영역의 이름을 지정하고 이를 포괄한다. 문제 공간 도메인의 각 하위 부분을 논리적으로 하위 도메인이라고 하며, 그중 2개 이상의 하위 도메인이 혁신가의 업계 리더십을 구축하는 데 사용된다.
- 단일 하위 도메인은 주어진 비즈니스 전문 분야를 탐색하고 개발할 수 있는 콘텍스트별 분할이다. 여러 하위 도메인은 각각 다른 전문 지식 콘텍스트를 반영한다.
- 4장의 추상적 개념은 너무도 익숙한 플러그인 비즈니스 역량의 반대 개념이라고 생각하면 된다. 구체적인 예는 5장에서 다룬다.

5장. 콘텍스트 전문성

일반적으로 하나의 문제 공간에는 여러 관점이 있다. 다양한 비즈니스 전문가는 문제 공간을 다양한 각도에서 본다. 관점의 차이는 콘텍스트의 구분이 생길 가능성이 있는 곳에서 발생한다.

- 전문 지식의 콘텍스트별 분할은 프로젝트와 이를 담당하는 팀 주위에 경계를 형성한다. 용어, 의미, 비즈니스 규칙을 내부에서 일관되게 유지하고 다른 용어, 의미, 비즈니스 규칙이 외부 세력에 침투해 부패를 일으키는 것을 방지하기 위해 경계가 설정된다.
- 전문 지식의 콘텍스트 경계 내에서는 해당 영역에서 작업하는 단일 책임 팀이 사용하는 용어, 의미, 비즈니스 규칙은 특별한 팀 언어를 형성한다. 이 언어는 팀에서 정기적으로 구두로 표현하고, 문서로 작성하고, 도표로 작성하고, 소프트웨어 모델의 소스코드가 해당 언어를 반영하기 때문에 경계 내부에 유비쿼터스^{ubiquitous}하다.

- 전략적 중요성과 투자가 가장 높은 영역을 중심으로 형성된 콘텍스트 분할을 핵심^{core}이라고 한다. 핵심 콘텍스트와 덜 투자할 가치가 있는 것으로 간주되는 콘텍스트 간의 차이점을 알려주기 위해 후자에 지원^{supporting}과 일반^{generic}이라는 명칭을 사용한다. 일반적으로 지원 하위 도메인은 내부적으로 개발하거나 아웃소싱해야 하지만 지적으로 큰 투자를 하지는 않는다. 일반 하위 도메인은 오픈소스를 구매하거나 다운로드할 수 있다.
- 비즈니스 역량은 콘텍스트 경계를 설정할 때 살펴보기 좋은 지점이다. 더 세분화된 전문 분야가 있을 수 있지만 콘텍스트를 먼저 비즈니스 역량으로 선택할 수 있다. 세분화된 전문 영역이 인식되면 초기 비즈니스 역량 콘텍스트에서 해당 영역을 추출할 수 있다. 이는 조직 고유의 비즈니스 역량을 이해하는 것이 중요함을 나타낸다.

6장. 성공하는 매핑과 실패하는 매핑

여러 비즈니스 역량과 관련된 콘텍스트 전문 영역이 있기 때문에 다른 콘텍스트 경계에서 발견되는 소프트웨어 모델과 상호작용하고 통합하는 방법을 이해하는 것이 중요하다. 이를 위해서는 두 팀 간의 팀 역학과 통합에 사용할 수 있는 요소에 대한 명확한 이해가 필요하다. 이를 지원하는 기술 세트 중 하나가 매핑으로 알려져 있다. 이 기술과 기타 도메인 주도 기술을 적절하게 사용하는 것이 중요하다. 그렇지 않으면 부정적인 결과가 발생할 수 있다.

- 맵^{map}은 현실을 나타내는 그림이다.
- 두 콘텍스트 경계 사이에 선을 그려 두 경계 사이의 관계를 나타내면 맵이 생성된다. 맵은 방향, 흐름, 복잡한 여행을 표시하는 데 적합하다.
- 두 콘텍스트 경계 사이에 그려진 선은 기존 팀 간 관계, 종속성 방향, 통합 수단을 나타낸다.
- 상호 배타적이지 않은 두 콘텍스트를 매핑할 수 있는 8가지 고유한 방법이 있다.

- 6장에서 추가적인 위상 매핑 도구를 소개하며, 2개 이상의 콘텍스트 간의 특정 통합 지점과 구체적인 예를 보여준다.
- 현재 상태로 인해 실행 불가능한 상황이 발생하면 이상적이지 않은 기존 팀 간 관계가 변경될 수도 있다. 더 나은 방향으로 어떻게 변화해야 하는지를 인식하려면 기존 상황을 먼저 이해하고 식별해야 한다.
- 이 기술 클럽의 회원이 되기 위해 기술 이름을 유포하는 것과는 반대로 주어진 도구를 적절하게 사용하기 위해 공정한 경고가 제공된다. 팀이 뛰어들기 전에 잠재적으로 복구할 수 없는 실패 지점과 이를 방지하는 방법을 이해해야 한다.

7장. 도메인 개념 모델링

실제 소프트웨어를 구현할 때 몇 가지 강력한 도구로 도메인 모델을 구현할 수 있다.

- 엔터티는 고유한 것을 모델링하고 일반적으로 데이터를 변경하는 다른 소프트웨어 구성 요소를 지원한다. 고유성 때문에 한 엔터티를 다른 엔터티와 쉽게 구별할 수 있다.
- 값 객체는 화폐와 같다. 지폐에는 많은 이미지, 숫자, 종이와 잉크의 종류 같은 기타 품질이 포함돼 있지만, 결국 대부분의 사람들은 구매 가치에만 관심을 갖는다. 게다가 대부분의 사람들은 자신이 갖고 있는 가치가 5인 지폐가 무엇인지 신경 쓰지 않고 기꺼이 5짜리 다른 지폐로 교환할 것이다. 즉, 값은 값일 뿐이다. 소프트웨어의 많은 것이 값으로 모델링될 수 있으며, 실제로는 좀 더 많이 모델링돼야 한다.
- 애그리거트는 특별한 목적, 즉 비즈니스 규칙에 따라 항상 일관성을 유지해야 하는 데이터 세트를 나타내는 엔터티다. 일관성 규칙은 컴퓨터에서 작동 중일 때와 데이터베이스에 저장될 때 모두 유지된다.
- 도메인 서비스는 엔터티, 집계 및 값 객체에서 작동하는 비즈니스 논리를

제공하지만 해당 서비스가 작동하는 유형 중 하나와 직접 연결되지는 않는다.
- 함수형 동작은 수학 기능과 같은 종류의 소프트웨어 작업을 제공한다. 이러한 연산은 하나 이상의 입력 매개변수를 사용하고 수학적 속성과 일치하는 답을 생성하기 위한 것이다.

이 개념들은 신비롭거나 위협적인 것이 아니다. 이 지식 기반 소프트웨어 개발 접근 방식은 간단하며 동일한 개념처럼 보이지만 실제로는 다른 것을 설명할 수 있는 여러 비즈니스 전문가 간의 관점 차이를 강조한다. 또한 기업이 전략적 투자를 해야 하는 부분과 하지 말아야 하는 부분을 이해하는 데 도움이 된다.

4장
도메인 주도의 결과 달성

도메인 주도^{domain-driven}는 흥미로운 용어다. 메리엄 웹스터^{Merriam-Webster} 사전에서는 10가지나 되는 의미로 도메인이라는 단어를 설명하고 있다. 처음 3가지는 다음 단어를 생각했을 때 떠오르는 아이디어 중 하나일 것이다.

1. 토지의 완전하고 절대적인 소유권
2. 지배권을 행사하는 영토
3. 물리적 특징이 뚜렷한 지역

이 책은 비즈니스 소프트웨어 전략과 혁신을 다룬다. 모든 비즈니스는 유일무이하기 때문에, '도메인'은 비즈니스 특징을 소유하고 비즈니스를 운영하는 '지배권' 같은 의미로 이해할 수 있는 것처럼 보인다. 틀린 것은 아니지만 그중 어느 것도 이 책에서 '도메인'을 어떻게 사용하는지 잘 설명하지 못한다.

1 ~ 3장에서는 차별화를 통해 혁신을 끌어내기 위한 학습과 탐구, 이를 통한 비즈니스 소프트웨어 전략 실현을 크게 강조했다. 메리엄 웹스터 사전에서 정의된 네 번째 의미가 학습과 탐구를 강조하던 것과 관련이 있으며, 이 책에서 말하는 도메인의 의미에 가장 가깝다.

4. 지식, 영향력 또는 활동 영역

모든 비즈니스는 이전부터 존재하던 전문성을 바탕으로 집단 및 공유 학습 활동을 통해 자신만의 전문 지식을 축적한다. 이 지식이 소프트웨어 제품에 반영돼 소비자에게 영향을 미친다.

이제 처음 3가지 의미에 다시 맞춰보면 도메인은 비즈니스 영역 내에서 소유하고 있는 지적 재산이다. 도메인은 비즈니스가 지식 습득을 위한 투자와 가장 높은 수준에 도달하기 위해 내린 순수한 결정의 결정체로, 비즈니스 창의성이 담긴 독특한 기능을 담고 있다. 즉, 지식과 영향력, 활동의 영역이다.

도메인 주도에서는 현재의 영향력과 활동 영역 안팎에서 지식 습득을 위한 투자의 결과를 통해 비즈니스가 결과를 만들어낸다고 말한다. 비즈니스는 기술 기반 제품의 꾸준한 개선을 통해 자기 발전과 성장을 주도한다. 이 책에서는 가장 혁신적인 결과를 도출할 방법이 실험 기반 탐구를 통한 학습이라고 계속 주장한다.

> **애자일 방법론을 통한 혁신**
>
> 방법론 또는 프로세스 실행 프레임워크를 사용하는 예로, 스크럼(Scrum)은 제품 백로그(Backlog)에 아이템(Item)을 넣는 4가지 주요 원인을 다음과 같이 제시한다.
>
> 1. 기능
> 2. 결함
> 3. 기술 작업
> 4. 지식 습득
>
> 지식 습득을 마지막에 넣어놓은 것은 실망스럽다. 지식 습득은 언제나 최우선순위를 가져야 하기 때문이다. 어떻게 팀이 이해도 하기 전에 새로운 기능을 백로그에 넣을 수 있겠는가? 기능을 제대로 모르고 백로그에 넣는다고 하더라도 구현하기 전에 최소한의 지식 습득은 반드시 이뤄져야 한다. 지식 습득이 '다양한 자바스크립트(JavaScript) 라이브러리 조사, 선택'과 같은 기술적 동기로 쓰이는 경우가 많다는 점도 실망스럽다. 자신이 스크럼에 대해 어느 정도 알고 있다고 생각하는 대부분의 개발자도 이런 얘기는 전혀 몰랐을 것이다. 이런 문제가 있다는 사실은 방법론에 문제가 있을 수 있거나 적어도 실행의 우선순위가 잘못될 수 있다는 것을 가리킨다.
>
> 스크럼을 사용한다면 지식 습득의 우선순위를 최우선으로 올려야 한다. 그리고 도메인 주도 실험과 관련된 작업, 특히 차별화와 혁신을 끌어낼 새로운 발견의 가능성이 높은 실험은 지식 습득이라는 표시를 해야 한다. 또한 이벤트 스토밍 학습 세션을 진행하면서 지금까지 식별하지 못했던 기능 관련 작업을 찾을 수도 있다. 새로운 작업은 영향도를 고려해서 추적 가능한 비즈니스 목표 아래 둬야 한다.

도메인 주도 접근법을 사용하려면 비즈니스 전문가도 소프트웨어 개발자와 함께 지속적으로 중요한 역할을 수행하면서 팀에 참여해야 한다. 이는 #애자일에서 오랫동안 강조해온 덕목이다.

- **애자일 선언문**: "우리의 최우선순위는 가치 있는 소프트웨어를 초기부터 지속적으로 제공해서 고객을 만족시키는 것이다. 비즈니스 담당자와 개발자는 프로젝트 전체 기간 동안 매일 함께 일해야 한다."[Agile-Manifesto-Principles]
- **익스트림 프로그래밍**[XP, Extreme Programming]: "고객은 언제나 가용[Aavailable]하다. 익스트림 프로그래밍[XP]의 몇 안 되는 요구 사항 중 하나는 고객을 가용하게 만드는 것이다. [고객은] 개발 팀을 돕는 것을 넘어 개발 팀의 일부다. 익스트림 프로그래밍 프로젝트의 모든 단계에서 고객과 소통해야 하고, 가능하다면 같은 장소에서 대면하는 것이 좋다. ... 당신에게는 전문가가 필요하다."[XP]

인정하건대 #애자일과 익스트림 프로그래밍은 시간에 따라 변해왔다. 여기서 '고객'의 중요성에 주목하는 이유는 엄밀한 정의를 내리려는 것이 아니다. 도메인의 목표를 이해하는 사람은 항상 가용해야 하며, 하나 혹은 여러 팀의 구성원이어야 한다고 강조하기 위한 것이다. 이 사람은 후원자, 고객, 사용자, 제품 챔피언 등으로 알려져 있다. 비즈니스 전문가가 서브시스템 내에서 수행할 수 있는 모든 역할을 철저히 파악할 필요는 없지만, 개발 중인 제품을 최고로 만들 수 있도록 소프트웨어 목표를 제공하는 누군가가 하나 혹은 그 이상 있어야 한다. 제품의 최종 사용자를 포함한 모두가 이 결과에 만족하게 만들기 위함이다.

도메인과 하위 도메인

주식 투자의 경우 어디에 투자하고 투자하지 말아야 할지 아는 것은 경제적 성공을 위해 매우 중요하다. "시장에 들어가야 할 정확한 타이밍은 알 수 없다.[You can't time the market]"라는 말이 있다. 이런 현실은 투자자가 증권업계 지식의 근간인 주요 경제 지표와 시장 상황을 바탕으로 투자해야 하는 근거를 뒷받침한다.

비즈니스 소프트웨어 전략에 관해 가장 많은 투자를 해야 할 부분과 가장 적은 투자를 해야 할 부분을 이해하는 것도 경제적 성공을 위해 매우 중요하다. 처음부터 완벽하게 맞추는 것은 힘들지만 초기의 실패는 그렇게 중요하지 않다. 비즈니스 세계에서 현재는 맞다고 여겨지는 무엇인가가 미래에는 잘못될 가능성이 충분하다. 비즈니스 목표를 이루는 데 영향을 끼치는 요소를 모니터링하고 사용자 만족도에 집중해서 시장 상황을 연구하는 것은 혁신을 위한 노력의 효과를 가늠할 수 있는 좋은 방법이다.

소프트웨어는 전체 비즈니스에 걸쳐 광범위하게 적용된다. 대규모 엔터프라이즈enterprise에서 모든 소프트웨어 지식의 전체 도메인 혹은 영역은 방대하다. 이렇게 거대한 전체 도메인의 세부 내용을 하나의 프로젝트 혹은 대규모 비즈니스 프로그램이라는 고정된 인력의 범주 안에 모두 담기에는 너무 복잡하다. 게다가 팀은 도메인 내의 상세한 내용이 대부분 서로 관계가 없다는 사실을 알게 된다. 그러므로 주어진 소프트웨어 개발을 위한 노력을 특정 범위로 제한해야만 성공적인 결과물을 만들 수 있다.

지식의 영역, 그 안의 상세 영역은 특정한 목적에 따라 상대적으로 다르게 볼 수 있기 때문에 도메인이라는 용어는 서로 다른 영역으로 나뉘기도 하며, 그 의미가 미묘하게 달라질 수 있다. 이 논의를 위해 다음 4가지를 정의했다. 그림 4.1은 4개의 영역을 나타내며, 다음 목록에서 상세히 설명한다.

1. **거대한 엔터프라이즈 범위:** 거대한 엔터프라이즈 내의 모든 소프트웨어는 비즈니스의 전체 도메인을 나타낸다. 이 범위에서 전체를 아우르는 깊이 있는 지식의 단일 원천을 만든다는 것은 불가능하다.
2. **중대형 시스템 범위:** ERP와 같은 상용 라이선스 엔터프라이즈 시스템과 대규모 자체 제작 레거시legacy 시스템이 여기에 속한다. 도메인 지식 측면에서 범위 3과 비슷하지만 보통 이 범위의 시스템은 적절한 계획과 아키텍처를 갖고 개발되지 않는다. 항상 그런 것은 아니지만 1장과 2장에서 언급한 빅 볼 오브 머드Big Ball of Mud 시스템일 때가 많다.

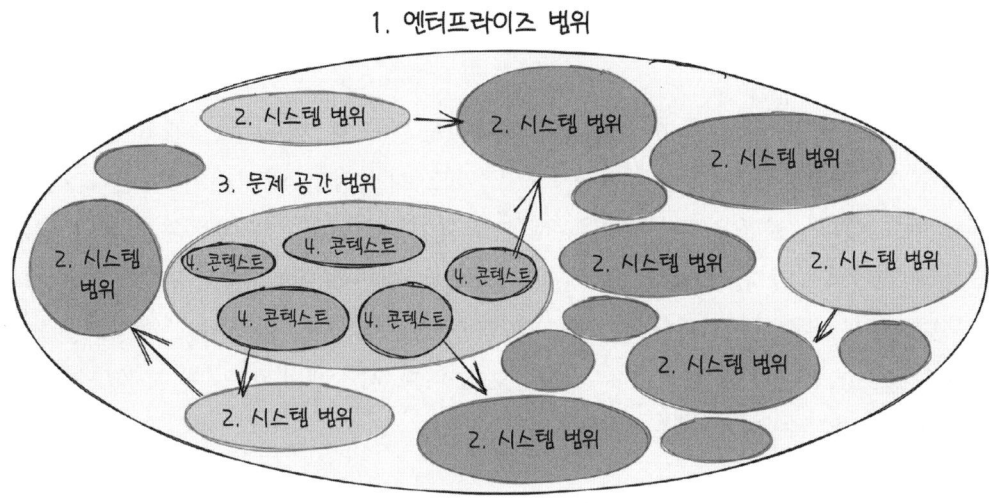

그림 4.1 이 책에서 사용되는 도메인 지식의 4가지 범위

3. **중대형 문제 공간**Problem space **범위:** 문제 공간은 일련의 솔루션을 구현하면서 쌓인 지식 영역이고, 다양한 유형의 전문 지식을 가진 여러 팀(예. 범위 4)이 필요하다. 결국 문제 공간은 시스템 개발을 위해 노력해야 할 대상이다.
4. **작은 콘텍스트 범위:** 실질적인 지식과 경험을 바탕으로 문제 공간을 각각의 소통 콘텍스트별로 나눌 수 있다. 이 범위를 **콘텍스트**라고 부르며, 하나의 비즈니스 전문 지식 영역에 해당한다.

엔터프라이즈 아키텍처 프레임워크는 범위 1과 같은 대규모 디지털 엔터프라이즈를 관리하는 데 도움을 준다. 그러나 일반적으로 대규모 엔터프라이즈의 각 부분에 관한 심층적 정보는 제공하지 않는다. 결국 심층적 정보는 팀의 암묵적 지식으로 숨겨져 있다. 이러한 프레임워크는 엔터프라이즈를 위해 여러 가지 형식적이고 구조적인 관점의 데이터를 제공하며, 스키마schema 또는 온톨로지ontology라고 말한다. 프레임워크의 강점은 기업의 디지털 자산을 정리하고 체계를 잡는 데 도움을 주며, 그 결과로 계획과 의사결정의 기초 자료로 활용할 수 있게 된다. 여기서는 2가지 프레임워크를 소개하는데, 자크만 프레임워크Zachman Framework[Zachman]와 오픈 그룹 아키텍처 프레임워크The Open Group Architecture Framework[TOGAF]다. 그림 4.1은 전체 엔터프라이즈의 제한적인 모습만 보여줄 뿐이며, 엔터프라이즈 아키텍처 프레임워크를 사용한 결과는 아니다.

그림 4.1에서도 볼 수 있듯이 범위 2에 해당하는 시스템 중 일부는 계획 없이 만들어져서 1장과 2장에서 설명한 빅볼 오브 머드 시스템이 돼버리기도 한다. 물론 아닐 수도 있다. 그 둘을 구분하기 위해 그림 4.1에서 범위 2를 어두운 갈색과 밝은 초록색으로 나누었다. 빅볼 오브 머드 시스템은 일반적으로 규모가 크다. 세심하게 설계된 시스템은 크기가 중간 정도인 경향이 있고, 특정 솔루션에 좀 더 집중한 새로운 소프트웨어가 있으며, 기존 빅볼 오브 머드 시스템과 어느 정도 깔끔하면서 기능은 동작할 수 있게 통합된다.

> **추상화 장치(Contraptions)[1]**
> 이 논의는 너무 추상적으로 보일 수 있다. 그렇다면 누커버리지가 SaaS 기반 보험 플랫폼을 도입하는 상황을 범위 3에 대입해보자. 범위 3 문제 공간은 새로운 보험 플랫폼 자체이다. 범위 3 문제 공간 나누어서 범위 4 콘텍스트가 되고, 여기에는 인수, 계약, 리스크, 갱신, 보험금 청구와 같은 모듈이 해당된다. 콘텍스트는 5장에서 자세히 다룬다. 일단 지금은 추상화를 통해 특정 지식 영역과 전문 지식 영역, 그리고 문제 공간에 대해 상상해보고 서로 어떻게 연결되는지 생각해보자.

그림 4.1은 현재 진행 중인 단일 범위 3 전략 이니셔티브도 보여준다. 이 작업 영역은 어느 정도의 획기적인 혁신을 창출하기 위한 것으로, 팀이 실험 기반 학습을 주도하게 된다. 여기에는 전반적인 지식 영역도 존재하지만 문제 공간 영역을 전문 분야로 나누려는 의도적인 노력이 이뤄지고 있다. 이는 범위 3 안에 있는 범위 4 콘텍스트에서 확인할 수 있다. 이러한 묘사는 사일로를 만들기 위한 것이 아니라 여러 전문가가 서로 다른 각도에서 문제 공간을 바라본다는 점을 인정하기 위한 것이다. 종합적으로 지식을 습득해 중대형 문제 공간을 해결하는 데 사용하되, 전문 영역은 인정하고 엄격히 존중한다. 전체 문제 공간으로서 범위 3은 범위 4의

---

1. Contraptions는 장치 혹은 기계로, 창고에서나 발견될 것 같이 오래되고 쓰임새도 알 수 없는 것을 뜻한다. 여기서는 이 장에서 얘기하고 있는 내용이 진부하고 뜬구름 잡는 얘기인 것 같지만 필자의 의도가 있기 때문에 그 의도를 설명하는 부분 정도의 의미다. - 옮긴이

다양한 콘텍스트 전문 영역으로 구성된다. 각 영역은 단일 팀에서 관리한다. 각 팀에는 해당 콘텍스트 전문 영역의 전문가가 한 명 이상 포함돼 있다. 한 팀이 콘텍스트를 책임지게 하면 다른 팀에서 개발한 목표와 커뮤니케이션 기반 언어로 인해 전문 영역이 혼동되거나 분열되는 것을 방지할 수 있다.

이것은 가장 낮은 수준의 범위로 이어진다. 범위 3 문제 공간에는 별도의 전문 분야로 구성된 5개의 범위 4 하위 도메인 콘텍스트가 있다. 5개의 콘텍스트는 각각 집중적이고 상대적으로 좁은 지식 영역에 관한 구체적인 대화가 이뤄지는 곳을 나타낸다. 모든 콘텍스트는 한 명 이상의 비즈니스 전문가와 개발자로 구성된 팀이 대화에서 특정 용어와 여러 표현이 의미하는 바를 공유하는 곳이다. 특정 콘텍스트 내에서 모호한 부분이 없어야 하는 것이 목표이지만, 의심할 여지없이 일부 모호한 부분이 존재할 수 있다. 모호한 표현이 발견되면 모호한 의미와 관련 소프트웨어 규칙 및 동작을 명확히 하기 위해 의식적인 노력을 기울인다.

범위 4에서는 하위 도메인이라는 또 다른 용어가 등장한다. 하위 도메인은 도메인의 하위 부분으로, 특히 범위 3 내에서 적용 가능하다. 하위 도메인은 비즈니스 역량과 동일한 경우가 많다. 이상적으로는 그림 4.1에 표시된 것과 같은 콘텍스트가 하위 도메인과 일대일로 일치해야 한다. 하위 도메인을 주로 문제 공간 개념으로 간주하고 각 하위 도메인은 전략적 비즈니스 중요도가 다소 높거나 낮다는 점을 인식해야 한다.

각각의 전략적 비즈니스 중요성이 크거나 작다는 것을 인식해야 한다. 5장에서는 그림 5.1에서 그림 4.1에 표시된 특정 콘텍스트를 보여준다. 콘텍스트에 할당된 이름은 해당 하위 도메인에 대한 주의를 환기시킨다. 단일 모듈형 콘텍스트에 여러 하위 도메인이 존재할 때 문제가 발생한다. 이러한 문제는 잘 정의된 단일 하위 도메인이어야 하는 콘텍스트의 중심 주제와 관련이 없는 개념이 단일 소스 모듈에 과부하를 줄 때 발견된다. 예를 들어 누커버리지의 보험 계약자 계정 하위 도메인은 추가 보험금 보상이 정의됨에 따라 문제가 된다. 서로 다른 목표를 연구하면 새로운 하위 도메인이 등장했으므로 보험 계약자 계정에서 제거하고 새로운 보상 프로그램 하위 도메인에 위치시켜야 한다는 것을 분명히 알 수 있다. 솔루션을 신중하게 설계할 때 각 하위 도메인은 동일한 이름의 콘텍스트에 일대일로 정렬돼야 한다.

범위 3 문제 공간은 5개의 콘텍스트 중 해결을 위한 모든 지식이 그 안에 들어 있다는 것을 의미하는가? 그럴 가능성은 매우 낮고 비현실적이다. 5개의 범위 4 콘텍스트 중 적어도 몇 개는 기존의 빅볼 오브 머드 레거시 시스템과 통합돼 있다. 대기업에서 아무리 많은 노력을 기울여도 지저분하고 보기 흉한 레거시 부분을 모두 제거할 수는 없다. 이미 작동하는 것을 활용하자. 결국 분리되는 빅볼 오브 머드 시스템이라 할지라도 각각의 하위 도메인을 나타내는 더 작은 콘텍스트와 통합돼 있을 것이다. 이는 수년간의 방치로 생긴 복잡성을 극복하기 위한 적극적인 공동 노력의 결과일 것이다.

아직도 한 가지 관련 질문이 더 남아 있을 수 있다. 범위 3 문제 공간은 5가지 콘텍스트가 모놀리스 안에 물리적으로 포함된 아키텍처를 나타내고 있는가? 그럴 수도 있고 아닐 수도 있다. 2장에서 강조했듯이 이 형태는 초기에 팀에서 처리할 필요가 없는 수많은 문제를 미룰 수 있으므로 초기에 사용하기에 좋은 방법이다. 시간이 지나면 아키텍처가 모놀리식에서 분산으로 전환될 수도 있지만, 이는 최종 책임자가 결정해야 할 문제다. 현재로서 범위 3은 주로 차별적인 결과를 얻기 위해 많은 학습이 이뤄져야 하는 전략적 문제 공간을 대표한다.

정리

4장에서는 모든 비즈니스가 현재의 영향력과 활동 영역 안팎에서 지식 습득에 투자해야 한다는 개념을 소개했다. 소프트웨어 제품에 반영된 지식은 진정한 비즈니스 차별화 요소이며 사용자에게 실질적인 영향을 미친다. 어디에 가장 많이 투자해야 하고 어디에 가장 적게 투자해야 하는지를 이해하는 것은 재정적 성공에 매우 중요하며, 비즈니스 소프트웨어 전략에서 반드시 고려해야 할 요소다. 4장에서 소개한 도메인과 하위 도메인은 수익 센터로서 소프트웨어의 적절한 적용을 강화하는 데 도움이 된다.

4장의 주요 내용은 다음과 같다.

- 비즈니스의 모든 핵심 지식 영역에서 실험에 기반을 둔 발견을 통해 학습하면 가장 혁신적인 결과를 이끌어낼 수 있다.
- 영향을 통해 비즈니스 목표를 추적하면 차별화된 혁신으로 이어질 수 있는 돌파구를 찾을 가능성이 높아진다.
- 도메인 중심 접근 방식은 소프트웨어 개발자와 함께 일하는 비즈니스 전문가의 두드러지고 일관된 참여가 필요하다.
- 전문가는 직함이 아니며 제품 스폰서, 고객, 사용자, 제품 챔피언 등의 역할을 통해 비즈니스 전문성을 확보할 수 있다.
- 도메인은 전체 비즈니스 문제 영역을 결정하는 데 사용된다. 하위 도메인은 특정 콘텍스트 범위를 가진 도메인의 하위 부분이다.
- 각 하위 도메인은 비즈니스 역량 및 전문 지식의 맥락과 일대일로 일치해야 하지만, 비즈니스 역량은 시간이 지남에 따라 확장되고 해당 하위 도메인도 그에 따라 확장된다.

참고문헌

[Agile-Manifesto-Principles] https://agilemanifesto.org/principles.html
[TOGAF] https://www.opengroup.org/togaf
[XP] http://www.extremeprogramming.org/rules/customer.html
[Zachman] https://www.zachman.com/about-the-zachman-framework

5장
콘텍스트 전문성

4장에서는 동일한 용어에 대해 서로 다른 정의를 사용하는 전문가들이 서로 대화를 함에 있어 혼란을 겪지 않으려면 맥락적 구분이 필요하다는 얘기를 했다.

'도메인과 하위 도메인' 절에서 설명한 것처럼 일반적으로 단일 문제 공간 도메인에는 여러 관점이 있다. 다른 분야의 전문가들은 문제 공간을 다른 각도에서 본다고 말할 수 있다. 5장에서는 4장에서 다소 추상적으로 다뤘던 주제들에 대한 좀 더 구체적인 예를 제공한다. 이를 통해 애매했던 개념을 좀 더 구체적으로 확인할 수 있기를 바란다.

바운디드 콘텍스트와 유비쿼터스 언어

도메인 주도 설계(DDD, Domain-Driven Design)[Evans-DDD]로 알려진 소프트웨어 개발 방법론은 이 책에서 지금까지 다룬 콘텍스트와 의사소통에 관한 것이다. DDD에는 그림 4.1에서와 같이, 예를 들어 변호사들 사이에서의 대화처럼 상대적으로 아는 사람이 많지 않은 지식의 영역에서 사람들이 나누는 특별한 대화들을 지칭하는 용어가 정의돼 있다. 이 특별한 대화들은 그림 4.1에서 **콘텍스트**라는 단어와 함께 범위 4로 분류돼 있다. DDD에서 이런 대화들은 유비쿼터스 언어(Ubiquitous Language)라고 부른다. 이 언어는 바운디드 콘텍스트(Bounded Context)라고 불리우는 특정 콘텍스트 내에서만 유효하다.

그림 4.1에서는 이 개념이 어떤 도메인에든 적용할 수 있게 추상화돼 있지만, 그림 5.1과 '비즈니스 역량과 콘텍스트' 절에서 좀 더 구체적인 예를 볼 수 있다.

유비쿼터스 언어와 바운디드 콘텍스트라는 용어는 아마도 낯설고 어렵게 느껴질 수도 있다. 그러나 이 용어에 크게 부담을 가질 필요는 없다. 이 용어들은 이미 앞에서 충분히 다룬 2개의 개념을 단순히 지칭하는 것에 불과하다. 이렇게 추상적인 개념에 이름을 붙임으로써 DDD를 적용하려고 하는 소프트웨어 개발자들은 팀원들과 디자인 컨셉을 공유할 수 있는 수단을 갖게 된다.

- **유비쿼터스 언어:** 특정한 비즈니스 전문가들 사이에서 공통적으로 사용되는 전문 용어와 표현들의 모음이다. 이렇게 공통 언어를 만듦으로써 프로젝트에 참여하는 사람들은 서로 간의 다른 배경지식을 갖는 것에서 생기는 오해를 줄이고 팀만의 고유 콘텍스트에서 사용되는 다양한 용어의 정확한 의미를 구분할 수 있게 된다. 똑같은 단어라고 하더라도 그 단어가 사용된 콘텍스트의 바깥에서는 때때로 전혀 다른 의미를 갖게 되기도 한다. '유비쿼터스ubiquitous[1], 또는 '공통 언어'라는 이름 때문에 마치 어떤 용어나 표현이 모든 사람에게 같은 의미로 받아들여질 수 있다고 오해를 할 수도 있지만, 여기서 '공통'이라는 것은 어디까지나 다른 팀과 구분되는 확실한 경계 내에서, 즉 팀 내에서 팀원들 사이에 '공통'된다는 것을 말한다. 그래서 이 용어와 표현들은 그 팀이 만드는 도표나 코드와 같은 산출물에서 '공통'되게, 즉 '유비쿼터스'하게 사용된다. 결국 중요한 것은 팀원들이 같은 언어로 '소통'하는 것이다.

- **바운디드 콘텍스트:** 전문 용어와 표현 그리고 비즈니스 규칙과 같이 특정한 비즈니스에 대한 지식, 즉 유비쿼터스 언어를 어떤 팀이 사용하며 소프트웨어를 설계하는 콘텍스트(즉, 맥락)를 말한다. 용어와 표현은 단순한 단어가 아니라 명확한 정의가 있다. 이때 이 콘텍스트 내에서 이뤄지는 대화는 팀 내에서는 아주 분명한 의미를 가지나, 팀 바깥에서는 그렇지 않고, 반대로

---

1. 유비쿼터스(ubiquitous)는 언제 어디에나 존재한다는 뜻의 라틴어다. - 옮긴이

다른 비즈니스에서 사용되는 용어와 표현들이 팀 내부에서 사용되기 어렵다는 점에서 맥락에 바운더리(즉, 경계)가 있다고 표현될 수 있다. 모듈화의 관점에서 바운디드 콘텍스트는 아주 세밀하게 분류되지는 않은, 굵직하게 분류된 모듈로 볼 수 있다. 2장에서 언급됐듯이 모듈에 대한 내용이 먼저 결정돼야 하고, 배포를 어떻게 할 것인지에 대한 것들은 가급적 나중에 결정하는 것이 좋다. 그림 4.1은 5개의 바운디드 콘텍스트를 보여주고 있는데, 각각 그 내부에서 자신의 콘텍스트에 맞는 유비쿼터스 언어를 사용하고 있다. 일반적으로 하나의 팀이 하나의 바운디드 콘텍스트를 맡게 되는데, 때때로 하나의 팀이 여러 개의 바운디드 콘텍스트를 맡게 될 수도 있다. 하나의 팀이 하나의 바운디드 콘텍스트를 맡도록 강제하게 되면 서로 다른 팀 사이에서는 충돌하는 목표와 우선순위가 있더라도 팀 내의 의사소통에 혼란을 일으키지 않는다.

> **바운더리 찾기**
>
> 이벤트 스토밍 세션에 참가하거나 그밖의 도구나 프로그램을 통해 정확한 바운디드 콘텍스트를 찾는 것은 매우 어렵게 보일 수 있다. '정확한' 바운디드 콘텍스트를 찾는다는 것은 그 자체로 하나의 학습 여정이며, 시행착오를 통해 결과적으로 올바른 답을 찾아가는 것 자체에 의미가 있다. 또한 지금 당장 '정확한' 바운디드 콘텍스트로 생각되는 것이 미래에는 얼마든지 그렇지 않을 수도 있다.
>
> 앞서 모듈을 정의할 때 가장 중요한 것은 개념의 응집도라고 했던 부분을 되새겨보자. 이것은 소통과 경험을 통해 학습된다. 좀 더 구체적으로 얘기해보면 어떤 특정한 문제를 풀기 위해 모인 사람들 사이에서 주고받는 대화들은 다른 문제 해결을 위한 대화들과는 다를 수밖에 없다. 해결해야 되는 문제의 성격에 따라 필요한 전문성이 다르기 때문이다. 여러 전문가가 문제 해결에 사용되는 용어와 작업에 대해 동일한 이해를 갖고 있지 않은 경우 전문가들은 각자 자신이 바라보는 맥락에서는 올바른 얘기를 하고 있는 것이겠지만 맥락을 일치시키지 않은 상태에서는 아무리 오래 얘기를 하더라도 의도했던 생산성이 나올 수 없다. 서로 다른 얘기를 하고 있기 때문이다. 이를 해결하려면 각각의 전문 영역 고유의 비즈니스 모델 경계를 찾아야 한다.

분명한 경계 내에서의 전문화된 유비쿼터스 언어를 사용하면 경계 바깥에 있는 사람들과 동일한 용어를 사용하더라도 그것이 의미하는 것이 매우 다른 경우가 생길 수 있다. 예를 들어 기한 **상품**^{term product}이라는 용어가 있다고 가정해보자. 이

용어는 보험 상품을 의미할 수도 있고, 수학 곱셈식의 계산 결과를 의미할 수도 있으며, 특정한 프로젝트 수행 기술에 따라 개발돼야 하는 소프트웨어를 의미할 수도 있다. 좀 더 일반적으로는 **상품**product이라는 용어도 비즈니스에 따라 서로 조금씩 다른 의미로 사용되고 있다.

보험 업계에서는 **계약**policy이라는 용어를 팀별로 서로 다른 의미로 사용한다. 따라서 어떤 하나의 소프트웨어 내에서 계약이라는 용어가 담고 있는 모든 의미를 담아내는 컴포넌트를 만드는 것은 매우 어렵다. DDD는 바운디드 콘텍스트라는 도구를 사용해 이러한 문제를 피하고자 한다. 바운디드 콘텍스트를 적용해 계약이라는 용어가 사용되는 다양한 경우를 분리해내는 것이다. 이렇게 해서 분리된 각자의 바운디드 콘텍스트 내에서는 계약이라는 용어가 매우 분명한 의미를 갖는다. 결국 DDD가 제안하는 것은 한 회사 내에서도 팀에 따라 얼마든지 맥락이 다를 수 있다는 것을 인정하고 맥락이 다름으로 인해 생기는 소통 비용을 최대한 줄여보자는 것이다.

이렇게 분명한 경계를 세우는 것은 같은 용어를 서로 다른 의미로 사용할 때뿐만 아니라 같은 의미 또는 개념을 서로 다른 용어로 표현할 때에도 도움이 된다. 외국어를 배울 때를 생각해보자. coverage범위라는 영단어는 프랑스어에서는 couverture, 독일어로는 abdeckung, 스페인어로는 cobertura로 표현된다. 같은 의미가 서로 다른 언어에서 서로 다른 형태로 표현이 되는 것이다. 이런 경우 국경을 바운디드 콘텍스트로 볼 수 있다. 실제로 서로 다른 비즈니스에서 비슷한 개념에 대해 전혀 다른 용어를 사용하는 경우는 많이 있다. 일례로 **보험 계약**insurance policy이라는 개념은 보험 비즈니스 내부에서 다음과 같은 명칭으로 표현될 수 있다.

- 보험 증서Policy
- 보장 범위Coverage
- 계약Contract
- 보험 신청서Form

이렇게 한 조직 내에서 용어의 불일치가 존재할 때 바운디드 콘텍스트를 찾아내면 어떤 의미가 어떤 상황에서 어떻게 표현되는지 자연스럽게 구분해낼 수 있다. 같은 의미라 하더라도 서로 다른 전문가 그룹에서 사용되기 때문에 다른 용어로 표현될 수 있는 것이다. 따라서 이런 사례들을 발견했을 때 전문 영역에 기반을 두고 맥락을 구분해줄 필요가 있다.

각각의 용어가 맥락에 맞게 정확하게 사용되고 있는지는 어떻게 알 수 있을까? 앞에서 계약을 가리키는 4개의 용어 Policy, Coverage, Contract, Form은 모두 정확하게 사용되고 있다. 정확하다는 기준은 해당 용어가 사용되고 있는 콘텍스트가 적절한지를 보고 판단할 수 있다. 그림 5.1을 보면 그림 4.1에 다뤘던 5가지 콘텍스트 내부에서 어떤 용어가 사용될 때 적절한지를 알 수 있다.

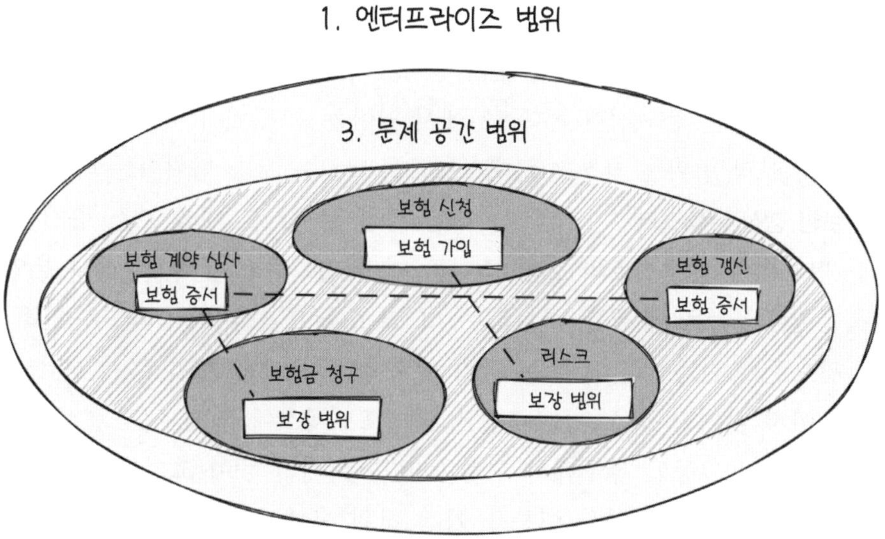

그림 5.1 바운드 콘텍스트는 전문 분야와 언어에 따라 이름이 지정된다.

각각의 바운디드 콘텍스트는 전문 영역에 따라 구분돼야 한다. 각 영역 내에서 사용되는 모든 용어는 콘텍스트 내부에서 특별하고 일관된 의미를 갖는다.

- **보험 신청 콘텍스트**^{Intake Context}: 고객이 보험 가입 신청서^{Application}를 제출한다.
- **리스크 콘텍스트**^{Risk Context}: 보험 계약 심사 콘텍스트에서 고객이 제출한 데이터를 기반으로 리스크를 계산해서 가입 승인 여부를 결정한다. 신청서

Application로 이어진 점선은 리스크 콘텍스트에서 사용하는 데이터의 출처를 표현한 것이다. 다만 점선은 리스크 콘텍스트가 보험 계약 심사 콘텍스트에서 직접 데이터를 가져온다는 것을 의미하지는 않는다. 실무에서는 신청서에 기입된 데이터가 1차로 정제되고 보강된 다음, 가입 승인 콘텍스트로 전달되고 그 뒤에 리스크 콘텍스트로 전달된다.

- **보험 계약 심사 콘텍스트**Underwriting Context: 보험 증서는 고객으로부터 신청서를 받고, 보장 범위와 보험료에 대한 리스크를 계산한 결과다. 자세한 계산 공식을 여기서 다루지는 않겠지만 현재 이 비율은 빅볼 오브 머드 레거시 시스템과의 통합을 통해 계산될 수 있다.
- **보험금 청구 콘텍스트**Claims Context: 보장 범위는 가입 승인 콘텍스트의 보험 증서 데이터를 기반으로 도출된다. 보험 청구 콘텍스트에는 이 데이터가 동일하게 존재할 수도 있지만 그렇지 않은 경우도 있다. 보험금 청구가 실제로 일어난 시점에 보험 계약 심사 콘텍스트에서 읽어올 수도 있기 때문이다. 여기서 말하는 보장 범위는 리스크 콘텍스트에서 말하는 보장 범위와는 다른 의미다.
- **보험 갱신 콘텍스트**Renewals Context: 보험 갱신 콘텍스트 내의 보험 증서는 보험 계약 심사 콘텍스트의 보험 증서를 기반으로 하고 있다. 그러나 동일하지는 않다. 보험 증서를 갱신하는 데 필요한 요건들이 가입을 승인하는 데 필요한 요건들에 비해 매우 적기 때문이다. 새로운 보험료는 그림 5.1에는 보이지 않지만 리스크를 재계산하는 프로세스에 의해 책정될 수 있는데, 가입자가 그동안 청구해서 수령한 보험금 내역 등이 고려될 것이다. 각각의 콘텍스트는 동일한 이름을 가진 하위 도메인과 일대일로 관계를 맺는다. 따라서 하위 도메인으로 표현되는 비즈니스 역량은 동일한 이름의 바운디드 콘텍스트에서 구현된다.

핵심 도메인

핵심 도메인이란 조직이 가장 집중하는 전략적 비즈니스 역량이 개발되는 하위 도메인을 말한다. 새롭고 혁신적인 아이디어에 대한 투자가 충분한 커뮤니케이션과 실험을 통해 검증된 다음 바운디드 콘텍스트에 의해 개발되는 가장 특별한 도메인이다.

핵심 도메인은 말 그대로 비즈니스가 주목하고 있는 도메인이다. 이 도메인은 가장 공이 많이 들어가는 도메인이며, 영향 매핑의 관점에서 비즈니스 목표를 향해 이끌고 가는 **행위자**actor와 **영향**impact 및 **결과물**deliverable 모두가 중요한 도메인이다. 이 팀에는 최고의 비즈니스 전문가와 소프트웨어 개발자가 배치되며 충분한 인재와 시간의 투자가 집중된다.

그림 5.1을 보면 보험 계약 심사가 핵심 도메인인 것처럼 보인다. 가입 승인을 통해 고객과의 비즈니스가 성사되기 때문이다. 현재 누커버리지에서는 직원인 손해사정사들이 리스크를 평가하고 보험료를 책정한다. 그리고 회사는 이 부분을 머신러닝으로 대체해 경쟁력을 높이고 더 많은 수익을 내고자 한다. 그렇기 때문에 고객으로부터 가입 신청서를 입력받고 가입 승인을 위한 여러 커뮤니케이션이 이뤄지는 가입과 보험 계약 심사 도메인이 핵심 도메인이 된다. 동시에 리스크 콘텍스트 또한 개발이 되다가 미래의 어느 시점에 리스크 콘텍스트가 충분히 고도화돼 리스크 관리 업무를 사람의 손으로부터 머신러닝 모델로 넘겨주는 시점이 온다면 이후로는 가입과 보험 계약 심사 도메인이 그다지 주목을 받지는 못할 것이다.

이런 얘기를 하는 이유는 하나의 비즈니스 안에서도 여러 개의 핵심 도메인이 있을 수 있고, 회사의 성장 단계에 따라 핵심 도메인이 바뀔 수 있다는 점을 얘기하고 싶었기 때문이다. 그리고 너무나 당연한 얘기이지만 특정 도메인에만 집중하는 기업은 없다. 바람직한 핵심 도메인의 개수에 대해 미리 정해진 정답도 없다. 기업은 역량이 허용하는 범위 내에서 비즈니스 목표를 달성하는 데 필요한 만큼의 프로젝트를 항상 진행한다. 어떤 프로젝트는 가입 승인 도메인과 같이 특정 시점에 핵심 도메인으로 분류되고, 어떤 프로젝트는 리스크 도메인에서의 머신러닝 모델 개발처럼 미래를 대비하는 프로젝트가 된다. 프로젝트의 개수를 제약하는 것은 어떤 방법론 같은 것이 아니라 현실적으로 투입 가능한 인재다.

여기서 **인재**talent라는 용어를 사용하는 것은 과학적이고 실험적인 사고방식과의 의사소통이 필수라는 것을 강조하기 위함이다. 이 사람들의 지성, 창의성 그리고 무서울 만큼의 추진력은 그에 상응하는 보상이 주어져야만 확보할 수 있다. 혁신에는 많은 비용이 든다. 최고의 인재들은 팀으로 일하고, 혼자서는 모든 것을 할 수 없다는 것을 알고 있다. 각자의 한계를 이해하고 있기 때문이다.

> **유지 보수의 함정**
>
> 핵심 도메인은 전략적인 목표를 달성할 때까지 프로젝트 초기부터 많은 관심과 지원을 받는다. 노련한 시니어 개발자와 아키텍트 그리고 비즈니스 전문가들로 구성된 팀은 프로젝트의 성공을 위해 매진한다. 대부분의 경우 중요한 마일스톤을 달성하고 정해진 프로젝트 기간이 지나면 프로젝트는 유지 보수 모드로 들어가게 된다. 개발에 투입됐던 숙련된 팀원들은 다른 프로젝트로 넘어가고 경험이 적은 주니어들이 투입돼 버그를 고치고 부족한 기능들을 추가하게 된다. 그러나 매우 중요한 발견은 종종 시스템이 상용 환경에서 서비스 중일 때 일어나곤 한다.
>
> 상용 서비스가 제공되는 중에 각종 모니터링 툴과 사용자, 고객 그리고 다른 이해관계자들로부터 여러 가지 피드백이 들어오고 여기에 대응해서 여러 가지 수정과 개선이 이뤄진다. 이 단계에서 가장 큰 문제는 프로젝트 초기에 얻어진 중요한 지식들이 팀원들이 교체되면서 사라지거나 찾기 힘들어진다는 데 있다. 게다가 새로 투입된 인원들은 바람직한 결정을 내리고 시스템을 구현하기에 충분한 경험과 기술, 지식을 갖고 있지 못하다.
>
> 아주 잘 설계되고 많은 것이 투자된 프로젝트가 결국에 빅볼 오브 머드가 돼버리는 이유가 바로 이런 데 있다. 중요한 것은 유지 보수 모드로 생각하는 것을 거부하는 것이다. 초기의 팀을 흩어버리지 않고 프로젝트의 생애주기에 걸쳐 계속 팀을 유지해야 한다.

스타트업 초기에는 해야 할 일들이 너무나 많아서 정말 중요한 일들을 식별하고 거기에 집중하는 데 어려움을 겪는다. 하지만 어디서 매출이 발생하고 어떻게 성공할 수 있는지 빨리 학습하지 않으면 스타트업의 생명을 오래 유지할 수 없다. 스타트업을 시작하게 된 최초의 아이디어를 되새겨 보거나 벤처캐피탈로부터 투자금을 유치하기 위해 프레젠테이션을 준비하다 보면 정말 중요한 것이 무엇이었는지 다시 알아차리곤 한다. 어떤 스타트업들은 OKR[Objectives and Key Results]을 도입해서 수조원대의 가치를 평가받는 유니콘이 되기도 한다. 그러나 어떤 도구를 사용하든 스타트업의 특성상 목표 설정을 주의 깊게 하지 않으면 금세 혼란스러운 목표들 가운데에서 길을 잃어버릴 수 있다. 물론 혼란의 한 가운데에서 더 빠른 혁신을 이뤄내는 극소수의 스타트업도 있다.

대기업의 경우 집중해야 할 영역을 식별하는 것은 그다지 어렵지 않을 수 있다. 다만 집중하는 에너지를 어디서 어떻게 사용하는지에 대한 것은 여전히 쉽지 않은 문제다. 대기업은 기존 디지털 자산을 손상시키지 않으면서 혁신해야 된다는 새로운 문제를 해결해야 한다. 6장의 '콘텍스트 매핑' 절에서 이런 상황을 해결하는 방법을 좀 더 살펴본다.

핵심 도메인이 상당히 오랜 기간 동안 핵심 도메인으로 남아 있을 가능성은 낮다. 새로운 혁신이 필요하면 이내 새로운 투자들이 계획되기 마련이다. 오늘은 핵심으로 식별된 도메인이 미래에는 새로운 핵심 사업을 보조하는 역할이 될 수도 있다.

지원 도메인, 일반 도메인, 기술 메커니즘

어떤 기업이든 핵심 도메인에 투자하는 만큼의 투자를 모든 영역에서 집행할 수는 없다. 물론 그럴 필요도 없다. 반드시 필요한 경우가 아니라면 큰 회사의 많은 부분은 많은 투자가 필요한 만큼 흥미롭거나 중요하지 않다. 이렇게 덜 중요한 하위 도메인들은 기업의 핵심 역량이 원활하게 기능하도록 지원해주는 역할을 맡는다.

이런 하위 도메인들은 크게 지원 도메인과 일반 도메인 2가지로 분류된다. 여기에 실제 비즈니스와 거의 관련이 없는 또 다른 일반적인 기능인 기술 메커니즘을 추가할 수도 있다.

지원 도메인

지원 도메인은 핵심 도메인을 기능적으로 지원하기 위해 필요하지만 핵심 도메인에 투자되는 만큼 큰 규모의 투자가 필요하지는 않은 하위 도메인이다. 지원 도메인은 보통 상업적으로 판매되거나 구독되는 소프트웨어 제품을 사용하지 않는다. 지원 도메인에서 실제로 상용 소프트웨어를 사용한다면 그 소프트웨어는 지원 도메인의 용도에 맞게 맞춤 설정이 가능한 매우 유연한 소프트웨어일 것이다.

지원 도메인은 거의 대부분 외부에서 구입할 수 없어 비즈니스 성격에 맞게 기업 내에서 맞춤 개발되는 경우가 많다. 하지만 핵심 도메인은 아니기 때문에 지원 도메인을 담당하는 팀은 과도한 비용을 지출해서는 안 된다. 예를 들어 지원 도메인에 투입되는 개발자는 회사 내에서 최고라고 인정받는 인재가 아닐 가능성이 높다. 지원 도메인의 개발자 역시 비즈니스 전문가와 밀접하게 소통해야 하는 경우가 있겠지만, 실제로 비즈니스 전문가와의 의사소통은 핵심 팀에 의해 진행되는 경우가 더 많다. 지원 도메인은 핵심 도메인의 팀을 '지원'하는 역할이기 때문에 지원 팀은 핵심 팀에 의해 정제된 요구 사항을 전달받는 것으로 충분하기 때문이다.

다른 성격의 지원 도메인으로는 오래전에 개발된 레거시 시스템을 재활용하는 것이 있다. 이미 존재하고 잘 사용 중인 레거시 시스템을 직접 고치는 것은 어렵지만, 레거시를 사용하는 새로운 인터페이스를 만들어 사용자 경험을 개선시키는 프로젝트가 여기에 속한다. 6장의 '콘텍스트 매핑' 절에서 이런 이슈를 다루는 여러 가지 방법을 살펴본다.

예를 들어 누커버리지의 2가지 오래된 레거시 서브시스템은 리스크 관리와 보험료 계산이다. 두 서브시스템 모두 지금은 레거시 시스템 내부에서만 사용되고 있지만 외부에서 사용할 수 있는 인터페이스를 개발할 필요가 있다. 그리고 좀 더 길게 봤을 때 인터페이스를 통해 이 두 시스템을 외부로 공개하는 수준이 아니라 레거시 시스템으로부터 각자의 독립된 콘텍스트로 분리해내 더 빠른 변경을 가능하게 만드는 것이 바람직하다. 이제 리스크 도메인이 핵심 도메인이 됐으니 이 작업이 속도를 낼 수 있게 됐다.

일반 도메인

일반 도메인은 복잡하고 높은 수준의 도메인 전문성이 있어야 개발할 수 있지만, 오픈소스 또는 하나 이상의 상용 솔루션을 조합해 사용하기도 한다. 보통 솔루션 도입을 검토할 때 사용하는 체크 표시로 차이점을 구분한 표를 생각해보자. 2가지 솔루션이 모두 체크 표시가 일치하는 경우 어떤 솔루션을 채택해야 하는가? 이런 경우엔 보통 시장에서의 평판, 사용자 수, 출시 연도 등 다양한 관점을 고려하게 된다.

누커버리지의 경우 업계 표준 리스크 모델, 보험 증서 문서의 서식과 생성, 신청서와 청구서에 대한 이미지 스캔, 이메일 홍보 및 단체 구매, 고객 관계 관리$^{CRM,\ Customer\ Relationship\ Management}$, 전사적 자원 관리$^{ERP,\ Enterprise\ Resource\ Planning}$, 인증 등을 일반 도메인으로 식별할 수 있다.

기술 메커니즘

비즈니스의 입장에서는 안타깝게도 많은 우수한 개발자가 소프트웨어 개발에서 가장 기계어와 가까운 영역에 매료된다. 이런 분야가 보통 가장 어렵기 때문이다. 따라서 관리자들은 가장 우수한 인재들이 어려운 퍼즐을 푸는 재미에 빠져 시간을 낭비하는 일이 일어나지 않게 주의해야 한다. 데이터의 지속성과 안정적인 이동에 관한 것을 제외하면 이런 퍼즐을 풀어 얻는 비즈니스적인 이득은 크지 않다. 기술의 혁신은 해당 기술 커뮤니티가 알아서 주도해 나갈 것이다.

> **소프트웨어 엔지니어와 도전**
>
> 좋은 엔지니어들은 도전을 좋아한다. 그들이 지금 풀고 있는 문제가 충분히 어렵지 않다고 느낀다면 지금 사용하는 기술 자체에 대해 도전하려 할 것이다. 이런 도전으로 귀한 시간을 허비해서는 안 되므로 관리자는 엔지니어들이 도전하고 싶은 욕구를 느낄 만한 문제들을 지속적으로 제공해줘야 한다.

엔지니어들은 최신의 클라우드 기술과 API, 컨테이너 배포, 데이터베이스, 웹UI, 네트워크, 메시징 등과 같이 큰 성장 가능성이 있는 기술에 매료된다. 물론 이런 기술들을 조합해 데이터를 움직이고 기업의 성과를 높이는 것은 중요한 일이긴 하지만, 이런 기술에 온 신경을 집중하는 것이 대개 성과로 연결되지 못한다는 점에 주목할 필요가 있다. 따라서 비즈니스 혁신이 최신 기술보다 더욱 중요하다는 점을 분명하게 공유해야 한다.

비즈니스 역량과 콘텍스트

2장에서는 비즈니스 역량에 따라 팀을 구성하고 각 비즈니스 역량을 구분하는 경계 내에서 일어나는 대화들을 포착하는 것이 중요하다는 점을 살펴봤다. 바운디드 콘텍스트란, 이를테면 비즈니스 역량을 담는 일종의 그릇으로 볼 수 있다.

긴 시간에 걸쳐 바운디드 콘텍스트는 시간이 지남에 따라 경계가 달라지면서 애초에 의도됐던 모습을 그대로 유지하지 못할 수도 있다. 예를 들어 빅볼 오브 머드를 분해할 때 보험 가입자의 계정과 관계된 비즈니스 역량을 찾을 수 있다. 여기에서 모든 종류의 정책과 모든 보험 가입자가 관리되며, 이 기능에는 그들이 보유하고 있는 보험 정책에 대한 지식이 포함된다.

> **비즈니스 역량으로 수익 창출**
>
> 비즈니스 역량은 하나 이상의 비즈니스 목표와 직접 연결돼야 한다. 기업은 자기 자신의 비즈니스 역량을 명확하게 알고 있어야만 한다. 비즈니스 역량은 곧 기업이 매출을 '무엇으로' 일키느냐 또는 '어떻게?' 일으키느냐는 질문에 대한 답이기 때문이다. 2장의 '목적 기반의 전략적 개발' 절에서 다뤘던 임팩트 매핑은 '왜?'라는 관점에서 소프트웨어 결과물을 설명한다. 어떤 팀이 특정 도메인의 비즈니스 역량을 갖고 업무를 수행할 때 '왜?' 해야 하느냐는 질문에 대해 답은 분명히 정의돼 있어야 한다. 기업의 비즈니스 목표는 '왜?'라는 질문을 통해 정의하고, 다만 그 목표를 달성하기 위한 산출물들은 '어떻게?'라는 질문을 통해 결정한다. 팀은 비즈니스 목표를 달성하기 위해 여러 산출물을 만들어 고객이나 경쟁사와 같이 '누가?'라는 질문으로 찾아진 대상의 행동을 변화시킨다. 이렇게 '누가?', '왜?', '어떻게?'라는 질문들로 비즈니스 목표와 업무가 충분히 잘 정의가 됐다면 프로젝트 도중에 임팩트 매핑에서 식별되지 않았던 기능이나 변경 사항들이 나올 여지는 매우 낮다. 각각의 산출물은 시간이 지남에 따라 각자의 성공 또는 실패 여부에 따라 바뀌겠지만 비즈니스 목표는 비즈니스가 크게 방향을 틀지 않는 이상 변경되지 않는다.

보험 가입자의 계정과 관련해서 중요한 프로세스 중의 하나는 자동차 보험에서 모범 운전자에게 보험료 할인 등의 보상을 제공하는 프로세스다. 누커버리지에서 최초로 서비스를 제공하기 시작한 것이 자동차 보험인 만큼 자동차 보험과 관련된 프로세스들이 많은데, 그중에서도 가장 오랜 역사를 가진 것이 안전 운전 할인 프로그램이다. 이 프로그램은 오랫동안 좋은 반응을 받았는데, 누커버리지가 새로운 보험 상품을 내놓음에 따라 새로운 할인 프로그램들도 속속 등장하기 시작했다. 예를 들어 건강 보험 상품들은 건강을 잘 유지하는 고객들에게 건강 유지 할인을 제공하고, 생명 보험 상품에도 비슷한 할인 프로그램들이 도입됐다. 이런 할인들은 보험 가입자의 안전과 건강을 개선할 뿐 아니라 자동차 사고와 의료비 부담 그리고 조기 사망 등으로 인한 누커버리지의 부담을 줄여줬다.

이러한 할인 프로세스가 늘어나면서 새로운 비즈니스 역량과 전문 영역이 만들어지기 시작했다. 이제 보험 가입자 계정과 할인 프로그램의 경계를 나눠 분리해내야 할 시점이 온 것이다.

할인 프로그램 콘텍스트는 새롭게 만들어진 바운디드 콘텍스트의 이름이 될 것이다. 할인과 관련된 대화들과 학습 기회들은 이 콘텍스트 내에서 다뤄진다. 미래의 어느 시점에는 안전 운전 할인과 건강 유지 할인 등 각각의 할인 프로그램들이 각자의 바운디드 콘텍스트를 가져갈 수도 있을 것이다.

잘 설계된 마이크로서비스는 비즈니스 역량을 잘 내포해야 한다. 그래서 제일 먼저 해야 할 일은 하나의 마이크로서비스를 하나의 바운디드 콘텍스트로 간주하는 것이다. 이렇게 하면 해당 마이크로서비스, 즉 유비쿼터스 언어를 잘 녹여서 모델링된 비즈니스 역량 내에 무엇을 포함시킬지 결정하는 것이 쉬워진다. 서비스는 반드시 독자적으로 비즈니스 역량을 뒷받침하며, 비즈니스 규칙을 준수해야 한다. 이런 접근법을 확장하면 전체 시스템을 구성하는 것도 가능하고, 부수적으로 전체 시스템이 제공하는 모든 비즈니스 역량을 쉽게 파악할 수 있다. 물론 모든 빅볼 오브 머드를 이렇게 빠른 시간 내에 리팩토링할 수는 없다. 다만 콘텍스트 매핑(6장에서 더 자세히 다룬다)을 통해 하위 도메인을 좀 더 분명하게 식별해낼 수 있다.

하나의 비즈니스 역량을 담고 있는 바운디드 콘텍스트는 기술적 바운더리를 넘을 수 있다. 가령 설계상에 웹 인터페이스가 포함돼 있다면 유비쿼터스 언어에 자바 스크립트로 작성된 클라이언트 코드에 관한 내용이 담길 수 있다. 한발 더 나아가 메인 서비스는 자바나 닷넷.NET과 같이 범용적인 런타임 플랫폼으로 구현될 수도 있다. 즉, 비즈니스 역량은 각각의 언어와 플랫폼이 주는 이점을 최대한 누리기 위해 여러 프로그래밍 언어와 런타임 플랫폼으로 표현될 수 있다.

기업의 어떤 사업 부문이나 팀 또는 생산 라인이 언제나 비즈니스 역량을 잘 표현하는 것은 아니다. 과거에는 한 책상에서 다른 책상으로 파일 캐비닛과 메모로 전달되던 업무들이 컴퓨터의 발전으로 인해 거의 사라지고, 이제는 소프트웨어적인 폴더와 파일, 이메일과 업무 분장이 일반적이 됐다. 하지만 업무를 처리하는 방식이 달라졌다고 해서 과거나 지금의 비즈니스 역량이 달라졌다고 말할 수는 없다. 비즈니스 역량은 업무를 처리하는 방식, 그러니까 비즈니스 프로세스와는 다르기 때문이다. 비즈니스 프로세스는 비즈니스 운영에 필요한 여러 비즈니스 역량을 조합해 완성된다.

애자일 방식으로 비즈니스 역량을 구현하는 방식을 온전히 이해하려면 사람들이 각자의 환경에서 어떻게 업무를 수행하고 있는지 우선 파악해야 한다. 이렇게 하지 않으면 매일 수행되는 업무에 수반되는 중요한 업무 단계나 제스처를 놓칠 수가 있다. 이런 인터뷰 과정을 하다보면 거의 대부분의 경우 알려지지 않았던 애로사항과 우회 방법이 드러나곤 한다. 그러면 그런 발견들을 갖고 시스템을 개선할 수 있게 된다. 예를 들어 당신이 어떤 직원을 인터뷰하는데, 그 직원의 컴퓨터 화면에 어떤 프로그램을 다루는 방법에 대한 많은 포스트잇을 붙이고 있다는 것을 발견했다고 가정해보자. 이런 단서들을 계기로 당신은 그 조직이 갖고 있는 문제를 찾아내고 고쳐줄 수 있다. 이렇게 각각의 비즈니스 역량 내의 지식들을 모아나가는 과정이 필요하다.

▌너무 크지도, 너무 작지도 않게

1장의 '마이크로서비스는 좋은 것인가?' 절에서 마이크로서비스는 그 크기보다는 목표가 중요하다는 얘기를 했다. '마이크로'라는 단어 때문에 많은 사람이 마이크로서비스는 반드시 작아야 한다고 인식하고 있는데, 이는 마이크로서비스가 추구하는 것이 아니다. 더 자세한 내용은 1장을 참고하기 바란다.

마이크로서비스와 모듈형 모놀리스에는 같은 방식의 모듈화와 설계 방향이 적용된다. 두 방식 모두 바운디드 콘텍스트에 초점을 맞추고 있기 때문이다. 따라서 이런 질문을 해야 한다. "바운디드 콘텍스트는 얼마나 크지?" 이 질문은 그다지 바람직한 질문은 아니지만, 이 질문의 대답으로 새로운 질문을 던질 수 있다. 하나의 콘텍스트 내에서 유비쿼터스 언어는 얼마나 큰가? 결국 서비스의 크기는 좋은 지표가 될 수 없다. 각 서비스마다 내포하고 있는 콘텍스트가 다르기 때문이다.

하나의 바운디드 콘텍스트는 하나의 비즈니스 역량을 포함하고 있다. 그리고 각각의 비즈니스 역량 바운디드 콘텍스트 내에서 온전히 구현돼야 한다. 비즈니스 역량의 일부가 구현되지 않거나 바운디드 콘텍스트 바깥에 구현돼 있다면 설계가 제대로 되지 않은 것이다. 올바른 설계의 기준은 바운디드 콘텍스트가 비즈니스 역량과 유비쿼터스 언어를 잘 담아내고 있느냐이지 각 서비스의 크기가 아니다.

바운디드 콘텍스트가 중첩될 수 있는가?

이런 질문을 종종 받는다. 이런 질문을 하는 사람들이 실제로 바운디드 콘텍스트가 무엇이고 어떻게 이것을 설계하는지를 잘 이해하고 있는지는 모르겠다. 다음 3가지 예를 한 번 살펴보자.

1. 하나의 콘텍스트 안에 다른 콘텍스트가 들어있다면 내부 콘텍스트와 외부 콘텍스트가 있다는 얘기가 되고, 그렇다면 내부 또는 외부의 콘텍스트 중 하나가 좀 더 큰 범위의 유비쿼터스 언어를 갖고 있으리라고 쉽게 추측할 수 있다. 아마도 대부분의 경우에는 외부 콘텍스트의 유비쿼터스 언어의 범위가 큰 경우가 더 많을 것이다.

   문제는 왜 이렇게 콘텍스트를 정의하느냐는 것인데, 일부에서는 이렇게 내부와 외부로 나누는 것이 필요한 것일 수도 있다. 6장의 '공유 커널' 절에서 이런 경우에 대해 다루는데, 사실 공유 커널은 이런 용도로 사용되는 개념이 아니긴 하다.

2. 또 다른 가능성은 내부 콘텍스트가 외부 콘텍스트와 분리돼 있어 전혀 중첩되지 않지만, 오직 외부 콘텍스트를 통해서만 도달할 수 있는 경우다. 캡슐화와 추상화는 매우 유용한 원칙이다. 이를테면 디미터의 원칙(Law of Demeter)으로 알려진 '최소 지식의 원칙'을 지키는 것은 소프트웨어 모듈 사이의 결합도를 줄여 코드의 품질을 높이는 효과가 있다.

   이 경우는 앞선 중첩 콘텍스트 사례보다 바람직하긴 하지만, 그렇다고 해서 크게 주목할 만한 아이디어라고 할 수는 없다. B라는 서비스와 통신하기 위한 A라는 서비스를 설계할 때 설령 설계 시점에서는 C라는 서비스에 대해 전혀 알지 못하고 있더라도 다른 서비스들과 통신할 수 있게 A 서비스의 인터페이스를 설계하는 것은 서비스 구성에서는 매우 일반적인 방법이다.

3. 어쩌면 이 질문은 실제로 2개 이상의 중첩된 콘텍스트에 대한 것이 아니라 하나의 콘텍스트 내의 여러 컴포넌트가 들어있는 경우를 얘기하는 것일 수도 있다. 그렇다고 한다면 각각의 컴포넌트들

> 은 단순히 가시적인 범위를 갖고 있는 유비쿼터스 언어의 구현체 역할을 하는 것으로, 이 또한 일반적인 패턴이다.
>
> 이밖에도 바운디드 콘텍스트를 중첩할 수 있는 여러 가지 아이디어가 있을 수 있겠지만, 대개 크게 고려할 만한 대상이 되지는 않는다.

이런 점들을 고려했을 때 하나의 바운디드 콘텍스트는 100줄의 코드로 표현될 수는 없다. 게다가 어떤 비즈니스 역량이 어떤 프로그래밍 언어를 사용하던지 100 줄 정도로 구현된다는 것은 현실적이지도 않다. 그러므로 바운디드 콘텍스트의 크기는 최소 100줄 이상이면서 모놀리스보다는 작은 어느 지점에서 결정된다.

바운디드 콘텍스트의 크기를 미리 산정하기보다는 일단 마이크로서비스 하나와 바운디드 콘텍스트 하나가 일대일로 매칭되는 방향으로 설계를 시작해서 다른 요인들로 인해 비즈니스 역량이 작은 여러 역량으로 나눠진다든지 하는 상황이 발생하면 그때 가서 바운디드 콘텍스트를 나누는 것을 검토하면 된다. 이는 앞서 다뤘던 보험료 할인 정책이 최초에는 안전 운전 할인 정책만 존재하다가 시간이 지남에 따라 건강 유지 할인 정책 등이 추가됐던 것과 같은 것이다. 반대로, 기술의 발전에 대응해야 하는 경우도 있을 수 있다. 이 경우 기술의 발전으로 인해 소프트웨어를 패키징하고 배포하는 방식은 달라질 수 있겠지만 그 소프트웨어가 구현하고 있는 바운디드 콘텍스트의 논리적 구성은 변경돼서는 안 된다.

기업의 생명주기 속에서 변화를 일으키는 요인들은 창업하는 그 시점부터 존재하기 때문에 충분한 경험적 증거 없이 섣불리 바운디드 콘텍스트를 변경하는 것은 시스템에 좋지 않은 영향을 미칠 수 있다. 애자일, 즉 민첩하다는 것은 대응이 가능한 마지막 시점에 필요한 변경을 해주는 것이다. 민첩함이라는 용어 때문에 무조건 빠르게 변화하는 것만이 바람직하다는 인식을 갖기가 쉬운데, 충분한 경험적 증거가 쌓인 뒤에 행동하는 것이 더 좋은 선택이다.

정리

5장에서는 유비쿼터스 언어와 바운디드 콘텍스트라는 2개의 전략적 모델링 산출물로 도메인 주도 설계를 설명했다. 핵심 도메인이라는 특별한 바운디드 콘텍스트는 전략적인 비즈니스 역량이 개발되는 곳이다. 또한 여러 가지 비즈니스 하위 도메인과 각각이 어떻게 비즈니스 역량과 각자의 바운디드 콘텍스트와 연결되는지도 다뤘다.

5장의 주요 내용은 다음과 같다.

- 유비쿼터스 언어는 바운디드 콘텍스트로 경계가 설정된 좁은 범위 내에서 일어나는 대화를 표현하고 있다. 유비쿼터스 언어로 표현된 각각의 비즈니스 개념, 다양한 용어의 정의 그리고 비즈니스 규칙들에는 어떠한 모호함도 없어야 한다.
- 바운디드 콘텍스트는 유비쿼터스 언어가 통용되는 경계를 정해준다.
- 각각의 바운디드 콘텍스트별로 팀이 배정되는 것이 바람직하다. 다만 하나의 팀이 여러 바운디드 콘텍스트를 가져갈 수는 있다.
- 핵심 도메인은 기업의 상층부가 비전을 갖고 많은 자원을 투자하는 도메인이다.
- 바운디드 콘텍스트의 크기는 비즈니스 역량과 유비쿼터스 언어의 범위에 의해 결정돼야 한다.

6장에서는 팀 내부의 관계와 협동을 개선하고 다양한 전문성을 잘 융합하는 도구들을 소개한다. 이 도구는 팀 내의 상황과 커뮤니케이션 채널, 정보를 교환하는 방법과 서비스 통합을 위한 패턴들을 식별하는 데 사용될 수 있다.

참고문헌

[Evans-DDD] Eric Evans. Domain-Driven Design: Tackling Complexity in the Heart of Software. Boston, MA: Addison-Wesley, 2004.

[Measure] John Doerr. *Measure What Matters: How Google, Bono, and the Gates Foundation Rock the World with OKRs*. New York: Portfolio, 2018.

6장
성공하는 매핑과 실패하는 매핑

핵심 도메인을 다루는 어떤 프로젝트에서, 혁신하고자 하는 이 콘텍스트가 커다란 레거시 시스템을 포함해 어떤 다른 외부 시스템이나 서브시스템과 동떨어져서 존재할 수 있다는 생각은 하기 어렵다.

심지어 핵심 도메인이 의존할 수밖에 없는 '원격' 기능을 위해 새로운 지원 또는 일반 하위 도메인들도 구현될 가능성이 높다. 여기서 '원격'이란 기존의 모놀리스 구조에서 서로 통신하지 않는, 즉 서로 의존하지 않는 분리된 모듈들을 의미하거나 실제로 물리적으로 떨어진 곳에서 구현돼 있는 모듈을 말한다.

6장은 서로 다른 팀과 전문성들을 매핑하는 기법에 대한 얘기로 시작한다. 그러고 나서 실패를 야기하는 나쁜 모델링 사례를 알아본다. 여기서 말하는 실패란, 나중에 좋은 결과로 이어지는 빠른 실패와는 다른 진짜 실패에 대한 것이므로 이런 사례들은 반드시 피해야 한다. 그런 다음 성공으로 이어지는 사례들도 알아본다. 마지막으로 도메인의 문제를 해결하고자 실험과 발견 도구들을 어떻게 적용하면 되는지를 살펴본다.

▌콘텍스트 매핑

2개의 바운디드 콘텍스트를 묶어 관계를 맺어주는 것을 **콘텍스트 맵**Context Map이라고 한다. 이번 절에서는 그림을 이용해 바운디드 콘텍스트를 묶어주는 다양한 매핑의 형태를 보여준다. 콘텍스트 맵은 단순한 그림에 그치지 않고 각 팀들로 하여금 그들이 처한 상황을 이해하게 해주고, 특정한 모델링 상황을 포착할 수 있게 해준다. 콘텍스트 맵이 수행하는 역할은 다음과 같다.

- 서로 다른 팀 간의 소통
- 프로젝트 사고, 학습, 계획
- 통합 상황 발견과 요구되는 솔루션

콘텍스트 맵은 각각의 바운디드 콘텍스트를 담당하는 팀 간의 실제 모습을 보여주며, 소스코드 통합 패턴으로 구현된다. 이번 절에서는 2개의 바운디드 콘텍스트가 콘텍스트 맵을 통해 어떻게 매핑되는지를 살펴본다.

바운디드 콘텍스트 사이에서의 매핑은 그림 6.1에서와 같이 2개의 콘텍스트를 연결하는 선으로 표현된다. 이 선은 두 팀 간의 이미 존재하거나 프로젝트의 성공을 위해 만들어져야 하는 관계, 상호의존성 등 여러 가지 의미를 가질 수 있다.

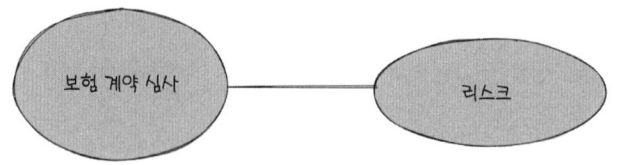

그림 6.1 두 바운디드 콘텍스트의 콘텍스트 매핑이 두 콘텍스트 사이의 선으로 표현됐다.

현재 상황을 정확하게 매핑하기 위해 조직의 구조와 정책에 따라 결정된 팀들 사이의 실제 관계와 소통 방식들에 대한 평가가 이뤄져야 한다. 현재 상황을 정확하게 파악하고 나면 대부분의 관계는 쉽게 바꿀 수 없다는 것을 알게 되는데, 다만 여러 팀의 공통된 노력이 필요한 지점을 드러내는 결과는 얻을 수 있다.

구체적인 개별 콘텍스트 매핑의 종류를 알아보기에 앞서 몇 가지 중요한 포인트들을 언급하고자 한다. 첫째, 콘텍스트 맵은 이미 존재하는 관계를 매핑하는 데 요긴하다. 새로운 콘텍스트를 만드는 상황에서 거의 대부분의 경우 새로운 콘텍스트는 기존의 서브시스템과 연계돼야 한다. 이러한 기존의 서브시스템들을 식별하는 과정에서 새로운 콘텍스트를 만들 팀은 기존 팀들과 어떤 관계를 맺어야 하고, 통합을 위해 어떤 인터페이스를 활용하게 될지 알 수 있게 된다. 콘텍스트 매핑의 다양한 패턴은 서로 배타적이지 않고 서로 중첩적인 성격을 갖고 있다. 예를 들어 파트너십 패턴의 경우 공유 커널 패턴과 발행된 언어 패턴이 함께 또는 각각 포함될 수 있다. 콘텍스트를 담당하는 팀은 기존 콘텍스트를 사용하는 것에서부터 앞으로 만들어야 할 가장 유용한 콘텍스트를 만드는 것까지 콘텍스트 매핑을 개선하고자 몇 가지 목표를 세울 수 있다. 그리고 종종 그것은 효과가 있다.

이제 콘텍스트 매핑의 종류에 대해 알아보자.

- **파트너십**Partnership: 두 팀이 공동의 목표를 갖고 상호의존하는 모델이다. 일반적으로 결과물 또한 함께 완성된다.
- **공유 커널**Shared Kernel: 둘 이상의 팀이 서로 합의된 작은 도메인 영역을 공유하는 모델이다. 공유되는 작은 도메인의 유비쿼터스 언어는 팀 간에 합의돼야 하며, 각 개별 팀은 해당 언어에 맞는 추가 모델 요소를 자유롭게 설계할 수 있다.
- **고객-공급자 개발**Customer--Supplier Development: 하나의 팀이 소비자의 위치에 서서 공급자 팀의 도메인을 연동하는 모델이다. 여기서 소비자 팀의 도메인을 다운스트림downstream이라고 하는데, 이는 공급자 팀이 소비자 팀의 개발 양상을 주도하기 때문이다.
- **순응주의자**Conformist: 다운스트림 팀은 고객-공급자 패턴에서처럼 업스트림upstream 모델을 연동한다. 여러 가지 이유로 업스트림 팀의 언어를 다운스트림 팀의 언어로 번역하기 어려운데, 이때 업스트림 모델과 언어를 다운스트림 모델과 언어에 우선해서 연동한다.
- **부패 방지 계층**Anticorruption Layer: 다운스트림 팀은 고객-공급자 패턴에서처럼 업스트림 모델을 연동한다. 단, 순응주의자 패턴과는 달리 업스트림의 모델을 해석해서 자신들의 모델과 언어에 일치시킨다.
- **오픈 호스트 서비스**Open-Host Service: 각 콘텍스트를 담당하는 팀이 자신들의 모델을 다른 팀이 다양한 방식으로 사용할 수 있도록 오픈 API를 제공한다.

- **발행된 언어**^{Published Language}: 둘 이상의 콘텍스트 간에 정보를 교환하기 위한 표준화된 언어의 형식이 정의돼 있다. 이 언어의 형식은 공개돼 있고 쿼리나 커맨드, 이벤트의 결과 등에 대한 스키마가 모두 잘 정의돼 있다.
- **분리된 방식**^{Separate Ways}: 다운스트림 팀은 고객-공급자 패턴에서처럼 업스트림 모델을 연동한다. 그러나 다운스트림 모델과의 호환 문제를 해결하기보다는 업스트림 모델을 사용하는 일회성 솔루션을 개발한다.

이제 각각의 콘텍스트 매핑 기법을 더 자세히 알아보자.

파트너십

콘텍스트 매핑에서의 **파트너십** 관계라는 것은 우리가 일반적으로 사용하는 파트너십이라는 단어의 의미 그대로 두 집단 또는 팀이 긴밀한 협력 관계를 맺는 것을 의미한다. 간혹 셋 이상의 개인 또는 조직 간에도 파트너십이 맺어지기도 하지만, 보통 파트너십이라고 하면 우리는 주체가 둘일 것이라고 가정한다. 콘텍스트 매핑에 있어 파트너십은 두 팀 간의 관계만으로 한정한다.

각각의 팀은 자기 자신의 바운디드 콘텍스트를 소유하고 있고 서로 협력해야 하는 경우 서로 건설적이고 이익이 나는 방향으로 협력한다. 그림 6.2를 보면 두 팀 간의 끈끈한 관계가 두 바운디드 콘텍스트를 연결하는 두꺼운 선으로 표현되고 있다. 따라서 파트너십 매핑의 핵심은 두 팀 간의 관계에 있지만, 또한 중요한 것은 이 두 팀은 보통의 경우보다 훨씬 더 서로의 언어를 이해하고 있을 가능성이 높다는 것이다.

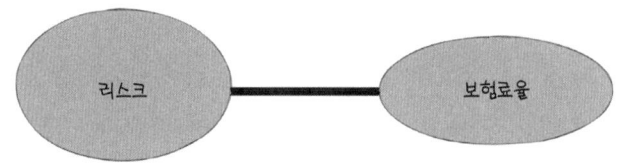

그림 6.2 서로 다른 바운디드 콘텍스트를 담당하는 두 팀은 파트너십이 필요할 수 있다.

파트너십 관계의 두 팀은 공통의 목표를 지향하고, 상대를 돕지 않고는 홀로 성공할 수 없는 경우가 많다. 따라서 두 팀은 항상 긴밀하게 소통하며 공통의 목표를 위해 노력하게 되는데, 이는 지원 기능, 연동, 테스트, 출시 시점 등 여러 면에서 협동이 필요하다는 얘기가 된다. 예를 들어 한 팀이 다른 팀에 의존하고 있다면 그들은 공통된 모델을 공유하며 어느 한쪽이 독자적으로 기능을 출시하지 못할 가능성이 높다. 아주 동시는 아니더라도 최소한 아주 짧은 시차를 두고 출시되는 경우가 여기에 해당된다.

자주성이라는 측면에 있어, 이것은 별로 좋은 방식, 아니 전혀 좋은 방식이 아니다. 그러나 이런 방식도 때때로는 필요하다. 조직의 문화와 구조에 팀의 자주성을 불어넣으려면 파트너십 매핑은 전략적인 이점을 얻기 위해 단기적으로만 가져가는 것이 바람직하다. 실제로 파트너십 관계를 장기간 지속하다 보면 두 팀의 운영에도 큰 부하가 걸릴 뿐 아니라 자주성 또한 보장할 수 없게 된다. 이 장의 뒷부분에서 실제 사례를 몇 가지 소개할 것인데, 다시 한 번 말하지만 파트너십 관계를 오래 유지하는 것은 불필요하다.

이 두 팀이 하나의 큰 팀 내의 작은 팀으로 작은 지원 도메인만을 담당한다면 얘기는 조금 달라진다. 이를테면 하나의 핵심 도메인을 개발하기 위해 7명의 개발자가 배정됐을 때 핵심이 아닌 기능을 위해 모델을 분리해야 하기 때문에 2 ~ 3명을 별도의 팀으로 분리해서 지원 하위 도메인을 개발하는 경우다. 또는 핵심 기능은 핵심 기능인데, 해당 기능 내에서 전략적인 우선순위에 따라 하위 도메인별로 개발이 진행되는 속도가 다른 경우다.

예를 들어 리스크 하위 도메인 팀을 생각해보자. 리스크 팀은 머신러닝을 통해 보험 계리 업무[1]를 개선하는 데 우선순위를 두고 있다. 그런데 업무를 진행하다 보니 이것이 점진적으로 보험료율 계산 업무와 밀접하게 연관돼 있다는 것을 깨닫게 됐다. 결국 보험료는 리스크 계산 결과에 결정적으로 영향을 받기 때문이다. 그러나 리스크 팀은 자신들의 리스크 기반 보험 계리 알고리듬 개발 업무가 보험료

---

1. 계리(計理)란 보험료 산출 및 책임 준비금 계상의 적정성을 확인하는 등 리스크 보장 등과 관련해 보험사가 수입하거나 적립하는 금액을 통계적 · 수리적 방법으로 계산하거나 평가하는 행위다. – 옮긴이

계산 업무와는 다른 전문성을 요구하고 서로 다른 속도로 개발돼야 한다는 점도 알고 있다.

의심할 여지없이 보험 계리 업무의 산출물은 시간이 지남에 따라 그 형식이 달라지겠지만, 그렇다고 해서 보험료율 팀이 사용하는 형식에 맞춰 리스크 팀이 자신들의 산출물을 조정해야 하는 의무를 질 필요는 없다. 리스크 팀의 입장에서는 보험료를 직접적으로 계산해야 되는 팀, 즉 보험료율 팀에서 표준을 만들어주기를 바란다. 아마 보험료율 팀의 일부 멤버가 표준을 만드는 식으로 진행이 될 수도 있을 것이다.

앞서 예를 든 리스크와 보험료율, 이 두 콘텍스트를 구별하는 것은 2개의 팀이 있어야 된다는 것을 의미한다. 그리고 이 두 팀은 다음 2가지 이유로 서로 긴밀하게 협력해야 한다.

- 보험료율 팀에 의해 정보 교환의 표준이 정의돼야 한다. 하지만 이 표준은 또한 리스크 팀의 동의를 얻어야 한다. 따라서 두 팀은 개발이 진행됨에 따라 지속적으로 협의를 이어가야 한다.
- 리스크 팀과 보험료율 팀 모두 동시에 기능을 출시할 준비가 돼 있어야 한다.

그러나 이러한 파트너십 관계를 오래 지속하는 것은 바람직하지 않다. 향후 서로 간의 긴밀한 협력이 필요하지 않을 때가 되면 파트너십 관계를 깨고 콘텍스트 매핑 중의 다른 패턴으로 이전하게 된다.

공유 커널

공유 커널이란 콘텍스트 매핑의 일종으로, 둘 이상의 바운디드 콘텍스트가 하나의 작은 모델을 공유하는 형태다. 여기서 말하는 공유는 공유되는 모델이 그것을 사용하는 각 콘텍스트의 유비쿼터스 언어의 일부로 실제로 수용되는 것을 말한다. 공유 커널은 팀 사이의 인적 관계이기도 하면서 팀들이 주고받는 기술적이고 코드에 기반을 둔 관계이기도 하다.

공유 커널 방식에서는 팀 사이의 커뮤니케이션이 가장 중요하다. 그렇지 않다면 이미 공유할 수 있는 모델을 어떤 팀에서 갖고 있다는 사실을 다른 팀들이 알기가 어려울 뿐 아니라, 공유가 될 만한 모델이 있는지, 공유가 필요하기는 한 것인지도 알기가 어려워진다. 대규모 시스템에서 둘 이상의 팀이 공유 모델의 필요성을 인식하기 시작하고, 그 모델을 사용하기 위한 표준이 필요하다는 데에까지 공감대가 형성되면 공유 커널 패턴의 도입을 검토해볼 수 있다. 여기서 공유 커널의 복잡도와 정확도가 높아 이 모델을 공유하지 않는 것이 모두에게 손해가 된다는 점이 분명해지면 도입이 결정된다.

예를 들어 어떤 조직의 어떤 시스템 또는 여러 서브시스템이 화폐의 종류에 대한 표준을 정의하고자 한다고 가정해보자. 이때 화폐 간의 환전을 처리하는 방법을 잘 모르는 개발자에게 시스템 개발을 맡긴다면 나중에 큰 금전적, 심지어는 법률적인 피해로 이어질 수도 있다. 대부분의 화폐 시스템은 전체 금액의 일부를 나타내고자 소수점을 사용하기 때문에, 일반적으로 개발자들은 부동소수점 계산 방식이 최선이라고 생각한다. 하지만 실제로 특정 비즈니스에서는 부동소수점 값을 사용하는 것이 큰 손실로 이어질 수도 있다. 반올림을 소수점 첫 번째 자리에서 할지, 소수점 두 번째 자리에서 할지에 따라 계산 결괏값이 크게 달라질 수 있기 때문이다. 재무 계산에 소수점 정밀도가 필요한 경우에는 소수점 이하 수십억 자리까지 정밀도가 제공되는 '큰 소수점$^{\text{big decimal}}$' 방식을 사용하는 것이 좋다. 그러나 때때로 인지 부하를 줄이고자 소수점을 아예 사용하지 않는 경우도 있다. 이 경우 실제로는 소수점 이하에 더 많은 숫자가 암묵적으로 존재하지만 단지 표기되지 않을 뿐이다. 소수점 이하의 숫자들은 실제로 환전을 계산할 때에는 반영된다.

그림 6.3는 '통화' 공유 커널이 리스크와 보험 계약 심사[2] 바운디드 콘텍스트 사이에서 공유되고 있는 상태를 보여준다. 이 그림에서 '통화' 공유 커널이 빠진다면 리스크 팀과 보험 계약 심사 팀은 각각 일하기가 매우 어려워질 것이다.

---

2. 보험 계약 심사(Underwriting)란 계약자가 작성한 청약서상의 고지 의무 내용이나 건강 진단 결과 등을 토대로 보험 가입 대상의 리스크를 평가해 인수 여부 및 조건을 결정하는 업무다 – 옮긴이

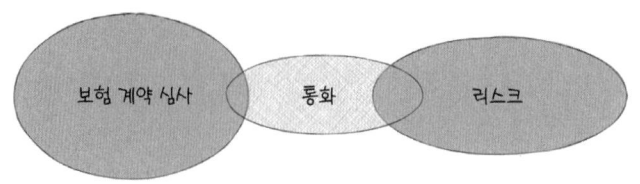

그림 6.3 '통화'라는 이름의 공유 커널은 돈과 화폐의 종류에 관한 정보를 갖고 있다.

여기서 주목해야 하는 것은 '통화' 공유 커널은 분명 단순한 라이브러리 이상의 복잡도와 활용도를 갖고 있지만, 별도의 바운디드 콘텍스트로 분류되지는 않는다는 점이다. '통화'라는 기록은 '통화'라는 모델에 저장되지 않고, '통화'를 사용하는 리스크 바운디드 콘텍스트와 보험 계약 심사 바운디드 콘텍스트에 양 팀이 합의한 형식으로 저장된다. 이 말은 서로 독립된 저장소를 사용하는 리스크 콘텍스트와 보험 계약 심사 콘텍스트에서 '통화'가 사용될 때 각각의 저장소에 '통화'가 저장된다는 의미다.

이러한 공유 모델은 다른 도메인에서도 중요하다. 예를 들어 매수 가격을 지정해서 주식을 사게 해주는 증권 거래 플랫폼이 있다고 해보자, 매도자가 제시하는 주식의 매도 가격은 제각각일 수 있지만 거래를 성사시키려면 매수자가 지정한 매수 가격과 수량을 맞출 수 있도록 평균가가 매수 가격이 되는 다양한 가격의 주식들을 하나의 거래로 묶어줄 수 있어야 한다. 이런 방식을 견적 막대quote bar라고 부른다. 이 경우 거래에 사용되는 공통 컴포넌트들을 공유 커널로 활용해 다양한 거래 하위 도메인에서 활용할 수 있다.

공유 커널로 풀 수 있는 또 하나의 문제는 국제 표준이다. 예를 들어 의료계에서는 보험금 청구 등의 용도로 국제질병 분류코드 ICD-10이라는 것을 사용하는데, 100여 개 국가 이상에서 이 분류코드를 사망자 통계 등의 자료를 만들 때 활용한다. 이런 국제 또는 국가 표준은 자연스럽게 공유 커널로 활용될 수 있다.

물론 그렇더라도 바운디드 콘텍스트 사이에서 주고받아지는 모든 정보가 공유 커널이라는 얘기는 아니다. 이벤트를 받는 바운디드 콘텍스트에서는 정보를 바운더리 바깥에서 커맨드나 쿼리 형태로 변환해서 받기 때문이다. 이렇게 되면 외부에서 발생한 이벤트의 내용을 바운디드 콘텍스트, 그러니까 해당 도메인 모델의 내부에서는 알 수가 없다. 이렇게 외부의 언어가 도메인 내부의 언어로 변환된다는 얘기는 외부의 언어가 도메인 내부와 호환되지 않는다는 것을 의미하고, 이는 외부의 언어가 도메인 내부에서 사용되는 유비쿼터스 언어가 아니기 때문에 발생하는 것이다.

공유 커널을 사용하는 도메인 모델은 '통화'와 같은 공유 모델을 자기 자신의 유비쿼터스 언어에 포함시킨다. 외부의 이벤트가 도메인 내부에서도 통용되려면 이처럼 공유 커널 형태를 가져가야 한다. 물론 이런 패턴을 아주 바람직하다고 말하기는 어렵다. 공유 커널을 통해 이벤트를 만들고 소비하는 두 도메인 간에 강한 커플링이 발생하기 때문이다. 앞서 얘기한 것과 같이 외부의 이벤트는 바운더리 바깥에서 커맨드나 쿼리 형태로 변환해서 받는 것이 더 바람직한 접근이다.

고객-공급자 개발

다음과 같은 상황이 있다고 할 때 두 팀 간에 어떤 관계가 형성될지 생각해보자.

- 2개의 팀이 있다.
- 하나의 팀이 업스트림을 담당한다.
- 다른 팀이 다운스트림을 담당한다.
- 다운스트림 팀은 업스트림 팀으로부터 연동 지원을 받아야 한다.
- 업스트림 팀이 다운스트림 팀과의 연동 규격에 대한 주도권을 갖고 있다.

고객-공급자 관계에서 업스트림 팀은 매우 높은 자율성을 누린다. 다운스트림 팀도 높은 수준의 자율성을 확보할 수 있지만 여전히 업스트림에 대한 의존성이 있다. 다운스트림 팀은 업스트림 팀이 필요한 연동 기능을 모두 제공해준다는 전제하에서 독립적으로 작업을 수행할 수 있다. 다운스트림은 업스트림이 이미 제공하는 기능만 필요로 할 수 있으며, 이 경우 각 팀은 각자의 페이스를 유지할 수 있는 좋은 위치에 놓이게 된다. 하지만 그 반대의 경우 업스트림에 다운스트림이 필요로 하는 기능이 없고 제공할 수 없거나 제공하지 않을 수도 있다. 또한 다운스트림의 목소리가 충분히 크고 그들의 요구가 업스트림에 영향을 미쳐서 업스트림이 계획된 기능의 배포 일정에 지연을 일으킬 수도 있다. 이러한 관계는 심지어 다운스트림 팀의 압력으로 인해 업스트림 팀이 불필요한 변경을 하게 돼 코드 품질이 훼손된다는 등의 부정적인 결과를 초래할 수도 있다. 이러한 결과가 양측에 미치는 영향이 상당하다는 점을 고려할 때 두 팀이 함께 일할 수 있도록 주의를 기울이지 않으면 두 팀의 관계는 오랫동안 건강하게 유지될 수 없다. 사실 이러한 종류의 정치적 영향력은 실제로 업스트림과 다운스트림의 관계를 완전히 뒤집는 역할을 할 수 있다.

예를 들어 업스트림 팀이 독자적으로 빠르게 움직이고자 다운스트림 팀과 이전에 확립된 프로토콜과 스키마를 깨면서 개발을 진행하는 경우 업스트림으로부터 연동 지원을 받아야 하는 다운스트림은 새로운 프로토콜과 스키마와 연동하고자 불필요한 노력을 지불해야만 한다. 보통 업스트림 팀에 어떤 경로로 압력이 들어와서 하나 이상의 다운스트림 콘텍스트에 호환되지 않는 변경을 강요받았을 경우 이런 일들이 벌어지는데, 이러한 퇴행은 일차적으로 다운스트림 팀에 먼저 피해를 주지만, 곧 업스트림 팀도 깨진 프로토콜을 수정해야 하기 때문에 유사한 피해를 겪게 된다.

앞에서 언급한 정치적인 압력으로 인한 고객-공급자 관계의 왜곡을 방지하려면 다음과 같은 노력이 필요하다. 이처럼 고객-공급자 개발 관계를 명문화해두면 업스트림 팀과 다운스트림 팀 모두 더욱 안정적으로 협력할 수 있다.

> 두 팀 간에 공식적인 관계를 구축해 양측이 서로 정직하게 소통하고 지원에 대한 약속을 지키며, 소비자 입장에서도 공급자가 자신들만 상대하는 것이 아니라는 것을 충분히 이해해준다.

업스트림이 다운스트림과 관계없이 성공할 수도 있지만, 공식적인 관계를 구축하면 두 팀 간의 합의에 대한 중요도가 파트너십 패턴까지는 아니더라도 더욱 강조가 되기 때문에 조직 전체의 성공에 긍정적인 영향을 미치는 경향이 있다. 따라서 고객-공급자 관계에서 두 팀 간의 합의는 필수적이라고 할 수 있다.

이런 이유로 고객-공급자 패턴은 조직 외부에서 적용하기 더 어려울 수 있다. 그러나 업스트림 팀이 완전히 외부에 있는 별도의 조직이라 하더라도 소비자가 중요한 발언권을 갖고 있다는 점을 이해해야 한다. 소비자가 항상 옳은 것은 아니지만 소비자가 공급자에게 실제로 돈을 지불한다는 사실을 잊어서는 안 된다. 돈을 지불한다는 사실이야말로 소비자를 '옳게' 만드는 것이다. 공급자가 소비자를 존중하지 않으면 소비자는 공급자로부터 떠날 것이며, 공급자는 더 이상 비즈니스를 유지할 수 없게 된다. 현실에서는 소비자가 비슷하게 더 크고, 더 강력하고, 더 영향력이 있으며, 서비스에 대해 많은 비용을 지불하지 않는 한 공급자가 더 크고, 더 강력하고, 더 영향력이 클수록 소비자를 덜 배려하는 경향을 많이 보게 된다.

업스트림 팀이 자신이 제공하는 API와 데이터 형식 등의 표준을 수립하면 모두에게 도움이 될 것이다. 그럼에도 업스트림은 다운스트림의 요청을 이행할 책임을 기꺼이 받아들여야 하므로 제공 대상과 시기에 대한 협상이 필요하다. 그리고 협상 결과가 도출되면 다운스트림이 필요한 지원을 안정적으로 받을 수 있도록 조치를 취해야 한다.

앞서 리스크 팀과 보험료율 팀 간의 파트너십 관계에 대해 다뤘을 때 이러한 상호 의존성을 장기적으로 유지하는 것은 두 팀의 운영에 스트레스를 주고 자주성을 보장할 수 없다는 결론을 얻은 바 있다. 시간이 지나 두 팀 간의 배포가 동기화돼 안정성을 확보하게 되면 파트너십에서 벗어날 수 있을 것이다. 그러면 두 팀은 앞으로 고객-공급자 개발 관계를 구축할 수 있을 것이다. 그림 6.4는 이 관계에 대한 콘텍스트 맵을 보여준다.

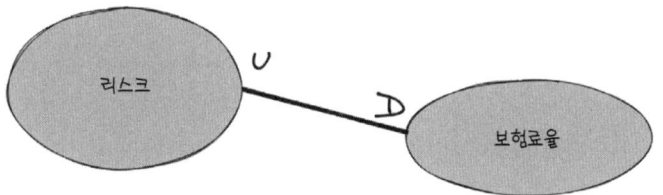

그림 6.4 고객-공급자 개발 관계를 맺고 있는 두 팀

언뜻 보기에는 보험료율 팀이 파트너십 관계에서 정보를 교환하는 표준을 지정할 책임이 있기 때문에 업스트림에 있는 것처럼 보일 수 있다. 하지만 리스크 팀은 보험료율 팀이 제시하는 표준을 수락하거나 거부할 수 있는 권한을 갖고 있다. 실무에서 파트너십 관계는 큰틀에서 수요자-공급자 관계의 요소들을 매우 많이 갖고 있다고 볼 수 있다. 두 팀의 업무가 긴밀히 연결돼 있기 때문에 가령 배포 주기를 결정하는 등 서로 안정적으로 협력할 수 있게 하는 것이 각 팀이 소프트웨어의 품질에 집중하는 것보다 우선하기 때문이다. 두 팀은 앞으로의 지속적인 지원이 가능하게 유연한 표준을 확보하기를 바란다. 이와 동시에 두 팀은 이것이 결코 쉽지 않음을 잘 알고 있다. 더군다나 프로젝트의 초반일수록 유연한 표준이라는 것이 어떤 형태일지를 예측하기는 매우 어렵기 마련이다. 따라서 이들은 표준에 대한 논의를 더 이상 얘기하지 않으면 안 되는 시점까지 미룬다. 이들은 그래서 최초로 도출된 표준이 완벽하지 않다는 것을 충분히 이해하며, 협업이 진행됨에 따라 두 팀 모두에게 도움이 되는 유연한 표준의 모습을 경험적으로 학습해, 이를 기반으로 추가적인 표준을 만들어가는 것에 합의한다.

순응주의자

순응주의자 관계는 최소 다음 중 두 조건을 만족할 때 유효하다. 업스트림 모델이 크고 복잡하며...

- 다운스트림 팀이 업스트림 모델을 이해할 시간 및 역량이 없다. 따라서 업스트림의 규격을 어쩔 수 없이 따르게 된다.
- 다운스트림 팀이 업스트림 모델을 이해한다고 해도 어떤 전략적 이점도 얻지 못한다. 이는 다운스트림 모델이 업스트림 모델에 충분히 근접할 수 있다고 판단하거나, 다운스트림 솔루션이 전환 시점에서 잠깐만 사용되는 일회성 솔루션일 수 있으므로 솔루션을 더 정교하게 만드는 것이 낭비라고 판단하는 경우일 수 있다.
- 다운스트림 팀이 자신의 콘텍스트에 맞는 더 나은 모델을 만들 수 없다.
- 업스트림 정보 교환 표준의 설계가 업스트림 내부 모델 구조의 일대일 매핑

이며, 내부 모델에 대한 변경 사항이 교환 표준에 직접 반영된다(이는 잘못된 업스트림 설계다).

순응주의자 패턴에서 다운스트림 팀은 업스트림 모델을 전적으로 따른다. 즉, 다운스트림은 업스트림의 유비쿼터스 언어를 사용하며, 구조나 형태는 일대일로 대응한다.

순응주의자라는 말 그대로 다운스트림이 업스트림의 API를 로컬 다운스트림 모델에 더 최적으로 적용하려는 시도 없이 업스트림이 제공하는 표준 그대로 정보를 교환하고 작업을 수행하는 것이다. 다운스트림에서 업스트림의 데이터를 어떤 식으로든 조작하거나 저장한 후 나중에 업스트림으로 다시 보내야 하는 경우 업스트림이 사용하는 데이터 규격과 동일한 규격으로 다운스트림에 데이터가 존재하게 된다.

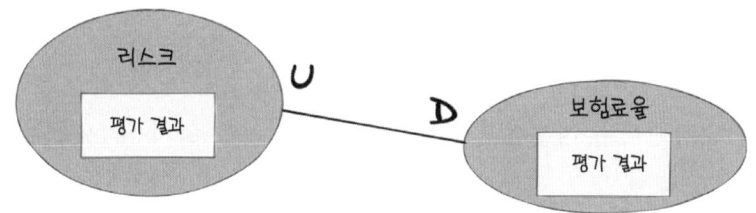

그림 6.5 다운스트림 순응주의자가 업스트림 모델을 그대로 사용한다.

그림 6.5에서 볼 수 있듯이 다운스트림인 보험료율 콘텍스트는 업스트림인 리스크 콘텍스트의 리스크 평가 모델을 따르는 순응주의자다. 보험 가입자의 보험료는 가입자의 리스크를 기반으로 계산되므로, 보험료율 계산을 위해 보험료율 콘텍스트에서 별도로 보험료율 계산 모델을 개발하는 것보다 리스크 콘텍스트의 리스크 평가 모델을 그대로 사용하는 것이 합리적이다. 그리고 혹여 다운스트림 쪽에서 업스트림 모델에 대해 만족하지 못하는 경우가 생긴다고 하더라도 다운스트림이 자체적으로 모델을 개발하는 것보다는 업스트림의 모델과 구조에 순응하되 업스트림 쪽과 의사소통을 늘려 문제를 해결하는 것이 더 수월하다.

업스트림 모델을 해석하고 업스트림이 제시하는 표준에 맞게 다운스트림에 별도로 호환성을 위한 계층을 개발하는 것은 시간도 시간이지만 리스크도 증가시킨다. 업스트림을 해석하기로 결정했다면 이후로 업스트림의 평가 모델이 변경될 때마다 다운스트림에서도 거기에 맞게 호환성 계층을 고쳐야만 한다. 물론 순응주의자 패턴으로 간다고 해서 보험료율 팀이 업스트림의 변경에 대응을 전혀 안 해도 된다는 얘기는 아니다. 정보 교환 규격이 달라진다면 매번 바뀌는 것이 있기는 하겠지만 이런 정도의 문제는 앞서 언급한 것과 같이 업스트림 쪽과 의사소통을 늘려서 실제로 필요한 코드 수정을 미리 계획하는 방식으로 리스크를 줄일 수 있다.

이상적으로 각 팀의 콘텍스트는 가능한 한 응집도는 높고 결합도는 낮게 설계해야 한다. 결합도와 응집도는 무언가를 변경하는 데 걸리는 작업의 양으로 정의되는데, 두 콘텍스트 중 하나가 자주 변경되지 않는다면 높은 결합도는 실제로 문제가 되지 않지만, 실무에서 그런 경우는 많지 않기 때문에 변경 빈도를 고려하고 팀에 부정적인 영향을 미칠 경우 결합도를 낮게, 즉 디커플링을 추구하는 것이 좋은 원칙이다.

순응주의자 패턴에서는 다운스트림이 정말로 아무것도 하지 않는 것이 이익이 되지만, 그렇다고 해서 모든 경우에 순응주의자 패턴을 적용하는 것은 불가능하다. 당연한 얘기지만 각 콘텍스트의 성격에 따라 케이스 바이 케이스로 접근해야 된다. 업스트림 유비쿼터스 언어와 다운스트림 유비쿼터스 언어의 호환성을 충분히 고려하고, 앞서 나열한 다른 요소들도 고려해야 한다. 또한 이어지는 부패 방지 계층 콘텍스트 매핑 패턴에서 업스트림을 해석하는 접근 방식을 채택할 때 발생할 수 있는 다른 결과를 살펴보겠다.

부패 방지 계층

부패 방지 계층 패턴은 순응주의자 패턴과는 정반대의 패턴이다. 이 패턴은 업스트림 모델이 다운스트림 모델을 손상시키지 않도록 모든 노력을 기울이는 형태를 가진다. 다운스트림은 업스트림에서 제공되는 모든 것을 소비자인 다운스트림 모델의 언어와 구조로 해석할 책임을 져야 하므로 부패 방지 계층을 구현한다.

또한 다운스트림에서 데이터 변경 사항을 업스트림으로 다시 전송해야 할 수도 있다. 이 경우 다운스트림 모델은 업스트림이 이해할 수 있도록 다시 번역돼야 한다.

많은 경우 업스트림 시스템은 아주 오래된 빅볼 오브 머드다. 이 경우 업스트림에 풍부한 클라이언트용 API와 잘 정의된 정보 교환 규격이 준비돼 있을 것이라고 기대해서는 안 된다. 업스트림과 통합하려면 업스트림 데이터베이스에 대한 사용자 계정을 부여받고 땜질식 쿼리를 수행해야 할 수도 있다. 이 책은 특정 기술을 권장하고자 쓰여진 것이 아니지만 GraphQL은 오래되고 방치돼 있는 업스트림을 효율적으로 사용할 수 있게 만들어주는 좋은 사례로 볼 수 있다. 물론 GraphQL의 존재가 낡은 방식으로 소프트웨어 통합을 해도 된다는 핑계가 돼서는 안 된다.

업스트림 모델에 풍부한 클라이언트용 API와 잘 정의된 정보 교환 규격이 있더라도 다운스트림 팀에서는 업스트림 모델을 자체 유비쿼터스 언어로 번역하기로 결정할 수 있다. 업스트림 콘텍스트에서 하나 또는 여러 개의 외래어[3]를 도입하는 것은 다운스트림 유비쿼터스 언어와 잘 맞지 않을 수 있다. 팀에서는 일부 도메인 용어에 대해 차용어[4]를 형성하는 것이 자연스럽다고 판단하거나 완전히 다른 용어를 정의하는 것이 더 낫다고 판단할 수도 있다. 이러한 모든 옵션은 적절하다고 판단되는 경우 함께 혼합될 수 있다. 결정은 다운스트림 팀의 몫이다.

요점은 업스트림 모델이 엉망이라서 정보를 쉽게 교환하기 어렵고, 이런 업스트림 모델을 다운스트림에서 사용할 수 있게 번역하고자 뭔가 엄청난 작업이 필요하다는 것이 아니다. 오히려 다운스트림이 업스트림의 관점에서 생각하고 말하지 않는다면, 즉 다운스트림과 업스트림이 사용하고 있는 정보 교환 규격이 크게 다르다면 번역을 담당해주는 계층이 있는 것이 도움이 되며, 다운스트림 팀의 시간과 능력의 관점에서 볼 때에도 적절할 수도 있다는 것이다.

---

3. 외래어는 다른 언어에서 그대로 대상 언어로 가져온 하나 이상의 단어를 말한다. 예를 들어 '데자뷰'는 본래 프랑스어지만 다른 많은 언어에서 그대로 '외래어'로 사용되고 있다.
4. 차용어는 한 언어에서 대상 언어로 옮겨쓴 하나 이상의 단어를 말한다. 예를 들어 영어 '비어 가든'은 독일어 '비어가르텐'을 옮겨 쓴 것이다.

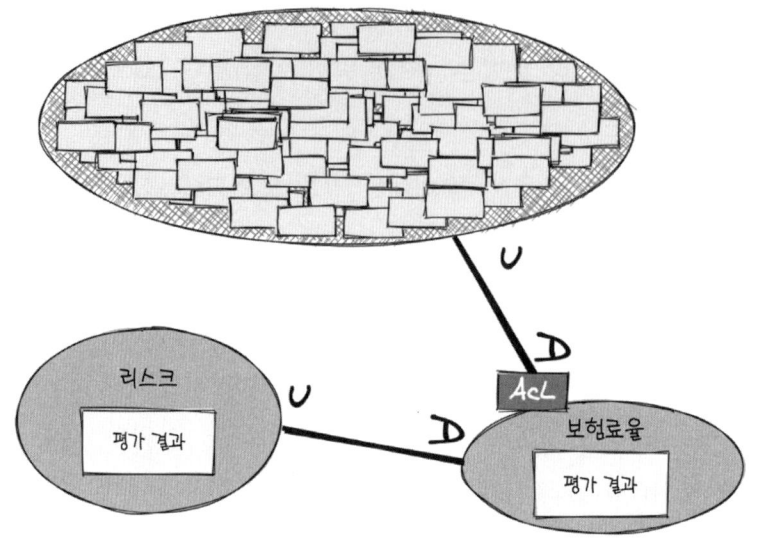

그림 6.6 보험료율 콘텍스트에서 레거시 시스템에 보험료 계산 규칙을 질의하기 위해 접근한다.

그림 6.6은 부패 방지 계층[ACL]이 현재 누커버리지의 보험료 계산 규칙이 있는 빅볼 오브 머드 레거시 시스템에 액세스하는 모습을 보여준다. 다운스트림인 보험료율 콘텍스트 팀은 번역 계층을 구현해야 하는 번거로움은 있지만, 부패 방지 계층 패턴에서는 다운스트림이 주도권을 갖기 때문에 주도권을 갖고 다운스트림 모델이 사용하는 보험료 계산 규칙을 추가, 편집, 제거, 활성화, 비활성화할 수 있다. 또한 다운스트림 모델의 규칙들을 프로덕션 환경에서 실험적인 A/B 테스트에 사용할 수도 있다.

부패 방지 계층이 업스트림과 다운스트림 사이의 간격을 메워주고 있는 동안 보험료율 콘텍스트 팀은 향후에 구현될 이상적인 모델을 잘 만들어나갈 수 있다. 따라서 업스트림의 규칙들을 다운스트림 모델로 번역하는 것은 새롭게 개발되는 다운스트림 모델에 대한 다운스트림 팀의 가정을 테스트할 수 있는 수단이 된다. 현재로서는 모델이 작동하는 것이 중요하기 때문에 모델이 다양한 기능을 갖는 것은 크게 고려되지 않는다.

오픈 호스트 서비스

때때로 팀은 현재 및 미래 소비자의 요구 사항을 미리 파악하고 이에 대한 계획을 세울 충분한 시간을 갖기도 한다. 반면에 어떤 팀은 요구 사항을 알지 못하다가 나중에 뒤늦게 이를 파악하게 될 수도 있다. 오픈 호스트 서비스를 만드는 것은 이 2가지 상황에 대한 해답이 될 수 있다.

오픈 호스트 서비스를 정보 교환을 위한 API라고 생각하면 되는데, 특정 상황에서는 API 제공자가 다운스트림에서 업스트림 모델로의 데이터 변경을 지원해야 할 수도 있다.

이제 업스트림 팀이 직면할 수 있는 다음과 같은 잠재적인 상황을 생각해보자. 보험료율 팀을 예로 들어 보겠다.

너무 일찍 알게 되는 경우

점심시간 대화에서 보험료율 콘텍스트 팀 멤버들은 다른 다운스트림 팀에서 보험료율을 분석하고자 보험료율 팀의 모델에 액세스하고 싶어 한다는 사실을 알게 됐다. 같은 자리에서 보험료율 팀의 모델을 사용하고자 하는 팀이 추가로 더 있다는 얘기도 전달받았다. 갑자기 업스트림이 돼버린 보험료율 팀은 아직 자신들의 모델을 사용하고자하는 팀들과 구체적인 얘기를 진행하지 않았고, 단지 한 팀이 관심을 보였다는 것만 알고 있다. 이 시점에서 보험료율 팀이 다운스트림 팀을 위해 API를 제공하는 노력에 투자하는 것이 바람직한 것일까? 아니면 데이터베이스에 접근 권한을 열어주는 것이 좋을까?

> **주장: 데이터베이스에 대한 액세스를 다운스트림 클라이언트와 공유하는 것은 결코 좋은 생각이 아니다**
>
> 데이터베이스의 접근 권한을 열어주는 것은 매우 신중하게 결정해야 하는 사안이다. 특히 권한을 읽기 전용으로 제한하지 않았을 경우 데이터베이스를 소유한 팀이 알지 못하는 사이에 접근 권한을 가진 사용자가 임의로 데이터 또는 스키마를 변조할 수도 있기 때문이다. 시간이 지나 이런 변경 사항이 쌓일수록 누가 데이터베이스에 종속돼 있고 누가 종속되지 않았는지 파악하기 어려워질 수 있으며, 읽기 전용으로 접근 권한을 제한한다 하더라도 리포트 생성과 같이 많은 테이블의 조회가 동시 다발적으로 발생하는

> 분석적인 요청은 프로덕션 환경에서 성능 저하 또는 시스템 중단을 일으킬 수도 있다. 일반적으로 공유 리소스를 사용하면 명시적으로 모델링해야 하는 결합이 숨겨지는 경향이 있다. 이러한 이유와 그밖의 다른 이유 때문에 데이터 저장소에 대한 직접 액세스를 공유하는 것은 정말 나쁜 생각이다.

업스트림이 되는 보험료율 팀은 하나의 다운스트림 클라이언트를 위해 API를 설계할 수 있지만, 역량의 한계를 감안해 필수적인 기능만을 제공해줄 수 있을 것이다. 그럼 다운스트림인 분석 팀 쪽에서 업스트림 API에서 제공되지 않는 기능들을 자체적으로 구현하고자 약간의 오버헤드를 감수해야 할 수도 있다. 적어도 지금 단계에서 분석 팀에 필요한 것은 읽기 전용 API로, 단순히 쿼리 기반이면 충분할 것 같다.

업스트림 보험료율 팀이 다른 잠재적 다운스트림 클라이언트들과 인터뷰를 한다면 더 광범위한 요구 사항을 더 잘 파악할 수 있을 것이다. 하나 이상의 클라이언트로부터 긍정적인 답변을 얻는다면, 특히 다른 팀과 쿼리 이상의 정보를 교환해야 하는 경우 API 개발에 더 많은 노력을 기울일 가치가 있다. 보험료율 팀은 몇 가지 인터뷰를 통해 분석 팀을 포함해 최소 3개 팀에 API 액세스가 필요하며, 나머지 2개 팀은 새롭게 변경된 정보를 보험료율 콘텍스트에 다시 푸시해야 한다는 사실을 알게 된다.

너무 갑자기 요구되는 경우

보험료율 팀이 직면할 수 있는 최악의 상황 중 하나는 갑자기 예상하지 못한 요구 사항이 요청되는 경우다. 이 문제는 조직의 잘못된 커뮤니케이션 구조로 인해 발생할 수 있다. "조직에서 만든 시스템은 조직의 커뮤니케이션 구조를 반영한다."는 콘웨이의 법칙은 여기서도 적용된다. 다운스트림 팀이 급하게 지원을 요청할 때 어떤 일이 벌어질지 생각해보자. 현실은 누구나 예상할 수 있는 슬픈 결말이다. 갑작스러운 요청을 소화하고자 API의 개발에는 제한된 역량만 투입되며, 최선의 경우에라도 기술적 부채는 쌓일 수밖에 없다. 보험료율 팀이 언젠가 이 부채를 다 청산할 수도 있을 테지만 현실적으로 보험료율 팀에 다른 다운스트림 팀들이 지원 요청을 하기 시작한다면 이 부채들은 청산되지 못하고 더 쌓여만 갈 것이다.

이렇게 예상하지 못한 요구 사항이 급하게 터져 나오는 것을 예방하고자 평시에 조직 커뮤니케이션 구조를 개선하기 위해 가시적인 노력을 기울이는 경우도 있지만, 많은 조직은 규모가 너무 크고 복잡해서 적어도 단기적으로는 이러한 불행한 상황을 완전히 예방할 수 없다. 하지만 팀 간에 단절된 소통 문제를 해결할 수 있는 방법은 분명히 있기 때문에 어떤 조직도 이러한 상황을 그대로 받아들여서는 안 된다. 팀과 프로젝트 그리고 회사의 성공을 위해 이런 문제를 가급적 빨리 공론화시키고 주의를 환기시켜야 한다. 매주 10분에서 15분 내외의 아주 짧은 시간 동안 여러 팀이 각자 작업 중인 내용을 공유하는 시간을 갖는 방법도 고려해볼 만 하다. 4 ~ 6개 팀이 10 ~ 15분 정도 발표한다면 전체 공유 시간에는 한 시간 정도가 소요될 것이다. 단, 이 회의에는 관련된 모든 당사자가 참석해야 하며, 프레젠테이션은 장황하거나 자기 자랑에 치중해서는 안 된다. 각 팀은 지금 작업 중인 과제가 어떤 가치를 갖는지, 현재 겪고 있는 어려움은 무엇인지, 과제를 완수하기 위해 필요한 사항은 무엇인지 공유해야 한다.

또 다른 접근 방식은 팀 간의 소프트웨어 통합을 일관성 있게 추진하기 위해 엔지니어링 원칙을 세우고, 통합을 총괄하는 리드 엔지니어의 지휘 아래에서 각 팀의 엔지니어들이 이 원칙을 계획에 따라 엄격하게 구현하는 것이다. 리드 엔지니어는 이벤트 스토밍이나 인터뷰와 같은 여러 이벤트를 통해 조직 내 커뮤니케이션의 문제점을 파악하고 새로운 커뮤니케이션 구조를 제안한다. 이러한 이벤트들은 일정한 주기로 계획되고, 도출된 아이템들을 통해 모든 팀이 새로운 기능을 개발하는 동시에 각 서브시스템의 소프트웨어 통합을 달성한다. 성공적인 이벤트들은 조직내에 숨겨져 있던 문제점들과 신규 제품을 성공시키는 데 필요한 역량을 해치고 있는 비효율적인 부분들을 찾아낼 것이다. 팀 일정에 문제가 있는 경우 각 팀의 엔지니어들은 이러한 문제를 발견하는 즉시 리드 엔지니어와 소통해야 하며, 주간 회의 등 공유할 수 있는 기회가 있을 때 문제를 바로 공유해야 한다. 이러한 엔지니어링 중심의 접근 방식은 통상적인 프로젝트 관리와는 달리 비즈니스 목표를 달성하기 위한 기술적 마일스톤을 엔지니어들이 협력해서 만들어나가는 접근 방식이다.

비교적 작은 규모의 조직에서도 이러한 상황은 쉽게 발생할 수 있다. 보험료율 팀이 준비한 신규 기능의 런칭이 프로덕션 환경의 문제로 인해 취소되는 상황을 가정해보자. 앞의 시나리오에서 보험료율 팀이 정보 접근을 필요로 하는 분석 팀에 대해 알게 된 것은 점심시간의 대화라는 우연한 사건이었다. 마찬가지로 보험료율 팀이 다른 팀에서도 정보 접근을 필요로 한다는 힌트를 얻게 된 것도 우연이었다. 점심 일정이 한 주 연기됐다면 대화의 주제는 보험료율 팀의 모델에 대한 권한에 대한 것이 아니라 프랑스 오픈 테니스 대회나 챔피언스 리그, WNBA 또는 인기 밴드의 새 앨범에 대한 얘기였을 수도 있다. 그렇게 한 주 두 주 연기되다가 보험료율 팀은 갑자기 요구 사항을 전달받게 될 수도 있는 것이다.

이러한 예기치 못한 상황을 처리할 시간을 확보하지 못할 경우 가장 큰 문제는 다른 팀들이 각자의 길을 가거나, 심지어 이미 오래돼서 누구도 건드리지 못하는 레거시 빅볼 오브 머드 시스템과 통합해야 할 수도 있다는 점이다. 다수의 다운스트림 팀은 레거시 시스템과 통합하려는 것만으로도 많은 노력이 필요한데, 또 이와는 별개로 보험료율 콘텍스트가 신규로 개발되고 있기 때문에 언젠가 있을 레거시에서 신규 보험료율 콘텍스트로의 업스트림 변경 과정에도 추가적인 노력이 필요할 것이다. 또한 각 팀은 저마다의 일정이 있기 때문에 보험료율 팀에서 신규 보험료율 콘텍스트를 런칭하더라도 보험료율 팀이 업스트림을 레거시 시스템에서 자신들의 콘텍스트로 특정한 기한 내에 변경하도록 일정을 강제할 수 있는 방법이 없으며, 두 시스템이 함께 사용되는 불편한 상황이 상당기간 지속될 수 있다.

단기적으로 보험료율 팀이 할 수 있는 최선의 방법은 부족한 기능만이라도 다운스트림 팀에게 모델 접근을 제공해주는 것이다. 아주 단순한 REST API라고 하면 업스트림과 다운스트림 모두 큰 노력 없이 협의 및 구축이 가능할 것이다. 기능 개발상 다소 부족한 부분은 다운스트림 팀의 도움을 받을 수도 있으며, 다운스트림 팀은 업스트림에 대한 이해 부족으로 다소간의 문제를 일으킬 수도 있다. 그럼에도 이 방법이 업스트림 팀, 다운스트림 팀 모두에게 복잡한 레거시 시스템을 쓰다가 나중에 전환하는 것보다 훨씬 나은 방법이다.

그리고 문제가 될 만한 상황들은 앞에서 언급한 엔지니어링 중심의 접근 방법으로 사실 상당수 회피할 수 있다.

서비스 API

보험료율 팀이 새로운 다운스트림 팀의 존재를 너무 일찍 알거나 너무 갑자기 알게 되는 두 시나리오 모두 보험료율 팀과 다운스트림 팀은 결국 외부로부터 압박을 받는 같은 처지에 놓이게 된다. 고민하고, 계획하고, 구현하는 데 더 많은 시간이 주어진다면 보험료율 팀은 더 완성도 높은 API를 만들 수 있을 것이다. 하지만 그런 여건이 허락되지 않더라도 API를 제공하는 것을 주저해서는 안 된다. 완성도가 떨어지더라도 일단 통합의 깃발을 들고 밀고 나가야 한다.

보험료율 분석 팀을 포함한 새로운 다운스트림 팀들이 보험료율 콘텍스트에 접근하길 원한다는 사실을 알게 된 후 새롭게 주목하기 시작한 문제는 어떤 규격으로 정보를 교환할 것이냐는 것이다. 보험료율을 계산하는 규칙과 그에 따른 계산 결과는 어떤 때는 하루에도 여러 차례 변경될 수도 있을 것이고 고려해야 하는 계산 규칙도 한두 개가 아닐 것이기 때문에 정보를 교환하는 규격을 정하는 것은 매우 어려운 문제가 될 것이다. 이어지는 '발행된 언어' 절에서 이 문제를 해결하는 방법을 자세히 설명한다.

한 가지 고려해볼 만한 사항은, 일부 정보는 업스트림 보험료율^{Rate} 콘텍스트에서 발생한 이벤트 스트림 형태로 제공하는 것이 가장 적절할 수도 있다는 점이다. 3개의 종속 시스템 모두 업스트림에서 발생하는 변경 사항 중 일부에 관심을 갖고 있기 때문에, 보험료율 팀은 쿼리 API의 일부를 다운스트림 시스템이 '구독'할 수 있도록 만들 수 있다. 이를 통해 보험료율 콘텍스트에서 공유할 의사가 있는 이벤트의 총 개수를 제공할 수 있다. 이러한 쿼리 API는 주로 REST 리소스 형태로 제공될 가능성이 높다. 반면 리스크 팀은 이러한 이벤트를 pub-sub 주제에 게시하는 방식을 선택할 수도 있다.

2장에서 언급한 적이 있듯이 조직은 아키텍처 결정 기록$^{ADR, Architecture\ Decision\ Records}$을 사용해 선택 가능한 옵션들을 도출할 수 있으며, 이 경우에는 2가지 옵션을 식별할 수 있다. 통합 테스트를 사용해 각각의 옵션을 구현해서 장단점을 빠르게 확인할 수 있다. 다운스트림 팀이 어느 접근 방식을 선호할지가 결정적인 요소가 될 수 있지만 반드시 그렇지는 않다. 결정이 내려지면 ADR에 포함시킨다.

보험료율 팀은 이벤트 스트림이 다운스트림이 필요로 하는 전체 페이로드를 전달하지 못할 수도 있다는 점을 염두에 둬야 한다. 그렇다면 API는 이벤트가 담을 수 있는 것보다 더 심층적인 정보를 제공하는 쿼리를 지원하거나 이벤트 페이로드에 더 많은 정보를 담아야 할 것이다. API 방식의 한 가지 문제점은 업스트림의 데이터를 다운스트림이 쿼리해서 처리하는 동안 업스트림의 데이터가 변하지 않는다는 보장을 할 수가 없다는 점이다. 이 문제를 해결하려면 업스트림 데이터를 스냅숏으로 관리하거나 이벤트 발생 당시 상태에 대해 충분한 양의 페이로드를 전달해 다운스트림이 API를 통해 쿼리할 필요성 자체를 없애줘야 한다. 또 다른 방법으로는, 업스트림 데이터의 현재 상태에 대해 더 이상 정보를 갖고 있지 않은 이벤트를 어떻게 다룰 것인지를 다운스트림에 정의해두는 방법이 있다. 그림 6.7을 보면 보험료율 콘텍스트가 보험료 계산 완료 이벤트를 다운스트림 콘텍스트에 제공하는 모습이 나타나 있다.

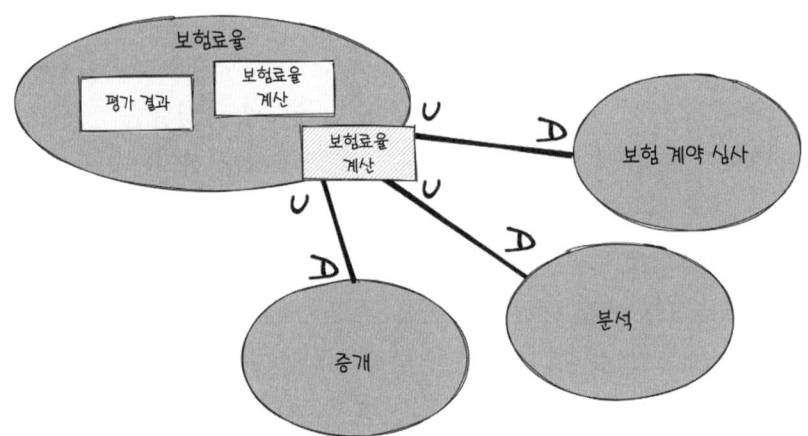

그림 6.7 오픈 호스트 서비스가 다수의 다운스트림에 이벤트를 발행한다.

보험료율 콘텍스트는 리스크 콘텍스트의 다운스트림으로, 리스크 콘텍스트의 평가 결과를 기반으로 보험료를 계산하기 때문에 리스크 콘텍스트의 업스트림인 보험 계약 심사 콘텍스트가 다운스트림이 될 수 있다는 것을 예상하기는 쉽지 않다. 그러나 보험 계약 심사 역시 어떤 형식으로든 보험료 계산 결과를 받아봐야 하기 때문에 다운스트림이 될 수 있다. 중요한 것은 보험료 계산 결과에는 이것이 어떤 가입자의 보험료를 어떻게 계산한 것인지, 즉 보험 계약 심사의 대상인 가입자의 신원과 리스크 관련 정보가 담겨있다는 것이다. 마찬가지로 보험료율 콘텍스트의 다운스트림인 분석 콘텍스트도 보험료 계산 완료 이벤트를 구독하는 다운스트림이 된다. 그리고 보험 중개 콘텍스트 역시 가입자의 보험 가입 과정을 매 단계마다 알 수 있어야 하기 때문에 이벤트를 구독한다.

나머지 API는 미니멀한 사고방식으로 설계해 꼭 필요한 기능만 제공한다. 이 API는 REST 리소스로 제공하거나 비동기 메시징을 통해 제공할 수 있다. 최신 시스템 설계에서 SOAP$^{\text{Simple Object Access Protocol}}$ 기반 원격 프로시저 호출$^{\text{RPC, Rremote Procedure Call}}$을 고려하는 것은 드물지만, 일부 레거시 시스템에는 사용되는 경우도 있다. 오늘날 RPC가 필요한 경우 일반적으로 SOAP 대신 gRPC를 사용한다. 더 중요한 점은, API는 시간이 지나면서 다운스트림 클라이언트가 필요로 하는 기능과 정보 교환 방식에 따라 발전해야 한다는 것이다. 이는 소비자가 자신의 요구를 표현할 때 작성되는 소비자 주도 계약$^{\text{Customer Driven Contract}}$을 통해 달성할 수 있다. 이 접근 방식을 사용하면 각 소비자에 맞게 규격을 커스터마이징해줄 수도 있다. 또한 각 소비자의 니즈를 수렴하는 과정에서 도출된 유용한 정보들을 앞으로의 개선에 반영해 모든 소비자에게 도움을 줄 수도 있다.

3부에서 API 설계 스타일을 더 자세히 다룬다. 다음으로 API의 나머지 절반, 즉 정보를 어떻게 교환할 것인지 살펴보자.

발행된 언어

어떤 바운디드 콘텍스트는 하나의 공통 시스템 내부의 바운디드 콘텍스트들, 심지어는 외부 시스템에서 필요로 하는 정보의 근원인 경우가 많다. 정보의 형식이 이해하기 어려울 경우 이 정보를 소비하는 일은 까다롭고 많은 오류를 유발할 것이다. 이런 불편함을 줄이고 정보를 쉽게 교환하고자 조직은 표준화된 정보 교환 규격을 강제할 수 있다. 도메인 주도 설계에서 이를 '발행된 언어'라고 하며, 표 6.1에서 볼 수 있는 몇 가지 형태를 취할 수 있다.

표 6.1에 나열된 국제 스키마 표준은 다양한 산업에서 사용할 수 있는 표준 중 일부다. 이러한 표준을 사용하면 분명한 장단점이 있는데, 강력한 표준 모델을 사용할수록 기업 내부에서 사용하기가 어려워진다는 점을 염두에 둬야 한다. 규칙이 엄격한 모델일수록 그 규칙을 준수하기가 더 어려울 뿐만 아니라 데이터를 주고받는 오버헤드도 훨씬 더 높기 때문이다. 기업이 클라우드를 사용하는 경우 데이터 전송 비용은 전체 클라우드 사용 비용에도 영향을 미친다.

표 6.1 정보 교환을 위한 국제적, 국가적, 조직적 발행된 언어 스키마

종류	예시	결과
국제기구 또는 국가기관에서 정의해서 산업 전반에서 널리 쓰이는 강력한 스키마	헬스 레벨 7(HL7) 디지털 헬스케어 교환 표준: 전체 시스템 솔루션의 모든 하위 도메인과 시스템 간, 조직 간에 HL7을 사용해 의료 임상 및 관리 정보를 교환할 수 있다.	HL7은 명확한 레코드 유형을 지원하는 측면에서는 강력한 스키마지만 각 레코드 유형 내의 필드 정의에는 약하다. 이로 인해 스키마가 잘못 사용되거나 스키마를 사용하는 조직에서 별도의 해석을 필요로 할 수 있다. HL7을 사용하더라도 조직 간 디지털 의료 서비스 교환을 위해서는 데이터 생성 및 구문 분석의 번역 또는 재구성이 필요할 수 있다.
	GS1 글로벌 데이터 식별 표준. 이 표준은 전자상거래를 포함한 B2B 정보 교환과 관련된 바코드 및 기타 표준의 출발점이다.	각 레코드 유형 내에서도 잘 정의된 표준이 있지만, 아주 작은 데이터 세트를 정의하는 데 많은 수의 레코드가 필요할 수 있다. 한 전자상거래 사용 사례에서는 총 20줄 미만의 제품 주문 정보로 구성된 데이터 세트를 올바르게 정의하고자 300 ~ 350개의 레코드 유형이 필요했다. 표준의 소스코드 구현, 생산자 출력 작성자, 소비자 입력 판독기를 만드는 데는 많은 시간이 소요됐다. 이는 하나의 표준을 모든 표준에 적용하려는 '표준 데이터 모델' 패턴의 단점을 보여준다. 이 접근 방식은 광범위한 산업에 걸쳐 가능한 모든 요구 사항의 상위 집합을 정의하려고 시도하기 때문에 레코드 유형과 레코드 유형 내의 필드가 불필요하게 비대해지는 문제로 이어졌다.

(이어짐)

종류	예시	결과
	ICD-10은 질병 및 관련 건강 문제의 국제 통계 분류(ICD) 10차 개정판으로, 세계 보건 기구에서 질병과 증상 등을 분류해 놓은 것이다.	ICD-10은 방대하지만 매우 명확하고 간단한 질병 코드를 제공한다.
특정 기업 내의 책임자가 관리하는 조직 내부 표준	이러한 표준은 각 조직에서 사례별로 정의한다. 외부 시스템을 이용하는 조직은 조직 내 표준과 호환되게 주의해야 하며, 내부 시스템의 경우에도 동일한 표준을 사용해 정보를 교환해야 한다.	정의에 유연성을 부여하고 외부 통합에 대한 명확한 방향을 제시한다. 그러나 이 접근 방식은 조직 내 다양한 시스템들 간의 정보 교환을 위해 추가되는 호환성 계층으로 인해 불필요한 오버헤드를 발생시킬 수 있다.
콘텍스트/하위 도메인 내 표준	각 바운디드 콘텍스트는 자체 교환 표준을 정의할 수 있다. 다른 모든 바운디드 콘텍스트, 하위 도메인 및 전체 시스템 솔루션은 자신이 사용하는 바운디드 콘텍스트가 정의한 교환 규격을 사용해야 한다.	바운디드 콘텍스트의 각 하위 도메인에 대한 최적의 정보 교환 규격을 제공한다. 어떤 콘텍스트가 다른 여러 바운디드 콘텍스트와 통합하기 위해 많은 콘텍스트의 규격을 내부에서 맞추는 것은 쉽지 않다. 게다가 통합하는 콘텍스트가 많아질수록 난이도가 올라간다. 또한 콘텍스트/하위 도메인 표준은 외부와의 통합에는 불충분할 수 있다. 그렇더라도 개별 스키마 표준을 조직 스키마 표준에 반영함으로써 좀 더 글로벌하게 사용할 수 있다.

그림 6.8은 누커버리지 내의 3가지 발행된 언어의 예를 보여준다. 리스크 콘텍스트에는 자체 발행된 언어가 있으며, 그 언어 중에는 '리스크 평가됨'이라는 이벤트가 있다. 보험료율 콘텍스트에는 다른 발행된 언어가 있으며, '보험료 계산됨' 이벤트를 갖고 있다. 리스크 평가 이벤트는 보험료에 영향을 미치며, 보험료 계산 이벤트는 보험 계약 심사 콘텍스트에 의해 소비된다. 보험 계약 심사 콘텍스트는 하나 이상의 보험료 계산 이벤트에 맞춰 견적을 작성하고 작성된 견적 마다 '견적 작성됨'이라는 이벤트를 발행한다.

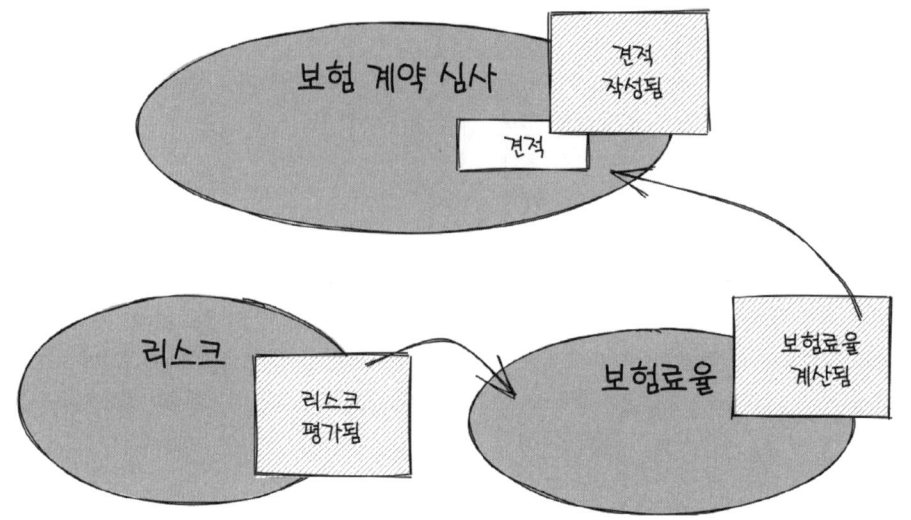

그림 6.8 리스크, 보험료율, 그리고 보험 계약 심사 콘텍스트가 저마다 각각의 발행된 언어를 제공하고 있다.

국제적, 국가적, 조직적으로 정의된 발행된 언어를 유지하고 소비자가 이를 사용할 수 있게 하는 한 가지 방법은 스키마 레지스트리를 사용하는 것이다. 좋은 스키마 레지스트리는 스키마의 종류가 다양함은 물론이고, 각 스키마마다 여러 개의 버전을 유지하고 버전 간의 적절한 호환성 검사를 제공함으로써 다양한 비즈니스 상황에 맞는 스키마를 사용할 수 있도록 지원한다. 이러한 스키마 레지스트리 중 하나는 오픈소스인 브이링고 줌$^{VLINGO\ XOOM}$이다.

분리된 방식

어떤 팀이 다른 바운디드 콘텍스트와 통합을 구축하려고 할 때 통합을 위해 들어가는 노력이 통합으로 얻어지는 잠재적 이득보다 더 클 경우 그 팀은 통합을 하기보다는 독자적인 규격으로 개발을 진행할 수도 있다. 이렇게 독자적으로 개발을 하게 되면 그 팀만의 일회성 솔루션을 만들거나 다른 팀의 사정을 고려할 필요가 없으므로 해당 팀이 당면한 문제만을 해결하는 간단한 모델을 구축할 수 있다.

이 경우 이 팀의 콘텍스트는 다른 팀들의 콘텍스트와 전혀 통합되지 않을 수도 있다. 이것이 장점인지 단점인지는 이 팀의 역할과 조직의 구조 등에 따라 다르게 판단될 수 있다. 즉, 소프트웨어 아키텍처의 대부분이 그렇듯이 주어진 상황에 따라 케이스 바이 케이스로 이 패턴의 적용을 검토해야 한다.

이 패턴을 통해 만들어진 솔루션이 시스템의 다른 영역과 거의 중복된다면 이것은 다른 팀이 하는 일에 대한 가시성이 떨어지는 사일로 문제가 심각하다는 얘기이며 조직적으로 큰 낭비가 아닐 수 없다. 어느 정도의 중복은 피치 못한 경우도 분명히 있지만 DRY$^{Don't\ Repeat\ Yourself}$ 원칙은 가급적 따르는 것이 바람직하다. 그리고 많은 오해 중의 하나는 DRY 원칙이 코드의 중복에 대한 것을 말한다는 것인데, DRY에서 얘기하는 중복은 지식의 중복을 피하라는 의미가 더욱 정확하다. 중복 데이터의 대규모 사일로를 만들고 여러 콘텍스트에서 코드화된 전문 지식을 반복하는 것은 각자도생 패턴의 바람직한 효과가 아니다.

지형 모델링

이벤트 스토밍 세션을 진행하다보면 콘텍스트 간의 명확한 경계를 찾기가 어려울 때가 있다. 앞서 언급한 대로 이벤트 스토밍 세션의 참가자들은 비즈니스 역량 측면에서도 경계를 찾아보고, 참석한 도메인 전문가들 사이에서 누가 커뮤니케이션을 주도하는지도 유심히 봐야 한다. 이것이 경계를 판단하기에 가장 좋은 방법이다. 그리고 경계는 한번 정해지면 변하지 않는 것이 아니라 비즈니스가 성장하고 변화하면서 새로운 비즈니스 역량이 필수적으로 요구됨에 따라 더 달라질 수 있음을 염두에 둬야 한다.

경계를 식별하는 데 도움이 되는 또 다른 도구는 **지형적 접근 방식**$^{topographic\ approach}$이다. 지형은 여러 가지 의미를 가질 수 있는데, 메리엄-웹스터 사전은 '지형'을 다음과 같이 정의하고 있다.

1. **a:** 일반적으로 장소나 지역의 자연 및 인공 지형을 지도나 차트에 상세하게 묘사하는 기술 또는 관행, 특히 상대적인 위치와 고도를 표시하는 방식
   b: 지형 측량

2. a: 구호 및 자연 및 인공 지형의 위치를 포함한 표면의 구성
   b: 물체 또는 개체의 물리적 또는 자연적 특징과 그 구조적 관계

바운디드 콘텍스트 내의 커뮤니케이션은 팀이 내부에 속한 내용을 이해하는 데 도움이 되지만, 바운디드 콘텍스트 간의 커뮤니케이션과 매핑은 콘텍스트 자체에 대한 정보를 더 많이 제공한다. 이러한 정보를 표현하는 데에는 콘텍스트 맵도 도움이 되지만, 콘텍스트 맵 이외에도 시스템의 형태와 특성을 더 잘 이해할 수 있는 다른 방법이 있다. 대표적인 것이 지금 소개하는 지형 모델링이다. 그림 6.9는 지형 모델링을 하는 데 사용될 수 있는 템플릿이다.

그림 6.9에서 템플릿의 여러 영역은 여러 가지 정보로 채울 수 있다(표 6.2 참고). 이벤트 스토밍과 유사하게 템플릿을 테이블 위나 벽에 배치해서 한눈에 콘텍스트 간의 정보 흐름을 파악할 수 있다. 참가자들은 필요에 따라 자유롭게 모델링 맵의 특정 부분에 포스트잇을 붙일 수 있다. 이 템플릿은 아키텍처 세부 정보를 의도적으로 생략했는데, 이는 콘텍스트 간의 정보 교환과 경계 식별에만 집중하기 위함이고 실제 설계에서는 당연히 아키텍처 세부 정보가 필요할 것이다.

종이와 펜을 사용해 시스템의 처리 흐름을 직접 손으로 그려보면 소프트웨어의 내부 작동에 대한 심층적인 통찰력을 얻을 수 있고, 참가자 사이에 추가적인 대화가 일어나도록 유도할 수 있다. 협업과 통합을 통해 완전한 기능을 구현하는 데 필요한 비즈니스 기능이 누락돼 있는지, 개선이 필요한 부분이나 추가 설명이 필요한 부분이 있는지, 펜과 종이를 사용해 그 자리에서 변경되는 내용들을 템플릿에 반영하면 참가자 모두가 콘텍스트 간의 관계와 경계에 대해 빠르게 배울 수 있다.

워크숍을 통해 자신의 콘텍스트 지형을 모델링하고 나면 각자의 콘텍스트와 협업하는 주변 콘텍스트 지형의 사본을 다시 팀으로 가져와서 앞으로 통합을 구축하는 데에 참고할 수 있다. 이처럼 서로 다른 콘텍스트에 대해 발견하고 배울 수 있는 기회는 자신감과 혁신의 기회로 이어진다.

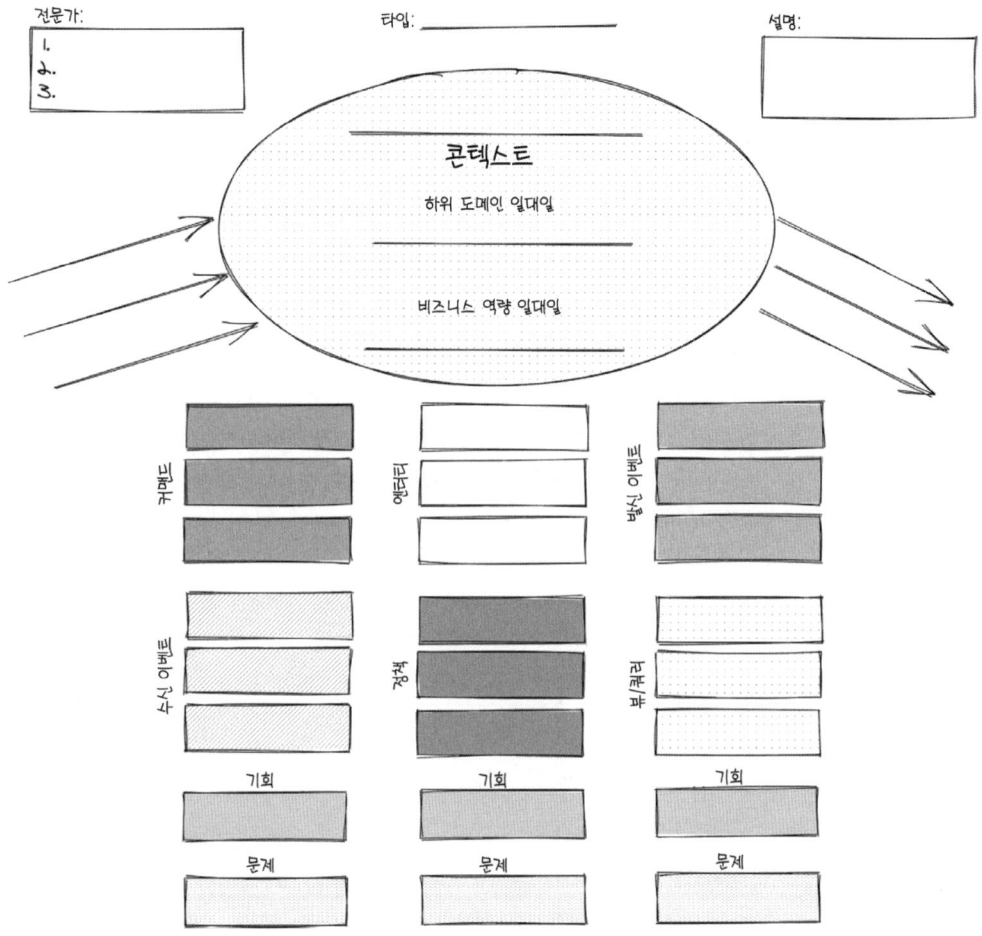

그림 6.9 지형 모델링 템플릿의 예

표 6.2 지형 모델링의 각 부분별 설명

영역 타입	설명
전문가	이 콘텍스트의 핵심 지식을 갖고 있는 비즈니스 전문가 이름을 적는다.
도메인 종류	하위 도메인의 종류를 적는다. 예: 핵심 도메인, 지원 도메인, 일반 도메인
요약	콘텍스트의 목적에 대한 간단한 요약
콘텍스트	콘텍스트의 이름을 줄 위에 적는다. 예: 리스크, 보험료율, 보험 계약 심사 등

(이어짐)

영역 타입	설명
하위 도메인 일대일	콘텍스트의 하위 도메인 이름을 적는다. 콘텍스트와 하위 도메인은 일대일 관계를 맺고, 서로 이름이 충돌한다면 하위 도메인 매핑에 문제가 있었던 것이다. 한 콘텍스트에 여러 하위 도메인이 매핑됐다면 콘텍스트 모델링에 문제가 있었을 수 있다.
비즈니스 역량 일대일	이 콘텍스트가 제공하는 비즈니스 역량의 이름을 적는다. 비즈니스 역량과 콘텍스트는 일대일 관계를 맺고, 이름이 겹친다면 비즈니스 역량 매핑에 문제가 있었던 것이다. 한 콘텍스트에 여러 비즈니스 역량이 매핑됐다면 콘텍스트 모델링에 문제가 있었을 수 있다.
좌측 화살표	콘텍스트가 받아들이는 통합 연결 지점을 적는다. 콘텍스트 매핑의 유형(예: 파트너십, 공유 커널 등)을 적고, 해당 유형을 사용하는 콘텍스트의 이름을 적는다. 파트너 또는 업스트림 콘텍스트 사용 가능한 통합 및 공동 작업 포인트와 이를 사용하는 콘텍스트다. 콘텍스트 매핑 유형과 이를 사용하는 바운디드 콘텍스트의 이름을 지정한다(알려진 경우). 알려진 공동 작업자는 파트너 또는 업스트림 콘텍스트이며, 다운스트림은 알 수 없다.
우측 화살표	다른 콘텍스트와의 아웃바운드 통합 및 공동 작업. 콘텍스트 매핑 유형과 대상 바운디드 콘텍스트(알려진 경우)의 이름을 지정한다. 알려진 대상은 파트너 또는 업스트림 콘텍스트일 수 있으며, 다운스트림은 알 수 없다.
커맨드	도메인 모델로 전파되는 커맨드
엔터티	커맨드를 전달받는 도메인 모델 내부의 엔터티
발신 이벤트	엔터티가 생성하는 이벤트
수신 이벤트	통합 연결 지점을 의미하는 좌측 화살표를 통해 바운디드 콘텍스트가 수신한 이벤트
정책	수신 이벤트 또는 커맨드에 적용할 비즈니스 규칙
뷰/쿼리	모델 변경 사항을 투영해 관련 쿼리가 표시 가능한 데이터를 제공할 수 있게 해야 하는 눈에 잘 띄는 쿼리 모델 보기.
기회	팀 학습을 통해 발견된 모든 기회는 모두 정리해서 추후에 반영해야 한다.
문제	팀 학습을 통해 발견된 모든 문제에 대해서는 해결책을 논의해봐야 한다.

성공과 실패의 갈림길

실패가 좋은 결과로 이어질 수 있는 이유는 실패를 통해 얻을 수 있는 학습 기회 때문이다. 이러한 종류의 통제된 실패는 실험을 통한 과학적 접근 방식을 기반으로 하며, 궁극적으로 성공으로 이어진다. 그러나 조직의 입장에서는 무한히 실패를 용납할 수는 없는 노릇이다. 때문에 이번 절에서 다루는 종류의 실패들은 가급적 피하는 것이 좋다. 예를 들어 도메인 주도 개발 도구를 잘못 사용하고 있다는 등의 실패라면 그 과정에서도 뭔가 배울 것이 있긴 하겠지만, 비즈니스 목표를 달성하는 데 실패할 수도 있다.

도메인 주도 설계를 적용할 때 실패하는 사례들을 보면 다음과 같은 결정적인 몇 가지 실수들을 볼 수 있다.

1. **전략적 학습을 사용하지 않는다.** 전략적 발견과 학습 기회를 무시하는 것은 도메인 주도 설계 방식의 핵심을 놓치는 것이다. 발견과 학습이 없으면 이전과 다를 것 없이 소프트웨어를 개발하게 되고, 그렇게 되면 도메인 주도 설계를 도입하기 이전의 모든 문제를 그대로 가져가는 것과 다를 것이 없게 된다. 비즈니스 전문가들과 개발자들이 같은 비전을 공유하지 않는다면 개발자들은 이전처럼 복잡한 컴포넌트들만 계속 만들 것이다. 개발자들은 도메인 주도 설계 방식의 일부 기술적인 아이디어만 도입하면 충분할 것이라고 생각하겠지만 전략적인 학습 결과를 반영하지 않는 것은 큰 실수다.

2. **너무 많은 것을 너무 빨리한다.** 코딩을 시작하기 급급해서 피상적인 수준에서 전략적 발견을 사용하는 것은 바람직하지 않다. 충분히 커뮤니케이션하고 고민하지 않고도 어떤 경우에는 콘텍스트의 경계를 금방 발견할 수 있겠지만, 이는 전략적 설계를 전혀 사용하지 않는 것과 다를 것이 없다. 팀에서 충분히 논의되고 이해하기 전에 분산 컴퓨팅 환경 위에 바운디드 콘텍스트를 적용하거나, 단일 프로세스 모듈 설계 방식으로 전략적 목표와 비즈니스 문제의 해결책을 이해하고자 시도하는 것은 많은 문제를 야기한다. 설익은 접근은 과도하게 기술적인 접근 방식으로 이어져, 전략보다는 솔루션에 지나치게 중점을 두게 될 가능성이 높다. 도메인 주도 설계는 발견, 학습, 혁신에 관한 것임을 잊어서는 안 된다.

3. **강한 커플링과 시간 종속성이 많다.** 일이 너무 빠르게 진행될 때에는 바운디드 콘텍스트 간의 업스트림 및 다운스트림 종속성에 대한 관심을 갖기가 힘들

다. 이는 콘텍스트 간 통합을 구현할 때 사용되는 방식 때문이기도 하다. 예를 들어 REST와 RPC는 API 종속성 및 시간적으로 매우 강한 커플링을 초래할 수 있다.[5] 이런 문제에 빠지면 데이터 유형 종속성을 풀기 위한 노력은 거의 고려되지도 못한다. 이로 인해 거의 모든 통합이 업스트림 콘텍스트에 순응하게 되는 경우가 많다. 종종 REST와 RPC를 사용할 때 실제로 물리적인 네트워크가 구성돼 있음에도 두 서비스 사이에 연결이 끊어져있다고 느껴질 때가 있다. 이처럼 네트워크가 단기간이라도 불안정하면 통합에 혼란을 초래해 전체 시스템에 연쇄적인 장애를 일으킬 수 있다. 메시징과 이벤트를 사용하는 경우에도 콘텍스트 간에 데이터 유형을 분리하려는 노력이 없다면 커플링은 두고두고 발목을 잡을 수 있다.

4. **광범위한 데이터 복제:** 모든 데이터에는 기록 시스템, 즉 원본 데이터와 그 데이터를 조회/조작할 수 있는 권한이 있다. 단일 데이터가 원본이 아닌 다른 위치에 복제돼 저장되면 원본과 데이터에 대한 권한이 손실될 위험이 있다. 시간이 지남에 따라 데이터 사본을 중요한 의사결정과 같이 특정한 상황에서는 사용해서는 안 된다는 것을 알고 있는 직원이 프로젝트를 떠나거나, 혼자서 일하는 신입 직원이 소유권에 대해 잘못된 가정을 하고 데이터를 부적절하게 사용하거나, 심지어 다른 사람에게 데이터 사본을 제공할 수 있고, 이는 심각한 문제로 이어질 수 있다.

5. **기술적 실패:** 이러한 실패에는 몇 가지 다양한 종류가 있다.

    a. 버그나 모델 불일치를 서둘러서 고치는 과정에서 유비쿼터스 언어가 조금씩 왜곡될 수 있다.

    b. 개발자는 미래의 미지의 요구에 대비하기 위해 매우 추상적인 유형의 계층 구조를 추구할 수 있지만, 장기적으로 그 결정이 올바른 것으로 입증되는 경우는 거의 없다. 일반적으로 코드 재사용이라는 명목으로 또는 구체적인 재사용 목표를 강조하기 위해 추상화를 채택하면 원치 않는 기술 부채가 만들어질 수 있으며, 잠재적으로 광범위한 재작업으로

---

5. 시간 종속성이 강하면 어떤 서비스가 기대한 것보다 또는 허용된 것보다 느리게 동작하는 경우 다른 서비스의 실패를 야기할 수 있다.

이어질 수 있다.
- c. 숙련도가 부족한 개발자를 프로젝트에 투입하면 거의 확실하게 실패로 이어진다.
- d. 비즈니스 모델링 지식의 격차로 인해 부채를 인식하지 못하거나, 기록하지 못하거나, 인식하고 기록된 부채를 지불하기 위한 후속 조치가 부족한 것도 또 다른 기술적 실패다.

회복이 불가능할 수도 있는 이러한 주요 프로젝트 실패의 대부분은 이 책에서 이미 어떤 식으로든 다뤘다. 가장 슬픈 부분은, 이러한 실패는 모두 피할 수 있다는 것이다. 한두 명의 분야별 전문가의 도움을 받아 프로젝트나 프로그램을 진행하고, 매달 프로젝트가 진행되는 동안 약간의 지침을 제공하면 팀의 속도를 높이고 성장과 성숙에 도움을 줄 수 있다. 이어서 소개하는 여러 지침은 프로젝트의 성공에 도움이 되는 지침들이다.

1. **비즈니스 목표를 이해한다.** 모든 이해당사자는 도메인 주도 방식으로 비즈니스 목표를 달성해야겠다는 의도를 반드시 유지해야 한다. 또한 현재까지 알고 있는 것을 기반으로 의사결정을 하되 새로운 지식을 학습했을 경우에는 유연하게 프로젝트의 방향을 바꿀 수도 있다는 사실을 이해해야 한다.
2. **전략적 학습 도구를 사용한다.** 일단 비즈니스 목표가 모두의 마음속에 확고하게 인식되고 나면 콘웨이의 법칙을 염두에 둔 커뮤니케이션 구조에 기반을 두고 팀을 구성한 후 임팩트 매핑, 이벤트 스토밍, 콘텍스트 매핑, 지형 모델링 등의 방식을 활용해 문제 영역의 도메인에 대한 이해도를 높인다. 도메인 주도 설계에서 모든 시도는 학습을 위한 시도다. 학습에 끝이 없는 것처럼 느껴진다고 해서 포기해서는 안 된다. 작고 빠르게 실패해서 실패의 비용은 줄이고, 발견과 학습은 최대화하는 것이 성공의 지름길이다.
3. **학습 결과를 충분히 이해한다.** 처음부터 완벽한 솔루션을 만들고자 서두를 필요는 없다. 전략이 마련되기 전에 코드부터 작성하는 것이 크게 나쁜 것은 아니지만 코드를 작성하는 의도는 발견과 학습을 가져오기 위한 '실험'이라는 점을 잊어서는 안 된다. 때때로 콘텍스트의 경계가 모두의 마음속에 안

착되는 데 며칠이 걸리기도 하고, 받아들여진 경계가 일견 완전해보일 수도 있지만, 언제나 크고 작은 수정은 필요할 수 있다. 심지어 경계가 정확하게 식별이 됐어도 일부 개념과 데이터는 부적절하게 사용되는 경우도 있다. 이런 경우 일부 요소를 다른 콘텍스트로 옮기는 것도 염두에 두고, 일이 진행되면서 애매했던 개념들이 좀 더 명확하게 이해될 때 다시 한 번 어떤 콘텍스트에서 그 개념을 다루는 것이 좋을지 검토해본다. 이렇게 점점 콘텍스트에 대한 이해를 점점 높여가면서 작업 방향을 수정하는 것은 피치 못하게 시행착오, 즉 시간이라는 비용을 소모하게 되는데 특히 대기업의 레거시 소프트웨어를 현대화하거나 디지털 트랜스포메이션을 추진하는 과정에서 더 많은 시간을 필요로 한다.

4. **느슨한 커플링과 낮은 시간 종속성을 추구한다.** 한 바운디드 콘텍스트가 다른 바운디드 콘텍스트에 대해 아는 것이 적을수록 좋다. 한 바운디드 콘텍스트가 다른 바운디드 콘텍스트의 API, 정보 및 내부 구조를 자신의 것으로 받아들이는 빈도가 적을수록 좋다. 한 바운디드 콘텍스트가 다른 바운디드 콘텍스트의 주어진 시간 내에 작업을 완료하는 능력에 덜 의존할수록 좋다. 하나의 바운디드 콘텍스트가 다른 바운디드 콘텍스트에 의존해 다른 콘텍스트에 대해 어떤 순서로든 정보를 제공하는 것이 적을수록 좋다. 느슨한 커플링과 시간적 디커플링은 우리의 친구다.

5. **데이터 출처와 권한을 존중한다.** 이해당사자는 권한이 없는 곳에서 데이터를 복제하거나 일회성 작업을 위해 데이터에 액세스하는 것을 피하는 방법을 배워야 한다. 5장에서 원본 소스를 존중하면서 서로 다른 서비스의 데이터에 액세스하는 방법을 설명했다.

6. **적절한 전술적 도구를 사용한다.** 이 책은 세부적인 구현 기술을 다루지는 않지만, 필자들은 후속 기술 서적인 『Implementing Strategic Monoliths and Microservices』(Vernon & Jaskuła, Addison-Wesley, 출간 예정)에서 심층적인 구현 패턴과 사례에 대한 내용을 제공할 예정이다. 간단히 말해 상황에 불필요하고 정당화할 근거 없이 더 비싼 설계로 이어지는 경향이 있는 기술 도구는 피하자.

복잡한 비즈니스 영역에 대처하는 데 사용되는 전략 및 전술 도구와 접근 방식에서 단순성을 추구하자. 성공적인 전략은 팀이 비즈니스 목표를 달성해 많은 보상과 혁신을 이뤄내도록 이끌어준다.

도구 사용

3장의 '도구 적용' 절에는 누커버리지가 문제를 발견한 이벤트 스토밍 세션의 기록이 나와 있다. 보험 신규 가입 신청자들이 신규 가입 프로세스가 완료되기도 전에 중도에 너무 많은 질문에 부담을 느껴 포기하고 있다는 점이 문제였는데, 이 문제를 해결하고자 팀은 머신러닝 알고리듬을 사용해 리스크를 평가하고 보험료율을 계산하는 방법을 찾아냈지만, 전체 신청 프로세스에 머신러닝을 어떻게 적용할지가 명확하지 않았다. 이 특정 과제를 해결하고자 설계 수준에 더 가까운 이벤트 스토밍 세션을 한 번 더 진행하기로 결정했고 팀원들과 비즈니스 전문가들이 집중적으로 논의한 끝에 새로운 신청 프로세스의 설계가 구체화되기 시작했다.

3장에서 현재 신청 프로세스는 리스크 콘텍스트의 평가와 보험료율 콘텍스트의 보험료 계산 간에 지속적으로 메시지를 교환해 신청 양식을 진행하면서 실시간으로 신청자에게 가장 정확한 예상 보험료 견적을 제공하고 있다는 점을 기억하자. 이는 신청자가 추가 질문에 답해야 하는지 여부를 판단해 진행 중인 신청 프로세스에 바로 반영된다. 이 모든 역동성은 신청자에게 예상 보험료 견적을 실시간으로 제공하는 동시에 누커버리지가 리스크를 더 정확하게 평가하고 가장 최신의 정보를 반영해서 보험료를 다시 계산할 수 있게 도와준다. 안타깝게도 이 과정에서 길고 번거로운 신청 절차가 발생했는데, 팀에서는 머신러닝 알고리듬을 도입해 이를 간소화하려고 한다.

새로운 신청 절차는 신청서에서 최소한의 데이터만 요구하며, 신청자에게 요구되는 복잡성은 거의 제로에 가깝다. 대신 기존의 복잡한 로직은 머신러닝 리스크 평가 및 보험료 계산 모델에서 수행된다. 이런 개선을 통해 가입 신청서와 리스크 평가 그리고 보험료 계산 사이의 수많은 상호작용을 다루기 위한 구체적인 비즈니스 프로세스가 팀의 목표 달성을 위해 필요하다는 사실을 확인할 수 있다. 팀은 이 비즈니스 프로세스를 프리미엄 가입 신청 프로세스라고 부르기로 했다. 그림 6.10에서 이 프로세스는 보라색(또는 라일락이나 블루베리 색)의 포스트잇으로 표현돼 있다. 일단 가입 신청서가 완성되면 '신청서 제출됨'이라는 이벤트가 발생한다. 이 이벤트는 프리미엄 가입 신청 프로세스에 의해 처리되며, 다음 단계들이 수행된다. 팀은 이벤트 스토밍 세션을 통해 개별 단계들을 배워나가는 시간을 가진다.

그림 6.10 프리미엄 가입 신청 프로세스가 식별됐다.

머신러닝 알고리듬에 기반을 둔 리스크 평가는 꽤 복잡하다. 이 프로세스는 여러 외부 데이터 소스에 액세스하고 복잡한 알고리듬 보정 단계를 처리한다. 그림 6.11에서 볼 수 있듯 누커버리지 팀은 7장에 설명된 대로 리스크 평가는 리스크 평가 서비스라는 상태가 저장되지 않는^{stateless} 도메인 서비스에서 처리하는 것이 최선이라고 판단했다. 이 서비스는 프리미엄 가입 신청 프로세스에서 리스크 평가 커맨드를 받으면 리스크 평가 단계를 시작하고 리스크 평가의 결과는 평가 결과라는 애그리거트에 캡처되고 '리스크 평가됨'이라는 이벤트가 발생한다. 이 이벤트는 프리미엄 가입 신청 프로세스에서 처리되며, 다음 처리 단계가 시작된다.

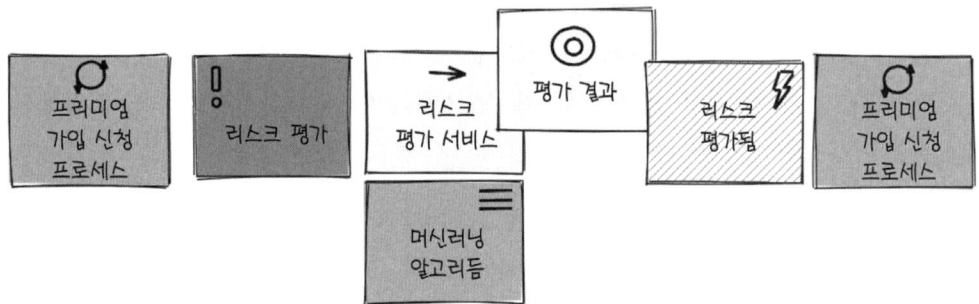

그림 6.11 머신러닝을 활용한 리스크 평가 단계의 설계

프리미엄 가입 신청 프로세스가 처리하는 다음 단계인 '보험료 계산'은 커맨드를 실행해 보험료율 계산을 시작하는 것이다. 보험료율을 계산하는 것은 꽤나 복잡한데, 우선 평가 결과에 따라 적용돼야 하는 여러 가지 계산 규칙이 있고, 거기다 리스크 가중치, 담당자의 재량, 가입 상품의 특수성 등이 모두 고려돼야 하기 때문이다. 하지만 계산 단계 자체는 이전 상태^{state}에 구애받지는 않는다. 그때그때 모든 변수를 입력하면 상태를 저장할 필요 없이^{stateless} 보험료율 계산은 충분히 가능하다. 이러한 내용을 고려했을 때 보험료율 계산 서비스를 도메인 서비스로 선정하는 것이 바람직하다. 보험료율 계산이 완료되면 '보험료율 계산됨'이라는 이벤트가 발생하고, 이 이벤트는 계산된 보험료율 정보를 담고 있다. 이 이벤트 역시 프리미엄 가입 신청 프로세스에 의해 처리된다.

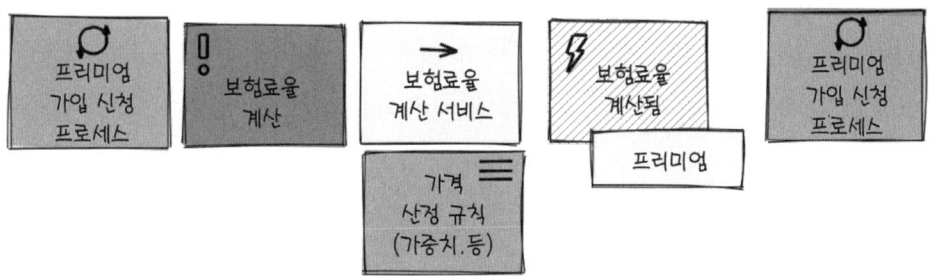

그림 6.12 보험료 계산 단계의 설계

이렇게 보험료율이 계산되고 나면 이제 신청자에게 보험 견적을 제공할 수 있다. 프리미엄 가입 신청 프로세스는 '보험료 기록'이라는 커맨드를 실행해 남은 보험 가입 절차를 추가로 진행한다. 보험료 기록 커맨드가 실행되고 나면 보험 견적이 생성되고, 이를 가입 신청자가 보는 화면상에 표시해 신청자의 다음 행동을 기다린다. 그림 6.13은 이 과정을 보여준다.

그림 6.13 계산된 보험료를 기록하고, 견적을 생성해 보여주는 마지막 단계

팀은 신청에서 견적까지 처리하는 데 관련된 다양한 콘텍스트를 파악하고자 전체 프로세스 설계를 다시 한 번 검토하기로 결정했다. 그림 6.14에서 볼 수 있듯이 팀은 타임라인 전체에서 관련된 콘텍스트를 식별하고자 다양한 단계 위에 분홍색 스티커를 배치했다. 이 타임라인은 이벤트 스토밍 세션의 (현재 시점에서의) 최종 결과물이다. 현재는 모두가 결과에 만족하고 있지만 이것이 끝이 아니라는 것, 앞으로 더 많은 것을 발견하고 개선할 수 있다는 것을 모두 잘 알고 있다.

가입 신청 프로세스에서 식별된 바운디드 콘텍스트는 보험 계약 심사, 리스크 그리고 보험료율이다. 보험 계약 심사 콘텍스트는 보험 가입을 원하는 예비 고객이 신청서를 작성하는 단계에서 데이터를 수집하는 것부터 시작해서 마지막으로 신청자에게 보험 견적을 보여주는 데까지 관여한다. 신청의 모든 단계를 주도하는 프리미엄 가입 신청 프로세스는 보험 계약 심사 콘텍스트에 속한다. 리스크 콘텍스트는 머신러닝 알고리듬의 도움을 받아 리스크를 평가하고 보험료율 콘텍스트는 적절한 표준 규칙과 특정 설계사에게 적용되는 규칙을 사용해 보험료를 계산한다.

디자인 세션의 마지막 단계에서 팀은 콘텍스트 매핑을 사용해 서로 다른 콘텍스트 간의 관계와 통합이 어떻게 작동할지 명시하기로 결정하고 이를 명시했다. 그림 6.15는 이 매핑을 보여준다.

앞서 '파트너십'을 설명할 때 리스크 팀이 본연의 업무인 보험 계리 업무 이외에 보험료율 계산도 함께 할 수밖에 없는 구조를 언급했는데, 이미 과중한 업무에 시달리고 있는 상황에서 이런 추가적인 부담을 떠안는 것이 문제가 될 수 있다고 언급했다. 이러한 발견은 원래의 리스크 팀을 두 팀으로 분할해 리스크와 보험료율이라는 각각의 콘텍스트를 담당하도록 결정하는 데 영향을 미쳤다. 따라서 총 3개의 누커버리지 팀이 가입 신청부터 견적 제공까지 전 과정을 처리하는 작업을 수행하게 됐다. 세 팀은 각각 보험 계약 심사, 리스크, 보험료율 콘텍스트를 담당하고, 처음에는 실용적인 결정에 따라 리스크와 보험료율은 파트너십 관계 내에서 작동해야 한다고 결정했다. 이 두 팀의 목표는 적어도 구현 초기 단계에서는 상호 의존적이며, 두 팀 모두의 성공 없이는 견적 산출이라는 목표를 달성할 수 없다.

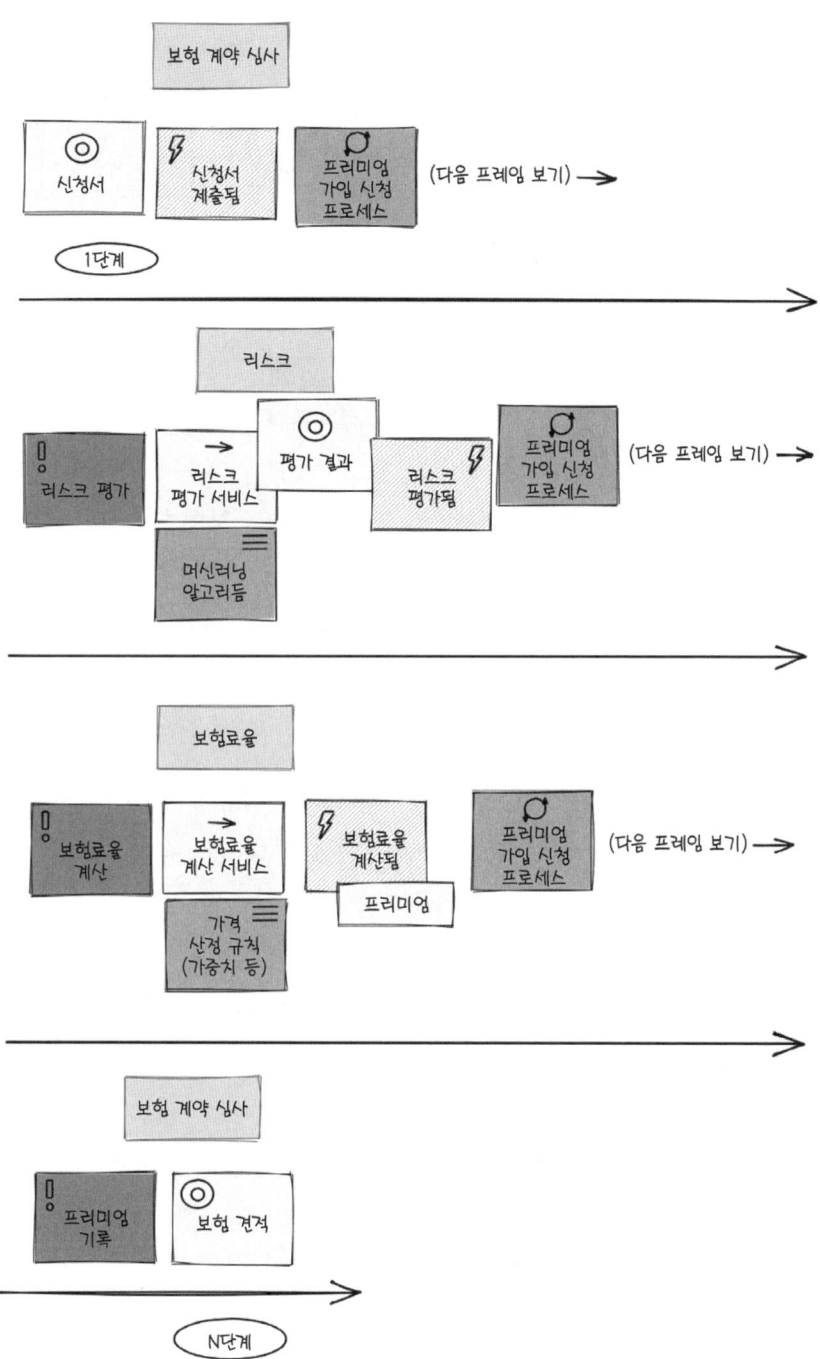

그림 6.14 이벤트 스토밍 세션의 결과로 새롭게 설계된 가입 신청 프로세스

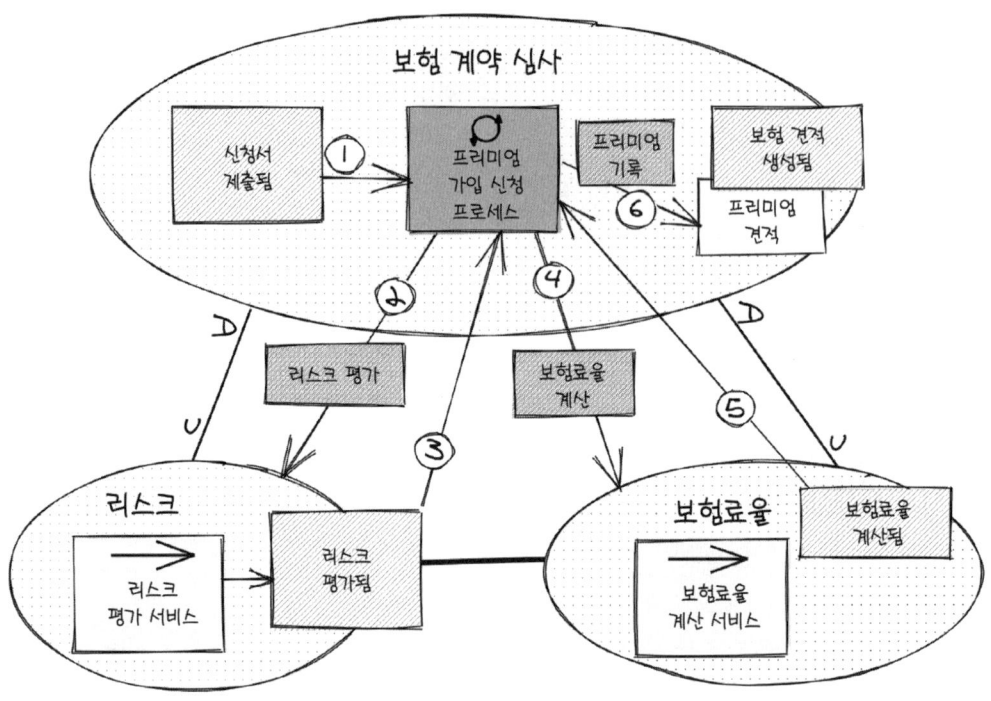

그림 6.15 보험 계약 심사, 리스크, 보험료율 콘텍스트 사이의 콘텍스트 매핑

실제로 리스크 팀의 산출물인 리스크 평가 결과와 보험료율 팀의 산출물인 보험료율 계산 모델 간에는 상당히 긴밀한 조율이 필요한데, 두 팀이 파트너십 관계를 맺지 않는다면 서로 설계와 정보 교환 규격 등이 일치하지 않아 이러한 조율 작업을 불필요하도록 어렵게 만들 수 있다. 앞서 설명한 것처럼 파트너십을 장기적으로 유지할 필요는 없다. 어느 시점에서 파트너십은 두 팀이 상호 간의 긴밀한 협력이 필요 없는 각 팀의 고유 분야에서 각자 독립적으로 빠르게 움직이는 것을 막는 병목으로 작용할 수가 있기 때문이다.

각 팀은 보험 계약 심사, 리스크 및 보험료율 콘텍스트 간에 공유할 수 있는 발행된 언어를 설계하는 것을 고려했다. 이 제안된 언어는 업무를 처리하는 데 필요한 커맨드와 이벤트가 포함된다. 하지만 프리미엄 가입 신청 프로세스가 업스트림-다운스트림, P2P 등 콘텍스트 간 종속성을 관리하기 때문에 단일한 발행된 언어는 필요하지 않을 것이다. 그리고 보험 계약 심사 콘텍스트 내에서 구현될 프리미엄 가입 신청 프로세스가 느슨한 커플링을 유지하려면 스키마 레지스트리가 사용될 것이다.

보험 계약 심사 콘텍스트는 평가된 리스크와 계산된 보험료율에 따라 달라지므로 리스크 및 보험료율의 다운스트림이다. 이는 명백히 고객-공급자 관계다. 보험 계약 심사 팀은 리스크 및 보험료율 팀과 동기화해 신청부터 견적까지 전체 프로세스를 구현해야 한다. 리스크 및 보험료율 콘텍스트는 모두 제한적이지만 독립적인 발행된 언어를 정의하며, 프리미엄 가입 신청 프로세스에서 이를 사용한다. 보험 계약 심사 콘텍스트는 신청 데이터를 리스크 콘텍스트에 전달해야 하지만, 신청 데이터는 리스크 발행된 언어에 따라 형식이 지정돼야 한다. 반대로 보험료율 콘텍스트는 '보험료율 계산됨'이라는 이벤트와 계산된 보험료 정보를 자체 발행된 언어로 보험 계약 심사 콘텍스트에 전달한다. 이런 설계는 콘텍스트 간에 매우 바람직한 느슨한 커플링을 구현하는 데 도움이 된다.

▌정리

6장에서는 콘텍스트 맵을 사용해 두 팀과 각각의 바운디드 콘텍스트 간의 관계를 식별하는 방법을 소개했다. 콘텍스트 매핑은 팀이 직면한 상황을 인식하는 데 도움이 되며, 전체 시스템 솔루션으로 이어지는 특정 모델링 문제를 인식하고 해결할 수 있는 도구를 제공한다. 콘텍스트 매핑에 지형 모델링 방식을 사용하면 경계를 정의하고 다양한 바운디드 콘텍스트가 함께 작동하는 방식을 지정하는 데 도움이 된다. 한편 비용이 많이 들고 프로젝트의 실패로 이어질 수 있는 여러 가지 흔한 실수에 대한 내용과 도메인 주도 설계 도구의 올바른 사용법을 통해 이러한 실수를 예방할 수 있는 지침도 소개했다.

다음 원칙을 염두에 두자.

- 각 통합 지점에 콘텍스트 맵을 적용해 실제 존재하는 팀 간 관계를 파악하고, 주어진 관계와 통합 수단을 개선해 더 나은 상황을 찾는다.

- 파트너십, 고객-공급자, 순응주의자, 부패 방지 계층, 오픈 호스트 서비스, 발행된 언어와 같은 적절한 콘텍스트 매핑 옵션을 현재 및 미래의 모델링 상황에 올바르게 적용한다.
- 지형 모델링은 시스템의 형태와 특성을 이해하고 경계 콘텍스트 간의 세부적인 정보 교환 흐름을 파악하는 좋은 수단이다.
- 도메인 주도 설계 도구를 오용하지 않도록 주의하자. 실제로 도메인 주도 설계가 어려운 이유이기도 한데, 개념을 오해하고 도구를 잘못 사용하면 전체 프로젝트가 실패하고 결과적으로 비즈니스 목표를 달성하지 못할 수 있다.

도메인 주도 설계에서 대부분의 흔한 실수는 피할 수 있다. 도메인 주도 설계 전문가를 고용해 시스템 아키텍처와 개발을 시작하고 궤도에 올려놓을 수 있도록 지원하자.

7장에서는 모호함으로 인한 혼란 없이 지식 영역을 소스코드에 표현하는 데 사용되는 전술적 도메인 주도 모델링 도구를 소개한다.

참고문헌

[Consumer-Driven-Contracts]
    https://martinfowler.com/articles/consumerDrivenContracts.html

[StrucDesign] W. P. Stevens, G. J. Myers, and L. L. Constantine. "Structured Design." IBM Systems Journal 13, no. 2 (1974): 115-139.

[VLINGO-XOOM] https://github.com/vlingo와 https://vlingo.io

7장
도메인 개념 모델링

많은 프로젝트가 도메인 모델을 제대로 만들지 못하기 때문에 도메인 모델의 혜택을 보지 못한다. 모델링이 제대로 이뤄지지 않는 이유는 데이터를 비즈니스 개념으로 인식하기 때문이다. 결국 우리는 "데이터는 비즈니스의 가장 중요한 자산이다."라는 사실을 끊임없이 떠올린다. 우리는 크고 빠르게 움직이는 데이터에 이미 친숙하기 때문에 이 명제에 반대하기는 어려워 보인다. 그러나 데이터가 가장 중요하다고 생각하더라도 그 데이터에서 가치를 최대한 추출해 어떻게 처리해야 하는지 알고 있는 똑똑한 사람들이 없다면 데이터는 아무런 의미가 없다.

이것이 전술적인 모델링이 필요한 부분이다. 일단 우리가 취해야 할 전술적인 방향을 잘 이해하고 나면 구현에 더 초점을 맞출 수 있다. 비즈니스 모델 구현이 주로 데이터 기반으로 이뤄질 때, 그 결과물은 주로 다음과 같은 요소로 구성된다.

- 큰 명사는 모듈이다. 데이터를 중심으로 보면 모듈은 일반적으로 비즈니스 동인보다는 데이터를 조작하는 도구로서의 특성을 가진다. 팩토리, 엔터티, 데이터 접근 객체[DAO, Data Access Object] 또는 리포지토리[repository], 데이터 전송 객체[DTO, Data Transfer Object], 데이터 서비스, 데이터 매퍼 등이 있다.
- 중간 크기의 명사는 엔터티, 비즈니스 중심 서비스, 데이터 조작 도구(앞에 나열돼 있는 것과 같다)이다.
- 작은 명사는 필드, 속성 또는 엔터티의 프로퍼티 또는 데이터 중심 도구다.

모든 데이터 객체의 세부 부분들이 작은 명사다. 교육과 컨설팅 업무를 하면서 필자들은 다른 사람들에게 아침에 일어나서부터 지금까지의 하루를 명사만 사용해서 설명해보라고 질문하는 것을 좋아한다. 아마 그룹의 일부 사람이 '경보기, 욕실, 옷장, 옷, 부엌'과 같은 단어들에 목소리를 높이는 것을 기대하겠지만, 놀랍게도 대부분은 시작하는 데조차 어려움을 겪는다. 그것은 사람들이 명사로 생각하지 않기 때문이다.

대신 사람들은 다른 사람들과 소통할 때 표현 수단으로 사용하는 개념들을 갖고 생각한다. 그러려면 단어와 명사를 포함하지만 그보다 훨씬 풍부한 표현의 형태가 필요하다. 그런 표현을 만드는 노력을 기울이는 사람들 없이 구현됐을 때 소프트웨어는 혼란 상태에 놓이게 된다. 소스코드를 읽는 모든 사람은 수백, 수천 개의 크고 작은 명사의 의미를 해석해야 한다. 이 접근법은 너무 복잡해서 결과적으로 프로젝트가 실패하게 할 수 있는 위험성을 갖고 있다. 심지어 명사의 수가 적더라도 모든 명사의 의미를 전부 기억하는 것은 불가능하며, 많은 것에 영향을 주게 된다. 도메인 모델링에 명확성, 좁은 의미, 명확한 동작 의도는 필수적이다.

7장에서는 비즈니스 개념을 풍부한 표현으로 모델링하고, 소프트웨어로 수행되는 비즈니스 작업에 최적화된 언어로 데이터 및 비즈니스 규칙을 보강하는 것의 중요성을 강조한다. 그렇게 하면 명확한 의미를 전달할 수 있다. 이 주제에 대한 다른 가이드는 『Implementing Domain-Driven Design』[IDDD]와 빠른 시작 가이드는 『Domain-Driven Design Distilled』[DDD-Distilled]와 같은 책이다. 여기서는 도구를 자세히 설명하지 않지만 개념을 이해하기에 충분한 정보를 제공한다.

엔터티

엔터티entity는 개별적인 것의 개념적인 전체를 모델링할 때 사용된다. 고유한 ID를 만들어 할당함으로써 각 엔터티에 개별성을 부여한다. ID의 고유성은 엔터티의 생애 주기 범위 안에서 달성돼야 한다. 엔터티가 모델링 콘텍스트 안에서 최상위 개념이라면 전역적으로 고유한 ID가 할당돼야 한다. 엔터티가 상위 엔터티 안에 있는 경우에 하위 엔터티는 상위 엔터티 안에서만 고유하게 식별돼야 한다. 엔터티의 모듈명, 개념명, 일괄 생성된 ID를 조합해 지정한 엔터티 인스턴스를 고유하게 만들 수 있다.

다음 두 엔터티는 모두 '1'이라는 ID 값을 갖고 있지만 모듈명과 개념명이 서로 다르기 때문에 전역적으로 고유하다.

```
com.nucoverage.underwriting.model.application.Application : 1
com.nucoverage.rate.model.rate.PremiumRate : 1
```

엔터티는 변경될 수 있고 객체 기반의 엔터티는 매우 변경되기 쉽지만 그것만으로 엔터티라고 볼 수는 없다. 엔터티는 불변으로 만들 수도 있기 때문이다. 모델 안에서 개별적인 엔터티를 엔터티로 볼 수 있는 핵심은 고유성이다. 그림 7.1에서 Application은 엔터티이며 applicationId가 Application의 고유한 ID다.

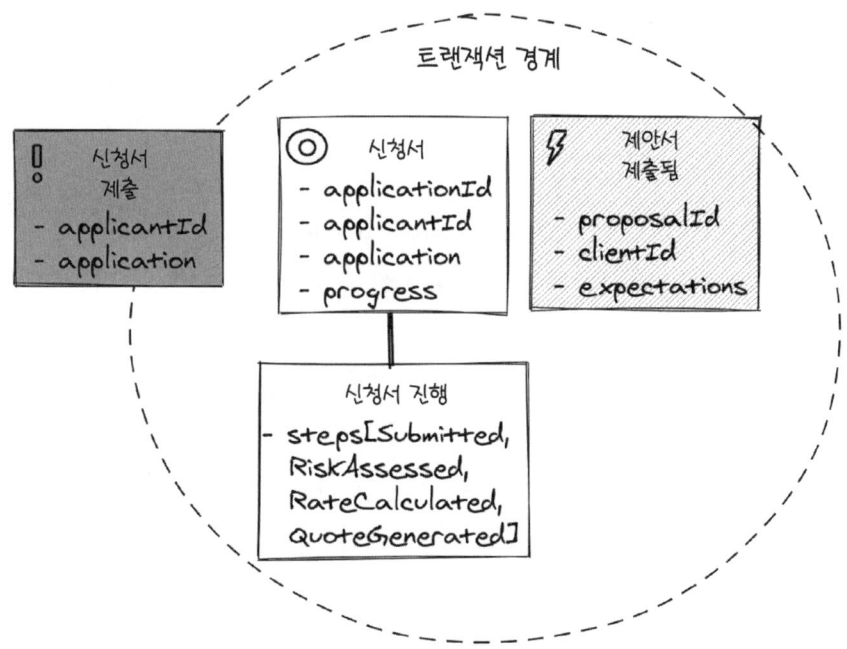

그림 7.1 트랜잭션 경계로서 애그리거트를 구성하는 엔터티 및 값 객체

값 객체

값 객체^{Value Object}는 하나 이상의 데이터 속성 또는 프로퍼티들이 함께 조합돼 하나의 값으로 모델링된 개념이다. 그러므로 값 객체는 상수이고 불변 상태다. 고유한 ID를 갖는 엔터티와 다르게 값 객체는 고유하지 않다. 값은 ID를 갖지 않는다고 말할 수도 있지만 값 객체도 ID 개념은 갖고 있다. 값 객체의 ID는 값 객체의 타입명과 함께 조합된 속성/프로퍼티 모두를 갖고 결정된다. 즉, 값 객체의 전체 상태가 값 객체의 ID를 나타낸다. 값의 경우 ID의 고유성이 기대되지 않는다. 같은 ID를 갖는 두 값은 동일하다. 값의 ID라는 개념이 이치에 맞든 아니든 간에 이해해야 하는 가장 중요한 것은 2개 이상의 값이 같은 일이 꽤 흔하다는 것이다.

값의 예로 'integer 1'을 들 수 있다. 두 'Integer 1'의 값은 동일하며 단일 소프트웨어 프로세스 안에서 아주 많은 'integer 1' 값이 있을 수 있다. 다른 예는 텍스트 문자열 "one"이다. 일부 현대 프로그래밍 언어에서 'integer 1'은 기본 단일 값 타입 중 하나인 스칼라scalar다. 다른 스칼라는 long, boolean, char/character다. 정의의 출처에 따라 문자열은 스칼라일 수도 있고 아닐 수도 있다. 하지만 그것은 중요하지 않다. 문자열은 일반적으로 char 배열로 모델링되며, 문자열은 유용하고 부수 효과가 없는 기능들을 제공한다.

다른 값 타입은 그림 7.1에 포함돼 있는 ApplicationId(인스턴스 변수로 표시됨)와 Progress다. Progress는 부모 Application 엔터티에서 수행된 워크플로 처리 단계의 진행률을 추적한다. 각 단계가 완료되면 Progress는 이미 일어난 단계와 함께 각 개별 단계를 캡처하는 데 사용된다. 추적을 위해 Progress의 현재 상태는 변경되지 않는다. 오히려 이전 단계의 현재 상태(이전 상태가 있다면)는 새 단계와 조합돼 새로운 Progress 상태를 만든다. 이렇게 하면 값 불변성 제약 조건이 유지된다.

값 1을 고려할 때 값은 불변이라는 논리를 추론할 수 있다. 값 1은 변경될 수 없으며 언제나 1이다. 값 1을 3 또는 10으로 변경할 수 있다면 의미가 없다. 이는 값 1을 갖고 있을 수 있는 total 같은 정수 변수에 대한 얘기가 아니다. 물론 가변 변수인 total 자체는 변경될 수 있다. 예를 들어 값 1을 갖고 있도록 할당한 다음에

3을 갖게 할당하고, 그다음에 10을 갖게 할 수 있다. 차이점은 total 변수는 변경될 수 있지만 변수가 갖고 있는 1과 같은 불변 값 자체는 변하지 않는다는 것이다. Progress의 상태는 integer보다 복잡하지만 같은 불변 제약 조건을 갖게 설계됐다. Progress 상태 자체는 변경될 수 없지만 Progress 타입의 새로운 값을 도출하는 데 사용할 수 있다.

애그리거트

일반적으로 어떤 비즈니스 규칙은 단일 부모 객체 안의 특정 데이터가 부모 객체의 수명 동안 일관성을 유지하도록 요구한다. 그것은 부모 객체 A가 있을 때 같은 일관성 경계 안에서 관리되는 데이터 항목을 동시에 변경하는 동작을 A에 위치시켜서 달성할 수 있다. 이런 종류의 동작 연산은 원자성(atomicity)이라고 알려져 있다. 즉, 원자성 연산은 A의 일관성이 제한된 데이터 전체 하위 집합을 원자적으로 변경한다. 데이터베이스에서 일관성을 유지하고자 원자적 변환을 사용할 수 있다. 원자적 데이터베이스 변환은 A의 원자적 행동 연산과 유사하게 저장돼야 하는 데이터 주위에 격리 영역을 생성해서 데이터가 격리 영역 외부의 어떤 방해나 변경 없이 데이터가 항상 디스크에 기록되게 하기 위한 것이다.

도메인 모델링 콘텍스트에서 애그리거트는 부모 객체의 데이터 주위로 트랜잭션 경계를 유지하고자 사용된다. 애그리거트는 최소 하나의 엔터티로 모델링되고, 그 엔터티는 0개 또는 그 이상의 다른 엔터티와 최소 하나의 값 객체를 가진다. 애그리거트는 전체 도메인 개념을 구성한다. '루트'라고 불리는 외부 엔터티는 전역적으로 고유한 ID를 가져야 한다. 그것이 애그리거트는 최소 하나의 값 객체를 가져야 하는 이유다. 엔터티의 모든 규칙은 애그리거트에도 적용된다.

그림 7.2에서 견적 정책(PolicyQuote)은 개념의 트랜잭션 경계를 관리하는 루트 엔터티다. 애그리거트가 데이터베이스에 저장되면서 원자적 데이터베이스 트랜잭션이 커밋될 때 모든 비즈니스 상태 일관성 규칙을 준수해야 하기 때문에 트랜잭션 경계가 필요하다. 관계형 데이터베이스를 사용하거나 키-값 저장소를 사용하거나 상

관없이 단일 애그리거트의 전체 상태는 원자적으로 유지돼야 한다. 2개 이상의 엔터티 상태를 함께 다뤄야 한다면 이 조건을 준수하는 것이 불가능할 수 있는데, 그럴 때는 애그리거트의 트랜잭션 경계를 다시 생각해볼 필요가 있다.

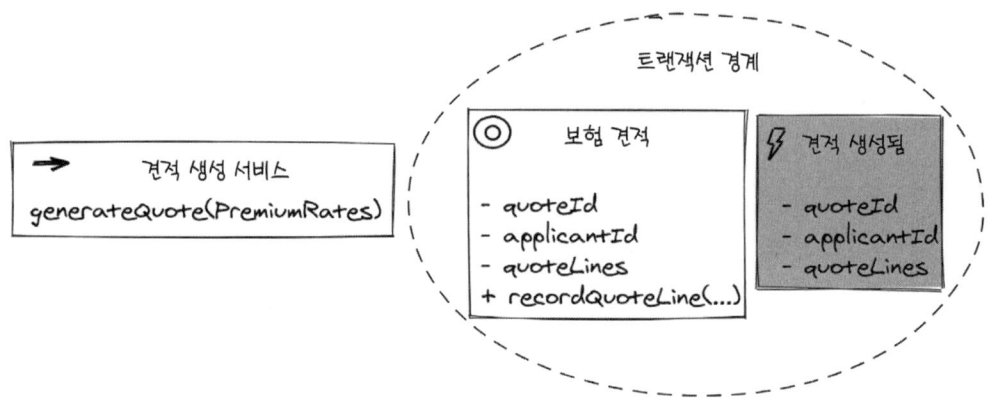

그림 7.2 도메인 서비스는 작은 비즈니스 프로세스를 가이드할 책임을 진다.

도메인 서비스

가끔 비즈니스 규칙을 적용하는 연산이 특정 타입의 멤버로 구현되기에 적합하지 않은 상황이 있다. 이는 수행해야 하는 연산이 하나의 인스턴스 메서드에서 할 수 있는 것보다 많은 동작을 해야 하는 경우, 연산이 둘 이상의 같은 타입의 인스턴스를 함께 다루는 경우 그리고 연산이 둘 이상의 서로 다른 타입의 인스턴스를 함께 다뤄야 하는 경우로 구분할 수 있다. 그런 상황에서 도메인 서비스를 사용한다. 도메인 서비스는 하나의 엔터티 또는 값 객체에 속하지 않는 하나 이상의 연산을 제공하고, 서비스 자체는 엔터티와 값 객체처럼 상태를 소유하지 않는다.

그림 7.2에서 QuoteGenerator라는 이름의 도메인 서비스를 볼 수 있다. QuoteGenerator는 PremiumRates라는 이름의 매개변수 하나를 입력받아 그것을 하나 이상의 (특정한 범위와 프리미엄으로 구성되는) QuoteLine 인스턴스로 변환해서 PolicyQuote 애그리거트에 기록한다. 최종 QuoteLine이 기록되면 QuoteGenerated 이벤트를 발생시킨다.

애플리케이션 서비스와 도메인 서비스의 중요한 차이점은 애플리케이션 서비스는 비즈니스 로직을 포함하지 않아야 하는 반면, 도메인 서비스는 항상 비즈니스 로직을 포함해야 한다는 것이다. 애플리케이션 서비스는 유스케이스를 조율하고 트랜잭션을 관리하지만 도메인 서비스는 그런 일을 하지 않는다.

함수형 동작

도메인 모델링에 대한 많은 접근법이 있지만 현재까지는 객체지향 패러다임이 지배적으로 사용되고 있다. 그러나 가변 객체 대신에 순수 함수를 사용해 도메인 동작을 표현하는 방법도 있다.[1] 8장의 '명령형 셸을 가진 함수형 코어' 절에서는 도메인 모델에 순수 함수를 사용하는 함수형 코어 접근 방식을 활용할 때의 이점을 설명한다. 결과적으로 코드는 더 예측 가능하고 쉽게 테스트할 수 있으며 추론하기 쉬워진다. 함수형 동작은 순수 함수형 언어에서 표현하는 것이 더 쉽지만, 일상적으로 사용하는 대부분의 프로그래밍 언어에서 기본적인 함수형 표현을 제공하기 때문에 기존 객체지향 언어에서 함수형 언어로 전환할 필요는 없다. 자바나 C#과 같은 현대의 객체지향 언어는 기본적인 것을 넘어 함수형 프로그래밍까지 가능한 기능적인 구조를 포함한다. 완전 **함수형 언어**[2]의 기능을 모두 제공하는 것은 아니지만 함수형 동작을 갖고 도메인 모델을 구현하는 것은 충분히 달성할 수 있다.

도메인 주도 설계를 사용한 도메인 모델링 접근법은 함수형 동작으로 모델을 표현할 때도 잘 작동한다. 에릭 에반스는 그의 책 『도메인 주도 설계』[DDD-Evans]에서 코드 깊숙한 곳에 숨어있는 부수 효과를 가진 기능이 호출돼 의도하지 않은 결과를

---

1. 어떤 사람들은 객체지향 프로그래밍이 시대에 뒤떨어졌고 함수형 프로그래밍 패러다임이 '더 나은 방법'이라고 말하기도 한다. 그러나 필자는 각 프로그래밍 패러다임은 각자의 강점과 약점을 갖고 있으며 모든 경우에 우수한 패러다임은 없다고 강조한다.
2. 함수형 프로그래밍 기능들이 여러 객체지향 언어의 새 버전에 출시됐다. 객체지향 프로그래밍에서 함수형 프로그래밍으로, 또는 반대로 전환하는 것이 가능한 다중 패러다임 언어가 됐다. 언어에서 패러다임을 어떻게 혼합하는 것이 효과적인지, 아니면 어떤 방법이 개발 중인 비즈니스 소프트웨어 모델의 표현을 방해하는지는 아직 질문으로 남아있다.

가져오는 것을 피하고자 '부수 효과 없는 함수'를 사용하는 것의 중요성을 강조했다. 실제로 앞에서 설명한 것과 같이 값 객체는 함수형 동작을 구현하기 위한 한 가지 방법의 예다. 부수 효과를 피할 수 없을 때는 각 작업의 구현에 대한 깊은 이해 없이는 작업 결과를 예측할 수 없다. 부수 효과의 복잡성이 커지면 솔루션은 품질을 보장할 수 없기 때문에 부서지기 쉽다. 이러한 함정을 피하는 유일한 방법은 코드를 단순화하는 것이며, 여기에는 최소한의 함수형 동작을 사용하는 것이 포함될 수 있다. 함수형 동작은 적은 노력으로도 유용한 경향이 있다(두 패러다임 모두 코드가 잘못 작성되는 예는 매우 많으므로 함수형 프로그래밍 언어를 은탄환으로 생각해서는 안 된다).

리스크와 보험료율을 기준으로 정책을 인용하는 예를 생각해보자. 보험 계약 심사Underwriting 콘텍스트에서 일하는 누커버리지 팀은 PolicyQuote를 모델링할 때 함수형 동작을 사용하기로 결정했다.

```
public record PolicyQuote
{
    int QuoteId;
    int ApplicantId;
    List<QuoteLine> QuoteLines;
}
```

이 예제에서 PolicyQuote는 불변 레코드로 모델링됐다. 불변성은 상태를 변경할 수 없는 레코드를 생성하는 수단이라고 설명할 수 있다.

- 다른 함수에 의해 상태가 변경될 걱정 없이 PolicyQuote 인스턴스를 다른 함수에 전달할 수 있다.
- 불변 인스턴스에는 잠금과 교착 상태가 생겨날 가능성이 없기 때문에 인스턴스를 동시성 환경에서 서로 다른 스레드끼리 공유할 수 있다.

이러한 점들이 누커버리지 팀의 주요 의사결정 요인은 아닐 수 있지만, 불변성을 갖게 설계한 경우에는 이러한 이점을 공짜로 얻을 수 있다는 것은 도움이 된다. 함수형 동작을 적용하기 위한 첫 번째 단계는 도메인 개념을 불변 구조로 정의하는 것이다. 다음으로 누커버리지는 구체적인 동작을 순수 함수로 정의해야 한다. 이러한 작업 중 하나는 PolicyQuote에 의해 만들어진 QuoteLine 인스턴스를 기록하는 것이다. 기존 OOP 접근법에서는 PolicyQuote 인스턴스에서 RecordQuoteLine 연산을 호출하면 인스턴스 내부 상태가 새로운 PolicyQuote를 기록하도록 변경된다. 함수형 동작 접근법에서는 PolicyQuote가 불변이고 이미 생성된 인스턴스는 변경될 수 없기 때문에 내부 상태 변경은 허용되지 않는다. 그러나 변경을 전혀 요구하지 않는 접근법이 있다. RecordQuoteLine 연산을 순수 함수로 구현하면 된다.

```
public Tuple<PolicyQuote, List<DomainEvent>> RecordQuoteLine(
   PolicyQuote policyQuote,
   QuoteLine quoteLine)
{
   var newPolicyQuote =
        PolicyQuote.WithNewQuoteLine(policyQuote, quoteLine);

   var quoteLineRecorded =
        QuoteLineRecorded.Using(quoteId, applicantId, quoteLine);
   return Tuple.From(newPolicyQuote, quoteLineRecorded);
}
```

이 예제에서 RecordQuoteLine은 순수 함수로 정의됐다. 동일한 값으로 함수를 호출하면 동일한 결과를 얻는다. 이는 RecordQuoteLine 함수가 순수 수학 함수 power = x * x에 2를 넘기면 항상 4가 나오는 것과 유사하게 동작한다는 것을 의미한다. RecordQuoteLine 함수는 현재 QuoteLine 컬렉션에 새 QuoteLine이 추가된 새 PolicyQuote 인스턴스를 QuoteLineRecorded 도메인 이벤트와 함께 튜플^{tuple3}로 조합해 반환한다.

입력 매개변수 policyQuote는 절대 변경되지 않는다는 것에 유의하자. 이 접근법

---

3. 튜플은 2개 이상의 임의의 타입을 조합한 전체를 대표한다. 여기서 PolicyQuote와 List<DomainEvent>는 하나의 전체로 다뤄진다. 튜플은 함수가 한 가지 타입의 결과만 반환할 수 있기 때문에 함수형 프로그래밍에서 자주 사용된다. 튜플은 여러 값을 갖고 있는 단일 값이다.

의 주요 이점은 RecordQuoteLine 함수가 동작의 예측 가능성과 테스트 가능성을 향상시켰다는 것이다. 관찰 가능한 부수 효과나 애플리케이션 상태의 의도하지 않은 변경이 일어날 수 없기 때문에 함수의 구현을 살펴볼 필요가 없다. 함수형 패러다임의 또 다른 중요한 이점은 함수의 출력 타입이 다른 함수의 입력 타입과 일치하면 다른 순수 함수를 쉽게 조합할 수 있다는 점이다. 이 메커니즘은 이 책의 범위를 벗어나지만 구현을 다룬 후속작 『Implementing Strategic Monoliths and Microservices』(Vernon & Jaskula, Addison-Wesley, 출간 예정)에서 제공된다.

함수형 동작의 주요 장점은 모델에서 사용되는 추상화의 표면을 단순화해 예측 가능성과 테스트 가능성을 향상시킨다는 것이다. 현대 객체지향 언어의 기능과 그들이 제공하는 이점을 고려할 때 함수형 동작을 사용하는 것은 이점이 많다. 적어도 초기에는 '명령형 셸을 가진 함수형 코어' 접근법을 사용해 함수형 프로그래밍을 시도해보자.

도구 적용

도메인 모델링은 실험하기 가장 좋은 장소 중 하나다. 3장에서 설명한 신속한 이벤트 기반 학습이 그 예다. 실험은 모델링할 비즈니스 개념을 가장 잘 설명하는 이름과 행동 표현을 사용해 신속하게 수행해야 한다. 이 작업은 포스트잇, 가상 화이트보드 및 다른 협업 드로잉 도구 그리고 물론 소스코드로도 수행할 수 있다. 이러한 도구들은 이 책의 나머지 장에도 적용할 수 있다.

『Implementing Domain-Driven Design』[IDDD]과 빠른 가이드는 『Domain-Driven Design Distilled』[DDD-Distilled]에서 이러한 모델링 기술의 많은 예를 찾을 수 있다.

정리

7장에서는 엔터티, 값 객체, 애그리거트와 같은 도메인 주도 설계의 전술적 모델링 도구를 소개했다. 도구가 다루려는 모델링 상황에 따라 적절한 도구는 달라질 수 있다. 또 다른 모델링 도구인 함수형 동작은 가변 객체 대신 순수 함수로 도메인 모델의 동작을 표현하는 데 사용된다.

7장의 주요 내용은 다음과 같다.

- 엔터티는 고유하게 식별되며 개별 상태 및 생명주기를 갖는 사물을 개념적인 전체로 모델링할 때 사용한다.
- 값 객체는 하나 이상의 데이터 속성/프로퍼티를 조합해 캡슐화하고 부수 효과가 없는 동작을 제공한다. 값 객체는 불변이고 고유하게 식별되지 않으며, 값 객체의 타입 및 캡슐화된 모든 속성/프로퍼티의 조합에 의해서만 식별 가능하다.
- 애그리거트는 하나 이상의 엔터티 또는 값 객체로 구성되는 전체 개념을 모델링한다. 여기서 부모 엔터티는 트랜잭션 일관성의 경계를 나타낸다.
- 도메인 서비스는 자체 상태를 저장하지 않으며, 엔터티 또는 값 객체에 포함되기 어려운 비즈니스 연산을 모델링할 때 사용한다.
- 함수형 동작은 순수 함수에 비즈니스 규칙을 포함하지만 순수 함수형 프로그래밍 언어를 사용할 필요는 없다. 즉, 자바 또는 C#과 같은 현대의 객체 지향 언어를 사용해 순수 함수를 구현할 수 있다.

이것으로 2부를 마친다. 3부에서는 기술적인 흥미보다는 실용적인 목적을 제공하는 소프트웨어 아키텍처 스타일과 패턴을 다룬다.

▌참고문헌

[DDD-Distilled] Vaughn Vernon. Domain-Driven Design Distilled. Boston, MA: Addison-Wesley, 2016.

[DDD-Evans] Eric Evans. Domain-Driven Design: Tackling Complexity in the Heart of Software. Boston, MA: Addison-Wesley, 2004.

[IDDD] Vaughn Vernon. Implementing Domain-Driven Design. Boston, MA: Addison-Wesley, 2013.

3부
이벤트 우선 아키텍처

3부에서는 매우 다양하고 적응력이 뛰어난 애플리케이션과 서비스를 만들 수 있는 소프트웨어 아키텍처 스타일과 메커니즘을 소개한다. 3부는 이전 내용에 비해 더 기술적인 내용을 다루고 있지만 예시 다이어그램과 설명을 많이 추가해 소프트웨어 개발에 종사하지 않는 독자도 이해할 수 있게 구성했다. 최소한 경영진과 고위 관리자들은 좋은 소프트웨어 아키텍처 결정을 내리는 방법을 기본적으로 이해하고 실무자가 나쁜 결정을 피하도록 도와줘야 하기 때문이다. 기본적인 지식을 갖고 소프트웨어 아키텍트 및 개발자와 함께 자유롭게 대화하며 그들이 내린 결정에 대해 물어보자. 그들이 내린 결정이 시간의 시험과 지속적인 변화를 견딜 수 있는지 끊임없이 확인해야 한다.

8장. 기초 아키텍처

모든 소프트웨어 아키텍처는 어딘가에서 시작해야 하는데, 8장에서는 이러한 노력을 시작하기 위한 기본 구성 요소를 제공한다. 소프트웨어 생애주기의 초기, 중기, 후기에 이뤄지는 수많은 결정을 충분히 수용할 수 있을 만큼 소프트웨어 아키텍처를 유연하게 만들려면 몇 가지 기본 원칙을 정하고 지켜야 한다.

- 어떤 소프트웨어 아키텍처 스타일과 결정들이 일반적으로 사용되는지, 그

리고 어떤 결정들이 시스템 구축 상황에 따라 특수하게 사용되는지를 이해해야 한다.
- 포트와 어댑터 아키텍처 스타일을 사용하면 아키텍처 결정을 일찍 하거나 필요에 따라 나중에 할 수 있는 가장 유연한 아키텍처를 구축할 수 있다. 더 나아가 포트와 어댑터 아키텍처를 구축하는 콘텍스트에 맞춰 사용할 수 있는 4가지 옵션을 고려해야 한다.
- 모놀리스, 마이크로서비스 또는 2가지 모두를 사용하는 하이브리드 아키텍처로 콘텍스트를 분할하고자 모듈화를 사용하는 것을 고려해야 한다.
- 웹 브라우저와 서버 간 통신에 널리 사용되는 스타일인 REST에 대한 기본적인 이해를 갖고 REST가 대부분의 개발자가 생각하는 것보다 훨씬 다양하게 사용된다는 것을 이해한다.
- 보안, 개인 정보 보호, 성능, 확장성, 내결함성, 복잡성 등 사용자 기능에 기반을 두지 않는 아키텍처 요구 사항을 지원하는 중요한 특성을 살펴본다.

9장. 메시지와 이벤트 주도 아키텍처

메시지 주도^{message-driven}와 이벤트 주도^{event-driven} 아키텍처를 사용하는 이유는 다양하다. 익숙한 요청-응답 방식에 의존하면 연쇄적인 장애를 유발할 수도 있는 여러 장애 지점이 발생한다. 클라우드 및 멀티클라우드 환경에서 네트워크를 통해 운영되는 분산 시스템의 특성상 통신에 지연시간이 존재하며, 지연시간이 얼마나 길어질지 쉽게 예측하기 어렵다. 따라서 시스템과 서브시스템에서 지연시간을 우아하게 다룰 수 있는 아키텍처를 설계하는 것이 좋다. 메시징 인프라는 바로 그런 문제를 다루고자 만들어졌으며, 메시징은 이벤트를 소비하는 가장 일반적인 방식이다. 메시지 기반 구조가 서브시스템 및 서브시스템의 런타임 구성 요소들이 탄력적인 확장성과 내결함성을 갖도록 뒷받침하고 지원하기 때문에 이 접근 방식을 이용하면 네트워크 지연에 대한 우려를 줄이고 좀 더 반응성이 좋은 시스템을 만드는 것이 가능하다.

- 메시지와 이벤트 주도 아키텍처는 일반적으로 대규모 시스템에서 다양한 비즈니스 기능을 처음부터 끝까지 단계적으로 수행하는 워크플로를 구성하고자 사용된다. 예를 들어 새로운 보험 계약을 신청할 때 (1) 신청서가 정확하고 완전한 데이터로 이뤄져 있는지를 검증해야 한다. 다음으로 (2) 신청에 대해 리스크 평가를 수행해야 한다. (3) 해당 시점의 보험료율을 계산해야 한다. (4) 견적서가 생성되고, (5) 고객이 해당 견적에 동의해야 한다. 동의가 이뤄지면 (6) 보험 계약 심사가 완료되고 보험이 인수된다.
- 9장에서는 시스템이 이 모든 단계를 관리하기 위한 2가지 방법인 코레오그래피choreography와 오케스트레이션orchestration을 설명한다.
- 코레오그래피는 주어진 워크플로 단계를 수행하기 위한 결정을 개별 서브시스템에 맡기는 프로세스다. 각 서브시스템은 자신에게 주어진 단계가 다음에 처리돼야 한다는 신호를 보내는 이벤트 알림과 같은 자극에 대해 미리 알고 있어야 한다. 코레오그래피는 단계가 많지 않은 간단한 워크플로를 처리하는 데 적합하다.
- 오케스트레이션은 중앙 제어 메커니즘이 직접 워크플로의 각 단계가 지시에 따라 수행되도록 명령해 워크플로를 이끌어가는 프로세스다. 오케스트레이션은 보험 심사 워크플로 같이 복잡한 여러 단계로 이뤄진 워크플로를 처리하는 데 가장 유용하다.
- 효과가 있는 가장 간단한 일을 하는 것이 일반적으로 최선의 선택이다. 그러한 일 중 하나는 웹 기반 요청-응답 절차를 통해 관심 있는 서브시스템에 이벤트를 보내는 것이다. 이 기술은 웹 서버의 정적 콘텐츠(예: HTML 페이지 및 이미지)와 유사하게 디스크 파일에 저장된 이벤트 로그를 사용하며, 클라이언트가 요청할 때마다 하나의 로그를 제공한다. 이 방식은 웹의 성능과 규모에 기반을 두기 때문에 때때로 서버를 사용할 수 없다는 것은 일반적으로 문제가 되지 않는다. 클라이언트는 서버 서브시스템에서 발생한 이벤트에 클라이언트 서브시스템이 반응하고자 필요한 하나 이상의 단계 사이에 지연시간이 존재한다고 이미 가정하고 있다.
- 서브시스템의 생애주기에 걸쳐 유지되는 변경에 대한 감사 추적과 같이 서

브시스템의 모든 데이터 변경을 추적하기 위한 아키텍처 기술이 도입됐다. 이 접근 방식은 일반적으로 정부 또는 산업 규제에 의해 어떤 데이터가 변경됐고 언제 변경됐는지에 대한 증거를 남겨야 할 때 유용하다.

- 사용자의 커맨드에 의해 변경되는 데이터와 어떤 데이터를 변경할지 결정하고자 바라보는 데이터를 서로 다른 방식으로 다루는 것이 도움이 될 때가 있다. 사용자의 커맨드에 따라 변경되는 데이터는 제한되고 사용자가 보는 데이터는 풍부한 정보를 갖고 있는 경우에 그렇다. 이 아키텍처 기술은 두 종류의 데이터를 분할해서 각 데이터가 사용되는 방식에 맞게 최적화할 수 있다.

3부에서 제공하는 아키텍처 지침을 이해하고자 소프트웨어 아키텍트가 될 필요는 없다. 경쟁력 있는 차별화 요소로서 소프트웨어 혁신에 투자하는 모든 경영진 및 고위 관리자는 그들을 대신해 누군가가 내린 아키텍처 결정에 대해 잘 이해하고 있어야 한다. 3부는 경영진과 소프트웨어 전문가 모두가 이 주제에 접근하기 매우 쉽게 구성됐다.

8장
기초 아키텍처

소프트웨어 아키텍처를 다루는 모든 책은 어떤 식으로든 소프트웨어 아키텍처를 정의하려고 시도하는 것 같다. 다음은 다른 출처에서 가져온 몇 가지 예다.

> 프로그램 또는 컴퓨팅 시스템의 소프트웨어 아키텍처는 소프트웨어 구성 요소, 외부에서 볼 수 있는 해당 구성 요소의 속성 그리고 이들 간의 관계로 구성된 구조 또는 시스템의 구조들이다.[Software Architecture in Practice]
>
> 컴포넌트로 구성된 시스템의 기본 조직, 그들 사이 또는 환경과의 관계 그리고 시스템의 설계와 진화를 이끄는 원칙이다.[ISO 47010]
>
> 모든 아키텍처는 설계이지만 모든 설계가 아키텍처는 아니다. 아키텍처는 시스템의 기능과 형태를 구성하는 중요한 설계 결정을 나타내며, 여기서 중요하다는 것은 변경의 비용으로 측정된다. 모든 소프트웨어 집약적인 시스템에는 아키텍처가 있다. 아키텍처의 일부는 의도적으로, 일부는 우연히, 대부분은 우발적으로 생겨난다. 모든 의미 있는 아키텍처는 살아 숨쉬는 숙고, 설계와 결정의 활기찬 과정으로부터 튀어나온다.
>
> — 그래디 부치(Grady Booch)

이 정의들은 좋지만 아마도 명시적으로 정의되지 않은 암시적인 아이디어가 몇 가지 있을 것 같다. 다음은 필자들이 예전의 정의를 새롭게 만들어본 것이다. 이 정의는 이 책에서 다루는 내용을 반영하고 있으며, 지난 몇 년간 사용돼왔다.

소프트웨어 아키텍처를 정의하는 데 도움이 되는 최소 3가지의 진술이 있다. (1) 아키텍처는 비즈니스 목표에 대한 공통의 이해, 다양한 이해관계자의 목표 사이에서 균형을 맞추는 방법, 품질 속성의 영향을 받는 기능을 이해하고 해결 방법을 이끌어내는 팀 커뮤니케이션의 결과물이다. 즉, 아키텍처의 의도에 대해 이해관계자와 커뮤니케이션하고 사회화하지 않으면 아키텍처의 목적을 잘 이해할 수 없으며, 목적이 없는 효과적인 아키텍처는 존재할 수 없다. (2) 아키텍처의 의도는 전체 시스템과 개별 서비스를 대상으로 현재와 미래에 이뤄지는 아키텍처 결정을 수집해 표현할 수 있다. 여기서 아키텍처 결정은 소프트웨어의 초기 및 지속적인 개발을 지원하기 위한 의도적인 유연성과 제약 사항을 명시하는 것이다. (3) 아키텍처 의도와 결정은 시각적인 형태(그래픽 또는 텍스트)로 렌더링되고, 모듈형 구조와 잘 정의된 컴포넌트 간 프로토콜을 갖춘 소프트웨어 아티팩트로 표현된다.

이 정의의 세 부분 모두에서 많은 커뮤니케이션이 일어난다. 전통적인 정의에는 커뮤니케이션에 대한 부분이 빠져있는 것 같다. 아키텍처는 진공 상태에서 만들어질 수 없다. 이 정의의 어느 부분도 특정 도구나 형식을 제안하지 않으며, 이는 관련 팀에서 선택해야 한다. 아키텍처는 모두 커뮤니케이션을 통해 소프트웨어의 의도를 사회화하는 과정의 일부이며, 아키텍처 의도를 포착하고 표현하는 가장 좋은 방법은 소프트웨어를 만드는 사람들이 결정해야 한다. 피드백을 받아들이는 것은 개발해야 할 귀중한 기술이다.

또한 필자는 반 버논 시그니처 시리즈의 다른 책인 『Continuous Architecture in Practice』(Murat Erder, Pierre Pureur, Eoin Woods 지음)[Continuous-Architecture]를 읽어보기를 추천한다. 이 책은 소프트웨어 아키텍처에 대한 지속적인 접근 방법 및 보안, 성능, 확장성, 내결함성, 데이터, 새로운 기술과 같은 주요 품질 속성과 횡단 관심사를 해결하기 위한 깊이 있는 조언을 제공하며, 처음부터 끝까지 사례를 통해 설명한다.

소프트웨어 아키텍처가 일반적인 개발자들이 더 높은 연봉을 받기 위한 형식적으로 쓸모없는 의례로 치부돼 무시되는 경우가 종종 있다. 정말 과도하게 설계된 아키텍처가 있긴 하지만 이는 미성숙한 아키텍처에서 비롯된 것이다. 요점은 여기에 있다.

> 좋은 아키텍처가 비싸다고 생각한다면 나쁜 아키텍처를 시도하라.
> － 브라이언 풋(Brian Foote)[BBoM]

아키텍처에 대한 비용을 지금 지불할 수도 있고 나중에 지불할 수도 있지만 지금 지불하는 것이 가장 좋다고 제안한다. 하지만 좋은 아키텍처가 꼭 비쌀 필요는 없다. 이 장에서는 이러한 주장에 대한 근거를 제시하고 과도하게 설계된 아키텍처는 버릴 것이다.

우리는 이벤트 우선 시스템$^{\text{event-first system}}$을 지원하는 여러 가지 아키텍처 스타일과 아키텍처 패턴을 살펴볼 것이다. 이 장에서는 비즈니스 동인을 다룬 이전 장들에서 얻은 이해를 갖고 전체 소프트웨어 아키텍처가 비즈니스 목표를 지원하는 방식에 따라 현명한 의사결정을 내릴 수 있도록 안내한다.

어떤 아키텍처를 도입하면 자동으로 혜택을 가져다 줄 것처럼 유용해 보이거나, 심지어 멋져 보인다는 이유만으로 다양한 아키텍처 중에서 임의의 것들을 선택하는 것은 분명 위험하다. 다시 한 번 강조하지만 아키텍처 결정의 목적은 유연성, 보안, 성능, 확장성과 같은 품질 요구 사항을 달성하는 것이며, 이러한 요구 사항이 없는 아키텍처 결정은 무의미하며 유해하기까지 하다. 자세한 내용은 이 책의 범위를 벗어나지만, 이 책의 후속 책인 『Implementing Strategic Monoliths and Microservices』(Vernon & Jaskuła, Addison-Wesley, 출간 예정)에서 확인할 수 있다.

다음으로 선택할 수 있는 현대적 아키텍처들을 하나씩 살펴보자. 각 아키텍처는 전반적인 정의와 장단점에 따라 분류될 수 있다. 소프트웨어 개발에 관련된 모든 것이 그렇듯이 팀에 의해 이뤄지는 아키텍처 결정은 긍정적인 결과와 부정적인 결과를 함께 가져오는 경향이 있다.

▍아키텍처 스타일, 패턴, 결정 동인

다시 말하지만 모든 비즈니스, 기술, 규모, 성능 또는 처리량 제약 조건에 적합한 하나의 아키텍처 스타일 및 패턴은 존재하지 않는다. 제약 조건에 따라 목적에 맞는 아키텍처가 결정된다. 마찬가지로 아키텍처 결정에 중요한 영향을 미치는 비즈니스 전략 목표 측면에서 모든 바운디드 콘텍스트가 똑같이 중요한 것은 아니다.

여기서 다루는 아키텍처에는 시스템 수준과 서비스/애플리케이션 수준의 아키텍처가 모두 포함된다. 시스템 수준의 아키텍처는 소프트웨어 협업 및 통합을 포함해 영향력 있는 공유 기능과 관련된 품질 속성을 다루고자 어떻게 다양한 서브시스템이 함께 작동하는지를 정의한다. 서비스/애플리케이션 아키텍처는 단일 서브시스템(서비스/애플리케이션)이 자신이 가진 영향력 있는 기능과 관련된 품질 속성을 다루는 방법을 정의한다.

2장에서는 소프트웨어 아키텍처와 관련된 각 결정에 대한 비즈니스 및 기술적 동인을 파악하기 위한 수단으로 아키텍처 결정 기록[ADR]을 설명했다. ADR은 팀에서 다양한 스타일과 패턴이 유용한 이유를 설명하는 데 사용되지만, 주어진 솔루션에 이런 선택 사항을 적용했을 때 발생할 가능성이 있는 부정적인 결과도 강조한다.

포트와 어댑터(헥사고날)

가장 다재다능한 아키텍처 스타일 중 하나는 헥사고날[Hexagonal] 아키텍처라고도 알려져 있는 포트와 어댑터 스타일이다. 이 스타일은 기존 계층형 아키텍처[POSA1]의 개념을 계승하지만 다른 강점을 강조하고 오버헤드가 훨씬 작다. 강조되는 장점 중 일부는 테스트 및 느슨한 결합과 같은 현대의 소프트웨어 동인을 기반으로 한다.

> 애플리케이션이 사용자, 프로그램, 자동화된 테스트 또는 배치 스크립트에 의해 동일하게 구동되고, 최종 런타임 장치 및 데이터베이스와 분리돼 개발되고 테스트될 수 있게 한다.[PortsAdapters]

외부 장치 및 소프트웨어 서비스 또는 애플리케이션과 상호작용하는 데 사용되는 메커니즘 사이의 근본적인 차이로 인해 문제가 발생하는 경우가 있다. 이러한 메커니즘은 브라우저, 휴대폰 또는 태블릿, 다른 서비스 또는 애플리케이션, 스트리밍 또는 메시징 메커니즘, 배치 처리, 테스트 또는 기타 컴퓨팅 리소스일 수 있다. 기술 독립적인 비즈니스 로직 및 처리를 방해할 수 있기 때문에 서비스 또는 애플리케이션은 외부와의 상호작용에 직접적으로 노출돼서는 안 된다.

서비스 또는 애플리케이션이 다양한 종류의 입출력 장치 및 메커니즘에 연결될 때 발생할 수 있는 잠재적인 문제를 피하려면 둘 사이에 어댑터 계층을 생성한다. 그림 8.1에서 볼 수 있듯이 포트와 어댑터 아키텍처 스타일은 아키텍처의 한 부분을 외부로, 다른 한 부분을 내부로 구분해 이러한 분리를 정의한다. 왼쪽 외부에는 주^{primary} 액터라고도 하는 여러 가지 드라이버 유형이 있다. HTTP, 외부에서 호출되는 프로시저 또는 함수, 흐르는 스트림 또는 메시지 등이 있다. 오른쪽 외부에는 보조^{secondary} 액터라고도 하는 여러 가지 드라이버 유형이 있다: 결제 게이트웨이, 데이터베이스, 프로시저 또는 함수 외부 호출, 흐르는 메시지 스트림 등이 있다. 포트의 위치는 내부 원형 애플리케이션 영역 주위의 굵은 테두리로 표시돼 있다.

> **참고**
>
> 왼쪽 외부 드라이버(Driver) 액터는 입력 요청 또는 알림을 전송한다. 오른쪽 외부 드리븐(Driven) 액터는 애플리케이션 내부의 유스케이스를 충족하고자 사용된다. 일부는 양방향으로 요청과 응답을 모두 제공하며, 다른 일부는 단방향 알림을 수신한다. 왼쪽 외부 어댑터는 외부에서 수신 요청 또는 알림을 애플리케이션이 지원하는 유스케이스를 수행할 수 있는 데이터 타입으로 변환하고자 필요하다. 왼쪽 외부에서만 내부에 있는 유스케이스의 존재를 인식한다. 오른쪽 외부의 드리븐 액터는 유스케이스에 관해 알지 못한다.

그림 8.1에는 수신 및 발신 어댑터 유형의 전체 집합이 포함돼 있지 않다. 주어진 어댑터 유형은 단일 인스턴스 생성으로 제한되지 않는다. 표시된 어댑터는 서비스 및 애플리케이션에서 일반적으로 사용되는 것들이다. 그러므로 단일 데이터베이스 또는 인스턴스, 예를 들어 단일 스트림 소스 및 싱크 또는 하나의 메시지 토픽일 필요는 없다. 그림 8.1의 요소는 수많은 가능성 중 일부에 불과하다.

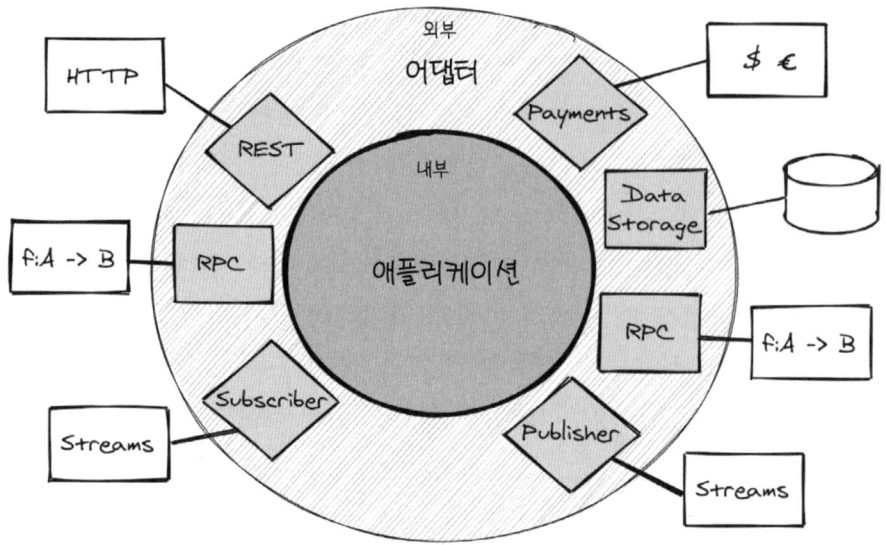

그림 8.1 포트와 어댑터 아키텍처. 헥사고날 아키텍처, 클린 아키텍처, 어니언 아키텍처[1]라고도 알려져 있다.

포트와 어댑터의 몇 가지 뚜렷한 장점은 다음과 같다.

- 2개의 메인 계층은 각자 독립적으로 테스트 가능하다. 즉, 특정 애플리케이션 구현 없이 모든 어댑터를 테스트할 수 있으며, 특정 어댑터 구현 없이 애플리케이션을 테스트할 수도 있다.
- 모든 장치 어댑터는 목/페이크 및 실제 메커니즘 사이에서 교체가 가능하다(그렇다고 해서 실제 어댑터가 테스트되지 않는다는 의미는 아니다. 오히려 목/페이크는 어댑터에 종속된 유닛을 테스트하는 데 사용된다).
- 각 실제 메커니즘에는 여러 유형이 있을 수 있다(예: Postgres, MariaDB, HSQLDB, AWS DynamoDB, Google Cloud Bigtable 또는 Azure Cosmos DB).
- 대규모의 사전 아키텍처/설계 없이 새로운 어댑터 유형을 도입할 수 있다. 즉, 팀은 #애자일하고 긴급한 아키텍처 설계를 사용할 수 있다.
- 여러 외부 어댑터가 동일한 내부 애플리케이션 계층 기능을 사용할 수 있다.

---

1. 어떤 사람들은 어니언 아키텍처가 어댑터 측면에서 외부와 내부를 구분하지 않는 계층에 더 가깝다고 생각한다. 어떤 이들은 어니언을 계층과 동의어로 간주하기도 한다. 수천 명의 사람이 어니언이 생략된 것에 불평하는 것보다는 나을 것 같아 잠재적인 주의 사항(또는 적어도 특정 뉘앙스)와 함께 언급했다.

- 애플리케이션은 디바이스 수준의 기술 세부 사항과 완전히 분리된 상태로 유지된다.

외부 메커니즘과의 통합에 관한 결정에 따라 다음과 같은 단점도 있을 수 있다.

- ORM^{Object-Relational Mapping} 도구와 같은 데이터 매퍼를 사용하면 복잡성이 발생할 수 있다. 그러나 이러한 단점은 영속성 통합을 선택했기 때문이지, 포트와 어댑터 자체가 이런 선택을 강요하기 때문은 아니다.
- 도메인 모델은 인터페이스를 통해 원격 서비스 및 애플리케이션과의 통합을 활용할 수 있다. 인터페이스 구현은 네트워크 및 서비스 장애로 인한 예외 및 오류와 같은 기본 구현 세부 정보를 유출할 수 있다. 8장과 9장에서 설명하는 방법을 포함해 몇 가지 방법으로 이러한 문제를 피할 수 있다. 예를 들어 **명령형 셸을 가진 함수형 코어**^{Functional Core with Imperative Shell}를 사용하면 도메인 모델을 외부 원격 통합으로부터 완전히 격리할 수 있다. 명령형 셸은 모든 통합 작업을 개별적으로 수행해야 하며, 함수형 코어를 포함하지 않아야 한다. 함수형 코어는 순수하고 부수 효과가 없는 기능만 제공한다.
- 다른 단점으로는 더 많은 계층이 필요해 복잡성이 증가한다는 점, 생성 및 유지 보수 비용, 코드(디렉터리 및 계층) 구성에 대한 지침이 부족하다는 점 등이 있다. 필자는 최소한 이런 주장을 경험해보지 못했으며, 소위 문제점을 언급하는 사람들이 문헌을 읽고 포트와 어댑터를 이해했는지 궁금하다. 경험에 따르면 기본적이고 잘 구조화된 아키텍처를 일반적인 N-티어 애플리케이션에 필요한 것보다 훨씬 적은 수의 계층으로 몇 분 만에 구축할 수 있다. 선택한 메커니즘과 관련된 어댑터로 인해 시스템 복잡성이 증가할 수 있지만, 이는 아키텍처 스타일과는 아무런 관련이 없다. 이러한 시스템은 포트와 어댑터 아키텍처를 사용하지 않아도 최소한 동일한 복잡성을 갖는다.

포트와 어댑터 아키텍처는 내부 애플리케이션 계층을 디바이스 입출력 세부 사항으로부터 격리한다. 애플리케이션은 비즈니스 중심의 유스케이스에만 집중한다. 모든 어댑터 타입에 대해 별도의 포트 타입이 필요하지 않고 여러 개의 외부 드라이버 타입 어댑터가 애플리케이션 포트를 효과적으로 재사용해서 작업을 수행할 수 있다.

이 아키텍처 설계에는 애플리케이션이 인프라에 종속되는 것이 아니라 인프라가 애플리케이션에 종속되는 의존성 역전 원칙[SOLID]을 적용할 수 있다. 외부 보조 액터 타입에 대한 의존성은 어댑터 인터페이스를 통해 관리되므로 애플리케이션은 구체적인 디바이스 의존성을 피할 수 있다. 어댑터 인터페이스는 서비스 생성자/이니셜라이저를 통해 애플리케이션에 제공되거나 컨테이너 기반 의존성 주입을 통해 제공될 수 있다.

어댑터는 단일 책임 원칙Single Responsibility Principle[SOLID]을 준수해야 하며, 이는 단일 어댑터가 지원하게 지정된 입출력에만 집중하고 그 이상은 지원하지 않아야 한다는 의미다. 어떤 어댑터도 다른 어댑터에 의존해서는 안 된다.

일부에서는 포트와 어댑터가 불필요하게 무거운 아키텍처 스타일이라고 주장하지만, 사실을 고려할 때 이러한 비판은 근거가 없으며 입증되지 않았다. 그림 8.1에서 볼 수 있듯이 포트와 어댑터 아키텍처에는 주어진 입력 및 출력 포트에 필요한 어댑터의 수와 종류가 정확히 포함되며, 그 이상도 그 이하도 아니다. 또한 기본 계층은 2개뿐이다.

물론 모든 아키텍처 스타일과 패턴은 과도한 엔지니어링으로 인해 어려움을 겪을 수 있다. 포트와 어댑터가 그 자체로 이러한 잘못된 구현을 방지할 것이라고 기대해서는 안 된다. 그림 8.2에서 볼 수 있듯이 내부 애플리케이션의 특성은 매우 다양하기 때문에 포트와 어댑터는 내부 애플리케이션의 작동 방식을 정의하지 않는다. 또한 표시된 4가지 특성 중 하나도 전혀 복잡하지 않지만 각 특성에는 장점이 있다(다음 절에서 설명한다).

트랜잭션 스크립트를 갖는 서비스 계층

서비스 계층은 다음과 같이 설명할 수 있다.

> 클라이언트 계층(즉, 포트 어댑터)을 인터페이스하는 관점에서 애플리케이션의 경계와

사용 가능한 연산의 집합을 정의한다. 애플리케이션의 비즈니스 로직을 캡슐화해 트랜잭션을 제어하고 연산 구현 시 응답을 조정한다.[Fowler-PEAA]

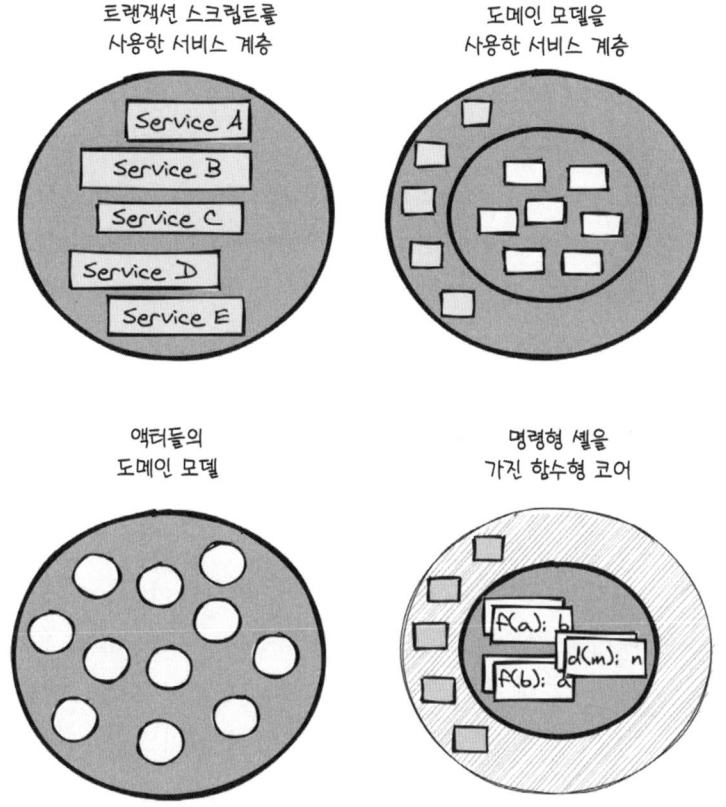

그림 8.2 다양한 애플리케이션 유형을 지원하는 포트와 어댑터 아키텍처

서비스 계층은 그림 8.2의 왼쪽에서 오른쪽으로 처음 두 변형에 표시된 것처럼 일반적으로 애플리케이션 서비스라고 알려진 애플리케이션에 특화된 서비스를 제공한다. 이 그림의 왼쪽 위에는 애플리케이션 서비스로만 구성된 서비스 계층이 있다. 이 예제에서는 트랜잭션 스크립트, 액티브 레코드 또는 데이터 접근 객체[DAO, Data Access Object][Fowler-PEAA]의 일부 형태를 사용한다. 이 3가지 패턴은 도메인 모델의 오버헤드를 발생시키지 않고 생성-조회-수정-삭제[CRUD, Create-Read-Update-Delete] 연산에 사용된다. 이 3가지 패턴은 모두 바운디드 콘텍스트가 주로 데이터 수집에 초점을 맞추고 간단한 생성 및 수정 그리고 삭제를 수행할 때 유용하다. 비즈니스 중심의

복잡성은 없다. 2장의 '의사결정을 위한 시네핀 프레임워크' 절에서 설명한 것처럼 시네핀 측면에서 명확하고 분명하며 단순하다. 주요 작업은 데이터베이스에 대한 데이터 접근을 캡슐화해 쓰기 및 읽기에 애플리케이션 서비스를 사용하는 것이지만, 이러한 액세스 캡슐화는 의도적으로 작게 유지된다.

도메인 모델을 갖는 서비스 계층

그림 8.2의 오른쪽 상단에서 애플리케이션 서비스는 애플리케이션 계층 아래에 소프트웨어의 핵심에 있는 도메인 모델과 함께 제공된다. 도메인 모델은 7장에서 설명한 것처럼 혁신적이고 핵심적이며 차별화되는 비즈니스 이니셔티브에서 도메인^{domain}[2] 복잡성을 해결해야 할 때 사용된다. 그림 8.2에 표시된 시스템에서 애플리케이션 서비스는 **트랜잭션**[3]을 포함한 유스케이스의 조정 및 데이터베이스 사용을 관리하는 데 사용된다.

액터들의 도메인 모델

액터 모델은 동시성이 크고 확장 가능한 컴퓨팅 환경에서 전문적이고 잘 격리된 기능을 제공하는 메시지 주도 객체 모델의 한 종류다. 액터 모델[4]은 9장에서 자세히 다룬다. 수신 어댑터는 도메인 모델 객체로 직접 디스패치된다. 애플리케이션 서비스는 없지만 도메인 모델은 액터 기반의 도메인 서비스를 제공할 수 있다.

이 구현은 포트와 어댑터 아키텍처 스타일을 가장 단순하고 간결하게 렌더링해 작은 폼 팩터$^{form\ factor}$[5]에 엄청난 성능을 제공한다. 액터는 설계상 다른 액터와 물리적으로 격리돼 있으므로 비즈니스 로직과 인프라 문제를 명확히 구분할 수 있다.

---

2. 여기서도 도메인은 지식의 영역을 의미한다.
3. 유스케이스와 트랜잭션은 어댑터와 같은 다른 수단을 통해 관리돼 서비스 계층을 무효화할 수 있다. 그렇다고 해도 어댑터에 너무 많은 책임을 지우지 않도록 주의해야 한다.
4. 액터 플랫폼은 액터 모델을 구현하는 애플리케이션 개발자의 부담을 덜어주도록 설계됐기 때문에 도메인 모델이 있는 서비스 계층과 다르다.
5. 폼 팩터는 일반적으로 하드웨어 용어지만 액터 모델의 개별 액터를 작은 컴퓨터라고 부르기 때문에 여기서는 폼 팩터라는 용어가 적절해 보인다.

명령형 셸을 가진 함수형 코어

명령형 셸을 가진 함수형 코어는 포트 및 어댑터 아키텍처와 함수형 프로그래밍 사이의 간극을 메워준다. 함수형 프로그래밍 원칙에서 영감을 얻었지만 함수형 코어는 순수 함수형 프로그래밍이 아닌 프로그래밍 패러다임에도 쉽게 적용할 수 있다. 예를 들어 함수형 프로그래밍의 기본적인 강점은 자바 및 C#과 같은 객체지향 프로그래밍 언어로도 달성할 수 있다. 이 접근 방식의 기본 개념은 도메인 모델을 순수 함수형 코드로 작성하는 동시에 명령형 코드의 **부수 효과**$^{side-effect}$[6]를 주변 환경인 명령형 셸로 옮기는 것이다. 그러므로 함수형 코어는 예측 가능하고, 테스트가 더 쉬우며, 가장 중요한 곳에 사용될 수 있다.

순수 함수는 동일한 입력에 대해 항상 동일한 결과를 반환하고 관찰 가능한 부수 효과를 일으키지 않기 때문에 예측 가능성이 높다. 마찬가지로 순수 함수는 의미 있는 입력과 출력에 초점을 맞추기 때문에 테스트하기가 더 쉽다. 목이나 스텁을 만들 필요가 없기 때문에 단위 테스트에 대한 전문적인 지식이 필요하지 않다. 사실, 목을 이용한 테스트를 완전히 피하는 것이 명령형 셸을 가진 함수형 코어의 목표 중 하나다.

또 다른 장점은, 이 접근 방식은 도메인 코드가 인터페이스를 통해 부수 효과를 가질 수 있는 도메인 서비스를 호출할 때 기술적인 문제가 유출될 위험성을 줄인다는 것이다. 예를 들어 오류 처리는 문제가 될 수 있다. REST-over-HTTP 엔드포인트를 사용하면 '404 리소스를 찾을 수 없음'과 같은 예상되는 종류의 오류뿐만 아니라 네트워크 장애와 같은 예기치 않은 오류도 발생할 수 있다. 오류 처리 로직은 테스트하기 어려울 수 있으며, 극도의 주의를 기울이지 않는 한 도메인 모델 전체에 전파될 수 있다. 이 문제에 대한 자세한 내용은 이 책의 범위를 벗어나지만 후속 책에서 제공할 것이다.

---

6. 부수 효과는 로컬 환경 외부의 일부 상태 변수 값을 수정하는 것, 달리 말하면 연산이 연산 호출자에게 값을 반환하는 것(주 효과) 외에 관찰 가능한 효과를 갖는 것을 말한다. 예를 들어 네트워크 호출이나 데이터베이스 호출과 같은 I/O 연산을 실행하는 것은 부작용이다.

포트와 어댑터 아키텍처 특성 비교

표 8.1은 여기에 설명된 4가지 특성을 비교하고 유용성, 복잡성, 모델 격리, 진화 가능성, 품질 속성 및 테스트 가능성에서 어떻게 다른지 간략히 설명한다.

표 8.1 도메인 모델 구현에 대한 다양한 아키텍처 접근 방식 및 영향 비교

	트랜잭션 스크립트를 가진 서비스 계층	도메인 모델을 가진 서비스 계층	액터들의 도메인 모델	명령형 셸을 가진 함수형 코어
도메인 모델 격리	아니오. 데이터 업데이트에 집중함	예	예	예
비즈니스 복잡성	낮음. 비즈니스 규칙이 많지 않거나 전혀 없으며 주로 데이터 중심	높음	높음	높음
인프라로부터 도메인 모델 격리	낮은 기술 오버헤드. 그러나 도메인 모델이 없어서 주로 데이터 접근을 캡슐화함. 인프라 관심사에 매우 가깝기 때문에 장기적인 유지 보수 측면에서 위험성을 갖고 있음	도메인 모델은 인프라와 잘 격리되지만 인프라 관심사에서 완전한 격리를 유지하려면 지속적인 노력이 필요함. 조정을 위해 애플리케이션 서비스가 필요할 수 있음	도메인 모델은 인프라 관심사와 매우 잘 격리됨. 격리 기능은 기본 액터 모델 구현에 내장돼 있어 인프라 문제없이 도메인 모델을 유지 보수하는 데 도움이 됨	도메인 모델은 순수 함수를 기반으로 하기 때문에 인프라 관심사와 매우 잘 분리돼 있음. 순수 함수가 인프라와 상호작용해 직접적으로 부수 효과를 일으키는 것을 방지하는 설계를 통해 도메인 모델을 격리된 상태로 유지할 수 있음
진화 가능성	낮음. 도메인 모델이 없기 때문에 더 복잡한 비즈니스 시나리오로 발전하기 어려움	중간에서 높음. 도메인 모델을 다른 인프라 관심사로부터 격리하는 방법에 따라 다름	매우 높음. 비즈니스 동작을 추가하는 것이 매우 간단	매우 높음. 비즈니스 동작을 추가하는 것이 매우 간단

(이어짐)

	트랜잭션 스크립트를 가진 서비스 계층	도메인 모델을 가진 서비스 계층	액터들의 도메인 모델	명령형 셸을 가진 함수형 코어
확장성, 성능 및 동시성	매우 낮음	낮음에서 높음. 확장성 및 동시성 요구 사항을 충족하기 위해 도메인 모델 주변에 기술적인 코드를 구현해야 할 수 있음. 도메인 모델 자체는 동시성을 고려하지 않았기 때문에 주변 코드가 이를 처리해야 함	매우 높음. 액터 모델 구현이 확장성, 성능, 동시성을 보장	높음. 도메인 모델은 순수 함수를 기반으로 하므로 동시성이 보장됨. 그러나 명령형 셸 코드는 확장성과 성능을 향상시키고자 약간의 노력이 필요할 수 있음
테스트 용이성	낮음. 인프라 관심사가 관리되는 방식에 따라 어려울 수 있음	높음. 도메인 모델은 잘 격리돼 있어 테스트하기 쉬움.	높음. 모든 측면이 테스트 가능	높음. 도메인 모델은 매우 테스트하기 쉬움. 그러나 명령형 셸은 통합 테스트가 아니면 쉽게 테스트하기 어려움

모듈화

모듈화의 중요성은 이미 설명했으며, 몇 가지 예도 제공했다. 이 절에서는 아키텍처에 초점을 맞춰 모듈화를 설명한다. 그림 8.3은 모듈형 모놀리스의 예를 보여준다.

컨테이너 자체는 그 자체로 특별한 것은 아니다. 컨테이너는 실행 가능한 소프트웨어를 배포하는 방법일 뿐이다. 컨테이너는 도커 컨테이너일 수도 있고, 공유 런타임 콘텍스트를 갖고 함께 배포되고 스케줄되기 위해 주변에 쿠버네티스 파드가 있을 수도 있다. 모놀리스 컨테이너는 컨테이너 자체가 아니라 내부의 5개 모듈에 초점을 맞추고 있다. 각 모듈은 바운디드 콘텍스트를 나타낸다. 앞서 언급했듯이 모놀리스는 소프트웨어 아키텍처 개발 초기에 시작하기에 좋은 아키텍처이며, 장기적인 솔루션으로도 좋을 수 있다.

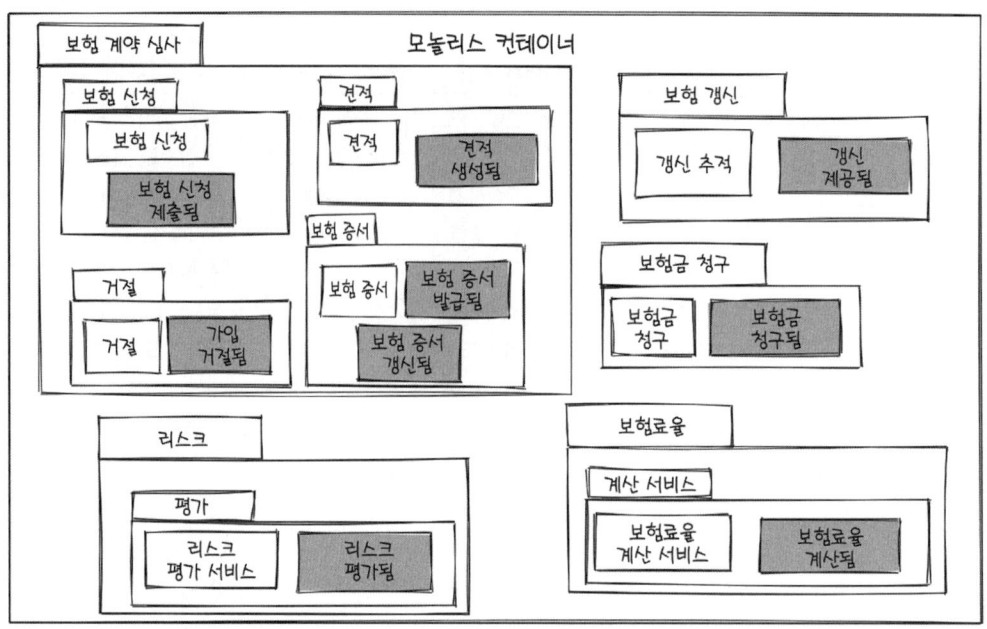

그림 8.3 5개의 바운디드 콘텍스트를 모듈로 갖는 모놀리스 컨테이너

5개의 모듈이 단일 컨테이너에 함께 배포된다고 해서 바운디드 콘텍스트 모듈이 서로 긴밀하게 결합되거나 모듈 간에 강력하고 침투적인 의존성을 갖는 것은 허용되지 않는다. 마이크로서비스 간에 이러한 의존성을 갖는 것이 허용되지 않는 것과 마찬가지로 절대 허용되지 않는다. 바운디드 콘텍스트 간의 느슨한 결합은 6장에서 설명한 것과 같은 콘텍스트 맵을 사용해 달성할 수 있다. 그림 8.3은 콘텍스트 사이에 공유된 언어가 형성되는 것을 보여준다. 또한 관련 이벤트는 비동기 메시징 메커니즘을 사용해 콘텍스트 간에 전달될 수 있다. 비동기 메시징 메커니즘은 모놀리식 솔루션에서도 실용적이며, 오히려 무겁지 않고 가벼운 선택이다.

5개의 각 바운디드 콘텍스트 모듈 내부에는 유비쿼터스 언어에 특화된 내부 모듈이 있다. 표시된 각 내부 모듈은 다른 모듈에 대한 의존성이 비순환 의존성까지 포함해도 전혀 없는 응집력 있는 모델 컴포넌트를 포함한다.

시간이 지남에 따라 주요 모듈 중 2가지인 리스크와 보험료율 모듈이 다른 3가지 모듈의 변화 속도보다 훨씬 빠른 속도로 변화하는 경향이 있으며, 리스크와 보험료율 모듈 각각도 서로 다른 방식으로 변화하는 것이 관찰됐다. 이러한 관찰 결과, 팀은 리스크 및 보험료율 모듈을 2개의 독립적인 마이크로서비스로 분리하는 것이 가장 좋다고 결정했다. 그림 8.4는 그 결과를 보여준다. 이제 솔루션은 3개의 외부 컨테이너로 구성됐으며, 이 컨테이너는 원래의 모놀리스 컨테이너와 유사하거나 동일한 성격을 갖는다. 각 컨테이너는 도커 컨테이너일 수 있으며, 각 컨테이너에는 해당 컨테이너를 포함하는 각각의 쿠버네티스 파드가 있을 수 있다.

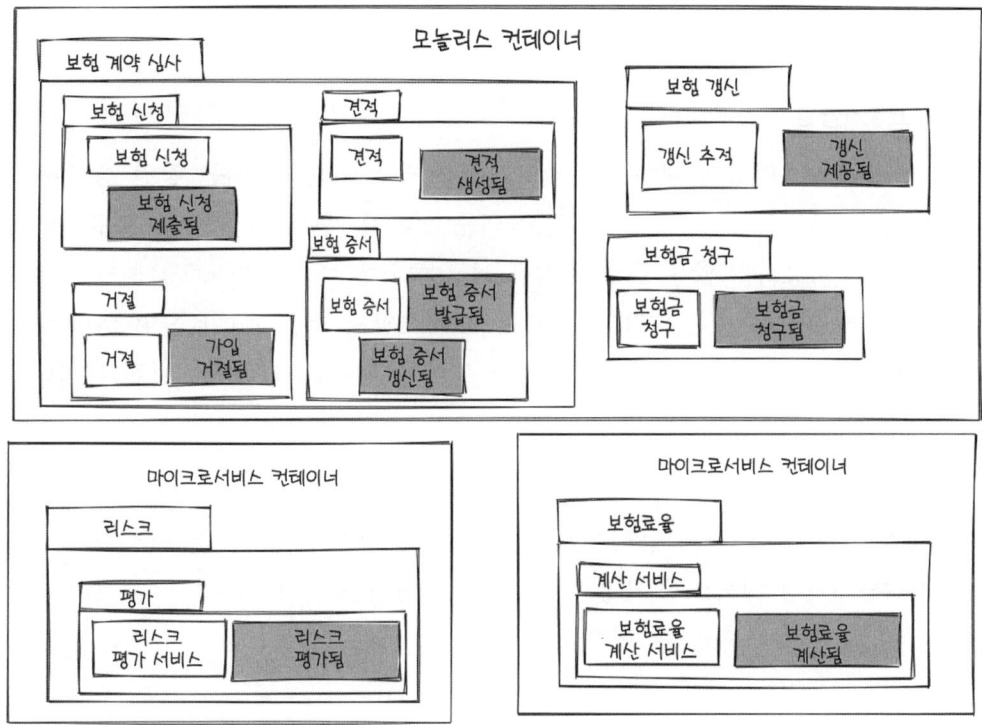

그림 8.4 5개의 바운디드 콘텍스트를 가진 하나의 모놀리스 컨테이너와 2개의 마이크로서비스 컨테이너

3개의 개별 컨테이너 사이에 네트워크가 있기 때문에 분산 시스템과 관련된 문제가 발생한다. 그럼에도 원래의 모놀리식 아키텍처를 만드는 과정에서 초기에 주의를 기울였다면 모듈화된 콘텍스트 간 메시징 메커니즘은 각 메시지 발행자와 구독자가 비결정적 지연시간, 순차적이지 않은 메시지 순서, 메시지 다중 전달과 같은 문제를 다룰 수 있게 설계됐을 것이다. 앞서 언급했듯이 처음 모놀리스에 대한

메시징 메커니즘을 도입하는 것은 가벼울 수 있었지만, 이제는 더 탄탄한 메커니즘으로 교체돼야 할 것이다. 클라우드 네트워크 및 기타 인프라가 관련될 경우 이외에도 몇 가지 문제가 발생할 수 있지만 네트워크가 '공짜 점심'으로 인식될 때와는 달리 크게 놀랄 일은 아닐 것이다.

앞서 언급한 각 바운디드 콘텍스트의 변화율과 분산 시스템에서의 비결정적 메시징을 고려한 아키텍처 변경 사례는 시스템 아키텍처가 설계자의 욕구와 호기심을 충족하는 것보다는 시스템을 설계하는 목적에 부합해야 한다는 것을 보여준다.

REST 요청-응답

REST 아키텍처 스타일과 패턴은 애플리케이션 리소스를 교환하는 동안 생성된 요청과 응답을 지원한다. 애플리케이션 상태를 교환할 때는 일반적으로 애플리케이션 내부에서 사용하지 않는 표현 방식을 사용한다(예: 디지털 데이터가 텍스트 기반 형식으로 렌더링됨). REST의 업계 표준 구현은 HTTP다. HTTP는 네트워크 전송 프로토콜일 뿐만 아니라 정보를 교환하고 수정하기 위한 프로토콜이기도 하다. HTTP는 관련 데이터에 대한 링크를 리소스 교환에 포함하는 방식으로, 하이퍼미디어를 통한 애플리케이션 워크플로까지 지원한다.

REST 요청은 여러 종류의 동사 기반 메서드를 사용해 이뤄지며 그중 POST, GET, PUT, DELETE 4가지 메서드가 가장 기본이 된다. 이러한 메서드는 전체 엔터티 기반 리소스에 대해 동작하게 돼 있다.

REST는 브라우저와 서버 간 통신과 같이 클라이언트-서버 통신에 가장 많이 사용된다. REST는 흔히 생성-조회-수정-삭제^{CRUD} 애플리케이션에만 유용하다고 여겨지지만, 실제로는 훨씬 더 다양하게 활용된다. 예를 들어 이 아키텍처 스타일을 사용해 바운디드 콘텍스트 간의 통합을 제공할 수 있다. 이 장에서는 브라우저-서버 간 사용 사례를 설명한다. 9장에서는 바운디드 콘텍스트 간의 통합에 중점을 둔다.

앞서 언급하고 표 8.2에 표시된 것처럼 4가지 메서드가 기본이 되지만, 필자들은 다섯 번째 동사 메서드인 PATCH를 사용할 것을 권장한다. 이 방법은 부분 업데이트를 지원하므로 엔터티 기반 리소스에 대한 특정 변경 사항을 정확히 지정할 수 있다. PATCH를 사용하면 CRUD 약어가 CRUUD로 확장되며, 부분 엔터티 변경에 대해서만 사용하는 두 번째 수정 옵션을 갖게 된다.

표 8.2 부분 업데이트에 대해 PATCH를 포함해 CRUD가 아닌 CRUUD 형태가 된다.

POST	생성
GET	조회
PUT	수정
PATCH	부분적인 수정
DELETE	삭제

PUT 기반 수정의 의도는 전체 엔터티 상태를 교체하는 것이다. 이 경우 실제로 엔터티의 일부만 수정되면 서버 측 애플리케이션에서 어떤 것이 수정됐는지 파악하기 어렵다. 유스케이스가 이벤트 기반으로 결과를 생성하는 것이라면 엔터티가 세분화된 이벤트 중 어떤 것에 의해 수정됐는지 알아내는 것이 지나치게 복잡해진다. 그 결과 이벤트를 매우 크게 설계하게 된다. 엔터티의 전체 상태가 단일 이벤트에 포함되고 해당 이벤트의 이름이, 예를 들어 '애플리케이션 업데이트됨'이라면 어떤 것이 바뀌는지 전혀 알 수 없게 된다. 이벤트의 소비자는 이전 상태를 갖고 무엇이 변하는지 비교해야 한다. 그렇지 않으면 전체 상태를 통째로 적용할 수밖에 없는데, 이 방식은 파괴적이고 오류를 유발할 수 있다.

그림 8.5에서 볼 수 있듯이 PATCH를 사용할 때는 앞서 설명한 번거로운 과정이 필요하지 않다. 부분 업데이트를 사용하면 무엇이 변경됐는지 정확히 알 수 있기 때문에 유스케이스에 대한 세분화된 이벤트 적용 결과를 간단하게 정의할 수 있다. 그림 8.5에 표시된 아키텍처의 주요 장점은 특정 이벤트에 의해 변경된 제한적인 데이터만 정확하게 전달되기 때문에 후속 리스크 재평가 및 보험료율 재계산을 더 빠르게 수행할 수 있다는 것이다.

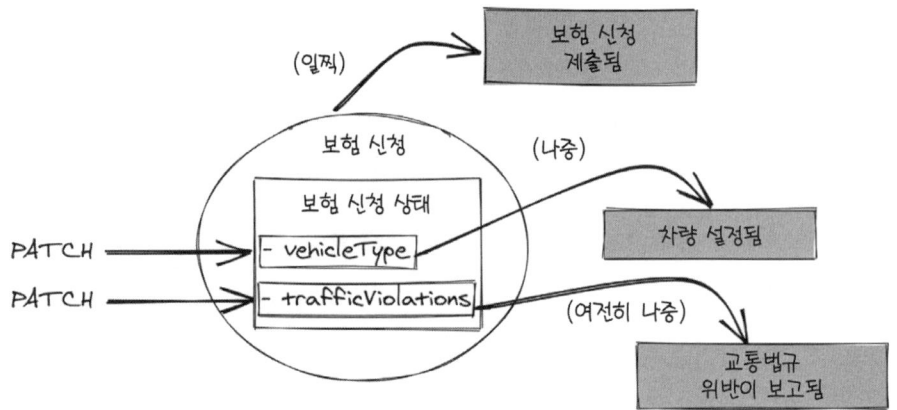

그림 8.5 CRUUD 부분 업데이트를 수행하면 이벤트의 유형과 이벤트 내용을 파악하기가 간단해진다.

> **참고**
>
> PUT을 사용해 PATCH와 유사한 작업을 수행할 수 있지만 제출된 엔터티는 전체 페이로드 중에서 무엇이 변경됐는지 표시해야 한다. PUT을 사용하면 PATCH를 사용하는 것보다 노출되는 URI의 수를 줄일 수 있기 때문에 PUT[7]을 사용하는 것이 클라이언트가 알고 있어야 하는 URI의 수를 줄이는 방법으로 인식될 수 있다. 그러나 팀이 HATEOAS[8] 아이디어를 사용하는 경우 클라이언트가 리소스에 대한 액세스를 하드 코딩할 필요가 없다.

9장에서는 REST가 메시지 및 이벤트 주도 아키텍처를 지원하는 방법을 설명한다.

품질 속성

기초 아키텍처에는 품질 속성이 포함된다. 여기서는 여러 가지 품질 속성 중에서 가장 중요하다고 생각되는 하위 속성(보안, 개인 정보 보호, 성능, 확장성, 복원성, 복잡성)을 살펴본다.

---

7. PUT은 오버헤드를 발생시킨다. 전체 엔터티 페이로드는 네트워크를 2번 통과해야 하고, 클라이언트는 부분적으로 변경된 엔터티를 표시하는 방법을 이해해야 하며, 서버는 표시를 보고 변경된 내용을 디스패치하는 방법을 알고 있어야 한다.
8. 애플리케이션 상태 엔진으로서의 하이퍼텍스트(HATEOAS): 많은 사람이 정확하게 발음하는 방법을 모르는 이 약어는 클라이언트가 최상위에 있는 '발행된' URI에서 GET을 사용하면 응답 페이로드에 제공된 링크를 통해 다른 모든 리소스를 사용할 수 있다는 개념을 나타낸다. HATEOAS는 서비스/애플리케이션이 해당 클라이언트에게 제공할 수 있는 모든 것을 지속적으로 안내한다.

다음 절에서는 각 속성과 관련된 장단점을 설명한다.

> **참고**
> 품질 속성을 다루는 방법을 더 자세히 알고 싶으면 반 버논 시그니처 시리즈의 책인 『Continuous Architecture in Practice』[Continuous-Architecture]을 참고하기 바란다.

보안

오늘날 온라인 기술을 사용해 비즈니스의 일부라도 다루지 않는 기업은 상상하기 어렵다. 그럼에도 엔터프라이즈 비즈니스의 일부라도 액세스할 수 있게 개방하는 것은 위험할 수 있다. 공개적으로 액세스할 수 있는 웹 사이트, HTTP API, 사설 네트워크나 VPN을 통해 접속하는 다양한 통합 엔드포인트 등 개방된 액세스는 비즈니스 보안에 여러 가지 위협이 될 수 있다.

예를 들어 데이터가 도난당하거나 손상될 수 있다. 일상적인 작업을 실행하는 일반 컴퓨팅 리소스가 바이러스에 감염돼 손상될 수 있다. 또한 다양한 공격과 침입을 탐지하는 데 상당한 시간이 소요될 수 있으며, 심각한 피해가 발생할 때까지 탐지되지 않을 수도 있다. 최악의 경우 이러한 피해로 인해 비즈니스 전체가 중단될 수도 있다. 이러한 잠재적 위협은 보안 팀원들로 하여금 '한쪽 눈을 뜨고 잠을 자게' 만들 수 있다.

역사상 가장 파괴적인 사이버 공격 중 하나[CyberAttack]를 생각해보자. NotPetya로 알려진 멀웨어는 처음 등장한 지 몇 시간 만에 우크라이나의 소규모 소프트웨어 기업을 넘어 전 세계 수많은 디바이스에 침투했다. 이 악성코드는 FedEx, TNT 익스프레스, Maersk 등 글로벌 운송 기업의 업무를 몇 주 동안 마비시켜 100억 달러 이상의 손해를 입혔다. 모든 사이버 공격이 이렇게 광범위하게 침투하거나 극적인 결과를 초래하는 것은 아니지만, 주니퍼 리서치[Juniper]와 포브스가 수집한 데이터에 따르면 사이버 범죄로 인해 2019년에만 2조 달러의 손실이 발생했다. 또한 2021년에는 총 손실액이 그 3배에 달할 것으로 예상됐다. 메릴랜드 대학교는 39초마다 사이버 공격이 발생한다고 최근 밝혔으며, 보안업체 맥아피^{McAfee}는 1분마다 480개의 새로운 하이테크 위협이 등장한다고 보고했다. 한 연구 결과에 따르면 데이터 침해의 상당 부분이 인프라가 아닌 애플리케이션 보안 문제로 인해 발생한다고 한다.[Verizon-SEC]

철저하게 설계된 보안 기능을 갖춘 시스템을 개발하는 것이 필수적이라는 말은 10년이 지나도 변하지 않을 것이다. 보안은 설계 목표가 돼야 하며[SecureBy-Design], 완벽해야 한다[Agile-SEC]. 그렇지 않으면 비즈니스 자산 유출로 인해 막대한 금전적 손실이 발생하고 헤드라인 뉴스를 통해 기업 평판이 손상될 수 있다. 보안을 사후적으로만 구현하거나 강화하는 경우가 너무 많기 때문에 알려지지 않은 틈새를 통해 공격자에게 시스템이 노출되는 경우가 많다.

마이크로서비스는 일반적으로 서비스의 분산된 상태, 네트워크 액세스 및 분산된 보안 메커니즘 등 위협을 더욱 심각하게 만들 수 있는 다양한 공격 표면을 갖고 있다는 점에 유의해야 한다. 모놀리식 아키텍처는 전체 애플리케이션에서 자연스럽게 사용할 수 있는 인프로세스$^{in-process}$ 보안 콘텍스트를 사용할 수 있다. 반면 마이크로서비스는 여러 분산 서비스로 구성돼 있기 때문에 보안 콘텍스트를 하나의 서비스에서 다른 서비스로 전달해야 한다.

서비스 간 보안 의존성의 대표적인 예는 사용자 ID 설정 및 인증에서 볼 수 있다. 모놀리식 시스템에서는 사용자가 로그인할 때 사용자 ID를 한 번 설정할 수 있으며, 사용자가 최종적으로 로그아웃할 때까지 모든 모듈에서 사용할 수 있는 상태로 유지된다. 마이크로서비스 기반 시스템을 구축할 때 사용자가 비즈니스 시스템의 운영을 수행하는 데 필요한 모든 서비스에 각각 로그인해야 한다는 것은 상상할 수 없는 일이다.

마이크로서비스 아키텍처의 제약 조건 내에서 작업할 때 적합한 보안을 올바르게 구현하는 것은 상당히 어려울 수 있다. 따라서 어떤 측면에 취약할 수 있는지 알 수 없는 어려움과 불확실성 속에서 잘못 구현하는 것에 대한 두려움이 생길 수 있다. 하지만 기업에는 풍부한 업계 표준과 신뢰할 수 있는 도구가 있다. 모던 애플리케이션 개발자는 보안의 최소 2가지 측면을 구현해야 한다.

- **인증**Authentication: 모놀리스 또는 마이크로서비스에 액세스하려는 사람 또는 다른 소프트웨어 구성 요소의 신원을 확인하는 프로세스다. 인증의 주요 목표는 사용자 ID와 비밀번호 또는 API에 대한 액세스를 제공하는 비밀키와 같은 사용자의 자격증명을 확인하는 것이다. 다양한 종류의 인증 프로토콜이 존재하지만 가장 일반적으로 사용되는 인증 프로토콜은 액세스 토큰(JWT)을 인증 증명으로 사용하는 OpenID 커넥트Connect다.
- **인가**Authorization: 인증된 사용자가 특정 비즈니스 콘텍스트에서 특정 데이터에 대해 요청된 작업을 수행할 수 있는지 확인하는 프로세스다. 대부분의 경우 권한 부여에는 역할 기반 보안과 세분화된 권한 부여를 지원하는 접근 제어 목록ACL 또는 권한의 조합이 포함된다. 전자는 합법적인 사용자에게 특정 고수준 비즈니스 기능에 액세스할 수 있는 광범위한 권한을 부여한다. 후자는 각 사용자가 역할을 수행하기 위해 필요한 권한을 갖고 있는지 확인해서 인증된 사용자에게 특정 구성 요소의 특정 작업에 대한 액세스 권한을 부여한다.

최신 인증 및 권한 프로토콜은 보안 액세스 및 무기명 토큰bearer token 사용에 크게 의존하며, 시스템 보안 아키텍처는 특정 HTTP, RPC 및 메시징 요청에 토큰을 포함하도록 요구해야 한다. 액세스/무기명 토큰은 매우 안전하며 인증 과정에서 확인된다. 토큰은 사용자의 진위 여부와 특정 서비스를 사용할 수 있는 권한을 증명하기에 충분한 정보를 담고 있다. 토큰은 지정된 시간이 지나면 만료될 수 있지만 재생성을 통해 갱신할 수 있다. 토큰 재생성을 통해 사용자는 계속 액세스할 수 있으며, 토큰의 사용 기간이 제한돼 있으므로 공격자가 토큰의 비밀 인코딩을 해독하지 못하게 방지할 수 있다. 이는 보안 메커니즘의 암호화를 움직이는 표적으로 만들어서 이뤄진다.

개발 프로세스 초기에는 다음과 같은 관행을 통합해 보안을 최우선으로 고려한 시스템을 설계할 수 있다:

- **보안을 고려한 설계:** 처음부터 보안을 고려하지 않은 설계는 깨지기 쉽고 취약하며, 최적의 보안을 제공하지 못하므로 보안을 나중에 생각해서는 안 된다.
- **기본적으로 HTTPS 사용:** 전송 계층 보안$^{TLS,\ Transport\ Layer\ Security}$은 컴퓨터 애플리케이션 간의 개인 정보 보호와 데이터 무결성을 보장하도록 설계됐다. HTTPS를 사용하려면 인증서가 필요하다. 인증서는 클라우드 제공업체를 통해 생성할 수 있다. 인증서는 공개키 기반 구조$^{PKI,\ Public\ Key\ Infrastructure}$를 통해 암호화된 통신을 사용할 수 있는 권한을 부여하고, 인증서 소유자의 신원을 인증한다.
- **비밀 정보를 암호화하고 보호:** 애플리케이션에는 통신에 사용하는 비밀 정보가 있을 수 있다. 이러한 비밀 정보는 API 키, 클라이언트 비밀 정보 또는 기본 인증을 위한 자격증명일 수 있다. 이러한 모든 비밀 정보는 암호화돼야 하며, 서드파티 클라우드 서비스에서 관리돼야 한다. 애저 키 밸류$^{Azure\ Key\ Value}$는 키 관리자의 한 예다.
- **배포 파이프라인[9]에서 보안 검사:** 정적 애플리케이션 보안 테스트$^{SASY,\ Static\ Application\ Security\ Testing}$ 도구는 소스코드 또는 컴파일된 버전의 코드를 분석해 보안 결함을 찾도록 설계됐다. 이러한 SAST 도구를 적극적으로 사용해 즉각적이고 귀중한 피드백을 통해 결함을 발견해야 한다. 뒤늦게 취약점을 발견하는 데 의존해서는 안 된다.
- **자체 보안 메커니즘이나 암호화 코드를 만들지 않기:** 모든 사람이 보안 전문가인 것은 아니다. 수천 명의 개발자, 시스템, 개별 서비스에서 사용돼 실전 테스트를 거친 외부 도구와 라이브러리를 활용해야 한다.

모놀리스든, 마이크로서비스든 또는 2가지를 함께 사용하든 관계없이 시스템과 개별 서비스를 구현할 때 고려해야 할 많은 사항이 있다. 여기에 설명된 사항을 고려

---

[9] 이러한 기술들은 유용하고 활용하기 좋지만, 도구가 부족해 목표를 완전히 달성하는 데 어려움이 있을 수 있다. 정적 애플리케이션 보안 테스트(SAST)는 특정 유형의 보안 결함만을 감지할 수 있기 때문에, 이를 보완하기 위해 자동화된 테스트와 수동 테스트를 병행해 다양한 보안 검사를 수행하는 것이 필수적이다.

하면 보안을 개선하는 데 많은 도움이 될 것이다. 후속 책에서는 보안 아키텍처 설계 및 구현에 대한 자세한 정보를 제공한다.

개인 정보 보호

디스크 저장 공간은 매우 저렴해졌다. 그렇기 때문에 많은 기업은 가치가 불확실하고 나중에 폐기될 가능성이 있는 정보라도 가능한 한 많은 정보를 수집하고 저장하고자 한다. 데이터는 가장 가치 있는 비즈니스 자산으로 인식되고 있기 때문에, 잠재적으로 가치가 없는 것처럼 보여도 데이터를 저장하는 데 드는 제한적인 비용을 지불하는 것은 가치 있는 일이다. 머신러닝 알고리듬을 통해 방대한 양의 데이터를 분석함으로써 고객, 경쟁자, 시장에 대한 유용한 지식을 얻을 수 있으며, 이를 통해 데이터를 비즈니스 인텔리전스로 전환할 수 있는 기회를 얻을 수 있다. 이러한 노력의 일환으로 기업은 개인에 대한 정보를 도출하는 데 사용할 수 있는 일부 데이터를 수집한다. 이러한 개인 정보는 잠재적으로 가치가 있지만 저장 및 처리할 때는 주의를 기울여야 한다.

개인에 대한 방대한 양의 데이터를 저장하는 것은 양날의 검이 될 수 있다. 한 가지 단점은 방대한 양의 개인 정보 또는 소량의 고가치 개인 정보를 탈취하는 것이 보안 공격을 감행하는 사람들의 목표가 되는 경우가 많다는 것이다. 실제로 민감 데이터의 도난은 악의적인 공격자들의 가장 큰 동기 중 하나다. 애플과 같은 거대 기술 기업에서도 신용카드 번호가 도난당한 사례가 많다. 비즈니스 운영에 필요한 최소한의 데이터만 저장하면 공격 대상으로서의 비즈니스 가치를 낮추기 때문에 이러한 보안 위협을 제거할 수 있다.

일부 국가에서는 정부 정책에 따라 개인 데이터의 수집, 저장 및 사용 방법을 정의한다. 가장 잘 알려진 정책은 '일반 데이터 보호 규정$^{General Data Protection Regulation}$[GDPR]'이다. 이 정책의 주요 목표는 개인이 자신의 개인 데이터를 제어할 수 있게 하는 것이다. GDPR은 이메일 주소, 정부 발급 신분증, IP 주소, 이름, 주소, 생년월일, 나이, 성별 등의 개인 데이터를 삭제할 수 있는 권리를 개인에게 보장한다. 이 법은 유럽연합^{EU}에 속한 국가의 영토 내에서 운영되는 모든 비즈니스를 대상으로 하지만, EU 이외의 다른 국가에서는 별도의 개인 정보 보호 정책이 수립돼 있다. 이러한 모든 경우에 해당 정책의 관할권 내에서 활동하는 비즈니스가 시장에서 사업을 운영하려면 해당 정책을 준수해야 한다.

그림 8.6에서 이벤트는 변경되지 않고 개인 정보 데이터는 삭제돼야 할 때까지만 존재할 수 있게 하기 위해 이벤트가 개인 정보를 어떻게 참조해야 하는지를 보여준다.

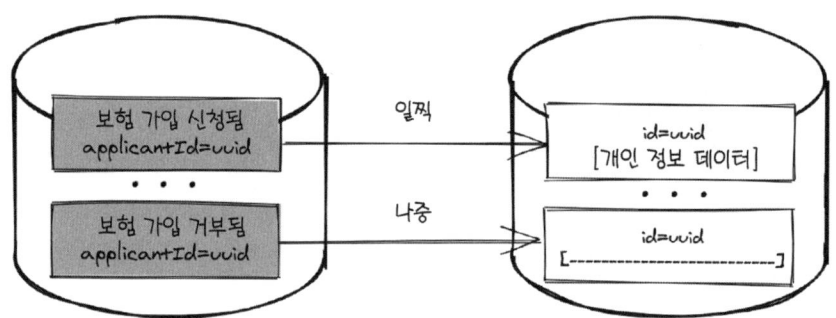

그림 8.6 삭제할 수 있는 최소한의 익명화되고 분리된 개인 데이터만 저장한다.

그림 8.6에 표현된 요소 외에도 개인 정보 보호와 관련된 데이터를 고려할 때 많은 공수를 절감할 수 있는 추가 절차를 고려할 수 있다. 필요한 최소한의 단계로 다음을 고려한다.

- **최소한의 개인 데이터만 저장한다.** 개인을 식별할 수 있는 데이터가 적게 저장될수록 비즈니스가 GDPR과 같은 개인 정보 보호 정책을 준수하기 위해 수행해야 하는 업무가 줄어든다. EU 영토 내의 개인은 언제든지 자신의 개인 데이터 삭제를 요청할 수 있으며, 기업은 이를 준수해야 한다. 이렇게 하면 개인의 민감한 데이터가 도난당할 위험이 줄어든다.
- **법무 팀과 협력한다.** 개인 정보 보호 요건에 대해 법무 팀과 함께 협력하고 사용자가 가입할 개인 정보 보호 정책을 이해한다.
- **목적을 이해한다.** 모든 데이터를 저장하는 목적을 잘 이해해야 한다.
- **보존 계획을 세운다.** 잘 정의된 데이터 보존 정책이 있는지 확인하고 이를 구현한다. 어떤 데이터가 식별 가능하고 파기 가능한지 파악한다. GDPR

요건에 따라 특정 개인과 관련된 모든 개인 정보 데이터를 찾아 삭제할 수 있는 방법이 확립돼 있어야 한다.

- **개인 데이터를 익명화 및 분리한다.** 일부 데이터는 쉽게 삭제할 수 없거나 법적인 이유, 감사 또는 역사적인 이유로 보관해야 할 수 있다. 예를 들어 이벤트 소싱을 사용할 때 일부 도메인 이벤트에는 개인 데이터 보호 정책에 의해 보호되는 사용자 정보가 포함될 수 있다. 이러한 경우 데이터 개인 정보 보호 기능을 나중에 패치해야 한다고 생각하지 말고 처음부터 애플리케이션 기능으로 설계하는 것이 좋다. 장기 보관이 의무화된 모든 개인 정보는 반드시 익명화해야 하며, 익명화된 데이터에서 개인 정보를 유추할 수 없어야 한다. 익명화된 데이터를 도메인 이벤트와 같은 스트리밍 데이터와 연관시키려면 실제 사용자 개인 데이터를 UUID 토큰과 같은 글로벌 고유 ID로 대체해야 한다. 이 고유 ID는 매우 안전한 저장소의 레코드를 가리킨다. 고유 ID는 계속 존재하지만 민감한 정보가 없는 데이터를 가리킬 수도 있다. 그러면 의미 있는 사용자 정보가 없는 데이터만 남게 된다.

모든 사람이 원치 않는 침입과 감시로부터의 자유를 요구하고 있다. 미국과 같이 개인 정보 보호법이 강하지 않은 국가[WP-Privacy]에서도 시스템은 개인 정보 보호를 고려해 설계돼야 한다. 미국 및 기타 비유럽연합 기업이 국경을 넘어 시장에서 성공하기를 기대하는 경우에는 더욱 그렇다.

기업이 개인 데이터를 수집, 관리, 보호하는 방법에 대한 투명성은 개인 정보 보호를 기대하는 고객 및 파트너와의 신뢰 및 책임감을 구축하는 데 필수적이다. 안타깝게도 많은 기업이 실패를 통해 개인 정보 보호의 중요성을 뼈저리게 깨닫고 있다. 고객의 데이터 프라이버시를 보장하는 것은, 기업이 고객의 최선의 이익을 위해 운영되고 있음을 입증하는 것이다. 이러한 노력을 성공적으로 수행하려면 시스템 아키텍처 설계에 데이터 보호 프로세스 및 절차를 기본적으로 고려해야 한다.

성능

성능의 가장 두드러지는 측면은 지연시간이다. 마이크로서비스에서는 물리적 네트워크가 서비스 간 통신에 관여하기 때문에 지연시간이 증가한다. 데이터를 마샬링 또는 언마샬링하고 네트워크를 통해 바이트를 전송하는 데에는 시간이 걸린다. 빛의 속도는 매우 빠르다. 그러나 데이터가 비교적 짧은 거리에서 아무리 빠르게 전송되더라도 광섬유 네트워크를 통해 빛이 이동하는 데에는 시간이 필요하다. 빛은 진공 상태에서 최고 속도로 이동하지만 광섬유 네트워크는 진공 상태가 아니다. 표 8.3의 왕복 시간 예[Fiber-Latency]를 참고한다.

표 8.3 밀리초 단위의 광섬유 경로 왕복 시간

경로	광섬유 왕복 시간(밀리초)
뉴욕에서 샌프란시스코	42 ms
뉴욕에서 런던	56 ms
뉴욕에서 시드니	160 ms

몇 밀리초(즉, 1초 미만)는 사람이 관찰 가능한 단위에서는 존재하지 않는 것처럼 보이지만 컴퓨터는 1초를 극히 작은 단위로 분할하는 훨씬 더 빠른 시간 단위에서 작동한다. 컴퓨터의 작동은 나노초 단위로 측정하는 것이 일반적인데, 여기서 1나노초는 10억 분의 1초다. 지연시간이 처리에 미치는 영향을 더 잘 시각화하고자 컴퓨팅 시간을 인간의 활동 규모로 표현해볼 수 있다. 브렌든 그렉의 『시스템 성능: 엔터프라이즈와 클라우드』[SysPerformance]라는 책에서 다양한 컴퓨터 작업의 상대적 시간을 단일 CPU 사이클을 1초로 환산한 척도로 표현해봤다. 표 8.4에서 볼 수 있듯이 결과는 놀라웠다.

표 8.4 나노초 단위의 컴퓨팅 시간을 초 단위로 환산

이벤트	실제 지연시간	인간 수준의 지연시간
CPU 사이클	0.4 ns	1초
레벨1 캐시 접근	0.9 ns	2초

(이어짐)

이벤트	실제 지연시간	인간 수준의 지연시간
레벨2 캐시 접근	2.8 ns	7초
레벨3 캐시 접근	28 ns	1분
메인 메모리 접근(DDR DIMM)	~100 ns	4분
인텔 옵테인 메모리 접근	< 10 μs	7시간
NVMe SSD I/O	~25 μs	17시간
SSD I/O	50-150 μs	1.5 ~ 4일
하드 디스크 I/O	1 ~ 10 ms	1 ~ 9달
인터넷 연산: 샌프란시스코에서 뉴욕까지	65 ms	5년
인터넷 연산: 샌프란시스코에서 홍콩까지	141 ms	11년

표 8.4의 하단에 표시된 네트워크 작업은 인간 수준의 지연시간으로 표현하면 완료하는 데 몇 년이 걸린다. 65밀리초와 141밀리초는 수십억 나노초이기 때문이다.

마이크로서비스 간의 모든 네트워크 작업의 지연시간이 선형적으로 누적된다고 말하는 것은 부정확하다. 적어도 일부 서비스 간 통신에 비동기 메시징이 사용된다고 가정하면 이러한 모든 비동기 메시지 요청은 병렬로 실행된다. 게시-구독(즉, 팬아웃) 패턴을 사용하면 생산자가 보낸 하나의 메시지가 사실상 무제한의 소비자에게 전달될 수 있다.

또한 서비스가 다른 서비스의 데이터 사본을 로컬에 보관해 특정 데이터를 지속적으로 검색하는 데 필요한 네트워크 작업을 제거함으로써 지연시간을 완화할 수도 있다. 하지만 소유자가 아닌 서비스가 데이터를 캐시하면 오래된 데이터를 조회하게 되는 등의 문제가 발생할 수 있다. 소유하지 않는 데이터를 캐시하는 서비스가 오래된 데이터를 갖고 처리를 하면 어떤 일이 발생할까? 이는 사용 중인 데이터와 서비스 계약이 정확성을 기반으로 하는지의 여부에 따라 달라지며, 계약 협상을 하는 중에 그 점을 고려할 필요가 있다고 가정한다. 어떤 서비스 계약은 모호할 수 있는 반면, 어떤 서비스 계약은 정확해야 한다. 정확성을 위해 오래된 데이터를 제거하거나, 적당한 시점에 데이터를 다시 가져오거나, 시간 및 서비스 수요에 대한 민감도가 높은 데이터를 캐시하지 않음으로써 문제를 피할 수 있다.

더 많은 작업이 동시에 수행될수록 총 지연시간은 줄어든다. 주어진 문제를 해결하는 데 필요한 모든 연산을 병렬로 실행하면 병렬 연산 중 가장 느린 연산에 필요한 시간 정도에 완성된 결과를 얻을 수 있다. 모놀리스에서는 모든 보통 연산은 프로세스 안에서 진행되므로 데이터베이스 액세스 및 메시징 메커니즘 외에는 네트워크 지연시간이 없다. 완벽하게 병렬화가 가능한 환경에서도 모놀리스는 여러 머신으로 쉽게 확장할 수 없는 워크로드에 대해 더 빠르고 더 높은 처리량을 제공한다.

또한 성능은 확장성과 밀접한 관련이 있다. 하나는 다른 하나에 반대 방향으로 영향을 준다. 즉, 성능과 확장성은 반비례 관계에 있다.

확장성

모놀리스 및 마이크로서비스 아키텍처의 확장성을 자세히 알아보기 전에 컴퓨팅 리소스에 대한 잠재적인 수요를 고려하는 것이 도움이 된다.

주어진 상황:

- 모놀리스와 마이크로서비스 집합 모두에 동일한 작업이 할당된다.
- 각 마이크로서비스는
  - 도커 컨테이너에서 실행된다.
  - 쿠버네티스와 같은 클러스터 관리 도구에 의해 오케스트레이션된다.
  - 로그 집계 및 모니터링을 사용한다.

정확한 수치를 확인하지 않더라도, 마이크로서비스가 실행되는 방식에는 모놀리스에는 필요하지 않은 약간의 오버헤드가 필요할 것이라고 가정하는 것이 안전하다. 그럼에도 마이크로서비스는 리소스를 더 스마트하게 사용할 수 있다. 클러스터 관리자가 특정 구성 요소의 사용 수요에 따라 알맞은 컴퓨팅 리소스를 할당할 수 있기 때문에 사용량이 적은 마이크로서비스의 경우 전체 리소스 사용률이 훨씬 낮아질 수 있다. 모놀리스의 경우 그 반대다. 전체 모놀리스 코드의 특정 부분에 가장 많은 리소스가 필요하기 때문에 수요 기반 확장은 불균형한 비용을 수반한다. 그러므로 마이크로서비스는 코드의 리소스 집약적인 부분만을 독립적으로 확장할 수 있는 반면, 모놀리스의 모든 인스턴스는 가장 리소스 집약적인 부분에서 요구하는 최대 리소스에 맞춰 리소스가 할당돼야 한다.

모놀리스는 쉽게 확장할 수 없지만 이러한 한계를 극복할 수 있는 방법이 있다. 9장의 '서버리스 및 FaaS' 절에서 설명하겠지만 클라우드 네이티브 모듈형 모놀리스를 서버리스로 배포[10]해 클라우드에서 최소한의 비용으로 무한한 확장의 모든 이점을 누릴 수 있다. 이러한 접근 방식이 공짜는 아니지만 달성 가능하다. 시스템이 잘 설계돼야 하고 몇 가지 클라우드 네이티브 설계 요구 사항을 충족해야 한다. 실제로 모듈형 모놀리스와 마이크로서비스를 모두 서버리스 방식으로 실행하면 동일한 이점을 얻을 수 있다.

복원성: 신뢰성 및 내결함성

복원성은 작은 구성 요소가 불가피하게 실패할 때 연쇄적인 실패에 저항하는 소프트웨어 품질 속성이다. 모듈화된 모놀리스와 큰 진흙덩어리 모놀리스 사이에는 큰 차이가 있다. 모듈화된 모놀리스는 마이크로서비스와 유사하게 신뢰성과 내결함성을 염두에 두고 설계할 수 있지만 기술적 오버헤드가 적다. 동일한 프로세스에서 실행하면 신뢰성을 보장하기 위한 복잡한 메커니즘이 필요하지 않다. 반면 큰 진흙덩어리 모놀리스는 애플리케이션을 철저하게 테스트하는 것이 매우 어렵고 품질에 대한 테스트가 거의 존재하지 않기 때문에 신뢰성이 떨어진다. 광범위한 테스트가 없다는 것은 버그가 프로덕션에 쉽게 침투할 수 있다는 것을 의미한다. 사후에 효과적인 신뢰성 측정을 통해 큰 진흙덩어리 모놀리스를 보강하는 것

---

10. 기존의 빅볼 오브 머드(Big Ball of Mud)가 그대로 서버리스 엔터티로 배포될 것이라는 의미는 아니다. 여기서 말하는 모놀리스는 클라우드 네이티브 성격의 서버리스로 설계될 것이다. 잘 설계된 모놀리스를 서버리스로 배포할 때 얻을 수 있는 주요 이점은 시스템이 수백 개의 작은 FaaS 구성 요소로 설계될 경우 발생할 수 있는 운영 복잡성을 줄일 수 있다는 것이다. 하지만 서버리스 솔루션에는 약간의 규모 제한이 있다. 이 책을 집필하는 시점에 AWS Lambda는 10GB의 메모리에서 실행돼야 한다. 이는 이전의 3GB보다는 적은 제한이다.

은 일반적으로 매우 어렵다. 이러한 점은 이미 잘 알려져 있으며, 이 책에서는 모듈화된 모놀리스 아키텍처, 설계 및 개발에 초점을 맞추고 있다.

또한 마이크로서비스는 각 개별 서비스가 다른 마이크로서비스에서 제공하는 기능과 상호작용하거나 의존할 수 있기 때문에 광범위하게 테스트하기가 어렵다. 이러한 서비스의 협업 및 통합을 테스트해 잘 작동하게 만드는 것은 어려운 작업이다. 테스트 중이 아닌 프로덕션 환경에서 결함이 발견되는 경우도 드물지 않다.

앞서 설명한 것처럼 모듈형 모놀리스 내부에서 발생하는 연산은 프로세스 내부에서 직접적으로 이뤄진다. 네트워크가 관여하지 않기 때문에 네트워크 장애가 연산을 방해할 수 없다. 네트워크 연산이 99.9%[11]의 안정성을 보장하더라도 0.1%의 시간에는 문제가 발생할 수 있다. 가동 시간 서비스 수준 협약^{SLA}이 99.9%라는 것은 연간 8.77시간, 월간 43.83분, 주당 10.08분, 매일 1.44분 동안 시스템이 다운된다는 것을 의미한다. 가용성 기준에서 9가 많을수록 더 좋다는 것은 명백한 사실이다. 그럼에도 예상치 못한 예외 상황으로 SLA를 벗어나 하루 종일 네트워크 장애가 발생하면 엄청난 영향이 있을 것이다. 네트워크를 많이 사용하지 않고 적게 사용하는 것은 매우 큰 이점이다.

모듈화된 모놀리스는 많은 이점을 제공하지만 마이크로서비스와 달리 결함에 대한 격리를 쉽게 보장할 수 없다. 한 모듈에서 처리되지 않은 예외가 발생하거나 메모리 누수로 인한 메모리 부족 상태와 같이 복구할 수 없는 예외가 발생하면 모든 서비스를 실행하는 전체 프로세스가 중단될 수 있다. 마이크로서비스를 사용하면 중단이 발생해도 하나의 서비스만 손실되지만 11장의 '결심을 통한 정신적 준비' 절에 언급된 조치에 주의를 기울일 경우에만 가능하다. 여기서 언급했듯이 장애 감독을 통해 광범위한 시스템 충돌을 방지할 수 있다.

마이크로서비스는 네트워크 및 기타 장애를 염두에 두고 설계해야 한다. 서비스에서 네트워크 중단 또는 서비스 중단이 발생하면 리소스 관리자(예: 쿠버네티스 또는 클라우드

---

11. 가용성은 일반적으로 SLA 내에서 특정 연도의 가동 시간 비율로 표시된다. 일반적으로 99.9% 또는 '3 나인즈'와 같이 'N 나인즈'로 표현된다(https://en.wikipedia.org/wiki/High_availability).

제공업체별 프로그램가 해당 서비스를 신속하게 중지시키고 다른 서비스 인스턴스를 기동할 수 있다.

내결함성을 보장하는 또 다른 방법은 의도적으로 카오스를 만들어 테스트하는 것이다. 넷플릭스는 내결함성이 제대로 달성되는지 확인하고자 서비스를 무작위로 종료하는 테스트 도구인 카오스 몽키[ChaosMonkey]를 개발했다. 적절한 복구를 위해 (1) 새로운 서비스 인스턴스가 중단된 서비스를 대체하는지, (2) 네트워크 호출이 다시 라우팅되는지, (3) 전체 아키텍처가 안정적이며 예상대로 계속 실행되는지 등을 확인한다.

복잡성

전체 시스템의 복잡성에는 여러 가지 어려운 측면이 있다. 이는 배포의 복잡성, 개발 중인 코드의 복잡성, 프로덕션 환경에서 전체 시스템을 실행하는 복잡성, 지속적으로 시스템을 모니터링하고 관찰하는 어려움에서 비롯된다. 코드베이스의 관점에서 보면 모놀리스 애플리케이션 코드는 모노레포Monorepo라고 하는 단일 리포지토리에 보관되는 경우가 많다. 이러한 설정을 사용하면 서비스 간의 내부 모듈 통신을 더 쉽게 추적할 수 있으며, 통합 개발 환경IDE, Integrated Development Environment의 정적 분석을 통해 처리 흐름을 빠르게 발견할 수 있다.

마이크로서비스가 모노레포[12] 기능을 사용할 수 없다는 뜻은 아니다. 하지만 실질적으로 마이크로서비스는 여러 언어와 기술을 혼합해 구축될 수 있으며, 이로 인해 전체 시스템의 복잡성이 증가한다. 또한 서비스 간에 서로 다른 라이브러리와 프레임워크 그리고 각 서비스 사이의 서로 다른 버전을 다루는 것은 매우 복잡하다.

시스템의 배포와 자동 확장성 역시 매우 복잡할 수 있다. 모놀리스는 독립형이기 때문에 배포가 간단하고, 단일 머신에 비즈니스 소프트웨어를 배포하는 데 수십 년간 축적된 경험을 갖고 있을 가능성이 높다. 모놀리스를 확장하려면 배포 단위

---

12. 모노레포(Mono-repo)는 대규모 시스템에서 잠재적으로 많은 프로젝트의 모든 소스코드를 보관하는 단일 소스코드 리비전 추적 리포지토리다. 자세한 내용은 https://en.wikipedia.org/wiki/Monorepo를 참고하기 바란다.

의 새 인스턴스를 기동하면 된다. 이에 비해 마이크로서비스에서는 배포와 확장성이 훨씬 복잡하다. 서로 다른 컴퓨터 노드에 배포하는 것은 조율하기가 매우 복잡할 수 있으며, 확장에 사용되는 도구(예: 쿠버네티스)에는 실제로 전문 지식이 필요하다.

그리고 프로덕션 환경에서 시스템을 실행해야 하는 문제도 있다. 로깅과 모니터링은 각 모놀리스 또는 마이크로서비스의 사용에 따라 덜 복잡하거나 더 복잡할 수 있다. 프로덕션 환경에서 모놀리스를 실행할 때는 일반적으로 검색 및 검사할 로그 파일이 하나 또는 몇 개에 불과하므로 디버깅 문제가 훨씬 덜 복잡하다. 하지만 마이크로서비스는 얘기가 다르다. 문제를 추적하려면 여러 개의, 심지어 많은 로그 파일을 확인해야 할 수도 있다. 관련 로그 출력을 모두 찾아야 할 뿐만 아니라 모든 로그를 올바른 운영 발생 순서대로 집계하고 병합하는 것도 중요하다. 서비스 전반에 걸쳐 모든 관련 로그 출력을 집계하고 검색하기 위해 일래스틱서치Elasticsearch와 같은 도구가 사용되는 경우가 많다.

도구 적용

아키텍처 결정을 갑작스럽게 구체적으로 밀어 붙여서는 안 된다. 특정 아키텍처 문제에 대해 올바른 결정을 내리기에는 너무 이르거나 팀에서 충분히 알지 못할 수도 있다. 추측에 근거해 결정을 내리기보다는 실제로 결정이 필요할 때까지 기다리는 것이 결코 잘못된 것은 아니다. 필요성이 확인되지 않은 상태에서 결정을 내리는 것은 무책임하고 잠재적으로 해로울 수 있다. 모든 결정은 마지막 책임 있는 순간에 내려져야 한다는 점을 기억했으면 한다.

이 책의 4부에서는 3부에서 다룬 특정 아키텍처와 패턴의 적용을 보여준다.

> **모듈 우선**
>
> 내부 모듈(접수, 처리, 보험 증서, 갱신)을 자체 최상위 모듈로 승격하는 것이 합리적일까? 이는 시간이 지나면 고려할 수 있는 가능성이며 그렇게 하면 이점이 있을 수도 있다. 하지만 본질적으로 "팀이 아직 그 결정을 받아들일 만큼 충분한 정보를 갖고 있지 않다"고 단언하는 앞선 조언으로 돌아가 보자. 지금

> 당장 그렇게 하는 것은 무책임한 행동이다. 앞으로의 대화가 그 방향으로 이어질 수도 있지만 성급하게 결론을 내리는 것은 이치에 맞지 않다.

정리

8장에서는 소프트웨어 아키텍처에 대한 여러 정의 중 일부를 검토하는 것으로 시작해 새로운 통찰력을 담은 새로운 정의를 제안했다. 또한 이벤트 우선 시스템을 지원하는 여러 아키텍처 스타일과 아키텍처 패턴을 고려했다. 특히 포트와 어댑터(헥사고널) 아키텍처 스타일은 상위 수준의 아키텍처 결정에 적용해 하위 수준에서의 다양성을 지원할 수 있다. 포트와 어댑터의 가장 큰 장점은 적시 의사결정을 지원한다는 점이다. 이는 추가 아키텍처 결정 및 그 결정에 대한 각각의 구현을 기반으로 하는 견고하고 다용도로 사용할 수 있는 아키텍처다.

8장의 주요 내용은 다음과 같다.

- 포트와 어댑터는 트랜잭션 스크립트를 가진 서비스 계층, 도메인 모델을 가진 서비스 계층, 액터 도메인 모델을 가진 압축된 계층, 명령형 셸을 가진 함수형 코어 등 여러 가지 방식으로 표현할 수 있다.
- 모듈화는 적응형 아키텍처의 핵심으로, 목적에 따라 모놀리스와 마이크로서비스가 혼합되거나 완전히 마이크로서비스로 전환될 수 있다.
- REST 아키텍처는 제한된 CRUD 애플리케이션에 주로 사용되지만, CRUUD 기반 부분 업데이트를 사용해 도메인 주도 및 이벤트 주도 아키텍처로 확장할 수 있다.
- 아키텍처 결정의 목적은, 복잡성은 줄이면서 유연성, 보안, 개인 정보 보호, 성능, 확장성, 복원성과 같은 품질 속성 요구 사항을 달성하는 것이다.
- 모든 아키텍처 스타일과 패턴이 모든 시스템 및 서브시스템 제약 조건에 적합한 것은 아니다.

- 특정 품질 속성을 해결하기 위한 일부 아키텍처 결정은 다른 품질 속성에 불리하게 작용할 수 있으므로 절충점을 찾아야 한다.

참고문헌

[Agile-SEC] Laura Bell, Rich Smith, Michael Brunton-Spall, and Jim Bird. Agile Application Security: Enabling Security in a Continuous Delivery Pipeline. Sebastopol, CA: O'Reilly Media, 2017.

[BBoM] http://laputan.org/mud/

[ChaosMonkey] https://github.com/netflix/chaosmonkey

[Continuous-Architecture] Murat Erder, Pierre Pureur, and Eoin Woods. Continuous Architecture in Practice. Boston, MA: Addison-Wesley, 2021.

[CyberAttack] https://www.wired.com/story/notpetya-cyberattack-ukraine-russia-code-crashed-the-world/

[Fiber-Latency] https://hpbn.co/primer-on-latency-and-bandwidth/

[GDPR] https://en.wikipedia.org/wiki/General_Data_Protection_Regulation

[ISO 47010] ISO 47010; was IEEE Standard 1471; https://en.wikipedia.org/wiki/IEEE_1471

[PortsAdapters] https://alistair.cockburn.us/hexagonal-architecture/

[POSA1] Frank Buschmann, Regine Meunier, Hans Rohnert, Peter Sommerlad, and Michael Stal. Pattern-Oriented Software Architecture Volume 1: A System of Patterns. Hoboken, NJ: Wiley, 1996.

[Secure-By-Design] https://www.manning.com/books/secure-by-design

[Software Architecture in Practice] Len Bass, Paul Clements, and Rick Kazman. Software Architecture in Practice, 3rd ed. Boston, MA: Addison-Wesley, 2013.

[SOLID] https://en.wikipedia.org/wiki/SOLID

[SysPerformance] Brendan Gregg. Systems Performance: Enterprise and the Cloud, 2nd ed. Boston, MA: Addison-Wesley, 2021.

[Verizon-SEC] https://enterprise.verizon.com/resources/reports/dbir/

[VLINGO-XOOM] https://vlingo.io

[WP-Privacy] Washington Post. https://www.washingtonpost.com/news/powerpost/paloma/the-cybersecurity-202/2018/05/25/the-cybersecurity202-why-a-privacy-law-like-gdpr-would-be-a-tough-sell-in-the-us/5b07038b1b326b492dd07e83/

9장
메시지와 이벤트 주도 아키텍처

메시지 주도^{message-driven} 아키텍처는 시스템 전체에서 메시지 송수신이 중요한 역할을 하는 아키텍처다. 일반적으로 메시지 주도 아키텍처는 **표현 상태 전송**^{REST, Representational State Transfer} 및 **원격 프로시저 호출**^{RPC, Remote Procedure Call}에 비해 잘 선택되지 않는데, 이는 REST와 RPC가 메시징보다 범용 프로그래밍 언어 패러다임과 더 유사해 보이고, 더 많은 프로그래머에게 이미 익숙한 프로시저 호출 및 메서드 호출과 같은 느낌을 주는 추상화를 제공하기 때문이다.

그러나 REST와 RPC는 범용 프로그래밍 언어에 비해 취약한 메커니즘이다. 프로그래밍 언어 자체의 취약한 메커니즘으로 인해 프로시저 호출 또는 메서드 호출이 실패할 가능성은 거의 없다. REST-over-HTTP 및 RPC 접근 방식을 사용하면 네트워크 및 원격 서비스 장애로 인해 오류가 발생할 가능성이 매우 높다. 오류가 발생하면 서로 다른 원격 서비스 간의 시간적 결합으로 인해 클라이언트 서비스가 완전히 실패하는 경향이 있다. 특정 유스케이스에 관련된 원격 서비스 또는 서브시스템이 많을수록 문제가 더욱 악화될 수 있다. 분산 시스템 전문가인 레슬리 램포트^{Leslie Lamport}는 다음과 같이 설명했다.

> 분산 시스템은 당신이 들어본 적도 없는 머신의 장애로 인해 작업이 중단되는 시스템이다.

시스템이 비동기 메시징을 사용하면 요청과 응답이 모두 시간적으로 분리돼 있기 때문에 이러한 종류의 연쇄 장애를 피할 수 있다. 그림 9.1은 코레오그래피 이벤트 주도 프로세스에 참여하는 서브시스템 간의 시간적인 의존성이 완화됐음을 보여준다. 명확하게 말하면 비즈니스 관심사를 포착하고 전달하는 이벤트는 (일반적으로) 메시지의 한 형태이며, 메시지 주도 프로세스는 이벤트 주도 event-driven 프로세스의 상위 집합이다.[1]

> **코레오그래피와 오케스트레이션 프로세스**
>
> 프로세스를 관리하는 2가지 주요 스타일은 코레오그래피와 오케스트레이션이다. 코레오그래피는 분산형으로 프로세스를 관리하는 스타일이다. 예를 들어 메시징을 사용해 이벤트가 발행되면 각 서브시스템 콘텍스트에서는 이벤트가 자신과 관련이 있는지 여부를 판단한다. 이벤트가 관련이 있는 경우 이벤트가 콘텍스트 상태에 반영돼야 한다. 서브시스템에 의해 응답으로 발행되는 하나 이상의 이벤트는 각각 하나 이상의 다른 서브시스템과 관련이 있다. 코레오그래피는 비교적 이해하기 쉬우며, 프로세스 단계가 적을 때 가장 실용적이다. 이 프로세스 관리 스타일의 단점은 프로세스가 어딘가에서 멈추면 어디에서 문제가 발생했는지, 왜 그런지 파악하기 어려울 수 있다는 점이다. 또 다른 단점은 이벤트를 소유하지 않는 서브시스템이 해당 이벤트에 대한 의존성을 갖고 결합되며 이벤트를 주관적으로 해석하고 자체 목적에 맞게 적용해야 한다는 것이다. 그리고 당연히 시스템과 프로세스의 복잡성이 증가함에 따라 이벤트의 의존성이 상당히 복잡해질 수 있다. 오케스트레이션은 이와 대조적으로 프로세스에 관련된 여러 서브시스템에서 발생하는 이벤트를 수신한 뒤 프로세스의 이어지는 단계를 수행하는 커맨드(명령) 메시지를 생성해 관련 서브시스템으로 전달하는 중앙 집중형 프로세스 관리자(예: 사가)다. 오케스트레이션 프로세스를 사용하면 오케스트레이터가 이벤트를 커맨드로 변환하는 모든 책임을 담당하기 때문에 특정 프로세스에 관련된 서브시스템 간의 의존성이 줄어든다는 이점이 있다. 오케스트레이터는 중앙 장애 지점이 될 수 있지만 잘 설계된 분산 시스템에 공통적으로 적용되는 확장성 및 페일오버(fail-over) 전략을 고려한다면 일반적으로 큰 문제가 되지 않는다. 일반적으로 오케스트레이터는 최종 결과에 가장 관심이 많은 팀에서 설계하고 구현한다. 오케스트레이터 내부에 적용돼야 하는 프로세스 관련 서브시스템에서 변경이 이뤄질 경우 오케스트레이터가 장애물이 될 수 있다. 오케스트레이터가 상대적으로 덜 복잡한 하위 프로세스를 제어하기 위한 로직이 너무 복잡해질 수도 있다. 오케스트레이터는 비즈니스 로직의 던전이 돼서는 안 되며, 프로세스 단계를 진행시키는 데에만 사용돼야 한다.

---

1. 일부 사람은 메시지에 대한 엄격한 정의를 사용해서 메시지는 발신자가 수신자에게 직접 전송해야 한다고 말한다. 또한 이벤트는 발행-구독을 통해 전송된 것으로만 제한하기도 한다. 필자들은 이것이 지나치게 제한된 관점이라고 생각한다. 다음 절에서는 이벤트 로그를 읽는 수단으로 폴링 기반 REST를 사용하는 방법을 설명한다. 많은 이벤트 소비자가 이러한 방식으로 이벤트 피드를 읽을 수 있지만, 이는 발행-구독의 푸시 모델과 동일하지 않다. 물론 누구나 의견을 가질 수 있으므로 이 2가지 관점이 반드시 틀린 것은 아니다.

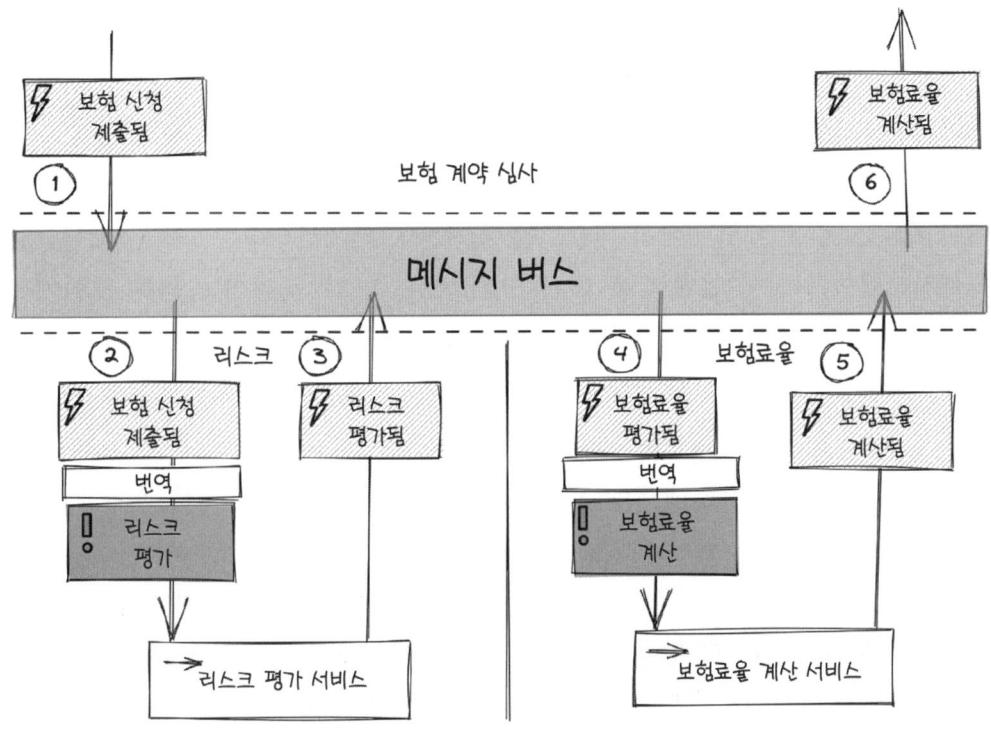

그림 9.1 이벤트 기반의 코레오그래피: 메시지 버스를 통해 전달된 이벤트가 커맨드로 변환된다.

특정 서브시스템에서 발생하는 이벤트가 메시지 버스를 통해 다른 서브시스템에서 사용되게 하는 방식으로 전체 시스템이 동작한다. 메시지 주도 아키텍처는 그림 9.1에서 볼 수 있듯이 컴포넌트들이 수동적으로 있다가 메시지에 의한 자극이 발생하면 적절한 컴포넌트가 자극에 반응하기 때문에 리액티브(반응형) 아키텍처라고도 한다. 이와 대조적으로 명령형 코드는 REST 및 RPC 프로시저 호출 또는 메서드 호출을 통해 응답을 유도한다. 리액티브는 반응성responsive, 복원성resilient, 탄력성elastic, 메시지 주도message-driven의 4가지 주요 특성을 갖는 것으로 정의된다.[Reactive]

그림 9.1에서 3개의 서브시스템 콘텍스트(계약 심사, 리스크, 보험료율)에서 실행되는 6개의 단계는 웹을 통해 신청자의 보험료 견적에 필요한 보험료율을 종합적으로 제공한다. 계약 심사 서브시스템 콘텍스트는 결과에 도달하는 데 관련된 세부 사항을 잘 알지 못한다. 신청서 제출 이벤트가 발생한 후 미래의 어느 시점에서 계약 심사

에 견적 가능한 보험료율을 사용할 수 있다는 알림이 전송된다.

원하는 계약 심사 결과를 달성하는 데 2초 또는 12초가 소요될 수 있다. 5초 후에 타임아웃이 발생하도록 미리 인프라에 설정돼 있기 때문에 REST 요청에 대한 응답에는 영향을 미칠 수 있는 상황이지만 계약 심사는 실패하지 않는다. 12초는 장기적인 서비스 수준 계약^{SLA}에서 허용되는 시간은 아니지만, 리스크 또는 보험료율 서브시스템이 완전히 실패한 후 다른 클라우드 인프라, 심지어는 다른 지역에서 완전히 복구되는 상황에서는 완벽하게 허용될 수 있는 시간이다. 일반적인 REST나 RPC는 이러한 상황에서 살아남지 못한다.

그림 9.1에서 코레오그래피의 특성으로 인한 프로세스의 세부 사항에 주목하자. 메시지 버스로 전송된 이벤트는 소비자의 언어로 내부 자극이 전달될 수 있도록 메시지 수신자에 의해 번역돼야 한다. '신청서 제출' 이벤트는 리스크 콘텍스트에서는 아무런 의미가 없지만, '리스크 평가'로 번역된 이후에는 의미가 있다. 보험료율 콘텍스트에서 '리스크 평가됨' 이벤트도 마찬가지다. '리스크 평가됨' 이벤트의 일부로 제공되는 평가 결과를 가지고 보험료율을 결정할 수 있기 때문에 '리스크 평가됨' 이벤트를 '보험료율 계산'으로 번역하면 보험료율 콘텍스트에서 완벽하게 이해할 수 있다.

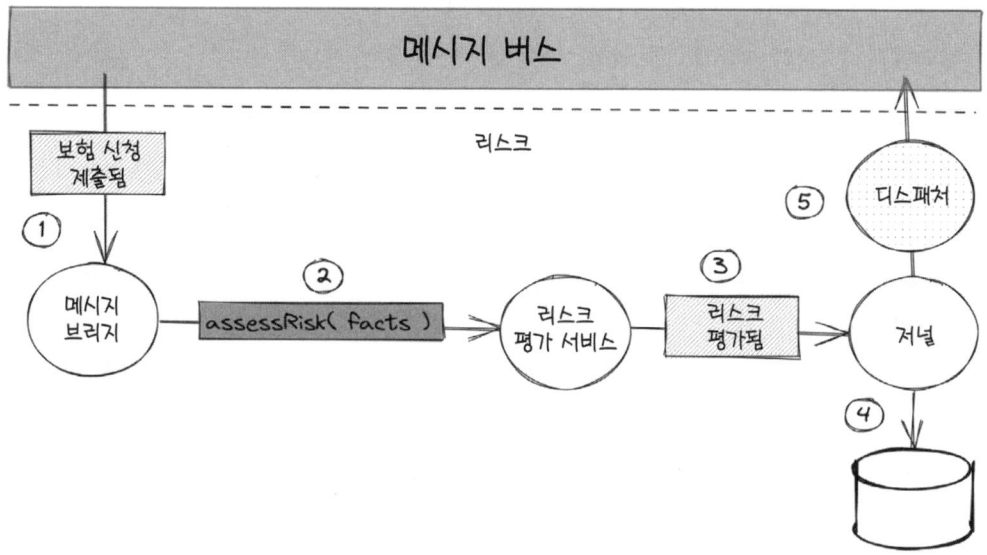

그림 9.2 서브시스템 콘텍스트 내의 리액티브 아키텍처는 액터 모델을 사용해 구현할 수 있다.

메시지 버스 통신은 일반적으로 서브시스템 콘텍스트 간 협력 컴퓨팅에 사용되지만, 단일 서브시스템 콘텍스트 내부의 메시지 주도 통신에는 실용적이지 않다. 그림 9.2에서 볼 수 있듯이 서브시스템 콘텍스트 내의 개별 컴포넌트는 액터 모델 런타임에서 작동하는 액터로 구현될 수 있다. 모든 액터 컴포넌트는 메시지 중심이므로 액터는 리액티브하다. 한 액터는 다른 액터가 어떤 작업을 수행하기를 원할 때 다른 액터에 비동기적으로 전달되는 메시지를 보낸다. 각 메시지 전달은 비동기적으로 실행되지만 그림 9.2에 표시된 흐름은 단계 번호에 따라 순차적이다.

그림 9.2에서 모든 개별 액터는 일반 객체를 나타내는 직사각형과 대조되도록 원형으로 표현했다. 액터 간 메시지 전송은 메시지 버스에 기반을 둔 메시지 전송과 다를 수 있다. 예를 들어 단계 1과 2는 드라이버 어댑터인 메시지 브리지 액터가 메시지 버스에서 '신청서 제출됨' 이벤트 메시지를 수신해 이를 리스트 평가 서비스 액터에 전송되는 메시지에 맞게 조정하는 것을 보여준다. 일반적인 메서드 호출로 보이는 것은 객체 간 통신에서 일반적으로 사용되는 메서드 호출이 아니다.

이 메서드 호출은 호출의 의도를 객체 기반 메시지에 담아 리스크 평가 서비스 액터의 메일박스 대기열에 넣는다. 리스크 평가 메시지는 리스크 평가 서비스 액터 구현에서 실제 메서드 호출로 가능한 빨리 전달된다.

액터 모델의 특성상 모든 컴퓨터 프로세스가 항상 사용되므로 온프레미스와 클라우드 인프라 모두에서 운영비용을 절감할 수 있는 매우 효율적인 컴퓨팅 솔루션을 만들 수 있다. 이는 컴퓨팅 노드의 제한된 수의 스레드를 사용하는 액터 모델 런타임과 모든 액터가 협력해 수행하는 스케줄링 및 디스패칭을 통해 이뤄진다. 제한된 수의 스레드는 액터의 숫자에 관계없이 분산돼야 한다. 메일박스에 메시지가 있는 각 액터는 스레드를 사용할 수 있게 되면 실행되도록 예약되며, 해당 스레드를 사용하는 동안에는 일반적으로 하나의 보류 중인 메시지만 처리한다. 액터가 사용할 수 있는 나머지 메시지는 현재 메시지 처리가 완료된 후에 전달되도록 예약된다.

이는 액터 모델의 또 다른 이점을 보여준다. 모든 액터는 한 번에 하나의 메시지만 처리하므로 액터는 개별적으로는 단일 스레드이지만, 많은 액터가 짧은 시간 동안 동시에 메시지를 처리하면 전체 런타임 모델이 대규모의 동시성을 가진다. 각 액터가 싱글 스레드라는 사실은 동시에 들어오는 2개 이상의 스레드가 서로 내부 상태 데이터를 사용하지 못하게 보호할 필요가 없다는 것을 의미한다. 상태 보호는 액터가 변경 가능한 내부 상태를 공유해서는 안 된다는 규칙에 의해 더욱 강화된다.

그림 9.2와 이 책 전체에서 강조하는 사용 사례 유형은 특히 모놀리스와 마이크로서비스를 위한 액터 모델에 기반을 둔 무료 오픈소스(FOSS) 리액티브 툴셋인 VLINGO XOOM[VLINGO-XOOM]에서 지원된다.

메시지 및 이벤트 기반 REST

8장에서 설명한 것처럼 REST는 바운디드 콘텍스트 간 통합에 사용할 수 있지만, 어떻게 REST가 메시지 및 이벤트 주도 아키텍처를 지원할 수 있을까? 대부분의 사람은 REST를 메시징 측면에서 생각하지 않지만, 실제로는 메시징이 REST의 전문 분야다. HTTP 사양은 모든 요청 및 응답을 메시지 측면에서 바라보고 있다. 따라서 REST는 정의상 메시지 주도 아키텍처이며 이벤트는 특별한 메시지 유형이다. 이벤트 소비 요청을 비동기 연산으로 전환하는 것이 비결이다. 이러한 기법은 일반적인 웹 애플리케이션 패턴만큼 잘 알려져 있지 않다.

그렇다면 왜 REST를 통해 메시지, 특히 이벤트를 소비자에게 제공해야 하는가? 웹은 확장성이 뛰어나고 모든 개발자가 웹과 HTTP의 기본 개념을 이해하고 있으며, 정적 콘텐츠를 제공하는 것이 매우 빠르다는 점(서버와 클라이언트에서 캐싱이 가능) 등이 몇 가지 이유다. 일반적으로 개발자들은 메시지 버스와 브로커에 익숙하지 않거나 적어도 HTTP에 비해 덜 익숙한 경향이 있다. 메시지 버스와 브로커에 익숙하지 않다고 해서 메시지 및 이벤트 주도 아키텍처를 사용하는 데 방해가 돼서는 안 된다.

이벤트 로그

기본적인 규칙은 영속되는 모든 이벤트는 불변이어야 한다는 것이다. 즉, 변경할 수 없다. 두 번째 규칙은 이벤트에 오류가 있는 경우 영속 상태를 직접 패치하는 대신 오류가 알려지기 전에 소비자가 생성한 데이터 위에 적용해 오류가 발생한 데이터를 결과적으로 '수정'하고 영속되는 보상 이벤트가 있어야 한다는 것이다. 즉, 소비자가 이미 오류 이벤트를 소비한 경우 나중에 이벤트를 변경해도 도움이 되지 않는다. 처음부터 다시 시작해 모든 이벤트를 다시 적용해서는 안 되며, 이는 재앙으로 이어질 가능성이 높다. 다음 사항을 고려할 때 이러한 규칙을 적용한다.

이벤트는 서브시스템 콘텍스트에서 발생하므로 이벤트가 발생한 순서대로 지속적으로 수집해야 한다. 이벤트의 순서로부터 가상 또는 물리적인 일련의 이벤트 로그가 생성될 수 있다. 그림 9.3은 이러한 로그를 보여준다.

이는 각 이벤트에 할당된 후 증가되는 신뢰할 수 있는 시퀀스 번호를 지원하는 (플랫 파일 또는 플랫 파일의 디렉터리가 아닌) 데이터베이스를 사용해 수행할 수 있다. 관계형 데이터베이스는 시퀀스라는 기능 또는 자동 증가 열이라는 다른 기능을 통해 이 프로세스를 지원한다. 이벤트 로그는 개별 로그의 최대 항목 수를 결정한 다음 각 로그를 동적으로 제공하고자 가상의 움직이는 윈도우를 만들어 논리적으로 생성된다.

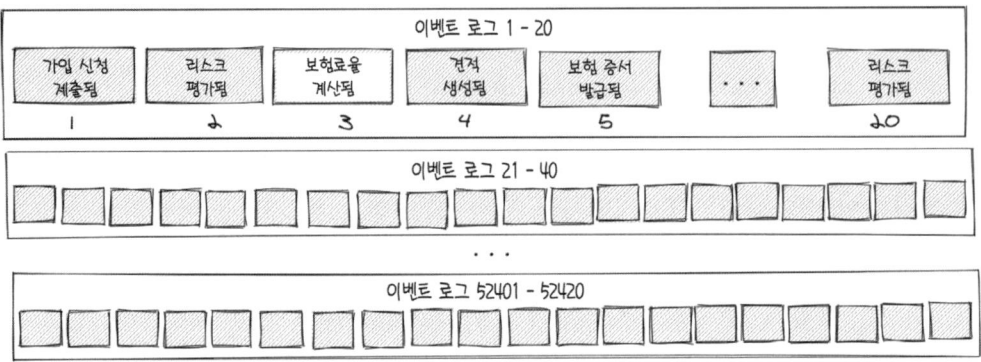

그림 9.3 이벤트 로그가 1-20으로 시작해 총 100만 건에 가까운 이벤트까지 이어진다.

관계형 데이터베이스의 몇 가지 부정적인 단점으로는 특수 목적의 로그 데이터베이스에 비해 이벤트 로그 제공 속도가 다소 느리다는 점이다. 방대한 수의 이벤트가 저장되면 장기간 유지 보수에 사용되는 디스크 공간이 문제가 될 수 있지만, 시스템에서 클라우드 지원 관계형 데이터베이스를 사용하는 경우 이러한 걱정은 실제로 문제가 되지 않을 가능성이 높다. 그렇더라도 각 테이블에 최대 이벤트 수만 저장하고 다음 논리 테이블로 넘어가게 하는 가상 테이블 배열을 만드는 것이 좋다. 또한 사용자가 데이터베이스의 기존 이벤트를 수정하고 싶은 유혹을 받을 수 있는데, 이는 절대로 해서는 안 되는 일이다. 로그는 과거에 발생한 이벤트에 대한 기록이므로 이벤트를 패치하는 것은 올바르지 않다.

좋은 관계형 데이터베이스와 이를 사용하는 고급 기술을 갖춘 개발자는 단일 테이블에서 수백만 개의 데이터베이스 행을 지원할 수 있을 뿐만 아니라 올바른 키 인덱싱을 통해 빠른 검색을 가능하게 할 수 있다. 이 설명은 사실이지만 단일 데이터베이스 테이블에 수백만 개의 행 정도만 쌓일 것이라고 가정할 때 그렇다. 실제로 일부 시스템은 매일 수백만 또는 수십억 개의 이벤트를 생성한다. 이러한 조건에서도 관계형 데이터베이스가 여전히 적합하다면 가상 테이블 배열이 도움이 될 수 있다. 이러한 시스템에서는 확장성이 뛰어난 NoSQL 데이터베이스를 대신 사용하는 것이 당연해 보일 수 있다. 이 역시 일부 문제를 해결할 수 있지만 단조롭게 증가하는 정수 키를 사용해 새 이벤트를 삽입하는 데는 적합하지 않다. 일반적으로 이렇게 하면 이러한 데이터베이스에서 사용하는 샤딩^{sharding}/해싱^{hashing} 알고리듬의 성능이 크게 저하된다.

이 상황을 처리하는 다른 방법도 있다. 그림 9.3에 표시된 것처럼 이벤트 로그를 유지 보수하려면 서비스 가능한 REST 리소스인 일련의 플랫 파일을 일반 디스크에 작성하면 된다. 각 로그 파일이 작성된 후에는 해당 콘텐츠를 정적 콘텐츠로 사용할 수 있다. 정적 플랫 파일은 일반적인 웹 사이트 콘텐츠를 확장할 때와 마찬가지로 몇 대 또는 여러 대의 서버에 복제할 수 있다.

이 접근 방식의 단점은 단일 로그 플랫 파일에 기록해야 하는 이벤트 수뿐만 아니라 디스크에 파일을 배치하는 방법도 지정하는 플랫 파일 구조가 필요하다는 것이다. 운영체제는 특정 디렉터리에 저장할 수 있는 파일 수에 제한을 두고 있다. 시스템이 단일 디렉터리에 매우 많은 수의 파일을 저장할 수 있는 경우에도 이러한 제한으로 인해 액세스 속도가 느려진다. 이메일 서버에서 사용하는 계층 구조와 유사한 접근 방식을 사용하면 플랫 파일 액세스를 매우 빠르게 만들 수 있다.

관계형 데이터베이스의 긍정적인 점은 수많은 플랫 파일과 디렉터리 레이아웃으로 인해 콘텐츠를 패치하고 싶은 유혹이 거의 없다는 것이다. 그것이 억지력이 없다면 파일 시스템에 대한 보안 액세스가 억지력이 될 수 있다.

어떤 선택을 하든 다음 절에 설명된 대로 REST를 사용해 이벤트를 소비할 수 있는 몇 가지 방법이 있다.

구독자 폴링

구독자^{Subscriber}는 로그 리소스를 간단하게 폴링^{polling}할 수 있다.

```
GET /streams/{name}/1-20
GET /streams/{name}/21-40
```

```
GET /streams/{name}/41-60
GET /streams/{name}/61-80
GET /streams/{name}/81-100
GET /streams/{name}/101-120
```

이 예에서 {name} 자리는 계약 심사 또는 더 일반적으로 정책-마켓플레이스와 같이 읽어야 하는 스트림의 이름으로 대체된다. 전자는 계약 심사 관련 이벤트만 제공하는 반면, 후자는 계약 심사, 리스크 및 보험료율 등 다양한 서브시스템 콘텍스트에 대한 모든 이벤트의 전체 스트림을 제공한다.

단점은 구독자 폴링이 올바르게 구현되지 않으면 클라이언트가 아직 사용할 수 없는 다음 로그를 계속 요청하게 되고, 이러한 요청으로 인해 많은 네트워크 트래픽이 발생할 수 있다는 것이다. 또한 요청은 적절한 크기의 로그로 제한돼야 한다. 이는 응답 헤더의 하이퍼미디어 링크를 통해 다음 로그와 이전 로그를 참조하는 리소스 ID를 고정 범위로 설정해 강제할 수 있다. 응답 헤더 메타데이터를 사용해 캐싱 기술과 읽기 시간의 간격 제한을 설정해 요청이 넘치는 것을 완화할 수 있다. 또한 일반 발행 URI를 사용해 부분 로그도 제공할 수 있다.

```
GET /streams/policy-marketplace/current
```

current 리소스는 가장 최근 이벤트 리소스를 요청하기 위한 것이다. 현재 로그(예: 101-120)가 특정 클라이언트가 아직 읽지 않은 이전 이벤트 로그의 ID를 넘어서는 경우 HTTP 응답 헤더는 이전 로그로 이동할 수 있는 링크를 제공하며, 클라이언트는 이 링크를 현재 로그보다 먼저 읽어 적용한다. 이 역방향 탐색은 클라이언트가 가장 최근에 적용한 이벤트를 읽을 때까지 계속된다. 클라이언트는 그 시점부터 아직 적용되지 않은 모든 이벤트를 적용하며, 현재 로그에 도달할 때까지 앞으로 이동한다. 다시 한 번 말하지만 캐싱caching은 중복 GET 연산을 통해 명시적으로 요청된 경우에도 서버에서 미리 읽었지만 아직 적용되지 않은 로그를 다시 읽지 못하게 함으로써 이 접근 방식에 중요한 역할을 한다. 이에 대한 자세한 설명은 도메인 주도 설계 구현[IDDD]과 후속 도서인 『Implementing Strategic Monoliths and Microservices』(Vernon & Jaskuła, Addison-Wesley, 출간 예정)에서 확인할 수 있다.

서버 전송 이벤트

서버 전송 이벤트^{SSE, Server-Sent Events}는 서버-브라우저 간 이벤트 피드를 지원하는 것으로 잘 알려져 있지만, 여기서는 SSE를 그러한 용도로 사용하려는 것은 아니다. SSE를 브라우저에서 사용하는 경우에는 SSE 사양을 지원하지 않는 브라우저가 있다는 문제점이 있다. 그럼에도 SSE는 이벤트 생산자와 이벤트를 수신해야 하는 브라우저 이외의 서비스/애플리케이션 클라이언트 사이에 가치 있는 통합 옵션이다.

SSE 사양에 따르면 클라이언트는 구독을 위해 서버에 장기 연결을 요청해야 한다. 클라이언트가 이전에 구독을 했지만 스트림 내의 어느 지점에서 연결이 끊어졌을 경우 클라이언트는 구독을 요청할 때 다음과 같이 성공적으로 적용된 마지막 이벤트의 식별자를 지정할 수 있다.

```
GET /streams/policy-marketplace
...
Last-Event-ID: 102470
```

현재 시작 위치가 제공되는 것에서 알 수 있듯이 클라이언트는 스트림의 현재 위치를 유지할 책임이 있다.

구독의 결과로 사용 가능한 이벤트는 최초부터 또는 마지막 이벤트 ID 위치부터 스트리밍되며 클라이언트가 구독을 취소하거나 다른 방법으로 연결을 끊을 때까지 계속된다. 다음은 SSE 사양에서 승인된 형식이지만 실제 애플리케이션에는 더 많거나 더 적은 필드가 포함될 수 있다. 각 이벤트 뒤에는 빈줄이 있다.

```
id: 102470
event: RiskAssessed
data: { "name" : "value", ... }
```

```
...
id: 102480
event: RateCalculated
data: { "name" : "value", ... }

...
```

클라이언트가 스트림 구독을 취소하려면 다음과 같은 메시지를 보낸다.

```
DELETE /streams/policy-marketplace
```

이 메시지가 전송되면 구독이 종료되고 서버가 200 OK 응답을 보내며 채널을 닫는다. 200 OK 응답을 받은 클라이언트도 채널을 닫아야 한다.

이벤트 주도 및 프로세스 관리

앞 절에서는 코레오그래피 프로세스에 중점을 두는 이벤트 주도 프로세스 관리를 설명했다. 코레오그래피는 프로세스에 참여하는 바운디드 콘텍스트에 하나 이상의 다른 콘텍스트에서 전달된 이벤트를 이해하고 해당 바운디드 콘텍스트의 의미에 맞게 해석하도록 요구한다. 여기서는 프로세스를 처음부터 끝까지 주도[2]하는 중심 컴포넌트를 배치하는 오케스트레이션[Conductor][3]으로 초점을 이동해보자.

그림 9.4에서 보험료 견적 프로세스라는 프로세스 관리자는 견적을 요청한 신청자에게 완전히 구성된 견적 결과를 제공하는 역할을 담당하며, 각 단계는 다음과 같다.

---

2. 이벤트, 커맨드, 쿼리와 그 결과 등 지속적인 메시지 스트림 때문에 프로세스가 종료되지 않을 수 있다. 이 스타일에서 반드시 프로세스가 끝나야 한다는 제한은 없다는 점에 유의하자.
3. 넷플릭스는 비즈니스 요구 사항과 복잡성이 증가함에 따라 코레오그래피 기반 프로세스를 확장하기 어렵다는 사실을 알게 됐다. 코레오그래피 발행–구독 모델은 단순한 흐름에는 효과적이지만 금방 한계가 드러났다. 이러한 이유로 넷플릭스는 Conductor라는 자체 오케스트레이션 프레임워크를 만들었다.

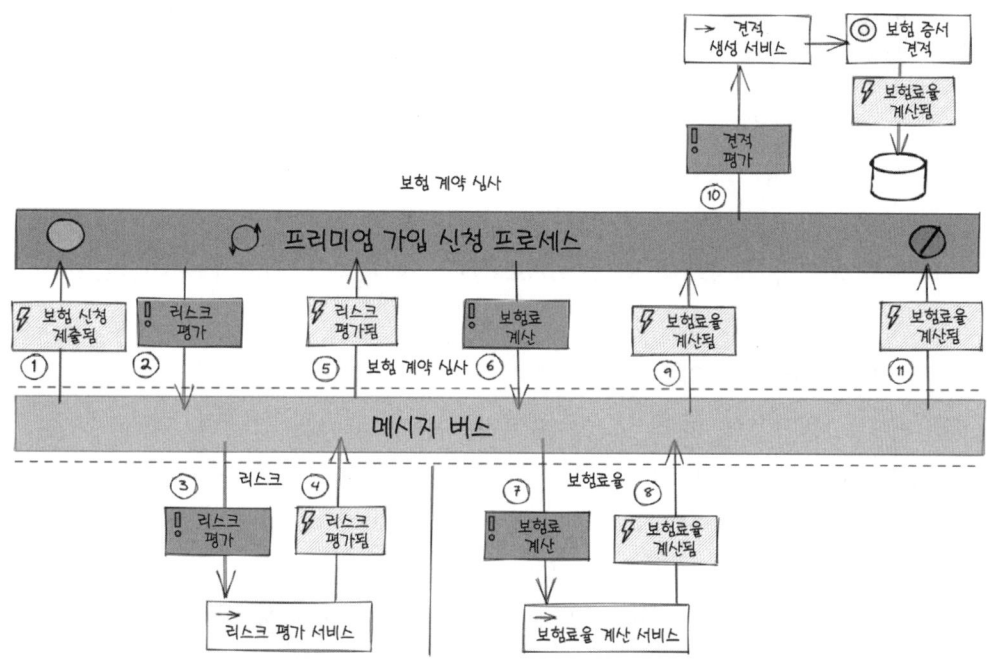

그림 9.4 오케스트레이션: 프로세스 결과를 얻고자 메시지 버스에 커맨드를 전송한다.

1. 신청자가 제출한 문서에서 Application 타입 애그리거트이 생성되고 그 결과 ApplicationSubmitted 이벤트가 발생한다. 간결성을 위해 Application 인스턴스 생성 과정은 표시되지 않는다. 프로세스 관리자가 ApplicationSubmitted 이벤트를 확인하면 프로세스가 시작된다.
2. ApplicationSubmitted 이벤트는 AssessRisk라는 이름의 커맨드로 변환돼 메시지 버스 대기열에 추가된다.
3. AssessRisk 커맨드는 Risk 콘텍스트로 전달되고, RiskAssessor라는 도메인 서비스로 디스패치된다. RiskAsessor 아래에는 처리 세부 정보가 있다(그림 9.4에는 표시되지 않는다).
4. 리스크가 평가되면 RiskAssessed 이벤트가 발생돼 메시지 버스 대기열에 추가된다.
5. RiskAccessed 이벤트는 프로세스 관리자에게 전달된다.

6. RiskAssessed 이벤트는 CalculateRate 커맨드로 변환돼 메시지 버스 대기열에 추가된다.
7. CalculateRate 커맨드는 Rate 콘텍스트로 전달되고, RateCalculator라는 도메인 서비스로 디스패치된다. RateCalculator 아래에는 처리 세부 정보가 있다(그림 9.4에는 표시되지 않는다).
8. 보험료율이 계산되면 RateCalculated 이벤트가 발생돼 메시지 버스 대기열에 추가된다.
9. RateCalculated 이벤트는 프로세스 관리자에게 전달된다.
10. RateCalculated 이벤트는 GenerateQuote 커맨드로 변환돼 로컬에서 직접 QuoteGenerator라는 도메인 서비스로 디스패치된다. QuoteGenerator는 PrimiumRates를 QuoteLines로 해석해 PremiumQuote라는 이름의 Aggregate로 디스패치한다(자세한 내용은 7장 및 8장을 참고한다). 최종 QuoteLine이 기록되면 QuoteGenerated 이벤트가 발생해 데이터베이스에 저장된다.
11. 이벤트를 한 번 데이터베이스에 저장하면 메시지 버스 대기열에 다시 추가할 수 있다. QuoteGenerated 이벤트가 이에 해당된다. 보험료 견적 프로세스의 경우 QuoteGenerated 이벤트를 수신하면 프로세스가 종료된다.

그림 9.4를 살펴보면 메시지 버스에서 이벤트와 커맨드를 큐에 넣으려는 시도가 실패하면 전체 프로세스가 실패할 것처럼 보인다. 그러나 모든 이벤트와 이로부터 변환된 커맨드는 먼저 데이터베이스에 저장된 다음, 메시지 버스에 배치되며 때로는 작업이 성공할 때까지 반복 수행된다는 점을 고려해야 한다. 이렇게 하면 최소 한 번 전송at-least-once delivery이 보장된다. 먼저 데이터베이스에 저장하고 큐에 대기시키는 과정을 모든 단계에서 자세히 설명하면 주요 흐름이 흐려지고 이 예제에서 얻어야 할 주요 요점이 모호해질 수 있기 때문에 단계 10과 11에서만 강조해서 표현했다.

오케스트레이션 프로세스를 사용하면 프로세스 관리자가 프로세스를 주도할 책임을 가진다. 일반적으로 프로세스 자체를 다운스트림에 배치하므로 협업 콘텍스트에서는 프로세스의 세부 사항에 대해 아무것도 알 필요가 없고 핵심 책임만 수행하면 된다.

앞의 예에서 보험료 견적 프로세스는 보험 계약 심사 콘텍스트에 포함돼 있지만 프로세스는 별도로 배포될 수 있으므로 반드시 그렇게 할 필요는 없다. 그러나 기본적으로 프로세스는 프로세스를 수행해야 하는 바운디드 콘텍스트 구성 요소와 함께 배포하는 것이 합리적이다. 이러한 설계는 전체 프로세스의 복잡성을 줄여준다.

아직 의문점이 남아있다. 보험료 견적 프로세스와 관련된 콘텍스트는 모놀리스로 배포될까, 아니면 별도의 마이크로서비스로 배포될까? 그림 9.4에서 볼 수 있듯이 메시지 버스를 사용하면 마이크로서비스 아키텍처인 것처럼 보일 수 있다. 그럴 수도 있지만 반드시 그런 것은 아니다.

- 메시지 버스는 ZeroMQ와 같은 경량 메시징을 사용해 모놀리스 내부에서 제공될 수 있다.
- 팀은 모놀리스에 RabbitMQ, Kafka, IBM MQ, JMS 구현, AWS SNS, AWS Kinesis, Google Cloud Pub/Sub, Azure Message Bus[4]와 같은 더 안정적인 메시징 미들웨어 또는 클라우드 기반 메시지 버스(또는 메시지 로그)를 사용해야 한다고 결정할 수도 있다. 프로젝트 요구 사항과 SLA에 가장 적합한 것을 선택한다.
- 솔루션에 따라 마이크로서비스 아키텍처를 사용하거나 모놀리스와 마이크로서비스를 혼합해 사용해야 할 수도 있다. 클라우드 기반이든 온프레미스이든 신뢰할 수 있는 메시징 메커니즘은 이러한 상황에 적합한 선택이다.

6장에서 설명한 것처럼 스키마 레지스트리를 사용하면 보험료 견적 프로세스에 필요한 콘텍스트 간 의존성 및 다양한 게시 언어들을 서로 번역하는 복잡성을 줄일 수 있다. VLINGO XOOM에서는 Schemata라는 이름의 오픈소스 스키마 레지스트리가 제공된다.[VLINGO-XOOM]

---

4. 사용 가능한 메시징 메커니즘의 종류가 너무 많아 여기에서 모두 나열할 수는 없다. 여기에서 언급된 옵션들은 필자들이 잘 알고 있으며, 일반적으로 널리 사용되는 것들이다.

이벤트 소싱

관계형 데이터에 객체를 저장하는 것이 소프트웨어 개발자에게 관례가 됐다. 도메인 주도 접근 방식에서 일반적으로 전체 애그리거트의 상태를 이러한 방식으로 저장하는 것은 문제가 된다. 객체 관계형 매퍼^{ORM, Object-Relational Mappers}라는 도구를 사용해 이 작업을 수행할 수 있다. 최근 여러 관계형 데이터베이스는 JSON으로 직렬화된 객체를 저장하는 방식으로 혁신을 이뤘는데, 이는 객체 모델과 관계형 모델의 불일치[5]를 해결하기 위한 좋은 절충안이다. 직렬화된 JSON 객체는 특수 SQL 확장을 통해 관계형 데이터베이스와 거의 동일한 방식으로 쿼리할 수 있다.

그러나 객체 영속성에 대한 근본적으로 다른 접근 방식도 있다. 객체를 저장하는 대신 객체가 변경된 기록을 저장하는 것이다. 이벤트 소싱^{Event Sourcing}[6]이라고 하는 이 방식은 애그리거트 상태 변경 기록을 이벤트로 캡처해야 한다. 다음에 설명하는 내용은 그림 9.5를 참고하는 것이 도움이 된다.

이벤트 소싱의 개념은 매우 간단하다. 애그리거트에서 처리하는 커맨드에 의해 상태가 변경되면 그 변경은 적어도 하나의 이벤트로 표현된다. 변경을 나타내는 하나 이상의 이벤트는 세분화돼 있다. 즉, 변경의 본질을 포착하는 데 필요한 최소한의 상태를 나타낸다. 이러한 이벤트는 특정 애그리거트에 대해 이벤트가 발생한 순서를 유지할 수 있는 데이터베이스에 저장된다. 이렇게 정렬된 이벤트 컬렉션을 애그리거트 스트림^{aggregate's stream}이라고 한다. 애그리거트에 변경 사항이 발생하고 하나 이상의 이벤트가 발생할 때마다 다른 버전의 스트림으로 표현되고 스트림 길이가 증가한다.

---

5. 많은 아키텍트와 개발자가 이러한 불일치에 대해 잘 알고 있으므로, 이 장에서는 자세하게 설명하지 않는다. 일반적으로 모델링의 이점을 가져가고자 객체를 구조화하려고 시도하는 과정에서 ORM 도구 또는 데이터베이스의 한계에 부딪히게 되는 경우 객체 모델러는 ORM 도구 또는 데이터베이스의 제약을 받아들일 수밖에 없다.

6. 이 책에서 설명하는 것보다 더 많은 이벤트 주도 설계 패턴이 있다. 자세한 설명은 후속 도서인 『Implementing Strategic Monoliths and Microservices』(Vernon & Jaskuła, Addison-Wesley, 출간 예정)에서 확인할 수 있다.

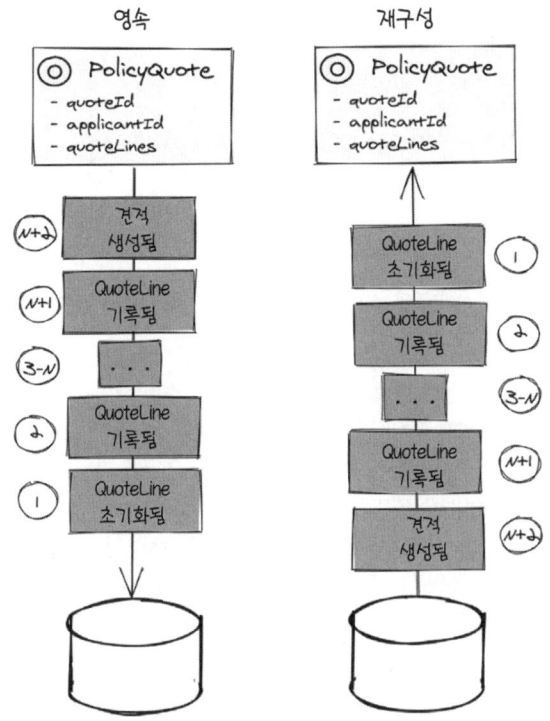

그림 9.5 이벤트 소싱은 애그리거트 상태를 영속하고 재구성하는 데 사용된다.

애그리거트 인스턴스가 처리 범위를 벗어나 런타임에 의해 가비지 컬렉션된다고 가정할 때 이후 해당 인스턴스를 다시 사용해야 하는 경우 애그리거트 인스턴스를 재구성해야 한다. 예상대로 해당 상태는 첫 번째 이벤트부터 가장 최근 변경까지의 모든 변경 사항을 다시 한 번 반영해야 한다. 이는 이벤트가 처음 발생한 순서대로 데이터베이스에서 애그리거트 스트림을 읽은 다음 이를 하나씩 애그리거트에 다시 적용하는 방식으로 이뤄진다. 이러한 방식으로 애그리거트의 상태는 각 이벤트가 나타내는 변경 사항을 반영하도록 점진적으로 수정된다.

이 접근 방식은 강력하고 단순해 보이는데, 지금까지는 그렇다. 하지만 이 같은 고통을 줄 수도 있으니 조심해서 휘둘러야 한다.

> **다음과 같은 경우를 제외하고는 간단하다...**
>
> 문제는 이벤트 소싱을 처음 사용할 때 발생하는 것이 아니라 주로 몇 가지 다른 이유로 인해 발생한다.
>
> - 하나 이상의 애그리거트 타입에서 중요한 설계 변경이 발생한 경우
> - 애그리거트 스트림 이벤트에 오류가 있는 경우
> - 대량의 이벤트 스트림을 가진 애그리거트 상태를 재구성하는 경우
> - 이벤트에서 복잡한 데이터 뷰를 조합해야 하는 경우
>
> 설계 변경을 다루려면 하나의 스트림을 분할하거나 둘 이상의 스트림을 병합하는 다른 스트림을 만들어야 한다.
>
> 하나의 애그리거트 인스턴스 스트림에 있는 이벤트의 오류는 반드시 패치해야 한다. 여기서 '패치'란 데이터베이스에 있는 기존 이벤트 데이터를 패치하는 것이 아니라 패치에만 사용되는 다른 유형의 새 이벤트를 추가하는 것을 의미한다. 이렇게 하면 이전에 오류의 영향을 받은 상태로 재구성된 애그리거트 상태의 오류와 오류가 포함된 이벤트의 모든 다운스트림 소비자에 대해 오류를 보상하는 해설이 이뤄진다. 특정 타입의 애그리거트 인스턴스 스트림 하나에서 오류가 발견됐다면 해당 애그리거트 타입의 모든 인스턴스 또는 적어도 많은 인스턴스에 동일한 오류가 존재할 가능성이 높다. 문제는 이벤트를 생성한 코드에 있다. 따라서 코드를 수정하고 앞서 설명한 대로 스트림을 패치해야 한다.
>
> 애그리거트의 상태가 대규모 이벤트 스트림으로 구성된 경우 상태 스냅숏을 사용해 상태를 재구성할 때의 성능을 향상시킬 수 있다. 이러한 스냅숏은 특정 버전 간격(예: 100, 200 또는 허용 가능한 성능을 달성하는 버전 수마다)에 따라 전체 애그리거트 상태의 스냅숏을 생성한다. 애그리거트 상태를 재구성하고자 스트림을 읽을 때 스냅숏을 먼저 읽은 다음, 스냅숏 버전 이후에 발생한 이벤트만 순서대로 읽고 상태에 적용한다.
>
> 이벤트 소싱을 사용할 때는 거의 항상 CQRS(커맨드 쿼리 책임 분리, 다음 절에서 설명)가 필요하다고 가정해야 한다. CQRS는 애그리거트에 의해 발행한 이벤트를 사용자 인터페이스에서 쿼리 및 렌더링하거나 다른 정보성 요구 사항을 위한 뷰를 프로젝션하는 데 사용된다.
>
> 그중 어느 것도 쉬운 일은 아니지만, 버그는 모든 소프트웨어에서 발생하며 어떤 데이터 저장 방식을 사용하든, 선택한 데이터가 무엇이든 간에 버그에 영향 받은 데이터가 저장되는 일은 발생한다. 고통을 줄일 수 있는 방법은 있다. 이벤트 소싱 사용에 대한 자세한 지침을 제공하는 것은 이 책의 범위에 속하지 않지만 후속 책인 『Implementing Strategic Monoliths and Microservices』(Vernon & Jaskuła, Addison-Wesley, 출간 예정))에서 해당 정보를 찾을 수 있다.

이벤트 소싱을 사용할 때 발생할 수 있는 잠재적인 어려움을 이해하면 애초에 이벤트 소싱을 왜 사용해야 하는지에 대해 의문을 품게 된다. 이는 잘못된 것이 아니며, 이벤트 소싱을 사용하는 이유를 물어보는 것은 언제나 바람직하다. 최악의 경우

이벤트 소싱을 사용하는 이유와 방법[7]을 명확하게 이해하지 못한 채 이벤트 소싱을 사용하게 되는데, 이렇게 되면 후회와 이벤트 소싱에 대한 비난이 뒤따르게 되는 것이 보통이다. 아키텍트와 프로그래머가 비즈니스 목적이 아닌 호기심에 따라 기술 및 디자인을 선택했다가 예기치 않은 복잡성으로 인해 낭패를 보는 경우가 너무 많다. 또한 아키텍트와 프로그래머는 이벤트 소싱이 마이크로서비스를 구현하는 가장 좋은 방법[8]이라고 설득하려는 벤더가 만든 기술 중심의 프레임워크와 도구의 영향을 받게 되는 경우가 많다.

이득보다 고통이 앞선다는 것은 기술에 익숙하지 않고 호기심이 많고 속기 쉬운 사람들에게 중요한 경고 신호다.

좋은 소식은 이벤트 소싱을 사용해야 하는 매우 확실한 이유가 있다는 것이다. 다음으로는 소프트웨어 패턴과 도구 경험에 대한 약간의 고통이 필요할 수 있다는 점을 이해하면서 우리가 얻을 수 있는 이점을 고려할 것이다. 이러한 선택에는 트레이드오프 및 결과가 공존하며 모든 선택에는 항상 긍정적인 면과 부정적인 면이 있다. 요점은, 긍정적인 면이 필요하다면 부정적인 면도 따라온다는 것이다. 이제 이벤트 소싱을 통해 무엇을 얻을 수 있는지 생각해보자.

1. 이벤트 소싱을 사용하는 모든 애그리거트 타입 인스턴스에서 발생한 모든 변경 사항에 대한 감사 추적을 유지할 수 있다. 이는 특정 산업에서 필수적으로 요구되거나, 요구되지 않더라도 최소한 현명하게 사용할 수 있다.
2. 이벤트 소싱은 회계에 사용되는 계정 원장과 비교할 수 있다. 기존 항목은 절대 변경되지 않는다. 즉, 새 항목만 원장에 추가되며 정정을 하고자 기존 항목을 변경하지 않는다. 하나 이상의 이전 항목으로 인해 발생한 문제는 이를 보완하는 하나 이상의 새 항목을 추가해 수정한다. 이 방법은 "다음과

---

7. 필자가 들은 이벤트 소싱에 대한 가장 큰 불만 중 일부는 이벤트 소싱을 이해하지 못하고 올바르게 사용하지 못해 발생한 결과였다.
8. 마이크로서비스가 좋다는 가정은 마이크로서비스를 사용하는 이유가 되기에는 약하다. 마이크로서비스는 목적에 부합할 때만 좋은 것이다. 마이크로서비스가 항상 좋으며 이벤트 소싱이 마이크로서비스를 구현하는 가장 좋은 방법이라고 주장하는 벤더는 의도적이든 아니든 고객을 오도하고 있는 것이다.

같은 경우를 제외하고는 간단하다…"에서 설명했다.

3. 이벤트 소싱은 특정 비즈니스 문제의 복잡성을 해결하는 데 유용하다. 예를 들어 이벤트는 비즈니스 도메인에서 발생하는 일과 발생 시기를 모두 나타내므로 이벤트 스트림을 특별한 시간 기반의 용도로 사용할 수 있다.
4. 저장 용도로 이벤트 스트림을 사용하는 것 외에도 의사결정 분석, 머신러닝, 가상 시나리오에 대한 연구 또는 유사한 지식 기반의 예측과 같은 다양한 방식으로 이벤트 스트림을 적용할 수 있다.
5. '계정 원장'으로서의 감사 추적은 디버깅 도구로도 사용할 수 있다. 개발자는 일련의 사실적인 이벤트를 모든 수준의 변경 사항을 고려하는 수단으로 사용할 수 있으며, 이를 통해 버그가 언제 생겨났는지에 대한 통찰력을 얻을 수 있다. '계정 원장'을 사용하지 않고 객체 상태가 변경이 발생할 때마다 완전히 대체되는 경우에는 이러한 도움을 얻을 수 없을 것이다.

바운디드 콘텍스트의 일부 애그리거트 타입은 이벤트 소싱을 사용하는 것이 적절할 수 있지만, 그렇지 않은 유형도 있을 수 있다. 반대로 모든 애그리거트 타입에 대한 모든 변경 사항을 완전히 정렬된 스트림으로 처리하는 것이 비즈니스에 중요한 경우에는 이러한 혼합 접근 방식이 실용적이지 않을 수 있다.

이벤트 소싱은 기술적 솔루션으로서가 아니라 정당한 비즈니스상의 이유로만 사용해야 하며 그 외의 경우에는 사용하지 않아야 한다. 이를 고려할 때 앞에서 설명한 이벤트 소싱의 이점 목록에서 1 ~ 3번만 비즈니스 동기를 갖고 있다. 4번과 5번은 그렇지 않지만, 1 ~ 3번 중 하나라도 만족해서 이벤트 소싱을 도입했다면 이점을 누릴 수 있다.

CQRS

데이터를 주로 조회하는 시스템 사용자는 데이터를 주로 생성하고 수정하는 사용자와는 다르게 데이터를 보는 경향이 있다. 시스템 사용자는 의사결정을 내리기 위해 더 크고, 더 다양하고, 더 세분화된 데이터 세트를 봐야 하는 경우가 많다.

일단 의사결정이 내려지면 시스템 사용자가 수행하는 작업은 세분화되고 타깃팅된다. 다음 예를 생각해보자.

- 의사가 약을 처방하기 전에 반드시 확인해야 하는 환자 데이터는 환자의 활력 징후, 과거 건강 상태, 치료 및 시술, 현재 및 과거 복용 중인 약물, 알러지(약물에 대한 알러지 포함), 심지어 환자의 행동과 감정까지 모두 포함한다고 생각해보자. 이러한 검토가 끝나면 의사는 약물의 종류, 복용량, 투여 횟수, 기간, 리필 횟수 등을 양식의 한 행에 기록한다.
- 보험 심사자는 제출된 신청서의 재산 및 신청자의 건강검진 결과와 같은 모든 조사 결과, 과거 손실 청구 또는 신청자의 건강 상태, 평가된 리스크, 그리고 이 모든 데이터를 사용해 권장 견적을 산출하는 데 필요한 모든 데이터를 확인해야 한다. 전체 정보 세트를 고려한 후 보험 심사자는 버튼을 클릭해 보험 견적을 제공하거나 신청자의 보험 가입을 거절할 수 있다.

이로 인해 조회 모델과 작업 모델이 상충한다. 사용 가능한 데이터 구조는 일반적으로 조회 모델보다는 작업 모델에 최적화돼 있다. 이러한 상황에서는 조회를 위한 데이터 세트를 조합하는 것이 매우 복잡하고 계산 비용이 많이 들 수 있다.

CQRS 패턴은 이러한 문제를 해결하는 데 사용될 수 있다. 그림 9.6에서 볼 수 있듯이 이 패턴에는 커맨드 작업에 최적화된 모델과 조회를 위한 데이터 세트를 집계하는 쿼리에 최적화된 모델, 2가지 모델이 필요하다.

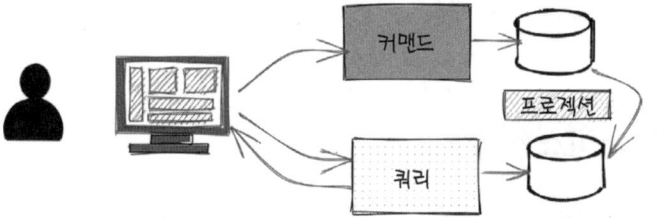

그림 9.6 커맨드 및 쿼리 모델의 2가지 경로를 구성한다.

그림 9.6의 패턴은 다음과 같이 작동한다.

1. 사용자에게 쿼리 모델의 뷰 데이터 세트가 양식으로 표시된다.
2. 사용자가 의사결정을 내리고 일부 데이터를 입력한 후 양식을 커맨드로 제출한다.
3. 커맨드 모델에서 커맨드가 수행되고 데이터가 저장된다.
4. 저장된 커맨드 모델 변경 사항은 필요한 만큼의 조회 가능한 데이터 세트에 대한 쿼리 모델에 프로젝션된다.
5. 1단계로 돌아간다.

그림 9.6은 커맨드 모델과 쿼리 모델을 위한 스토리지를 분리된 2개의 데이터베이스로 표현했다. 이러한 설계는 처리량이 많은 대규모 시스템에 적합하지만 반드시 필요한 것은 아니다. 모델 스토리지는 가상/논리적인 분리일 뿐이며 실제로는 단일 데이터베이스 또는 데이터베이스 스키마를 사용할 수 있다. 두 모델이 물리적으로 하나이고 단일 트랜잭션에서 여러 번의 쓰기가 가능하다는 점을 감안하면 이 설계가 커맨드 모델과 쿼리 모델 사이의 트랜잭션 일관성을 유지할 수 있다는 것을 의미한다. 트랜잭션 일관성을 유지하면 두 모델이 물리적으로 분리돼 있고 결과적 일관성을 도입했을 때 발생하는 개발자의 골칫거리를 줄일 수 있다.

이벤트 소싱을 사용할 때는 일반적으로 CQRS도 사용해야 한다. 그렇지 않으면 애그리거트 고유 ID 외에는 이벤트 소스의 커맨드 모델을 쿼리할 방법이 없으므로, 광범위한 데이터 세트를 조회할 수 있는 정교한 쿼리를 구현하는 것이 불가능하거나 매우 비효율적이다. 이러한 한계를 극복하고자 이벤트 소스의 커맨드 모델에서 발생한 이벤트는 쿼리 모델에 프로젝션된다.

서버리스와 서비스형 기능

클라우드 기반 서버리스 아키텍처^{serverless architecture}는 소프트웨어 업계에서 점점 더 큰 영향력을 발휘하고 있다. 이러한 추세는 서버리스 설계가 제공하는 단순성과 비용 절감 효과를 반영한다. '서버리스'라는 용어는 이 솔루션이 분명히 컴퓨터를 필요로 하고 있기 때문에 다소 오해의 소지가 있는 것처럼 보일 수 있다. 그렇지만 이 용어는 클라우드 가입자-개발자 관점에서 실제로 동작하고 있다. 클라우드 벤더가 서버를 프로비저닝하고 가입자는 서버에 대한 책임을 지지 않는다. 따라서 클라우드 가입자 입장에서는 서버가 없고 사용 가능한 가동 시간만 존재한다.

서버리스 아키텍처를 좀 더 명확하게 포지셔닝하기 위해 일부에서는 서비스형 백엔드$^{BaaS,\ Backend\ as\ a\ Service}$라는 용어를 사용하기도 한다. 그러나 애플리케이션의 '백엔드'를 호스팅하는 측면에서만 생각하면 전체 이점을 적절히 설명할 수 없다. 서버리스 아키텍처는 컴퓨터 및 네트워크 리소스에 국한되지 않는 넓은 범위의 인프라를 제공하는 서비스형 인프라$^{IaaS,\ Infrastructure\ as\ a\ Service}$이기도 하다. 좀 더 구체적으로, 이 관점으로 바라보는 인프라에는 애플리케이션 개발자가 만들 필요가 없고 (때로는) 가입자가 비용을 지불할 필요조차 없는 모든 종류의 소프트웨어가 포함된다. 이는 "비즈니스에 집중하라"는 오래된 진언에 비춰볼 때 정말 비약적인 발전이다. 다음은 서버리스 아키텍처를 사용하면 얻을 수 있는 몇 가지 주요 이점이다.

- 사용자는 '항상 가동되는' 프로비저닝된 서버가 아닌 실제 컴퓨팅 시간에 대해서만 비용을 지불한다.
- 상당한 비용 절감은 일반적으로 믿기 어려울 정도이지만, 사용자들은 어쨌든 이를 믿을 수 있다.
- 필요한 클라우드 소프트웨어 구성 요소를 결정하는 것 이외에도 계획이 더 쉬워진다.
- 이 솔루션은 무료 또는 매우 저렴한 비용으로 수많은 하드웨어와 클라우드 네이티브 소프트웨어 인프라 및 메커니즘을 사용한다.
- 인프라에 대한 우려가 줄어들어 개발 속도가 빨라진다.
- 기업은 클라우드 네이티브 모듈형 모놀리스를 배포할 수 있다.
- 서버리스 아키텍처는 브라우저 클라이언트와 모바일 클라이언트에 대한 강력한 지원을 제공한다.
- 개발해야 하는 소프트웨어가 줄어들기 때문에 사용자는 실제로 비즈니스 솔루션에 집중할 수 있다.

8장에서 설명한 포트와 어댑터 아키텍처는 여전히 유용하며 서버리스 접근 방식과 잘 맞는다. 사실, 신중하게 아키텍처를 구성하고 설계하면 서비스 및 애플리케이션 패키징을 변경할 필요가 없을 가능성이 높다. 인프라 소프트웨어 처리와 관련해 오버헤드가 크게 줄어드는 것은 앞서 설명한 대로 큰 이점이 있다. 주요 차이점은 서비스 및 애플리케이션 소프트웨어의 아키텍처, 설계 및 실행 방식과 관련이 있다. 클라우드 네이티브^{cloud-native}라는 용어는 데이터베이스 및 메시징과 같은 메커니즘뿐만 아니라 클라우드 컴퓨팅을 위해 특별히 설계된 모든 특수 목적의 인프라를 활용하는 것을 의미한다.

사용자의 브라우저 기반 REST 요청의 예를 생각해보자. 요청은 클라우드 벤더가 제공하는 API 게이트웨이에 도착한다. 게이트웨이는 요청을 서비스 또는 애플리케이션으로 디스패치하는 방법을 이해하도록 구성된다. 디스패치가 발생하면 클라우드 플랫폼은 REST 요청 핸들러(예: 엔드포인트 또는 어댑터)와 해당 소프트웨어 의존성이 이미 실행 중이고 현재 사용 가능한지 여부를 확인한다. 사용 가능하다면 요청은 즉시 해당 요청 핸들러로 발송된다. 그렇지 않은 경우 클라우드 플랫폼은 가입자의 소프트웨어가 실행되는 서버를 기동하고 그 서버의 요청 핸들러로 발송한다. 두 경우 모두 구독자의 소프트웨어는 정상적으로 작동한다.

요청 핸들러가 클라이언트에 응답을 제공하면 가입자의 서버 사용이 종료된다. 그런 다음 클라우드 플랫폼은 서버를 향후 요청에 계속 사용할 수 있도록 유지할지 아니면 종료해야 하는지 결정한다. 가입자는 요청을 처리하는 데 드는 비용과 이에 필요한 하드웨어 및 소프트웨어 인프라에 대한 비용만 부담한다.

실제로 요청을 처리하는 데 걸리는 전체 시간이 20, 50, 100 또는 1,000밀리초인 경우 구독자는 그 시간만큼만 소프트웨어 실행에 대한 비용을 지불한다. 1 ~ 2초 동안 요청이 도착하지 않으면 가입자는 해당 시간에 대한 비용을 지불하지 않는다. 사용 여부와 관계없이 단지 항상 서버를 가동하고 준비하는 데만 해도 비용이 발생하는 클라우드 프로비저닝 서버와 비교해보자.

서비스형 기능^{FaaS, Function as a Service}는 앞서 언급한 특성을 위한 소프트웨어 아키텍처와 설계를 지원하는 일종의 서버리스 메커니즘이다. 그러나 FaaS는 일반적으로 매우 작은 구성 요소를 운영에 배포하는 데 사용된다. 이러한 기능은 매우 좁게 집중된 작업을 매우 빠르게 완료하는 데 사용된다. 매우 큰 시스템 내에서 하나의 프로시저나 메서드를 생성한다고 생각하면 되는데, 이 범위가 FaaS를 구현하고 배포할 때 대략적으로 다뤄지는 범위다.

한 가지 차이점은 요청이 처리되는 방식일 수 있다. 함수형 프로그래밍 관점에서 생각하면 함수는 부작용이 없는 동작으로 구현된다. 8장의 '명령형 셸을 가진 함수형 코어' 절에서 언급했듯 "순수 함수는 동일한 입력에 대해 항상 동일한 결과를 반환하며 관찰 가능한 부작용을 일으키지 않는다."라고 정의할 수 있다. 이 정의에 따르면 특정 FaaS 위에서 동작하는 전체 상태가 입력 매개변수로 제공되므로 데이터베이스 상호작용이 필요하지 않을 수 있다. 결과는 일반 함수가 작동하는 것처럼 FaaS에서 사용되는 새로운 값을 생성해 결정된다. 입력은 시스템의 다른 곳에서 발생한 이벤트일 수도 있고, 들어오는 REST 요청일 수도 있다. 어떤 경우든, FaaS가 데이터베이스에서 읽거나 쓰는 등 데이터베이스와 상호작용하지 않을 수 있다. 데이터베이스에 쓰면 부작용이 발생할 것이다. 즉, 읽기 및 쓰기 상태 모두에 대해 프로시저나 메서드로 데이터베이스를 사용하는 FaaS는 제한이 없다.

도구 적용

메시지 및 이벤트 주도 아키텍처를 적용하는 몇 가지 예는 이미 이 장과 이전 장들에서 설명했다. 나머지 장에서는 3부에서 적용한 특정 아키텍처와 패턴의 적용을 자세히 설명한다. 후속 책인 『Implementing Strategic Monoliths and Microservices』에서 자세한 구현 예제를 제공한다.

정리

9장에서는 여러 개의 작은 단계로 이뤄진 큰 유스케이스를 달성하기 위해 분산 시스템과 서브시스템 간의 동기화를 사용하는 것의 어려움을 살펴봤다. 비동기 메시징 및 시간적 분리로 인한 장애 전파를 방지하면서 복잡한 다단계 프로세스를 수행하는 수단으로 메시지 및 이벤트 주도 아키텍처를 소개했다. 프로세스 관리를 위한 코레오그래피와 오케스트레이션을 소개하고 각 방식의 차이점 및 사용법 그리고 두 방식을 함께 사용하는 방법을 설명했다. 프로세스 관리에서 REST의 역할도 설명했다. 메시지 및 이벤트 주도 아키텍처 시스템에서의 이벤트 소싱과 CQRS를 소개했다. 서버리스 및 FaaS 아키텍처는 미래 클라우드 컴퓨팅의 가능성을 보여준다.

9장의 주요 내용은 다음과 같다.

- 간단한 다단계 유스케이스의 분산 처리를 위해 코레오그래피를 사용한다.
- 관련 서브시스템에 걸쳐 여러 단계로 이뤄진 복잡한 프로세스가 필요할 때 중앙 집중형 오케스트레이션 패턴을 사용한다.
- 익숙한 기술 접근 방식이 필요한 경우 REST 기반 클라이언트 및 이벤트 기반 알림 제공업체의 사용을 고려한다.
- 시간의 경과에 따른 엔터티의 상태를 나타내는 이벤트 레코드 스트림을 저장하고자 이벤트 소싱을 사용한다.
- CQRS를 사용해서 서비스/애플리케이션의 커맨드 작업과 상태 그룹을 표시하고자 사용되는 쿼리를 분리한다.

이것으로 3부를 마친다. 4부에서는 3부와 앞의 1, 2부를 연결해 비즈니스 중심의 모놀리스 및 마이크로서비스를 구축한다.

참고문헌

[Conductor] https://netflix.github.io/conductor/
[IDDD] Vaughn Vernon. Implementing Domain-Driven Design. Boston, MA: Addison-Wesley, 2013.
[Reactive] https://www.reactivemanifesto.org/
[VLINGO-XOOM] https://vlingo.io

4부
목적 지향형 아키텍처로 가는 2가지 길

여기, 콘텍스트에 맞게 잘 설계된 전문 지식의 경계를 가진 목적 지향적 아키텍처의 정점에 도달하기 위한 여정의 정점이 있다. 모놀리스와 마이크로서비스라는 2가지 경로가 있는데, 둘 다 목적이 있지만 각각의 목적이 모든 시스템이나 서브시스템 상황에 맞는 것은 아니다. 이 책의 표지 사이에 제시된 2가지 길은 주어진 각각의 상황에 적합하며, 2가지를 혼합해 사용하는 것이 적절할 수도 있다. 어느 쪽을 선택하더라도 건전한 추론과 지적 정직성을 바탕으로 내린 결정이라면 부끄러워할 필요는 없다.

10장. 의도한 대로 모놀리스 구축

필자가 권장하는 방식으로 훌륭하고 잘 모듈화된 모놀리스를 구축한다면 모놀리스 아키텍처를 구축하는 것이 3류의 미봉책처럼 느껴져서는 안 된다. 모놀리스를 일류 선택으로 구축하는 것이 10장의 주제다. 여기서는 이를 달성하기 위한 2가지 방법을 설명하는 지침을 제공한다.

- 특정 상황에서 모놀리스를 사용해야 하는 이유와 최상의 결과를 얻는 방법에 대한 강의를 들어보자.

- 소프트웨어 업계가 어떻게 지금의 혼란스러운 상황에 처하게 됐는지에 대한 간략한 역사 수업을 들어보자. 이러한 역사적 관점은 소프트웨어가 왜 그렇게 잘못됐는지에 대한 신뢰할 수 있는 배경 지식을 제공한다.
- 마이크로서비스 아키텍처를 사용할 필요가 없는 모든 시스템 구축 노력은 잘 모듈화된 모놀리스를 만드는 길로 나아가야 하며, 이는 달성 가능한 목표일 뿐만 아니라 노력이 부족할 경우 피할 수 없는 엉키고 진흙탕 같은 혼란을 피할 수 있는 유일한 길이다. 이러한 노력에는 비즈니스 역량에 대한 적절한 참조와 현명한 아키텍처 결정이 포함된다.
- 모놀리스가 바람직하고 잘 모듈화된 모놀리스로 아키텍처, 설계 및 구현되지 않은 경우 코스 수정이 어렵지만 불가능하지는 않다. 그렇다면 팀은 아키텍처를 재작업하는 동시에 레거시 시스템의 운영을 유지하는 데 필요한 변경 사항을 어떻게 처리할까?
- 건전한 소프트웨어가 점차 진흙 구덩이로 빠져드는 것을 방지하면서 최상의 모놀리식 아키텍처 결과를 얻고자 2가지 트레킹을 할 수 있다. 서서히 다가오는 파멸을 막을 수 있는 방법에 대해 조언을 구하자.

11장. 보스처럼 모놀리스를 마이크로서비스로 전환

마이크로서비스는 특히 특정 상황의 전문 분야가 다른 분야보다 더 빠르게 변화하는 경우에 적합한 아키텍처를 선택한다는 결정이다. 마이크로서비스의 또 다른 장점은 다른 모든 서브시스템과 별도의 배포 단위로 제공된다는 점이다. 마이크로서비스를 적절히 사용하면 자율적인 개발 및 배포에 큰 도움이 될 수 있다.

- 정신적 준비는 모든 소프트웨어를 개발하는 기업에 필수적이다. 하지만 분산 시스템 아키텍처의 도전에 임할 때는 특히 정신적으로 더 많이 준비해야 한다. 강력한 분산 시스템을 제공하는 것은 쉽지 않은 여정이지만, 이를 지원하는 몇 가지 기술과 도구를 사용하면 그 여정을 더 간단하게 만들 수 있다.

- 모놀리스에서 마이크로서비스로 전환하는 가장 간단한 방법은 모놀리스가 잘 모듈화돼 있을 때다. 이는 모놀리스가 처음부터 제대로 설계됐기 때문일 수 있다. 또는 10장에서 설명한 단계를 따라 기존 빅볼 오브 머드를 모듈화된 모놀리스로 대폭 리팩토링했기 때문일 수도 있다. 어느 쪽이든 모듈형 모놀리스로 시작하는 것이 레거시에서 마이크로서비스로 전환하는 가장 좋은 방법이다.
- 기존의 빅볼 오브 머드를 마이크로서비스 아키텍처로 직접 이동하는 것은 가장 어려운 여정이 될 것이다. 그럼에도 시스템 지형의 험난함을 완전히 이해한다면 목적지에 도달할 수 있다. 이를 위해서는 레거시에서 구성 요소를 추출해야 하며, 10장에서 설명한 모듈형 모놀리스로의 빅볼 여정과 동일한 과제가 모두 수반된다. 하지만 이는 마치 기차가 속도를 낼 때 새 객차를 기차에 부착한 다음, 그 객차를 하나씩 떼어내 다른 모든 객차와 함께 목적지에 도착하는 자가 동력 차량으로 만드는 것과 비슷하며, 팀원들은 기차 꼭대기에서 작업하면서 필요에 따라 객차에서 객차로 동시에 뛰어내리는 작업을 하게 된다. 이 과정에서 무엇이 잘못될 수 있을까? 11장의 지침은 팀원에게 안전띠를 제공하며 차량 사이에 통로를 제공한다.
- 끊임없는 결정의 연속으로, 어느 시점에 레거시 모놀리스를 폐기할 수 있을까? 여러 가지 장단점이 있지만 그중에서도 수십 년 동안 비즈니스에 묶여 있던 값비싼 하드웨어 및 소프트웨어 지원 라이선스가 가장 큰 문제일 수 있다. 긍정적인 결과와 부정적인 결과를 고려하자.

12장. 균형을 유지하고 전략을 찾아라

전략적인 디지털 혁신, 이벤트 우선 학습, 목적 지향적인 아키텍처를 통해 견고하고 높은 지점에 도달하기 위한 치열한 여정 끝에 모놀리스와 마이크로서비스를 사용하기 위한 최선의 선택을 할 수 있다. 12장에서는 선택의 균형을 맞추고 전략적 혁신에 집중할 수 있도록 다시 한 번 상기시켜주는 쿨다운 과정을 단계별로 설명한다.

- 소프트웨어 아키텍처는 다차원적인 학문이기 때문에 서로 다른 품질 속성을 가진 경쟁자 간의 절충점을 선택할 때 균형이 필요하다.
- 중요한 점은 다음과 같다. 균형은 편견이 없다. 혁신은 필수다. 전략을 찾자.

소프트웨어 혁신 전략이 없는 기업은 결국 도태될 것이다. 현재의 핵심 소프트웨어 시스템을 업계의 차세대 SaaS 또는 PaaS로 전환할 수 있는 기회를 놓치지 말자. 당신은 이제 그 여정을 시작하거나 이미 시작된 여정을 따라 혁신을 계속할 수 있는 인센티브와 영감과 도구를 갖게 된다.

10장
의도한 대로 모놀리스 구축

깔끔하면서 타협하지 않은 모놀리스를 구축하는 것은 꿈같은 일이 아니며, 많은 시스템에서 가장 적합한 선택이다. 달성하기 또한 쉽지 않다. 같은 고민, 기술, 규율, 결단력이 필요하며, 이는 마이크로서비스를 만들 때 필요한 마음가짐과 거의 동일하다.

> **참고**
> 1장에서 소개한 실행 사례 연구는 이 책 전체에서 다루고 있으며, 이 장에서도 계속 이어진다. 예제에서 일부 콘텍스트가 누락된 것 같으면 이전 장들을 참조하기 바란다.

먼저 많은 경우에 모놀리스가 적어도 초기에는 좋은 선택인 이유와 앞서 정의한 전략적 도구 세트를 사용해 모놀리식 아키텍처를 효과적으로 생성하는 방법에 대해 간략히 설명하겠다. 조직은 비즈니스 전략 목표를 충족하고 오랜 기간 동안 유지 관리 및 확장이 가능한 모놀리스를 설계, 설계 및 구축하는 방법을 배워야 한다.

> **모놀리스를 만드는 왜(Why)와 어떻게(How)**
> 다음 목록은 1장과 2장에서 설명한 내용을 요약한 것으로, 새로운 모놀리스를 구성하고 기존 모놀리스를 재구성 및 리팩토링하는 데 도움이 된다.

- 왜? 많은 소프트웨어 시스템이 마이크로서비스를 사용할 필요가 없다.
- 어떻게? 빠른 반복, 점진적 가치 창출, 단계적 개선을 통한 실험이 가장 좋은 접근 방식이다.
- 어떻게? 안전한 실험과 빠른 실패를 통해 귀중한 학습을 얻을 수 있는 문화를 조성해 결국에는 옳은 결과를 얻는다면 틀렸다고 해서 치명적이지 않다.
- 왜? 모놀리스는 그 자체로 나쁘지 않다. 엔트로피를 만드는 것은 많은 모놀리스가 갖고 있는 진흙이다.
- 왜? 모놀리스는 비아키텍처가 아니라 아키텍처여야 한다.
- 어떻게? 기술 장애물이 없는 창의성과 혁신을 지원하는 환경을 구축한다.
- 어떻게? 사실상 평면적인 구조의 소규모 팀 내에서 효과적인 커뮤니케이션이 이뤄져야만 콘웨이의 법칙에 맞서 완전한 성공을 거둘 수 있다.
- 어떻게? 조직이 창의성과 혁신을 달성할 수 있도록 무엇을 어떻게 변화시켜야 하는지 두려움 없이 지지하자. 반대로 창의성과 혁신을 억누르는 어떤 것에 얽매이지 말자.
- 어떻게? 비즈니스 운영에 해를 끼치는 내용과 방법은 거부해야 한다. 즉, 차세대 소프트웨어는 이전 세대의 폐기 예정인 기능을 지원할 수 있을 만큼 충분히 성숙해야 한다.
- 왜? 기대 수명이 줄어든 시스템에 대한 투자를 늘리거나 이전 노력으로 인한 매몰 비용에 대한 두려움 때문에 막대한 투자를 계속하는 것을 피한다.
- 어떻게? 결단력이 필요하고 정신적, 정서적 에너지가 소모되는 과정이지만 생각하고 또 생각한다.
- 왜? 매일 또는 심지어 매 시간마다 지속적으로 데이터를 수정하면서 보완하고 있는 비즈니스 로직을 간과하지 않게 주의한다. 팀에서 임시 데이터 수정이 필요한 이유를 완전히 이해하지 못하고 있을 가능성이 높다.
- 어떻게? 교체하는 과정에서 개별 변경 사항과 빅볼 오브 머드(BBoM) 내 변경 사항의 맥락을 놓치지 않도록 주의한다. 교체 대상 서브시스템의 모든 변경 사항을 주의 깊게 추적한다.
- 어떻게? 기존 빅볼 오브 머드(BBoM)를 리팩토링하거나 교체할 때 예상치 못한 복잡성을 단순한 것으로 오인해 많은 시간을 낭비할 수 있으므로 미지의 요소에 주의한다.
- 어떻게? 비즈니스 흐름이 아닌 비즈니스 역량을 따르는 바운디드 콘텍스트로 모듈화한다.

모놀리스에는 3가지 주요 관심사와 목표가 있다.

1. 처음부터 모놀리스를 올바르게 설정하고 이를 유지하는 것
2. 이전에 잘못된 모놀리스를 바로 잡는 것
3. 모놀리스에서 마이크로서비스로 전환하는 것

오늘날 많은 조직은 잘못 만들어진 모놀리스를 처리해야 하기 때문에 세 번째 우려

와 목표를 추구하고 있다. 세 번째 관심사가 잘못된 목표라고 말하는 것은 필자의 입장이 아니지만, 이해관계자들은 이 목표가 필요하지 않을 수도 있고 심지어 최선의 목표가 아닐 수도 있다는 점을 충분히 고려해야 한다. 모놀리스에서 마이크로서비스로의 전환이 올바른 궁극적인 목표라고 가정한다면 처음에는 두 번째 관심사항에 집중하는 것이 더 좋은 초기 전략일 수 있다.

첫 번째 목표를 성공적으로 달성하는 방법을 관찰하면 두 번째 문제를 성공적으로 해결하는 방법을 가장 잘 이해할 수 있다. 위조 화폐를 식별하는 훈련을 받은 사람들을 비유로 생각하라. 위조 화폐의 모든 사례를 다 아는 것은 불가능하고 새로운 위조 방법이 끊임없이 시도되고 있기 때문에 위조 화폐의 모든 사례를 배우지는 않는다. 대신 연습을 통해 진폐에 대한 모든 것을 배운다. '만져보고, 기울여보고, 들여다보고, 살펴보기'를 연습한다. 이러한 방식으로 훈련된 직원은 모든 종류의 위조 시도를 탐지할 수 있다. 이들은 위조품의 잘못된 점과 진품일 경우 어떻게 보이는지 모두 설명할 수 있다.

이러한 추론에 따라 이 장에서는 첫 번째와 두 번째 목표를 순서대로 다룬다. 11장에서는 이러한 전환에 대한 2가지 접근 방식을 살펴봄으로써 세 번째 목표를 자세히 설명한다. 본론으로 들어가기 전에 이 글을 쓰기 약 20년 전부터의 간략한 역사적 개요를 제공하는 것이 좋을 것 같다.

역사적 관점

결정이 내려진 당시의 환경적 요인을 이해하지 않고 과거의 결정을 판단하는 것은 불공평하기 때문에 21세기 초의 업계에 대한 역사적 관점을 제공하는 것이 적절하다. 2007년, 누커버리지[NuCoverage]가 처음 여정을 시작했을 때 "소프트웨어가 세상을 먹어 치우고 있다"는 선언은 아직 이뤄지지 않았다. 아직 4년 후의 일이었다. 2001년 이전에도 닷컴 붐으로 인해 소프트웨어의 역할이 달라지고 있었다. 신생 글로벌 웹은 브로슈어웨어와 전자상거래 상점을 압도하지는 못한 상태로 이제 막 걸음마를 떼기 시작하고 있었다.

2001년까지 서비스형 소프트웨어^{SaaS} 1.0은 야심찬 사업 계획과 엔터프라이즈급 시스템 개발 경험 부족, 온프레미스 운영비용(클라우드를 사용할 수 없기 때문), 특히 데스크톱 제품군에 대한 종속성 등으로 인해 대부분 실패했다. 당시에는 '인트라넷'에 대한 논의가 활발했지만 소프트웨어는 여전히 대부분 사람의 의사결정을 보조하는 역할에 머물러 있었다. 전자상거래 상점에서 구매하는 것 외에는 웹에서 비즈니스를 수행하는 경우는 드물었다.

오해하지는 말자. 일상적인 업무에서는 여전히 사람이 많은 인지 부하를 감당하고 있었다. 소프트웨어는 특정 유스케이스 대한 보강 없이는 사람이 사용할 수 없는 대량의 데이터를 관리해야 했다. 비즈니스는 여전히 전화와 이메일을 통해 이뤄지고 있었다. 이러한 비즈니스 종사자들은 업무 처리를 돕기 위해 소프트웨어로 판매되는 제품을 사용했다. 셰어포인트^{SharePoint}와 같은 상용 엔터프라이즈 오피스 제품은 저기술 지식 근로자들이 필수적인 이메일을 저장하고자 사용했다. 비즈니스 지식은 있지만 기술적 문제를 해결할 수 없는 근로자들은 문서 관리 저장소에 이메일과 첨부 파일을 모두 저장하면서 '데이터 창고'처럼 사용했다. 새로운 이메일과 함께 기존 이메일을 보관한 지 불과 몇 달 만에 이 저장소는 거의 사용할 수 없게 됐고, 많은 종이 파일링 시스템보다 훨씬 덜 체계적으로 정리됐다. 실제로는 계층 구조나 이름 지정에 대한 규칙이나 제약조차 없는 미화된 네트워크 파일 시스템이었으며, 품질이 낮은 검색 도구로 물건을 찾으려다 보니 오탐은 많고 정탐은 거의 없었다. 기업들은 데이터를 엉망진창이 아닌 유용한 잠재적 지식 풀로 만들기 위해 스크러빙^{scrubbing}, 구조 조정, 재구성 등의 대대적인 이니셔티브를 수행하지 않는 한 그 데이터에서 비즈니스 인텔리전스를 얻는 것은 포기해야 했다.

'사무 자동화'에 대한 시행착오적 접근 방식은 최종 사용자가 설계한 거추장스러운 문서 관리 시스템에만 국한된 것이 아니다. 하지만 소프트웨어 개발 및 생산 플랫폼이 지배적이었다는 점도 주목할 만하다. 1990년대 후반부터 2004년까지 자바 세계는 J2EE가 지배했다. 2003년부터 2006년 사이에 스프링^{Spring} 프레임워크는 J2EE를 혼란에 빠뜨리기 시작했고, 심지어 애플리케이션 아키텍트들에 의해 J2EE 애플리케이션 서버들과 혼용돼 사용되기 시작했다.

그 반대편에는 2002년에 등장한 닷넷.NET 프레임워크가 있었다. 2004년까지만 해도 닷넷의 인기가 J2EE를 추월할 것이라는 주장이 많았지만 실제 도입은 그보다 다소 낮은 것으로 보였다. J2EE에 비해 더 나은 닷넷 개선 사항 중 하나는 엔터프라이즈 자바빈EJB, Enterprise JavaBeans과 유사한 것을 모두 제거한 것이었다. EJB 엔터티 빈은 완전히 재앙이었으며 데이터베이스 엔터티 객체에 대한 설득력 있는 솔루션을 제공하지 못했다. 단서를 얻은 자바 개발자들은 TOPLink와 나중에 출시된 하이버네이트Hibernate가 훨씬 더 뛰어난 객체 지속성 환경을 제공한다는 사실을 금방 깨달았다. 엔터티 빈을 고집하던 사람들은 여러 번 좌절했다. 닷넷 쪽에서는 2008년에 엔터티 프레임워크가 출시됐지만 큰 실망감을 안겨줬다. 이상한 매핑 규칙으로 인해 비실용적인 객체 디자인이 강요됐고, 고급 애플리케이션 개발자의 많은 도움 없이 이러한 어려움을 극복하기까지는 몇 년이 걸렸다.

2007년 당시 기술 업계의 상황을 고려할 때 누커버리지는 처음에는 보험업자가 보험 증서를 발행하고 손해사정사가 정확한 손실 보상을 결정하는 데 도움이 되는 소프트웨어를 구축하는 데 성공한 것으로 볼 수 있다. 보험 증서를 발행하거나 보험금을 지급할 때 웹을 통한 신청서 제출과 같은 온라인 기능은 없었다. 이러한 보수적인 접근 방식 덕분에 이 회사는 경험을 통해 더 많은 것을 배우면서 시스템을 개선하는 동시에 수익을 창출하는 방향으로 빠르게 나아갈 수 있었다.

문제는 누커버리지 소프트웨어 팀이 소프트웨어 아키텍처에 대한 이해와 인식이 부족했고, 다양한 비즈니스 기능을 모듈화할 수 있는 단서가 전혀 없었다는 점이다. 현명하고 경험이 풍부한 리더라면 이러한 격차를 초기에 발견할 수 있었을 것이다. 그 결과, 팀은 시간이 지남에 따라 점차 엄청난 기술 부채와 엔트로피라는 현실에 직면하게 됐다. 초기 진흙 덩어리가 타격을 입는 데는 그리 오래 걸리지 않았다. 당연히 해마다 인식되지 않은 기술 부채가 진흙 덩어리처럼 겹겹이 쌓였고, 그림 10.1에 묘사된 빅볼 오브 머드 모놀리스로 인해 누커버리지의 새 기능의 개발과 수정은 소름끼칠 정도로 느려졌다.

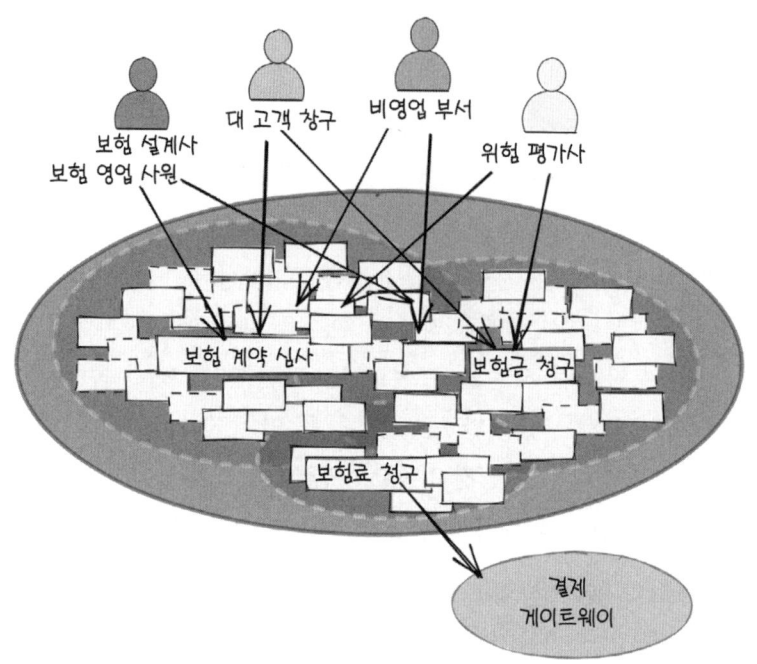

그림 10.1 누커버리지 빅볼 오브 머드는 수년간의 방치와 편법적인 변경으로 인해 발생했다.

비즈니스 기능의 모듈화를 채택하는 소프트웨어 아키텍처를 이해한다면 누커버리지는 어떻게 모놀리스임에도 수년간의 변화를 추진할 수 있었을지 생각해보자.

기술과 프레임워크 너머를 바라보자. 셰어포인트[SharePoint], 엔터프라이즈 자바, 엔터티 프레임워크, JPA, 데이터베이스 제품 및 메시지 버스를 문제 도메인에 도입한다고 해서 팀이 생각을 하지 않아도 되는 것은 아니다. 모든 소프트웨어 IT 부서, CIO, CTO, 개발자가 혼란스러운 기술적 실패에 직면하던 시기에도 실제로 도움이 될 수 있는 합리적인 접근 방식과 지침이 있었다.

도메인 주도 설계[DDD]는 2003년에, 포트 및 어댑터 아키텍처는 2004년에 도입됐다. 그보다 훨씬 이전에는 『소프트웨어 아키텍처의 패턴』[POSA1] 1권에서 계층형 아키텍처를 사용할 수 있었다. 익스트림 프로그래밍[XP]은 애자일 선언문[Manifesto]과 마찬가지로 DDD 훨씬 이전에 존재했다. DDD에서 발견되는 몇 가지 아이디어는 XP 및 애자일 선언문과 놀라울 정도로 유사하다. 2004년에는 조직(비즈니스) 역량에 대한 명확한 언급이 있었다.[BC-HBR] 또한 객체지향 디자인[OOD] 및 객체지향 프로그래밍[OOP], 도메인 모델링[Domain-Modeling], 클래스 책임 및 협업[CRC]의 방식은 누커버리지가 이 분야에 뛰어들기 훨씬 전부터 사용되고 있었다. 그때까지 존재했던 아이디어, 패턴, 도구 중 일부는 2007년에 아키텍처와 개발에 영향을 미칠 기회를 가졌다. 하지만 그렇다고 해서 이러한 아이디어와 패턴이 사용됐다는 의미는 아니며, 과거와 현재에 개발된 시스템의 결과를 관찰해보면 여전히 상당 부분 사용되지 않고 있음이 분명하다.

시작부터 바로

최고의 소프트웨어 설계자와 개발자를 고용하는 것의 중요성을 과소평가하지 말아야 한다. 최고의 기업들은 과연 최고 경영진을 값싸게 대우할까? 그렇다면 최고의 실무자를 채용할 수 있는데 왜 하급 소프트웨어 개발자를 찾아야 할까? 채용할 대상, 즉 적합한 기술을 갖춘 인재를 파악해야 한다. 소프트웨어 엔지니어링에 대한 전문성은 다르지만 경영진의 전문성만큼이나 중요하다는 점을 명심해야 한다.

2007년에 재정비된 누커버리지가 어떤 결과를 가져올 수 있었는지 생각해보자. 다음 설명을 읽을 때는 2007년의 맥락을 염두에 둬야 한다. 좀 더 명확하게 말하자면 다음에 다루는 내용은 현재 상황, 즉 웰뱅크^{WellBank}가 누커버리지에 접근한 시점을 나타내는 것이 아니다. 이 사건은 누커버리지가 스타트업 모드에 있을 때, 즉 그 훨씬 이전에 발생한다.

비즈니스 역량

비즈니스 역량은 비즈니스가 하는 일을 정의한다는 점을 기억하자. 이는 비즈니스가 완전히 새로운 구조로 재편되더라도 새로운 구조가 비즈니스 역량을 변화시키지 않는다는 것을 의미한다. 대부분의 경우 비즈니스는 새로운 구조가 등장하기 전에 하던 일을 여전히 수행한다. 물론 새로운 사업 역량을 확보하기 위한 목적으로 구조 조정이 이뤄졌을 수도 있지만, 구조 조정 전날 수익성이 좋았던 사업 역량이 구조 조정 다음 날 버려지는 경우는 없다. 이는 일반적으로 소프트웨어 모델이 구현하는 비즈니스 역량에 따라 소프트웨어 모델의 커뮤니케이션 경계를 정의하는 것이 가장 좋다는 점을 강조한다.

그림 10.1에서 보험 계약 심사, 보험료 청구, 보험금 청구의 3가지 비즈니스 역량은 분명히 보인다. 보험회사를 기본적으로 운영하기 위한 필수적인 선택이다. 그러나 누커버리지라는 스타트업에서 발견하고 식별해야 하는 다른 필수 기능도 있다.

표 10.1에서 볼 수 있듯이 누커버리지 스타트업 팀은 자신들의 비즈니스 역량을 종합적으로 파악했다. 이를 위해서는 비즈니스 목표에 대한 공유된 이해를 발전시키고자 여러 사람의 대화를 통해 이해된 구체적인 사용 시나리오 파악 과정이 필요했다. 각 시나리오는 초기 목적과 구현 측면에서 표 10.1에 설명돼 있다.

표 10.1 2007년에 발견된 누커버리지 초기 비즈니스 기능

비즈니스 역량	설명	유형
접수	웹을 통해 제출할 수 있는 신청서를 접수하고 확인하지만, 에이전트의 팩스 및 이메일을 통해 접수하거나 신청자가 우편을 통해 직접 종이 양식으로 접수하는 경우가 많다. 접수 과정에서 누락된 데이터를 요청하거나 불분명하고 상충되는 정보를 수정하기 위해 에이전트 및 신청자에게 연락해야 할 수 있다. 승인된 신청서는 전자 피드를 통해 보험 계약 심사 부서로 전달된다.	지원
보험 계약 심사	주어진 보험 가능 리스크를 받아들일 가치가 있는지에 대한 결정을 내려 보험을 발행하거나 보험을 거부한다. 누커버리지는 리스크 모델의 소프트웨어 기반 지원을 기반으로 보험 인수 가능 리스크를 평가하고자 인간 보험업자를 고용한다. 보험업자는 리스크 모델 권장 사항에 대한 검토와 함께 필요한 추가 연구 및 다른 보험업자와의 논의를 거쳐 최종 결정을 내린다. 최종 인수 결정은 기록된다. 인수 프로세스에 사용된 다른 비즈니스 기능 내부의 모든 세부 사항은 해당 콘텍스트에서 수집된다.	핵심
리스크	리스크 평가 계산은 보험에 있어 핵심적인 요소로, 주어진 리스크에 대한 손실 가능성의 정도를 결정하는 수단이기 때문이다. 누커버리지의 성공 비결 중 하나는 자동화된 계산 및 권장 사항을 통해 인간 보험업자의 의사결정을 지원하는 소프트웨어 보험 계리 리스크 모델을 개발한 것이다. 초기에는 보험료율 차별화로 이어지는 자동차 및 운전자 리스크에 중점을 뒀다. 이 비즈니스 목표를 달성하려면 손실 가능성을 최소화해 리스크를 줄이기 위한 면밀한 조사가 필요하다.	핵심

(이어짐)

비즈니스 역량	설명	유형
보험료율	보험료율 계산은 보험업자의 검토 및 추론과 결합된 리스크 모델 권장 사항을 기반으로 한다. 데이터와 사람의 노력을 결합한 결과가 여기에 기록된다. 시간이 지남에 따라 최종적으로 기록된 보험료율 결과는 과거 경험에서 적용된 이유를 제공하는 것과 함께 자동화된 보험료율 계산을 점진적으로 개선하는 데 사용된다.	핵심
보험 계약자 (계정)	각 보험 가입자의 계정을 유지하며, 해당 가입자가 보유한 모든 보험 계약의 과거 기록을 부분 스냅숏으로 관리한다. 보험 계약 심사 부서에서 새로운 보험 계약이 발행될 경우 해당 거래 기록이 해당 가입자의 계정에 등록된다. 이 과정에서 새로운 보험 가입자 계정을 생성해야 할 수도 있다.	지원
보험금 청구	보험 계약자의 청구로 접수된 손실을 파악하고 실제 손실 및 합의금을 계산할 수 있는 수단을 제공한다. 손실 및 합의금은 추후 갱신 및 단기 보험료 조정에 사용할 수 있다. 손실이 사기일 가능성이 높지만 입증할 수 없는 경우 이는 보험료율을 선제적으로 인상하는 대표적인 이유다. 사기가 입증되면 보험은 취소될 것이 확실하다.	지원
보험 갱신	보험 갱신 절차가 시작되는 시점. 이 프로세스에서는 보험에 대한 청구가 있는 경우 현재 리스크 모델과 특정 리스크를 보장하는 데 드는 비용 증가로 인한 가능한 보험료율 인상과 함께 보험에 대한 청구를 수집해야 한다. 갱신 프로세스에는 보험금 청구 검토, 승인된 리스크 및 새로 계산된 보험료율이 포함되며, 갱신 승인 결과를 얻고자 보험 계약 심사로 전송된다. 확정된 보험 갱신은 심사 및 보험 계약자의 계정에 기록된다.	핵심
보험료 청구	보험료 납부 일정을 추적하고 보험 계약 심사 정책 발행에 따라 청구서를 생성한다. 미납 및 추심을 관리해 정책 취소를 권장할 수 있다. 초기에는 수표 또는 은행 송금으로 보험료가 결제된다. 향후 신용카드로 결제할 수도 있다. 현재 카드 거래 수수료는 누커버리지의 이익 마진이나 그 이상일 수 있다. 이는 향후 결제 건수가 많아지고 새로운 결제 게이트웨이를 사용할 수 있게 되면 극복할 수 있다.	일반

그림 10.2는 각각 비즈니스 역량을 나타내는 8개의 바운디드 콘텍스트 모듈이 있는 모놀리스 컨테이너를 보여준다. 표 10.1과 그림 10.2의 비즈니스 역량 유형은 각각의 전략적 가치 수준을 보여준다.

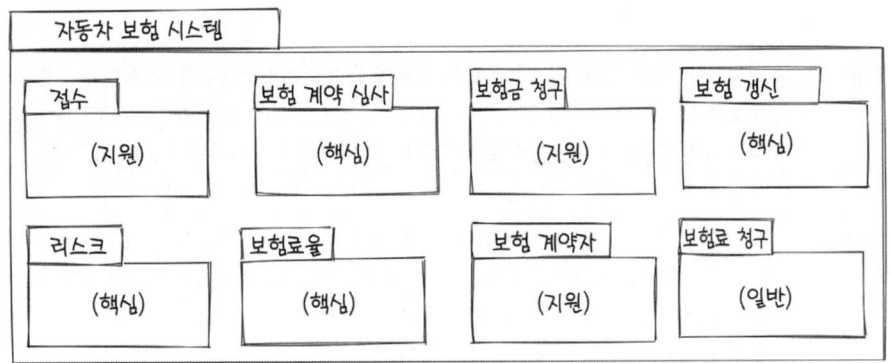

그림 10.2 초기 누커버리지 문제 공간 도메인은 모듈형 모놀리스로 구현됐다.

현재로서는 리스크 비즈니스 역량이 확실히 핵심 도메인이다. 높은 비즈니스 가치와 통합된 대화형 운영을 보장해야 하는 시급성 때문에 처음에는 핵심 가치를 지닌 4가지 비즈니스 역량이 있다. 보험 계약 심사자는 이 4가지 핵심 콘텍스트를 활용하면서 필수적인 워크플로를 수행하고 중요한 의사결정 정보를 얻는다. 보험 계약 심사, 리스크, 보험료율, 보험 갱신. 당연히 보험 계약 심사자들은 4가지 핵심 비즈니스 역량을 보험 계약 심사 제품군으로 간주해 워크플로와 가이드에 대해 많은 얘기를 한다.

시간이 지남에 따라 핵심 가치는 변화하는 경향이 있다. 예를 들어 리스크와 보험료율 기능의 지속적인 개선을 통해 보험 계약 심사가 더욱 자동화됨에 따라 심사는 보조적인 역할로 전환될 것이다. 갱신도 마찬가지다. 새로운 핵심 도메인이 추가될 것이다.

최소한의 기능을 가진 플랫폼이 성공적으로 출시되고 이후 지속적인 개선이 이뤄진 지 몇 년 후, 또 다른 비즈니스 역량인 보상이 등장했다. 5장에서 설명한 것처럼 안전 운전자 보상은 처음 도입된 보험 계약자 보상이다. 처음에는 보험 계약자 계정 기능의 단순한 가치로 여겨졌다. 이는 장기적으로 유리한 결정은 아니었지만 비즈니스 우선순위에 따라 추가 보상 기능이 없어질 때까지는 이 정도면 충분했다.

아키텍처 결정

비즈니스 역량을 파악한 후 누커버리지는 이제 몇 가지 아키텍처 결정을 내려야 한다. 예를 들어 다양한 유형의 사용자가 플랫폼과 어떻게 상호작용할 것인가? 웹 기반 사용자 인터페이스가 사용될 것이 분명해 보일 수 있다. 그럼에도 직원들이 이동 중일 때 이동성과 편의성을 필요로 하는 직원의 업무를 지원하는 디바이스에 대한 요구가 증가하고 있다. 어떤 아키텍처 결정이 필요한지 그리고 사용자 중심 메커니즘 등을 어떻게 제공할 수 있는지 제안하고, 추적하고, 최종적으로 결정할 수 있는 건전한 방법이 있을까?

리스트 10.1 사용자 인터페이스 및 메시지 교환 제안과 결정을 캡처하는 ADR[1]

```
제목: ADR 001: 데스크톱 사용자 인터페이스를 위한 REST 요청-응답

상태: 수락됨

콘텍스트: REST로 웹 기반 사용자 인터페이스 지원

결정: 데스크톱 클라이언트에 웹 표준 사용

결과:
    장점: HTTP; 확장성; 실험용으로 저렴함
    단점: 대부분의 모바일 기기에 적합하지 않음


제목: ADR 002: 모바일 앱 UI에 네이티브 디바이스 개발 사용

상태: 수락됨

콘텍스트: 모바일 앱용 iOS 및 Android 툴킷 지원

결정: 모바일 앱에 iOS 및 Android 표준 툴킷 사용
```

---

1. Architectural Decision Record – 옮긴이

결과:
    장점: 네이티브 룩앤필
    단점: 다양한 디바이스 유형, 폼 팩터, 언어, 툴킷, 느린 개발 속도

제목: ADR 003: 플랫폼 메시지 교환

상태: 수락됨

콘텍스트: 협업하는 서브시스템이 커맨드, 이벤트 및 쿼리를 교환

결정: 안정적인 메시지 교환을 위해 RabbitMQ 사용

결과:
    장점: 처리량, 확장성, 다국어, FOSS, 지원 가능
    단점: 안정성; 지연시간 대 인메모리 전송?;
          지원; 품질?; 운영 복잡성

> **참고**
> 이어지는 논의에서는 REST, 메시징 및 이벤트 주도 아키텍처와 같은 다양한 아키텍처 및 관련 패턴에 대한 몇 가지 참조가 있다. 이러한 개념에 대한 논의는 8장과 9장을 참고하자.

그림 10.3에서 8개의 바운디드 콘텍스트는 그림 10.2에 표시된 콘텍스트와 일대일로 대응한다. 그림 10.3에서는 사용 중인 아키텍처, 즉 포트와 어댑터가 강조돼 있지만 그림 10.2에서는 각 바운디드 콘텍스트를 다른 콘텍스트와 분리하는 데 사용되는 모듈이 강조돼 있다. 실제로 그림 10.3에서는 각 바운디드 콘텍스트가 거의 정확한 아키텍처를 구현한 것처럼 보일 수 있지만, 이는 상징적으로만 그려진 것이다. 실제로는 포트와 어댑터의 특성으로 인해 다양한 바운디드 콘텍스트가 어느 정도 유사성을 공유할 수 있다. 그러나 아키텍처 계층의 내부 애플리케이션 부분(도메인 모델 포함)은 다양한 수준의 복잡성을 처리해야 할 필요성에 따라 다르게 구현될 수 있다. 자세한 예는 2부 및 3부를 참고하자.

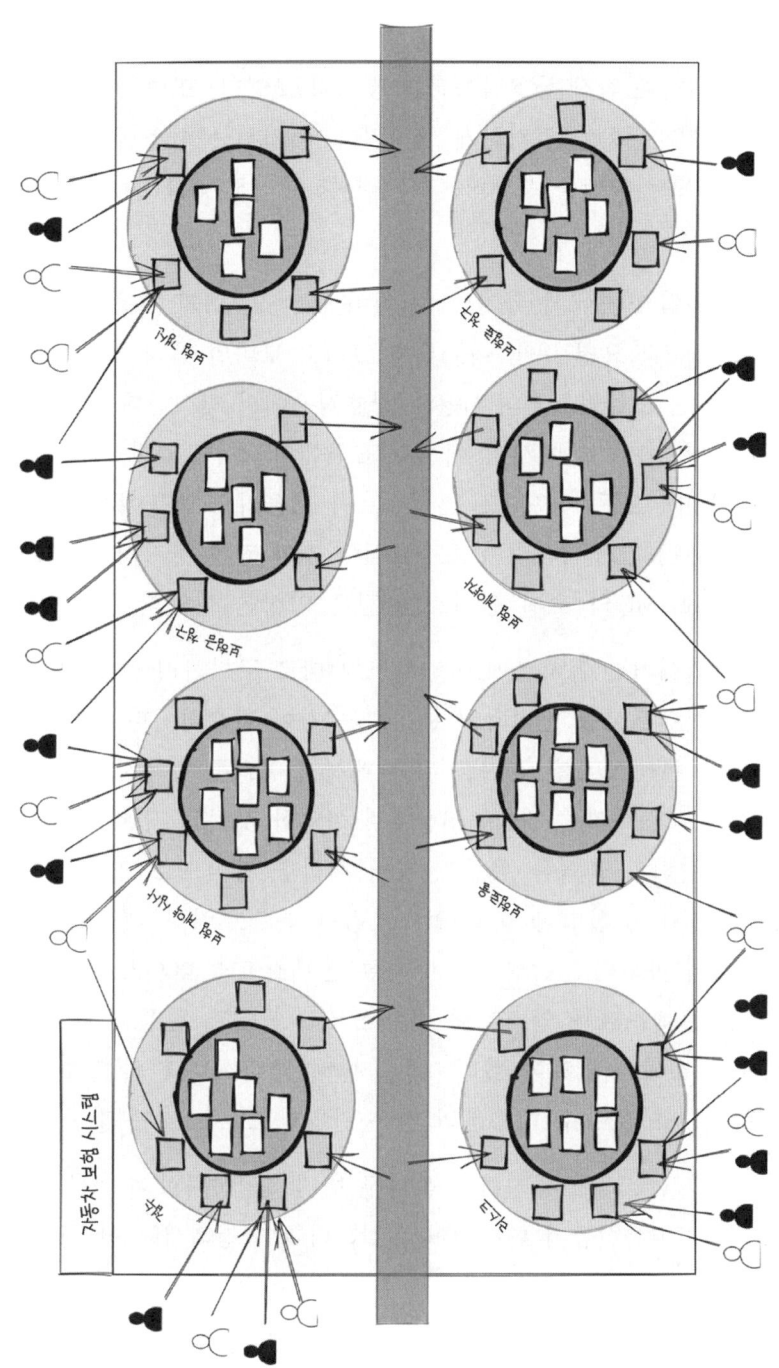

그림 10.3 모놀리스 내부의 8개의 바운디드 콘텍스트, 각각 포트와 어댑터를 사용한다.

사용자 인터페이스의 디스플레이는 단순화를 위해 그림 10.3에 표시하지 않았으므로 사용자가 어댑터와 직접 상호작용하는 것처럼 보인다. 또한 사용자는 일반적으로 각 서브시스템의 왼쪽에 엄격하게 표시된다. 여기서는 시스템 주변을 둘러싸고 여러 서브시스템에서 역할을 수행하는 사용자를 편리하게 표시하고자 아키텍처를 '회전'시켰다.

ADR의 결과는 그림 10.3에서 확인할 수 있다. 모바일 앱의 사용자 인터페이스를 위한 ADR 001과 REST 요청-응답 아키텍처 그리고 모바일 앱의 사용자 인터페이스를 위한 ADR 002는 모놀리스와의 사용자 상호작용에서 인식된다. 또한 ADR 003의 결과는 메시지 버스(또는 브로커)에서의 메시지 교환에서 볼 수 있다. 이는 모놀리스의 중앙을 통해 중첩돼 모든 바운디드 콘텍스트가 모놀리스 내부에서 협업하고 통합하는 수단을 나타낸다. 누커버리지 소프트웨어 개발 팀은 누커버리지 설립과 같은 해에 출시된 RabbitMQ의 초기 릴리스에 깊은 인상을 받았다.

이 모놀리식 아키텍처를 올바르게 이해하고 제대로 구현하려면 모든 바운디드 콘텍스트와 다른 콘텍스트를 완벽하게 분리하는 것이 필수적이다. 그림 10.3에서는 모든 콘텍스트가 콘텍스트 간 통신을 위해 메시지 버스를 사용하는 것으로 나타났다. 하지만 각 콘텍스트의 경계에는 8장에서 설명한 것처럼 각 바운디드 콘텍스트로부터의 모든 입력과 출력을 통합 상황에 적합한 방식으로 조정하는 어댑터가 있어야 한다. 6장에서 설명한 대로 업스트림-다운스트림 관계를 인식하는 것이 중요하다. 하나의 바운디드 콘텍스트가 다른 콘텍스트의 다운스트림에 위치할 경우 다운스트림 콘텍스트는 업스트림 콘텍스트의 언어로 변환해 메시지(이벤트, 명령, 쿼리)를 메시지 버스에 전달해야 한다. 이를 통해 콘텍스트 간의 결합도는 적절한 방향성을 유지할 수 있으며, 대부분의 경우 단방향으로 흐르는 것이 이상적이다.

그림 10.3이 콘텍스트 간에 통신하는 올바른 방법, 즉 신뢰할 수 있는(적어도 한 번 이상의 전달을 보장하는 내구성 있는 메시지) 비동기 메시징이 유일하다고 단정해서는 안 된다. 업스트림-다운스트림 관계를 존중하는 콘텍스트 간 요청-응답 API를 사용해도 동일한 효과를 얻을 수 있다. 이러한 API는 비동기적으로 실행될 수도 있으며 완전히 이벤트 주도로 실행될 수도 있다.

그럼에도 기업이 메시지 버스를 통한 메시징 API 대신 요청-응답 API를 사용하기로 선택한 경우 향후 아키텍처 결정으로의 원활한 전환에 영향을 미칠 수 있다는 점을 이해해야 한다. 이러한 시점에서 경계 콘텍스트 간의 협업 및 통합은 분산 시스템에서 흔히 발생하는 장애를 처리해야 한다. 11장에서 설명한 대로 네트워크, 서버 및 추가 인프라 장애는 제대로 구현해 놓지 않으면 잠재적으로 치명적인 결과를 초래할 수 있다. 장애 복구 계획을 구현할 준비를 하자.

일반적으로 메시지 버스/브로커를 구현하면 시간적 결합 해제로 인해 이러한 문제 중 일부를 '즉시' 완화할 수 있다. 시간제한 요청-응답 통신을 기반으로 하는 서비스 수준 계약^{SLA}에 의존하는 대신 지연시간 허용 범위 내에서 설계하면 이점을 얻을 수 있다. 메시지 버스/브로커에 많은 메시지가 큐에 대기 중이고 전송이 필요한 경우 수신자는 짧은 시간 내에 대량의 메시지에 압도당할 수 있다. 리액티브 스트림을 사용하면 수신자가 처리 창 내에서 배달 제한을 설정할 수 있는 백프레셔라는 기능을 지원하기 때문에 이러한 문제를 해결하는 데 도움이 될 수 있다. 물론 처음부터 탄력적인 메커니즘을 선택하는 것이 중요하다. 메시지 생산자와 소비자 모두 메시징 메커니즘에 대한 실시간 연결이 일시적으로 끊어질 수 있으며, 브로커 리더십과 같은 다른 장애도 발생할 수 있다. 그러나 영구 데이터로 재시도를 통해 이러한 문제를 극복하는 것은 시간적으로 결합되는 여러 서비스 REST API에 액세스하는 것과 관련된 문제를 처리하는 것보다 훨씬 간단하다. 메시징은 대역 외에서 발생하는 경향이 있기 때문에 사용자는 일반적으로 일시적인 장애를 인식하지 못하는 반면 시간적으로 결합된 서비스의 API를 사용하면 문제를 '사용자가 직접' 직면하게 되는 경우가 대부분이다.

명확하게 말하면 각 바운디드 콘텍스트는 자체 데이터베이스를 소유해야 하며, 바운디드 콘텍스트 외부에서 데이터베이스를 직접 공유하거나 액세스해서는 안 된다. 목적에 맞게 잘 설계된 아키텍처를 갖춘 콘텍스트는 데이터베이스를 다른 시스템 수준의 콘텍스트나 해당 콘텍스트 외부의 레거시 시스템과 직접 공유해서는 안 된다. 이는 내부용으로만 사용되는 큐잉 메커니즘뿐만 아니라 모든 스토리지에 해당된다. 이러한 콘텍스트와 통합할 수 있는 유일한 수단은 REST, RPC 또는 메시징을 사용하는 공개 API를 통해서다. 자세한 내용은 이 책의 2장과 3장을 참고하자.

모놀리스를 생성할 때 각 바운디드 콘텍스트에 완전히 다른 데이터베이스 인스턴스를 할당하는 것이 실용적이지 않을 때가 있다. 사용 중인 데이터베이스 제품에 따라 여러 스키마를 사용해 단일 데이터베이스를 생성하는 방법이 있을 수 있다(Postgres 및 Oracle). 다른 데이터베이스 제품의 경우 단일 데이터베이스 인스턴스를 사용하되 콘텍스트별 테이블을 사용하는 것이 가능한 해결책일 수 있다. 이 2가지 가능한 데이터베이스 설계에서 중요한 제약 조건은 다른 콘텍스트에서 직접 사용하지 못하게 보호해야 하는 콘텍스트 소유 데이터베이스 리소스에 쉽게 액세스할 수 없도록 고유한 사용자 계정과 자격증명을 제공하는 것이다. 바운디드 콘텍스트에 속한 데이터베이스 리소스는 콘텍스트 외부에 있는 다른 리소스에서 사실상 보이지 않게 렌더링해야 한다. 단일 데이터베이스를 사용하는 여러 개의 바운디드 콘텍스트가 있을 수 있기 때문에 많은 연결과 동시 작업으로 인한 모든 규모 및 성능 문제가 발생할 수 있다.

애플리케이션 계층의 바운디드 콘텍스트 내부와 중앙의 도메인 모델에서 다음과 같은 전술적 패턴을 엄격하게 사용하면 객체와 시간적 결합을 최소화할 수 있다.

- 모듈
- 애그리거트 기반 엔터티
- 도메인 이벤트
- 도메인 서비스

이 책의 초점은 의도적으로 전략에 국한돼 있으며, 이러한 시스템의 전체 구현을 논의하기 위한 것이 아니다. 후속 책인 『Implementing Strategic Monoliths and Microservices』(Vernon & Jaskuła, Addison-Wesley, 출간 예정)에서는 이러한 구현 도구 및 기타 구현 기법을 자세히 설명한다.

▌잘못된 것에서 올바른 것으로

이 절에 제시된 타임라인은 방금 설명한 타임라인과 다르다. 이 작업은 2007년에 시작됐지만, 그 결과 자동차 보험 시스템 전체가 무서운 크기의 빅볼 오브 머드가 됐다. 14년이 지난 지금, 누커버리지는 이 엄청난 잘못을 바로잡아야 한다. 이 경우 이 작업은 모놀리스에서 마이크로서비스로 전환하는 것이 아니라 모놀리스에서 모놀리스로 리팩토링하는 방식으로 이뤄질 것이다. 11장에서는 모놀리스에서 마이크로서비스로의 도약을 자세히 설명한다.

> **주의가 필요하다**
>
> 시스템을 빅볼 오브 머드에서 모듈화된 모놀리스로 전환하는 것은 쉽지 않으며 간단하지도 않다. 비즈니스 마인드의 전략적 규율, 현명한 전술, 세심한 배려 그리고 더 많은 인내심이 필요하다. 여기에 열거된 기술들은 처음부터 사용되지 않았거나 적어도 오랫동안 사용되지 않은 기술이라는 점에 유의하자. 엄청난 잘못을 옳은 것으로 바꾸는 것은 종종 다음과 같이 일하는 것으로 상상된다. "모든 것을 중단하고 우리 팀에게 3개월 동안 이 문제를 바로잡을 시간을 달라." 솔직히 말해 이런 방법이 가능할 수도 있지만 성공하기는 쉽지 않을 것이다. 일반적으로 지속적인 임시 수정으로 운영되는 라이브 시스템의 역학 관계는 "모든 것을 멈추자"는 사고방식에 방해가 될 가능성이 높다. 평소와 같은 소프트웨어 비즈니스는 시스템을 계속 실행하는 데 필요한 변경 사항을 포함해 팀의 업무에 방해가 돼 "이 문제를 바로 잡는다"는 단기 목표에 집중할 수 없게 된다. 따라서 이 절에서는 단기적인 성공에 대한 환상을 파는 것을 의도적으로 피할 것이다. 특정 팀이 이러한 방식으로 성공할 수 있다고 믿어지더라도, 그리고 실제로 성공할 수 있다고 믿어지더라도 그 확률은 분명 좋은 징조가 아니다. 그럼에도 성공이 확실해 보인다면 그 팀에 찬사를 보낸다. 대부분의 조직은 이 수준의 엔트로피에 도달하는 데 상당한 시간이 걸리기 때문에 필요한 조정을 하려면 시간과 비용과 함께 상당한 정신적 전환이 필요하다(너무 앞서가는 위험을 무릅쓰고, 11장의 '교살 대상 결정' 절에서 적용해야 할 추가 주의 사항을 참고하자).

1장과 2장에서는 소프트웨어가 잘못 구현되는 이유를 설명했다. 소프트웨어가 제대로 구현되지 않는 모든 가능한 이유를 파악하는 것은 현실적으로 불가능하다. 대부분의 경우 소프트웨어 구현은 단순히 그런 식으로 시작된다. 시작은 좋았지만 시간이 지남에 따라 건전한 아키텍처와 효과적인 설계를 도입한 팀 역학 관계에 변화가 생기면서 혼란에 빠지는 경우도 드물지 않다. 어떤 방식으로 잘못됐든 올바른 방향으로 전환하는 것이 새로운 비즈니스의 첫 번째 순서다.

컴포넌트 소스코드가 혼돈을 보이는 일반적인 방식은 다음과 같다.

- 전략적 비즈니스가 아닌 기술에 대한 초점
- 체계적이지 않고 우연적인 구조(비아키텍처)
- 비즈니스 중심의 모듈화 부족(기술적으로 동기가 부여된 최소한의 모듈만 있음)
- 단위 테스트 없음(일부 크고 느린 계층 간 통합 테스트 수행)
- 빈혈 모델(CRUD 중심 애플리케이션)
- 사용자 인터페이스와 여러 계층에 걸쳐 비즈니스 로직이 손실됨
- 단일 기술 모듈 내에 많은 수의 프로그램 소스 파일 존재
- 여러 컴포넌트 소스 파일(클래스)에 걸쳐 깊게 얽힌 커플링
- 모듈 간 강력한 양방향 커플링
- 컴포넌트 분리 없이 단일 컴포넌트가 여러 계층에 걸쳐 분리돼 있음(둘 다 함께 존재할 수 있음)

이 목록은 계속 늘어날 수 있지만, 이 목록은 일반적으로 '큰 비용이 드는' 항목이라는 점에 유의하자. 즉, 이러한 문제는 기존 코드를 유지 관리하고 잘못된 부분을 수정하려는 시도를 하는 데 많은 비용이 소요된다.

먼저 기술적 동기 부여, 잘못된 구조, 의미 있는 모듈화 부족 등 가장 높은 수준의 문제 몇 가지를 고려해보겠다. 리스트 10.2는 일반적인 모듈화 실패 상황을 보여준다.[2] 이 모듈 구조와 모듈 이름이 잘 정의된 단일 비즈니스 커뮤니케이션 콘텍스트, 즉 단일 비즈니스 기능의 구현만 호스팅하는 구조라면 치명적이지 않을 수 있다. 하지만 그렇지 않으며, 설사 그렇다 하더라도 이러한 모듈형 구조는 거의 쓸모가 없다.

---

2. 자동차 보험 시스템의 약자인 의미 없는 "ais" 모듈 명명법에 주목하자. 하지만 이는 이 시스템 모듈의 명명 문제 중 가장 작은 문제일 뿐이다. 또한 비즈니스 중심 코드베이스는 제대로 구축되고 설계된 경우 '헬퍼' 및 '유틸리티'로 알려진 구성 요소가 필요하지 않아야 한다.

리스트 10.2 평소처럼 모듈화가 잘못됐다.

```
nucoverage.ais.controller
nucoverage.ais.dao
nucoverage.ais.dto
nucoverage.ais.endpoint
nucoverage.ais.entity
nucoverage.ais.helper
nucoverage.ais.repository
nucoverage.ais.service
nucoverage.ais.util
```

사실 이것은 전체 모놀리식 자동차 보험 시스템을 '구성'하는 데 사용되는 일종의 모듈 구조다. 8개의 주요 비즈니스 기능이 모두 비즈니스 의미가 전혀 없는 모듈 세트에 숨겨져 있다고 생각해보라. 개별 모듈의 전부는 아니더라도 상당수에는 말 그대로 수백 개의 컴포넌트 소스 파일(예: 클래스)이 존재할 것이다. 각 모듈의 내용에 대한 암묵적 지식, 즉 코끼리와 같은 기억력만이 그 혼란 속에서 살아남을 수 있다. 자신의 기억에 의존할 수 없는 사람들은 끊임없이 쏟아지는 질문으로 기억력이 있는 사람들을 힘들게 할 것이다. 하지만 정말 아수라장이 될요? 여러 방향으로의 모듈 간 결합은 언급되지 않았지만, 큰 진흙 덩어리에서 의미 있는 구성 요소를 퍼내 재구성하려는 모든 노력에서 큰 역할을 한다. 그렇다. 대혼란이라는 표현이 맞다.

그래도 문제를 바로잡는 것은 가능하다. 팀은 어디서부터 시정 조치를 취하기 시작하며, 그 과정에서 어떤 단계를 따라야 할까?

변화 속의 변화

하루 단위로 거의 항상 일어나는 일 중 하나는 바로 변화다. 즉, 버그 수정을 통해 시스템을 계속 실행하고자 매일 변화가 발생한다. 이것이 일반적인 현상이다. 변화는 끈질긴 적처럼 보이지만, 여러 종류의 변화가 필요하고 팀이 조금만 속도를 늦추기로 결정하면 실제로는 친구가 될 수 있다. 패치 수정이 발생하면 팀은 약간의 추가 시간을 들여 리팩토링을 시작하고 계속해 정리 작업을 진행할 수 있다.

수정 조치의 첫 번째 수단 중 하나는 패치 및 기타 버그 수정과 같이 비즈니스 동인으로 인해 변경해야 하는 코드에 테스트를 추가하는 것이다. 패치 또는 기타 변경 사항이 적용될 때마다 해당 테스트를 생성하자. 다음 단계를 지속적으로 반복하는 것을 고려하자.

1단계. 테스트를 추가해 변경되는 코드의 최종적인 정확성을 확인한 다음 비즈니스에 영향을 미치는 버그를 수정한다.

    A. 먼저 버그 수정으로 인해 실패하는 테스트를 만든다.

    B. 일반적으로 이러한 작업을 시작할 때 테스트하기에 가장 좋은 것은 독립형 단위가 아니라 거칠게 통합된 계층이다. 예를 들어 빈혈 모델에 의해 지원되는 서비스 계층이 있는 경우 빈혈 모델을 테스트하는 것은 거의 쓸모가 없기 때문에 서비스 계층에 대한 테스트를 만드는 것이 가장 합리적이다. 빈혈 모델에 대한 테스트는 속성/프로퍼티 세터와 게터가 올바르게 작동하는지 여부만 테스트할 수 있으며, 특히 일반적인 경우처럼 IDE에서 생성된 경우에는 테스트가 잘못될 가능성이 거의 없다. 서비스 계층이 예상되는 속성/프로퍼티를 설정하는지 테스트하는 것은 이 작업의 초기 단계에서 유용하다.

    C. 테스트가 통과되도록 오류 코드를 수정한다. 변경 사항을 기본 코드베이스에 커밋한다.

2단계. 테스트가 완료되고 수정이 완료되면 즉시 모듈화를 실험하고 관련 비즈니스 로직을 서비스 계층 코드에서 모델로 이동시킨다.

    A. 현재 버그가 수정된 코드를 새로운 비즈니스 중심 모듈 구조로 재배치할 수 있는가? 그렇다면 그 단계를 수행하자. 리팩토링이 회귀를 일으키지 않는지 테스트한다. 확실하게 하려면 테스트를 하나 또는 몇 개 더 추가해야 할 수도 있다. 이전 테스트에서 새 테스트로 관련 코드를 리팩토링해 재배치된 코드에 대한 새 테스트를 만든다.

B. 서비스 계층이 빈혈 모델에 직면한 경우 서비스 계층 메서드에서 리팩토링 기회를 찾는다. 일반적으로 서비스 계층은 일련의 엔터티 속성/프로퍼티 설정자를 사용한다. 이러한 설정자는 엔터티의 단일 동작 메서드로 집계할 수 있다. 이렇게 하려면 세터 호출을 모델 엔터티의 새 메서드로 마이그레이션하고 서비스 계층이 이제 새 엔터티 메서드를 호출하게 한다. 새 메서드의 이름은 콘텍스트에서 유비쿼터스 언어를 반영해야 한다. 서비스 계층과 모델 모두에서 테스트를 사용해 전후에 테스트해 구성 요소가 빈혈에서 치유되는지 확인한다.

C. 수정 중인 코드 근처에 있는 코드를 리팩토링할 수 있는 다른 편리하고 빠른 기회가 생기면 바로 뛰어들어 코드를 바로잡는다. 이러한 노력은 코드를 추가로 모듈화하거나 서비스 계층 비즈니스 로직을 모델에 반영하는 데 초점을 맞출 수 있다. 이러한 작업이 퇴보로 이어지지 않도록 다소 보수적인 태도를 유지하자. 이러한 모든 변경 사항은 항상 테스트를 거쳐야 한다. 이러한 빠른 성공에는 몇 시간의 노동력이 필요하지 않고 여기저기서 몇 분만 소요돼야 한다.

D. 각 변경 사항이 적용되고 모든 테스트가 통과되면 테스트 및 주요 코드 변경 사항을 기본 코드베이스에 커밋한다.

3단계. 이미 어느 정도 관리가 완료된 코드에서 버그를 수정하거나 기능을 추가하기 위해 추가 변경이 필요한 경우 더 많은 리팩토링 기회를 발견할 기회를 잡는다.

A. 다음 모든 리팩토링에 대한 준비 테스트를 만든다.

B. 이전에 변경됐지만 당시에는 변경이 필요하지 않아 이전 모듈에 남아 있던 파일과 관련된 다른 소스 파일(예: 클래스)을 모듈화한다.

C. 서비스 계층의 추가 비즈니스 로직을 모델에 반영한다. 즉, 모델이 빈약할 때 비즈니스 로직을 찾을 수 있는 유일한 기회는 서비스 계층에 있다.

D. 각 변경이 이뤄지고 모든 테스트가 통과되면 테스트 및 메인 코드 변경 사항을 기본 코드베이스에 커밋한다.

4단계. 서비스 계층이 엔터티의 데이터를 설정하는 데 사용되는 여러 매개변수를 사용하는 경우 모든 관련 매개변수를 각각의 값 객체 유형으로 리팩토링한다. 엔터티 설정자를 엔터티의 단일 동작 메서드로 집계할 때 이전에 도입한 엔터티 동작 메서드에 값 객체 유형을 전달한다.

5단계. 코드베이스가 더 안정되고 매일 신속하게 수정할 버그가 줄어들면 이전 단계에서 정의한 대로 리팩토링할 시간을 활용한다. 이 시점에서는 팀의 경험과 자신감이 커졌기 때문에 개선 속도가 빨라지는 경향이 있다.

모놀리스로 구축된 자동차 보험 시스템의 8가지 바운디드 콘텍스트에 대한 합리적인 모듈 구조를 생각해 보겠다. 표 10.2에서 볼 수 있듯이 각 바운디드 콘텍스트에는 누커버리지 회사 식별자 바로 아래에 해당 모듈이 있다. 콘텍스트 식별 모듈 아래의 모든 하위 모듈은 특정 아키텍처 문제를 해결한다.

표 10.2 모놀리식 자동차 보험 시스템을 위한 비즈니스 중심 모듈 및 구조

콘텍스트 모듈	하위 모듈	설명
nucoverage.intake		접수 모듈
nucoverage.underwriting		보험 계약 심사 모듈
	application	애플리케이션 서비스 계층
	infrastructure	어댑터와 데이터 객체 모음
	infrastructure.data	REST 요청을 직렬화 또는 역직렬화하는 데 사용되는 데이터 객체
	infrastructure.query	쿼리 모델 인터페이스
	infrastructure.messaging	메시징 어댑터
	infrastructure.persistence	저장 어댑터
	infrastructure.resource	REST 리소스 어댑터
	model	도메인 모델
nucoverage.claims		보험금 청구 모듈
nucoverage.renewals		갱신 모듈

(이어짐)

콘텍스트 모듈	하위 모듈	설명
nucoverage.risk		리스크 모듈
nucoverage.rate		보험료율 모듈
nucoverage.policyholder		계약자 모듈
nucoverage.billing		보험료 청구 모듈

표 10.2에는 모든 콘텍스트 모듈의 하위 모듈이 표시돼 있지 않다. 대신 보험 계약 심사 콘텍스트 모듈의 하위 모듈이 표시돼 있으며, 이는 다른 콘텍스트 모듈에서 찾을 수 있는 공통 하위 모듈을 대표한다. 특히 각 콘텍스트의 모델 내에 다른 하위 모듈이 있을 수 있다. 인프라 모듈 내부에 다른 하위 모듈이 있을 수 있다. 예를 들어 gRPC를 사용하는 경우 infrastructure.rpc 하위 모듈이 있을 수 있다.

실행 컴포넌트(예: 자바 JAR 파일 또는 윈도우 DLL 파일)를 사용하는 경우에는 한동안 전체 시스템을 단일 소스 프로젝트와 단일 실행 컴포넌트로 유지하는 것이 가장 좋다. 그 이유는 '커플링 끊기' 절에 설명돼 있다.

이러한 방식으로 점진적이지만 지속적으로 코드베이스를 개선하면서 몇 달 동안, 어쩌면 예상보다 더 짧은 기간 동안 작업하면 코드가 엉망진창에서 훨씬 더 읽기 쉽고 변경 가능하며 안정적인 버전으로 바뀔 수 있다.

건설업계에 종사하는 필자의 친구는 건물을 질서정연하게 철거하는 데 필요한 시간은 건물을 짓는 데 필요한 시간의 10분의 1 이하라고 주장한다. 단순히 건물을 파괴하는 것이 아니라 건물의 중요한 부분을 모두 재사용하는 것이 목적이기 때문이다. 소프트웨어 구축은 건물 건설 산업과 크게 다르지 않지만, 이 주장은 대규모 시스템 코드베이스를 질서정연하게 리팩토링하고 재구성해 코드를 대폭 재사용하려는 의도에 대한 단서를 제공할 수 있다. 지금까지는 코드베이스가 골칫거리였지만, 새로 구축하는 것보다 기존 코드를 재구성하는 것이 더 간단할 수 있다. 심각한 기술 부채에 도달하는 데 10년이 걸렸다면 방금 설명한 단계적 개선 접근 방식을 사용해 팀이 부채에서 벗어나는 데는 1년 정도만 소요될 수 있다. 팀이 이 어려운 상황을 능숙하게 해결할 수 있는 경험이 있다고 가정하면 크게 개선된 상태에 도달하는 데 10년이 걸리지는 않을 것이다. 최소한 원래 빌드 기간의 10분의 1은 이 리팩토링에 대해 설정하기에 적절한 목표이며, 팀은 잠재적으로 이보다 훨씬 더 큰 성과를 거둘 수도 있다.

커플링 끊기

아직 극복해야 할 큰 과제가 남아 있다. 지금까지 팀은 대부분의 구성 요소 간의 강력한 결합을 끊지 않았다. 이러한 도전은 완전히 리팩토링된 시스템 코드베이스에 도달하기 위해 변화를 성공적으로 이끌어내는 데 있어 가장 어려운 부분이다.

강력하게 결합된 구성 요소를 느슨하게 결합되거나 완전히 분리된 구성 요소로 분리하는 것은 어려운 작업이다. 실제로 빅볼 오브 머드의 긴밀한 결합은 시스템 품질을 저해하고 개발 팀을 괴롭히는 미스터리한 버그의 가장 큰 원인 중 하나일 가능성이 높다. 이 버그는 추적하기 가장 어려운 종류의 버그였다. 게다가 이러한 버그 중 일부는 매우 혼란스러운 진흙탕 한가운데서 발생하기 때문에 완전히 이해되지 않을 수도 있다. 끊임없는 시스템 장애의 근본 원인은 반드시 바뀌어야 한다.

지금까지 무슨 일이 일어났는지 생각해보자. 이전에는 하나의 매우 큰 모듈에 있던 특정 유형의 모든 컴포넌트(예: 엔터티)가 이제 여러 콘텍스트 모듈에 분산돼 있다. 물론 콘텍스트에 맞는 모듈에 컴포넌트를 배치하는 것은 바람직한 효과다. 바람직하지 않은 것은 컴포넌트 사이에 여전히 존재하는 결합이다. 이 문제는 리팩토링 중 가장 다루기 어렵고 대규모 개발자 팀에 큰 혼란을 줄 수 있기 때문에 의도적으로 해결하지 않고 방치해왔다. 디커플링 작업을 할 때 시스템의 안정성이 손상되고 이전에 잘 진행되던 작업이 중단되기 쉽다. 그것은 나쁜 종류의 쉬운 일이다.

콘텍스트 모듈 간에는 여전히 커플링이 존재하므로 당분간은 소스코드 리비전 제어를 위해 모노 리포지토리를 사용하는 것이 가장 좋을 수 있다. 장기적으로 모노 리포지토리를 선호하는 분들도 있다. 처음에는 자바 JAR 파일 및 윈도우 DLL 파일과 같은 실행 가능한 구성 요소 전반에서 종속성을 유지 관리하는 복잡성을 줄이는 데 도움이 될 수 있다.

그림 10.4에서 볼 수 있듯이 기존 보험 증서, 보험금 청구, 보험 계약자는 이전에는 전체 시스템의 다른 모든 엔터티와 함께 NuCoverage.ais.entity라는 지나치게 혼잡한 단일 모듈 아래에 있었다. 이제 이러한 엔터티는 모두 특정 콘텍스트 모듈 및 하위 모듈로 재배치됐다. 좋다. 하지만 엔터티 간의 결합을 나타내는 줄을 살펴보자. 이전에는 커플링이 큰 문제의 원인이었지만 개발자가 특별히 찾지 않는 한 거의 보이지 않는다. 이제는 눈에 띄기 시작했다. 이러한 커플링을 분리하는 것은 지루한 작업이지만 쉽게 수행할 수 있다.

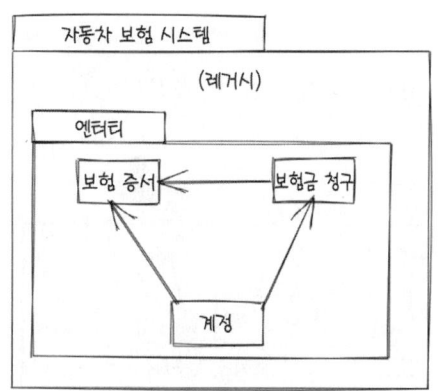 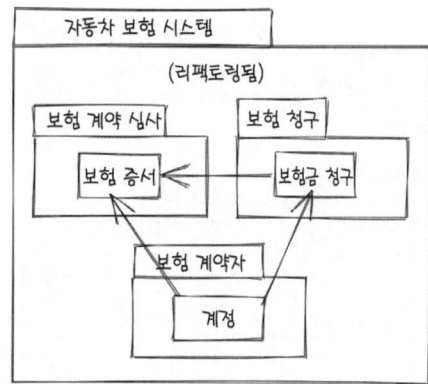

그림 10.4 엔터티가 콘텍스트 모듈로 재배치됐지만 여전히 결합돼 있다.

커플링 해제를 위한 기본 전략은 2가지 규칙으로 요약할 수 있다.

1. 결합돼 있지만 별도의 콘텍스트 모듈로 재배치된 구성 요소의 경우 이 단계에서 결합을 해제하는 것을 최우선 과제로 삼는다. 구성 요소 간에 일관성이 필요한 비즈니스 규칙이 콘텍스트 모듈에 걸쳐 있다고 가정하면 최종 일관성을 사용한다.

2. 동일한 콘텍스트 모듈에 있는 컴포넌트의 경우 당분간 가장 중요하지 않은 것으로 우선순위를 정해 분리한다. 구성 요소 간에 일관성이 필요한 비즈니스 규칙이 여러 콘텍스트 모듈에 걸쳐 있다고 가정하면 즉각적인 트랜잭션 일관성을 적용하자. 이러한 규칙을 우선적으로 분리한 후 최종 일관성을 위한 잠재적 후보로 다룬다.

첫 번째 우선순위를 해결하려면 콘텍스트 간 구성 요소의 직접적인 결합을 제거해야 한다. 콘텍스트 간에 협업하고 통합하려면 어느 정도 결합이 있어야 한다. 하지만 결합의 종류를 변경할 수 있고 결합의 견고성을 크게 줄일 수 있다.

그림 10.5에서 볼 수 있듯 커플링은 3가지 방식으로 감소한다.

- 더 이상 서로 다른 콘텍스트 모듈에 있는 구성 요소의 트랜잭션 일관성이 없다.
- 트랜잭션 일관성이 없다는 것은 시간적 결합이 크게 줄어든다는 것을 의미한다.
- 한 콘텍스트 모듈의 컴포넌트에서 다른 콘텍스트 모듈의 컴포넌트로의 직접적인 객체 참조가 없다. 참조는 ID를 통해서만 이뤄진다.

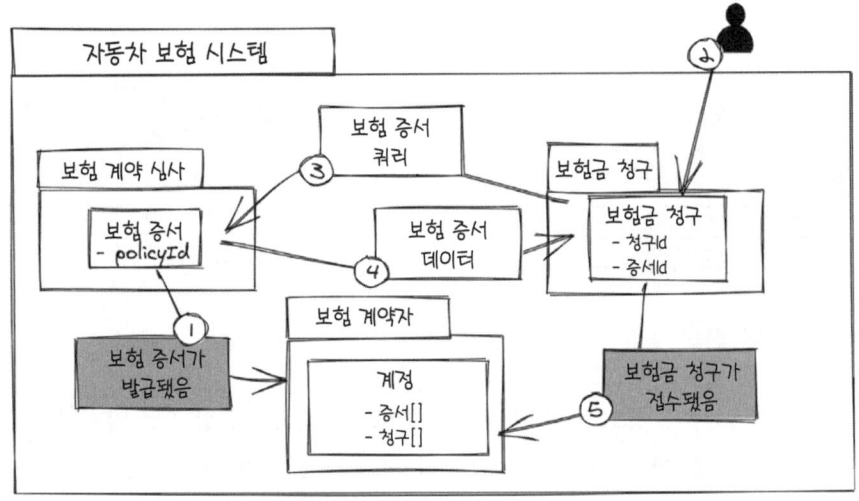

그림 10.5 이벤트 주도 아키텍처로 콘텍스트 간 종속성 연결 끊기

ID^{IDentity}만을 참조하는 예시는 보험금 청구에서 볼 수 있다. 보험금 청구는 해당 청구가 접수된 보험 증서의 증서Id를 보유하고 있다. 또한 계정은 보험 계약자에게 발급된 각 보험 계약에 대해 하나 이상의 증서Id 참조를 가진다. 같은 방식으로, 계정은 각 보험금 청구에 대한 청구Id를 보유하며, 보험금 청구 내역을 관리한다. 또한 ID와 함께 추가적인 값을 저장하는 경우도 있을 수 있다. 예를 들어 특정 증서Id와 함께 해당 보험의 증서 유형을 저장하는 방식이 가능하다.

5장에서 설명한 대로 갱신 콘텍스트에는 해당 모델에 보험 증서 유형이 필요하다. 보험 계약 심사 콘텍스트의 보험 증서는 증서 발행의 원본 기록이다. 갱신 콘텍스트에서 보험 증서를 생성하는 것은 코드를 복제하거나 DRY(반복하지 않기) 원칙을 잘못 무시하는 것이 아니다. 갱신 콘텍스트에서는 원래 발급 기록과 관련이 있더라도 보험 증서에 대한 정의가 다르다. 이것이 바로 바운디드 콘텍스트의 목적 중 하나다. 명시적인 분리는 서로 다른 두 언어가 혼동돼 하나의 언어로 통합되는 것을 방지하고 그 차이를 인정하고 보호한다. 최고의 모델은 맥락에서 높은 수준의 커뮤니케이션을 유지할 수 있는 팀의 능력을 반영한다.

> **DRY(반복하지 않기) 무시하기**
>
> 코드 통합에는 비용이 든다. 코드 통합은 결합과 복잡성을 초래하고 모듈과 모듈을 작업하는 팀 간의 커뮤니케이션을 증가시킨다. 그래도 코드 반복은 좋지 않다. DRY에 대한 열성적인 추구는 종종 DRY가 코드에 관한 것이라는 오해에 기반을 둔다. 그렇지 않다. DRY는 지식에 관한 것이다. DRY는 지식의 중복이 잘못된 선택이라는 점을 강조하기 위한 것이다. 예를 들어 보험금 청구 콘텍스트에는 보험금 청구에 필요한 모든 속성을 가진 값 객체로서의 정책이 있을 수 있다. 보험 계약 심사 콘텍스트의 Policy는 엔터티이며, 보험금 청구의 Policy와는 매우 다르다. DRY에 대해 잘못된 견해를 가진 사람들은 이 2가지를 단일 클래스로 통합해야 한다고 주장하지만, 그렇게 하면 다른 모든 것과 고도로 결합된 '신 클래스'가 생성되는 등 복잡한 모델이 될 수 있다. 이러한 통합은 의도적으로 정책을 2개의 다른 개념으로 모델링해야 하는 2개의 개별 콘텍스트 간의 경계를 모호하게 만든다. 바운디드 콘텍스트는 전적으로 비즈니스 언어에 따라 콘텍스트에 맞는 모델로 개념을 나누는 것이다. 보험 계약 심사와 보험금 청구 모두에서 고유한 종류의 정책을 생성하는 것은 서로 다른 모델에 있는 코드의 일부 측면이 유사하더라도 DRY를 위반하는 것이 아니다.

또 다른 지루한 과제는 새 모델 엔터티 유형에 대한 새로운 콘텍스트 경계를 지원하고자 기존 데이터베이스 테이블을 마이그레이션하는 것이다. 모델에서 결합을 분리하려면 거의 대부분 데이터베이스를 변경해야 한다.

객체 관계형 매핑을 사용할 때 일반적으로 한 엔터티는 정방향 및 역방향 관계 모두에서 외래키를 사용해 다른 엔터티를 참조한다. 콘텍스트 데이터베이스/스키마 전반의 외래키 제약 조건은 제거되며, 동일한 데이터베이스/스키마 내에 존재할 가능성이 매우 높다. 사용 중인 데이터베이스의 종류에 따라 연결된 엔터티의

ID를 보유하고자 하나 이상의 열이 필요할 수도 있고, 완전히 직렬화된 엔터티 상태에 포함될 수도 있다. ID 기술을 통한 참조는 동일한 콘텍스트의 엔터티와 콘텍스트 간 참조에 모두 사용된다.

데이터베이스 마이그레이션은 엔터프라이즈 애플리케이션에서 일반적이므로 이를 위험한 단계로 간주해서는 안 된다. 그럼에도 이러한 마이그레이션은 신중하게 처리해야 하므로 이러한 분리 작업을 점진적이고 단계적으로 개선하는 방식으로 보수적으로 수행해야 할 필요성이 더욱 강조된다. '잘못된 것에서 올바른 것으로' 절에서 설명한 대로 팀은 새로 정의된 각 콘텍스트에 대해 별도의 데이터베이스, 데이터베이스 스키마 또는 액세스 관리 데이터베이스 테이블을 만들어야 한다.

다음으로, 팀은 두 번째 우선순위인 리팩토링, 즉 동일한 콘텍스트 결합을 가능한 한 많이 분리하는 작업을 수행한다. 애그리거트(엔터티 트랜잭션 경계) 규칙을 사용해 비즈니스 규칙을 충족하고자 트랜잭션 일관성이 필요한 경우를 제외하고 모든 엔터티를 다른 엔터티에서 분리한다.

코드 재사용을 위한 설계 주의

모듈화된 설계의 원칙 중 하나는 결합보다 코드 복제를 옹호하는 것이다. 코드를 재사용할 수 있는 능력은 분명 좋지만, 많은 좋은 아이디어가 오해되고 오용되는 것처럼 재사용을 요구함으로써 더 많은 문제를 만들면 해결보다 더 많은 문제를 일으킬 수 있다. 밥 바튼(Bob Barton)[3]은 "좋은 아이디어는 종종 확장되지 않는다."고 말했다. 즉, 제한된 범위에서 효과가 있는 아이디어가 훨씬 더 넓은 범위에 적용하면 효과가 없을 수 있다는 뜻이다. 단독 주택을 지을 때와 동일한 원칙, 도구, 기술을 사용해 초고층 빌딩을 짓는다고 생각하라. 적용할 수 없을 것이다. 대규모 코드 재사용을 위한 설계도 마찬가지다. 개발자는 나중에 사용하기 위해 코드를 구체화하는 데 너무 많은 시간을 소비할 위험이 있으며, 결국에는 코드의 실제 유용성이 거의 없거나 전혀 없게 된다. 사실, 재사용을 위한 설계는 일회용 코드를 실패로 만들 수 있다. 재사용보다 사용되는 것을 위한 설계를 하자.

재사용 가능한 코드를 설계하고 구현하려면 미래의 요구 사항을 예측해야 한다. 미래를 예측하는 것은 매우 어렵고, 그 예측이 옳았다는 것을 증명하는 사람은 거의 없다. 그렇기 때문에 이 책은 실패를 용인하는 실험을 옹호한다. 따라서 코드 복제는 실제로 코드 콘텍스트화로 간주돼야 하며, 부적절한 결합을 피하고자 바람직하고 종종 권장할 만하다.

---

3. 밥 바튼은 버로스 B5000과 B1700 등 다른 컴퓨터의 수석 설계자이자 데이터 흐름의 공동 발명가로 인정받았다.

모든 '헬퍼' 및 '유틸'(또는 유틸리티) 구성 요소는 레거시 시스템에서 완전히 제거할 수 있다. 불필요한 구성 요소는 필요 없거나 거의 필요하지 않아야 한다. 이러한 장소 lot는 규칙 적용, 유효성 검사 및 제약, 간단한 프로세스 실행 등 비즈니스 구성 요소 전반에 걸쳐 사용되는 공통 코드를 저장하기 위해 만들어지는 경우가 많다. 이러한 구성 요소는 도메인 모델의 가장 중요한 부분이어야 한다. 엔터티 및 값 객체 유형에 완전히 배치할 수 없는 경우 도메인 서비스에서 처리할 수 있으며, 그렇지 않은 경우 일부 '헬퍼' 및 '유틸' 구성 요소는 서비스 계층(즉, 애플리케이션 서비스)에 남아 있거나 일부가 될 수 있다.

옳게 유지하기

처음부터 전략적으로 중요한 모듈형 모놀리스를 구축한다는 목표에 조직의 모든 의지와 노력이 집중된 후, 힘들게 수정을 거쳐 좋은 결과가 점차 큰 진흙탕 속으로 빠져드는 것은 가장 실망스러운 일이 될 것이다. 이는 원래의 노력에 전념했던 사람들이 프로젝트를 떠날 때 발생할 수 있다. 이러한 이탈은 어느 정도 발생할 가능성이 있지만, 조직은 대규모 이탈을 방지하기 위해 노력해야 한다.

한편으로는 정상적인 인력 감소로 인해 시스템 프로젝트에서 이탈이 발생할 수 있는데, 유능하고 추진력 있는 엔지니어는 새로운 도전을 원하기 때문에 일부 엔지니어를 팀에 유지할 방법이 없을 수도 있다. 이런 일이 발생하면 가장 경험이 많은 인력을 비슷한 강점과 기술을 가진 다른 인력으로 교체해야 한다.

반면에 경영진은 경험이 많은 엔지니어를 새로운 프로젝트로 이동시키고 그들이 떠난 자리를 경험이 적은 엔지니어로 다시 채우는 경우가 종종 있는데, 이는 잘 설계된 시스템이 '완료'된 것으로 간주돼 '유지 관리 모드'로 전환될 때 발생하는 경향이 있다. 이러한 접근 방식의 문제점은 2장의 '콘웨이의 법칙의 올바른 이해' 절, 특히 '팀을 모은다'에서 설명한다. 복잡한 문제를 해결하는 시스템을 버전 1.0 또는 1.4에 도달하면 '완료'된 것으로 간주하는 것은 일반적으로 잘못된 생각이다. 가치를 차별화하는 방법에 대한 가장 중요한 통찰력은 대부분 아직 남아 있을 가능성이 높다.

기존의 대규모 코드베이스에 새로운 혁신을 도입하려면 아키텍처 및 모델 설계를 크게 변경해야 한다. 도메인 모델 개념을 분할해 여러 개의 새로운 개념을 형성하거나, 2개 이상을 결합해 각각 다른 트랜잭션 경계를 가진 단일 개념을 형성하고 새로운 특성을 가질 수 있으며, 이는 큰 변화가 발생할 것임을 의미한다. 이러한 종류의 변경은 아키텍처 및 디자인 감독 없이 경험이 부족한 개발자에게 맡겨서는 안 된다. 이러한 종류의 변경을 잘못하면 미끄러운 비탈길로 미끄러져 새로운 빅 볼 오브 머드를 만들기 쉽다.

다른 투자와 마찬가지로 전략적 코드베이스를 잘 유지하려면 세심한 주의가 필요하다. 전략적 소프트웨어 차별화 요소는 지속적인 투자와 관리를 통해 향후 수년간 지속적으로 수익을 창출할 수 있는 가치가 있다.

정리

10장에서는 모놀리스를 아키텍처의 선택으로 삼는 이유와 방법을 살펴봤다. 모놀리스를 빅 볼 오브 머드로 오해해서는 안 된다. 모놀리스는 처음부터 잘 설계된 솔루션을 달성하거나 이전에 잘못 설계된 솔루션을 올바르게 성형하는 것을 의미한다. 10장에서는 비즈니스 기능이 소프트웨어 모델과의 관계를 설명하고자 다시 한 번 고려됐으며, 아키텍처 결정 기록ADR은 팀이 주요 아키텍처 선택을 정의, 제안, 추적, 구현하는 데 도움이 될 수 있다. 구성 요소 간의 결합을 피하는 방법의 지침도 제시됐다. 강한 결합은 일반적으로 얽히고 설킨 큰 진흙덩어리로 이어지므로 피해야 하며, 피하지 못하면 결국에는 실패하게 된다. 10장은 전략적 코드베이스를 올바른 순서로 유지하는 방법에 대한 조언으로 마무리됐다.

10장의 주요 내용은 다음과 같다.

- 모든 시스템에 마이크로서비스 아키텍처가 필요한 것은 아니다. 모놀리스는 많은 팀과 기업 환경에서 실행 가능한 대안이자 아키텍처 선택이 될 수 있다.

- 비즈니스 역량은 비즈니스가 하는 일을 정의하며, 일반적으로 비즈니스 구조가 재구성되더라도 변경되지 않는다.
- 모놀리식 아키텍처를 올바르게 구현하려면 모든 바운디드 콘텍스트 간의 명확한 분리의 중요성을 이해하고 유지하는 것이 핵심이다.
- 빅볼 오브 머드에서 모놀리스로 전환하려면 비즈니스 마인드를 바탕으로 한 전략적 규율, 지능적인 전술, 인내심이 필요하다.
- 이벤트 주도 아키텍처는 콘텍스트 간 종속성을 강조해 결합을 명시적으로 만든다.
- 유지 관리 모드는 종종 전략적 차별화 가치를 간과하게 만드는 함정이 될 수 있으므로 주의해야 한다.

11장에서는 모놀리스에서 마이크로서비스로 전환하기 위한 몇 가지 옵션을 살펴본다. 첫 번째 옵션은 잘 모듈화된 모놀리식 아키텍처에서 마이크로서비스로 전환하는 방법을 살펴본다. 두 번째 옵션은 빅볼 오브 머드 상태의 모놀리스를 마이크로서비스로 강제 전환하는 것이다. 첫 번째 옵션은 비교적 간단하지만, 두 번째 옵션이 무조건 너무 어려울 것이라고만 생각하지는 말자.

참고문헌

[BC-HBR] https://hbr.org/2004/06/capitalizing-on-capabilities
[CRC] https://en.wikipedia.org/wiki/Class-responsibility-collaboration_card
[Domain-Modeling] https://en.wikipedia.org/wiki/Domain_model
[Evolutionary] Neal Ford, Patrick Kua, and Rebecca Parsons. Building Evolutionary Architectures. Sebastopol, CA: O'Reilly Media, 2017.
[Manifesto] https://agilemanifesto.org/
[OOD] https://en.wikipedia.org/wiki/Object-oriented_design
[OOP] https://en.wikipedia.org/wiki/Object-oriented_programming
[POSA1] https://en.wikipedia.org/wiki/Pattern-Oriented_Software_Architecture
[XP] http://www.extremeprogramming.org/rules/customer.html

11장
보스처럼 모놀리스를 마이크로서비스로 전환

마이크로서비스를 사용하는 것이 최선의 선택인 경우가 있다. 이는 1장, 2장, 8장에서 주로 다뤘다. 마이크로서비스의 장점에도 마이크로서비스를 시스템 전체에 도입하기 위해 대대적인 변경이 필요하지 않을 수 있다. 마이크로서비스의 수는 비즈니스 목적 및 기술적 타당성에 따라 결정돼야 한다.

> **참고**
> 1장에서 소개하고 이 책 전반에 걸쳐 진행한 누커버리지의 실행 사례 연구는 11장에서 계속된다. 예제 내의 일부 콘텍스트가 누락된 것 같으면 이전 장들을 참고하자.

모놀리스 전용 아키텍처에서 일정 수 이상의 마이크로서비스로 전환하려면 새로 추출된 마이크로서비스와 함께 작동하고자 모놀리스의 일부를 보존해야 할 수도 있다. 모놀리스를 마이크로서비스로 완전히 교체해야 할 이유도 있을 수 있다. 11장에서는 2가지 접근 방식을 모두 다룬다.

결의를 다지는 정신적 준비

모놀리스에서 마이크로서비스를 분리할 때 새로 도입된 분산 시스템 구성 요소는 런타임 장애 가능성을 상당히 높인다. 실패 가능성이 있는 것은 마이크로서비스뿐만 아니라 엔드투엔드 솔루션을 제공하는 데 필요한 전반적인 분산 에코시스템도 마찬가지다. 이는 서로 다른 컴퓨팅 노드 간에 통신하고자 네트워크에 대한 의존도가 증가하고 둘 다 실패하는 경향이 있기 때문이다. 노드가 많을수록 네트워크와 노드 모두에 장애가 발생할 가능성이 커진다. 새로운 복잡성을 이해하려면 분산 컴퓨팅의 함정에 빠졌을 때의 영향을 고려하는 것이 도움이 된다. 다음은 분산 컴퓨팅에 대한 잘못된 믿음[Fallacies]들이다.

1. 네트워크는 안정적이다.
2. 지연시간은 0이다.
3. 대역폭은 무한하다.
4. 네트워크가 안전하다.
5. 토폴로지가 변경되지 않는다.
6. 관리자가 한 명이다.
7. 전송 비용이 0이다.
8. 네트워크는 균질하다.

이제 이런 잘못된 믿음의 결과가 어떤 것일지 생각해보고 이 내용들이 틀렸을 때 분산 시스템이 어떻게 실패하게 되는지 생각해보자. 다음은 분산 시스템 소프트웨어가 실패하는 이유다.

1. 네트워크가 불안정하고 시간이 지남에 따라 경고 없이 변경되며 소프트웨어에 복원력 및 복구 전략이 부족하다.
2. 지연시간은 불확실하고 예측할 수 없으며, 경험이 부족한 소프트웨어 개발자들이 흔히 겪는 부주의로 인해 더욱 악화된다.
3. 대역폭은 직관적이지 않은 시간에 변동하며, 이러한 불일치는 느슨한 대처로 인해 더욱 악화된다.

4. 인터넷의 역사적 개방성, 기본 개방성과 기업 보안 정책의 균형을 맞춰야 하는 보안 팀의 복잡성, 심지어 의무화된 보안 정책을 따르지 않는 일반 사용자들의 안일함과 느슨함으로 인해 네트워크가 완전히 안전하지 않다.
5. 토폴로지는 최적의 경로가 아니며 예기치 않은 병목 현상을 일으킨다.
6. 불특정 다수의 관리자가 트래픽을 느리게 하거나 차단하는 상충되는 정책을 생성한다.
7. 네트워크 전송을 구축하는 것은 간단하지 않으며, 구축 시 실수로 인해 재정적 또는 기능 및 품질과 관련된 부정적인 결과를 초래할 수 있다.
8. 네트워크가 완전히 동일하거나 유사한 부품으로 구성돼 있다고 가정하면 1 ~ 3의 효과가 발생한다.

1 ~ 3번은 분산 시스템의 주요 문제점을 나타낸다. 대부분의 소프트웨어는 네트워크 장애 또는 분산 컴퓨팅에 흔히 발생하는 기타 장애를 처리할 준비가 돼 있지 않다. 1 ~ 8번은 네트워크 장애만을 다루고 있으며, 네트워크와 무관한 소프트웨어 장애는 고려하지 않는다. 이제 이 목록에 애플리케이션 오류, 서버 및 기타 하드웨어 오류, 속도가 느려지거나 다운되는 지속성 리소스, 기타 일반적인 인프라 장애 등 다른 모든 종류의 장애를 추가하자. 이러한 모든 문제는 치명적인 결과를 초래할 수 있다.

- **장애 감시자**Failure supervision: 애플리케이션 구성 요소 주변에 소프트웨어 격벽을 배치해 연쇄적인 장애를 방지한다.
- **회로 차단기**Circuit breakers: 장애가 발생한 구성 요소가 정상 작동으로 복구될 때까지 해당 구성 요소에 대한 액세스를 차단해 연쇄적인 장애를 방지한다.
- **기하급수적 재시도를 제한**Retries with capped exponential backoff: 서버가 정상 작동 상태로 복구될 때까지 실패한 클라이언트에서 서버로의 요청을 재시도할 수 있는 수단을 제공하지만, 일정한 속도로 재시도를 빠르게 반복해 네트워크나 서버에 무리를 주지 않게 한다.
- **멱등적 수신자**Idempotent receivers: 서버가 동일한 요청을 2번 이상 받으면 후속 작업을 안전하게 무시하거나 부정적인 결과 없이 작업을 다시 수행하게 한다.
- **순서를 벗어난 메시지 전달**Out-of-sequence message deliveries: 일반적으로 덧셈과 곱셈

에는 작동하지만 뺄셈과 나눗셈에는 작동하지 않는 가환적 수학(2 + 3 = 3 + 2)과 같은 방식에 적용된다. 또한 특정 순서를 요구하기보다는 필요한 모든 메시지 전달의 총합이 무엇인지 파악하고 총합에 도달했을 때만 다음 단계를 진행한다.

- **로드셰딩**^{loadshedding}, **오프로딩**^{offloading}, **백프레셔**^{backpressure}**를 사용한 과도한 요청 또는 전달 방지:** 로드셰딩은 서브시스템의 런타임 부담을 줄이기 위해 불필요한 작업을 일부 삭제하거나 무시한다. 오프로딩은 용량이 있는 다른 워커에게 작업을 분산한다. 소비자는 백프레셔를 사용해 주어진 시간 내에 생산자로부터 수신할 수 있는 요소의 수를 제한한다.

물론 이러한 해결 방법만으로는 모든 문제가 해결되지는 않는다. 최소한 장애 감시자를 통해 치명적인 결과를 예방할 수 있다. 일부 아키텍처에서는 감시자를 도입하기 어려울 수 있다. 액터 모델을 사용하면 일반적으로 플랫폼 요구 사항으로 감시자가 제공되지만 항상 그런 것은 아니다. 그럼에도 대부분의 소프트웨어 런타임 환경에는 감시자가 없다.

그러나 감시자를 도입하더라도 그 자체로 완전한 해결책으로 간주해서는 안 된다. 로컬 복구에만 의존하며, 협력적인 안정화 설계^{cooperative stabilizing design}가 부족한 상태에서는 지속적인 장애가 발생할 경우 시스템 상태가 악화되는 것을 막을 수 없다. 또한 이러한 접근 방식만으로는 서버 이상^{compute anomalies}을 방지하거나 복구하는 데 한계가 있다. 부적절하게 처리된 재전송과 잘못된 요청의 부정적인 결과를 가정해 보자. 예를 들어 인식되지 않은 재전달로 인해 금융 계좌에 계속 입금하거나 출금하면 여러 당사자에게 금전적 손해를 입히며 오류를 일으킨 당사자에게도 치명적인 결과를 초래할 수도 있다.

> **마이크로서비스로의 마이그레이션은 (일반적인) 프로젝트가 돼서는 안 된다**
>
> 프로젝트의 특성에는 계획, 예정된 워크로드, 리소스 및 개발자 할당, 시작 날짜, 다양한 마일스톤 및 종료 날짜가 포함된다. 모놀리스-마이크로서비스 전환 노력의 경우 앞서 언급한 제약적인 특성을 가진 프로젝트를 만드는 것은 실수다. 이해, 자신감, 추진력을 얻기 전에 날짜를 정해야 한다는 과도한 압박은

> 문제를 야기할 수 있다. '새로운 일'을 하는 사람들과 지속적인 비즈니스 압박과 레거시에 대한 복종에 묶여 있는 사람들 사이에 마찰이 발생할 것이다. 노력과 복잡성에 대한 과소평가가 항상 존재하며, 엔지니어가 필요한 변화를 주도할 기술이 부족할 가능성도 있다.
>
> 모놀리스에서 마이크로서비스로의 전환은 성공에 전념하는 모든 이해관계자의 지원을 받아 지속적이고 중단 없는 노력으로 이뤄져야 한다. 또한 비즈니스 목표가 돼야 한다. 팀에 적합한 인재, 즉 고급 기술을 갖춘 성숙한 개발자를 배치하는 것이 중요하다. 또한 팀은 2장의 '문화와 팀' 절에서 설명한 대로 비즈니스 역량을 중심으로 조직돼야 하며 다기능 기술을 갖추고 있어야 한다.

팀은 대규모 장애를 예방하기 위해 정신적으로 준비하고 결심해야 하며, 발생하는 작은 기술적 장애가 큰 기술적 장애로 이어질 수 있음을 예상해야 한다. 성공적인 분산 시스템 운영을 위해 필수적으로 견고한 설계와 구현이 따라줘야 한다.

모듈형 모놀리스에서 마이크로서비스로

10장에서는 모듈형 모놀리스를 구축하는 2가지 접근법을 설명했다:

- 처음부터 모듈형 모놀리스를 구축한다.
- 모듈형 모놀리스로 점진적으로 리팩토링하면서 빅볼 오브 머드의 부정적인 영향으로부터 복구한다.

10장의 그림 10.2와 10.3에서는 자동차 보험 시스템이라는 단일 배포 컨테이너 내에 8개의 콘텍스트 모듈을 구성하는 궁극적인 목표를 설명했다. 2가지 접근 방식 중 하나를 사용해 누커버리지는 이제 모듈형 모놀리스를 갖고 있다. 그럼에도 시스템과 관련된 몇 가지 새로운 역학 관계로 인해 문제가 발생하고 있다.

총 5개의 팀이 8개의 하위 도메인과 콘텍스트 모듈을 작업하고 있다. 각 모듈은 다른 속도로 변경되지만 8개의 모듈 중 리스크와 보험료율이라는 2가지 모듈이 특히 자주 변경된다. 두 모듈 모두 비즈니스 규칙은 물론 보험 계리 처리 및 가격 계산을 실행하는 알고리듬도 각각 변경된다. 또한 리스크와 보험료율은 부하가 많고 더 많은 리소스가 필요하기 때문에 독립적으로 확장해야 한다. 게다가 회사는 보상 상품을 확장할 계획이며, 새로운 보험 상품이 추가되면 여러 가지 다른 영향이 발생할 것이다. 즉, 보험 계약자 계정에서 보상을 고려해야 한다. 맞춤형으로 구축된 기존 보험료 청구 서브시스템은 사용 기간이 길어지고 있으며 새로운 청구 규칙과 결제 옵션이 부족하다. 이 시스템은 서비스형 소프트웨어^{SaaS} 기반 청구 솔루션으로 대체될 예정이다.

이러한 모든 변화는 모놀리스에서 마이크로서비스로 일부 콘텍스트를 추출할 것을 요구하고 있다:

1. 리스크 콘텍스트
2. 보험료율 콘텍스트
3. 보험 계약자 계정 콘텍스트
4. 보상 콘텍스트
5. 보험료 청구 콘텍스트

향후에 다른 추출도 있을 수 있겠지만, 이런 초기 추출만으로도 충분히 낯선 도전에 직면할 수 있다. 이 5가지 비즈니스 역량을 단계적으로 개선해 나가면 비교적 낮은 리스크로 경험을 쌓는 데 도움이 될 것이다.

초기 작업은 한 번에 하나의 콘텍스트 모듈을 추출하는 것이다. 그림 11.1에서 볼 수 있듯 비교적 짧은 시간 내에 4개의 기존 콘텍스트가 4개의 자율 마이크로서비스로 추출됐다. 보험료 청구 콘텍스트는 결국 완전히 대체될 것이지만, 팀은 특정 목적을 염두에 두고 기존 모듈형 콘텍스트를 추출하는 보수적인 단계를 밟고 있다. 더 많은 리팩토링이 이어질 예정이다.

> **참고**
>
> 그림 10.3의 경우와 마찬가지로 그림 11.1에는 단순화를 위해 사용자 인터페이스가 표시되지 않았으므로 사용자가 어댑터와 직접 상호작용하는 것처럼 보인다. 또한 사용자는 일반적으로 각 서브시스템의 왼쪽에 엄격하게 표시된다. 여기서 아키텍처는 시스템 주변을 둘러싸고 여러 서브시스템에서 역할을 하는 사용자를 표시하는 편의를 위해 '회전'돼 있다. 사용자 인터페이스는 나중에 '사용자 상호작용' 절에서 설명한다.

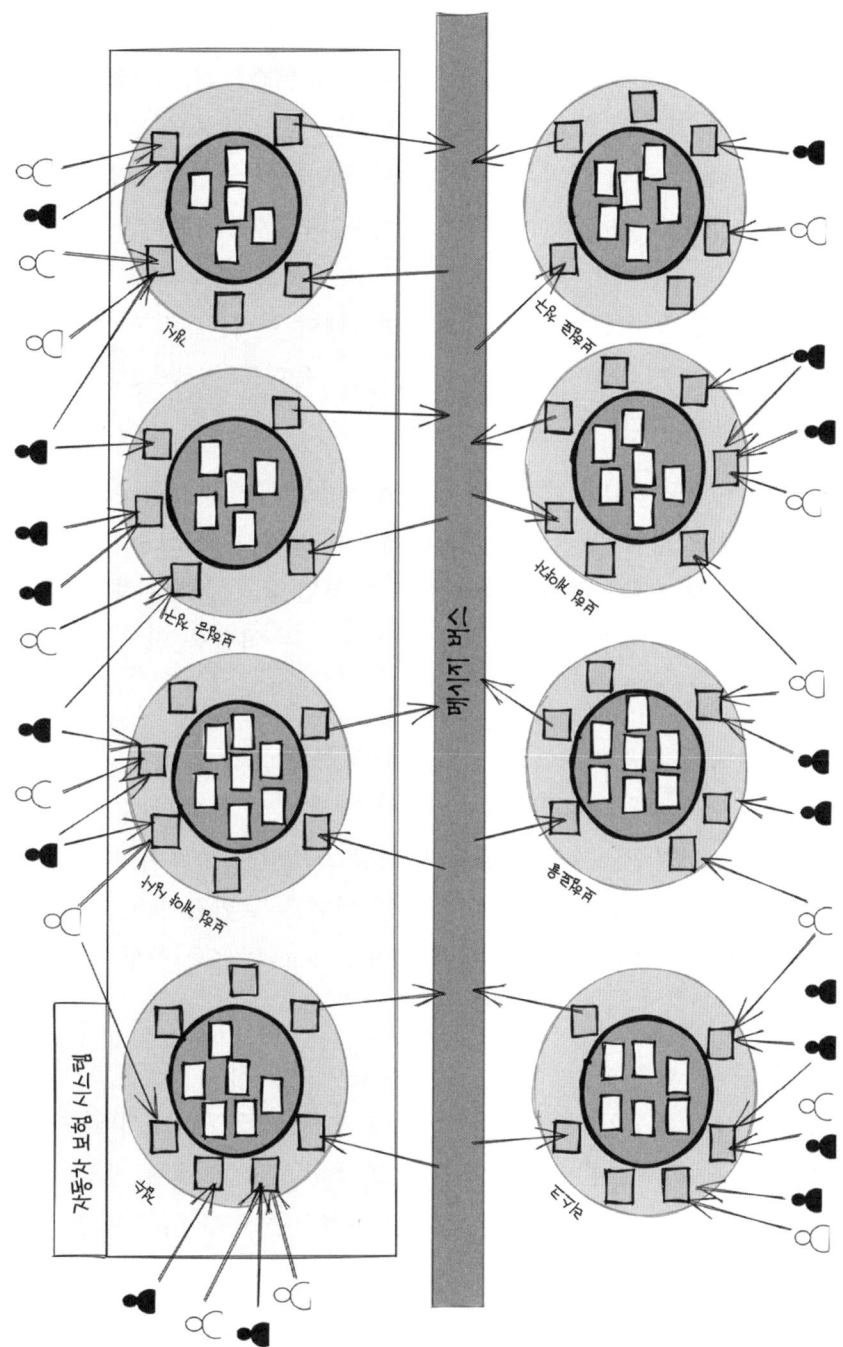

그림 11.1 모듈형 모놀리스는 콘텍스트 추출에 직면하면 마이크로서비스로 축소된다.

모놀리스는 이미 안정적인 전송이 가능한 메시지 버스를 사용하고 있기 때문에 메시징을 통해 커맨드, 이벤트, 쿼리를 사용하는 콘텍스트 간 통신은 새로운 콘텍스트를 추출할 때 변경할 필요가 없다. 달라지는 것은 새로운 마이크로서비스가 자체적으로 보안을 관리해 악의적인 공격자를 차단하고 누가 무엇을 할 수 있는지 제어할 수 있는 권한을 제공해야 한다는 점이다. 또한 보험 계약자 계정 콘텍스트에서 보상 모델을 추출해야 하며, 기존 시스템과 새로운 SaaS 청구 서비스 간의 전송을 제공하고자 청구 콘텍스트도 크게 변경해야 한다. 그리고 기술적 문제 체크리스트에 또 다른 항목을 추가할 것이다. 각 바운디드 콘텍스트는 자체 데이터베이스를 소유해야 한다.

SaaS 기반 보험료 청구 서비스는 자동차 보험 시스템의 이벤트를 이해하지 못하거나 이벤트를 스트리밍할 수 있는 수단을 제공하지 않는다. 그림 11.2에서 볼 수 있듯 누커버리지 시스템과 구독 청구 서비스의 통합을 용이하게 하려면 로컬 이벤트를 SaaS 기반 청구 서비스의 API 호출로 변환하는 역할을 담당하는 작은 청구 교환 콘텍스트가 필요하다.

SaaS 기반 보험료 청구 서비스에서 사용할 수 있는 피드가 있으며, 이 피드는 이벤트 레코드 스트림을 제공해 해당 이벤트에서 발생한 일에 대한 정보를 전달한다. 누커버리지 보험료 청구 교환 콘텍스트는 해당 스트림을 누커버리지 메시지 버스에 게시되고 필요한 곳에서 이해할 수 있는 이벤트로 변환한다. 이벤트 유형은 이미 존재하므로 새 청구 서브시스템을 사용한다고 해서 시스템 전체를 변경할 필요가 없다.

보험료 청구 콘텍스트의 초기 추출은 많은 부분이 버려지기 때문에 낭비적인 단계처럼 보일 수 있다. 청구의 레거시 비즈니스 로직이 결국 사라지게 되는 것은 사실이다. 그렇더라도 리팩토링 가이드라인의 조언을 참고해 현재 청구 콘텍스트를 추출해도 시스템이 중단되지 않는다는 것을 증명하는 것이 더 안전할 것이다. 이 작업이 완료되면 레거시 청구 콘텍스트에서 제공하는 각 기능을 새로운 SaaS 청구 서비스로 하나씩 리디렉션할 수 있다.

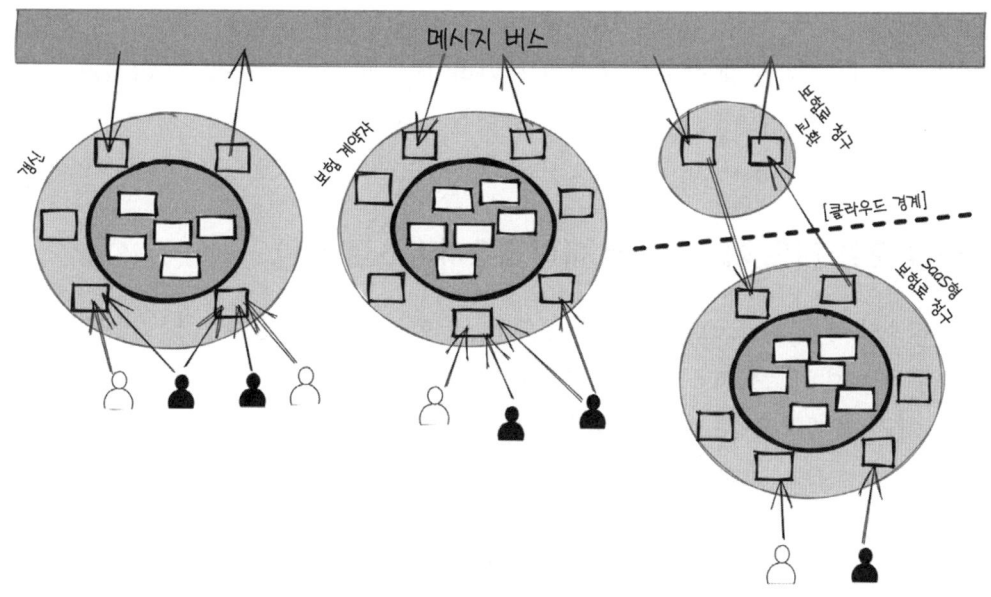

그림 11.2 계속되는 재작업 및 모델 추출

물론 팀에서 결제 기능을 모놀리스 내에서 구독 서비스로 하나씩 리디렉션할 수도 있다.[1] 하지만 초기 단계를 수행하면 궁극적으로 원하는 분리가 이뤄질 것이다. 특히 청구 기능은 더 이상 모놀리스 내부에 있지 않으며, 다른 팀과 상충되는 변화의 속도를 유발할 수 있는 팀이 하나 줄어든다. 이는 보험료 청구에 대한 강도 높은 리팩토링이 이뤄지고 매일 또는 적어도 매주 여러 번의 릴리스가 발생하기 시작할 때 특히 유용할 것이다. 현재 청구 콘텍스트가 제공할 수 있는 가치와 제공하지 않을 수 있는 가치를 비교해 현재 청구 콘텍스트를 추출하는 데 얼마나 많은 시간이 소요될지 고려하고 팀이 어떻게 진행해야 할지 결정하자.

마지막으로 보상 모델은 보험 계약자 계정 콘텍스트에서 자체 보상 콘텍스트로 추출돼 마이크로서비스로 패키징 및 배포된다. 현재 보상 지원은 계정 유형에서 하나 또는 몇 가지 속성으로만 구현되므로 이 추출은 매우 간단하다. 그럼에도 이를 새로운 콘텍스트로 마이그레이션하고 모든 보상 관련 문제를 한곳에서 해결

---

1. 이는 다음 절에서 설명하는 스트랭글러 피그 애플리케이션(Strangler Fig Application) 패턴(스트랭글러라고도 함)의 한 형태다.

할 수 있게 되면 팀이 잠시 멈춰 생각할 수 있는 기회를 제공할 수 있다. 좋은 소식은 이제 특정 보장 상품이 출시됨에 따라 보상의 수와 유형을 좀 더 쉽게 확장해 새로운 보험 라인을 대중화할 수 있다는 것이다.

빅볼 오브 머드 시스템에서 마이크로서비스로 전환

모놀리스에서 구성 요소를 추출하는 훨씬 더 어려운 접근 방식은 빅볼 오브 머드 시스템을 마이크로서비스로 직접 분해하는 것이다. 이 작업을 수행하려면 한 번에 여러 가지 복잡성을 고려해야 하기 때문에 이 작업이 얼마나 어려운지는 쉽게 알 수 있다. 10장의 '잘못된 것에서 올바른 것으로' 절에서 설명한 모든 단계는 각 재작업마다 좁은 이음새를 통해 밀어 넣고 짜내야 하는 유형이다. 이 모든 작업은 기존의 빅볼 오브 머드가 여전히 운영 중인 상태에서 이뤄지기 때문에 이 분해 작업으로 인해 파손되거나 손상되는 것은 없거나 적어도 아주 오랫동안은 없다. 총체적으로 볼 때, 결과적으로 이뤄지는 대대적인 변화는 매우 큰 도약이다. 그리고 이 힘겨운 도약을 위해서는 체중 감량과 소프트웨어 강화가 필요하다.

다시 한 번 강조하지만 주요한 변화는 조약돌 반경에서 피벗할 수 있는 까다로운 소프트웨어 개발 방식에서 벗어나 고도로 최적화된 애자일 팀으로 전환하는 동시에 품질 보증과 비즈니스 중심 전략을 함께 채택하는 것이다. 이러한 변화는 빠르게 이뤄져야 한다. 어려운 일일까? 물론이다.

다음은 그 과정에서 일어나게 되는 일들의 간단한 목록이다.

1단계. 빅 볼 오브 머드에 존재하는 모든 비즈니스 역량을 파악한다.

2단계. 핵심 경쟁 우위 > 지원 기능 > 타사 솔루션으로 대체할 수 있는 일반 운영 등 전략적 중요도에 따라 비즈니스 기능의 순위를 매긴다.

3단계. 여전히 중요한 비즈니스 규칙과 기능 중 지금은 관련성이 없는 비즈니스 규칙과 기능의 목록을 수집한다.

4단계. 우선순위에 따라 추출할 비즈니스 기능을 결정한다.

5단계. 비즈니스 역량 중 첫 번째를 추출하는 방법을 계획한다.

6단계. 1 ~ 5단계에 대해 반복적으로 작업하고 점진적으로 전달한다.

초기에 4단계에서는 팀이 공격의 우선순위를 정해 쉽게 승리할 수 있게 편향될 수 있다. 예를 들어 기존의 보험 계약자 계정을 새로운 마이크로서비스로 교체하는 작업이 있을 수 있다. 이는 자연스럽게 보험료 청구 콘텍스트를 생성하는 과정으로 이어지며, 기존 보험 계약자 계정에서 봄험료 청구 관련 기능을 분리하는 것이 가능해진다. 이러한 변경은 가장 복잡하지 않으며 팀의 경험과 자신감을 구축하는 데 도움이 될 수 있다.

5단계에는 여러 가지 다양한 세부 사항이 내재돼 있다. 다음 절에서는 세부 사항을 공개하며, 반드시 순차적인 순서로 설명하지는 않는다. 일부 단계는 필요에 따라 언제든 건너뛸 수 있다. 대부분의 경우 이 기법은 덩굴이 나무를 목 졸라 죽이는 것과 같은 방식으로 모놀리스를 '교살'하는 패턴으로 널리 알려져 있다.

사용자 상호작용

시스템은 항상 활성화된 상태로 시스템 사용자가 사용할 수 있는 상태로 유지된다. 따라서 사용자 인터페이스는 일관성을 유지해야 한다.

사용자와의 시스템 계약을 유지하는 것은 사용자와 모놀리스 사이에 파사드[GoF]를 배치함으로써 용이하게 할 수 있다. 그림 11.3은 API 게이트웨이가 파사드 역할을 하는 것을 보여주며, 다음 설명과 같이 작동한다.

1. 처음에는 모든 사용자 요청이 API 게이트웨이에서 레거시 빅볼 오브 머드로 전달된다.
2. 비즈니스 역량의 기능들이 마이크로서비스로 추출돼 사용자에게 활성화되면 API 게이트웨이는 해당 사용자 요청의 일부 또는 전부를 새로 활성화된 마이크로서비스로 전달하도록 변경된다.

3. 이 방식은 A/B 테스트에 사용돼 그룹 A와 B의 사용자 경험이 좋은지 나쁜지, 더 나은지 나쁜지 확인할 수 있다.
4. 새 마이크로서비스에 대해 좋지 않거나 나쁜 경험이 있는 경우 모든 사용자 요청을 기존 빅볼 오브 머드로 다시 보낸다.
5. 테스트 결과 새로 활성화된 마이크로서비스가 정상적으로 통합된 것으로 확인되면 모든 사용자 요청을 해당 마이크로서비스로 리디렉션한다.

이 과정들을 추출된 모든 마이크로서비스에 반복한다.

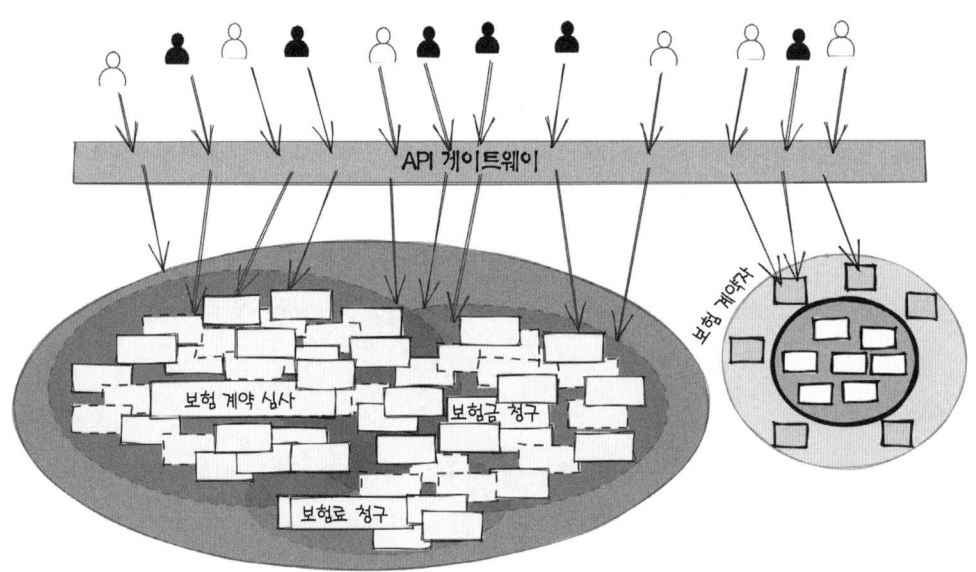

그림 11.3 API 게이트웨이를 사용해 사용자 요청을 현재 운영 중인 콘텍스트로 전달한다.

API 게이트웨이를 사용하지 않고도 요청 리디렉션에 성공할 수 있지만 그러려면 UI를 변경해야 한다. 이 방법으로 A/B 테스트를 수행하는 것이 더 어려울 수 있지만 여전히 가능한 방법이다. 필자들은 이 접근 방식을 성공적으로 사용했다. 그럼에도 API 게이트웨이를 사용하면 훨씬 더 간단해진다.

사용되는 접근 방식에 관계없이 일반적인 복잡성은 분할돼야 하는 단일 요청을 처리해야 한다는 점이다. 이는 레거시 마이크로서비스와 하나 이상의 새로운 마이크로서비스가 모두 요청된 서비스의 일부를 제공할 때 발생한다. 이 경우 어떤 결과가 나오든 여러 결과를 합산해야 한다. 이 작업은 API 게이트웨이를 통해 처리하는 것이 훨씬 더 간단하다. 쿼리 요청과 응답은 종종 쉽게 집계할 수 있다. 이에 비해 작성 및 업데이트 요청은 쉽게 집계되지 않는다. 일부 쿼리 도구를 사용하면 이 작업을 더 원활하게 실행할 수 있지만, 이 솔루션은 잘 설계된 애플리케이션 및 도메인 모델을 사용하는 대신 전체 데이터베이스에 직접 액세스해야 하는 리스크를 감수해야 할 수도 있다. GraphQL과 같은 쿼리 도구는 REST 요청-응답 통신을 통해 작동할 수도 있으므로 귀중한 애플리케이션 서비스와 도메인 모델을 보존할 수 있다. 이 패턴을 서버 측 리소스 집계를 위한 GraphQL$^{\text{GraphQL for Server-Side Resource Aggregation}}$[TW-GraphQL]이라고 한다.

앞선 논의는 사용자 인터페이스의 설계 및 구축 방식을 재고해야 할 필요성을 지적한다. 데이터가 레거시 내에서 다양한 모듈로 분리되거나 전체 비즈니스 기능이 자율 마이크로서비스에서 재구현됨에 따라 사용자 인터페이스는 의미 있는 사용자 경험을 제공하기 위해 여러 소스의 데이터 집계를 표시해야 한다. 사용자 인터페이스에서 렌더링할 모든 데이터를 가져올 수 있는 곳은 더 이상 한 곳이 아니다.[2] 이것이 바로 API 게이트웨이를 사용해야 하는 또 다른 이유다. 그림 11.4에서 볼 수 있듯이 사용자 인터페이스의 작동 방식을 변경하는 패턴을 컴포지트 UI라고 한다.

이 패턴을 사용할 때 UI는 하나의 웹 페이지 내에 여러 구성 요소가 조립돼 있음을 인식해야 한다. 이는 비교적 간단한 HTML 웹 마크업 언어를 사용해 수행된다. 이 언어는 블록 기반 문서 세그먼트 또는 분할을 제공해 웹 페이지의 다양한 영역을 구성해 서로 다른 서브시스템의 데이터를 표시하는 데 사용할 수 있다. 각 세그먼트 또는 분할은 서로 다른 소스에서 콘텐츠를 가져온다. 그림 11.4에는 렌더링할 3가지 사용자 인터페이스 구성 요소가 있는데, 레거시에서는 보험 계약 심사를 쿼리하고 새 마이크로서비스에서는 리스크 및 보험료율을 쿼리해 가져온다. 이 모든 집계 및 구성 작업은 API 게이트웨이로 관리할 수 있다. API 게이트웨이는 기존 REST 쿼리 또는 특수 GraphQL 쿼리를 사용할 수 있다.

---

2. 사실 빅볼 오브 머드에서 사용자 인터페이스로 데이터를 집계하는 편리한 방법은 없었지만, 외부에서 보기에는 그런 방법이 존재할 것 같은 착각이 들기도 한다.

프론트엔드용 백엔드^{backend for frontend} 및 마이크로 프론트엔드^{micro frontends}와 같은 다른 접근 방식을 사용해 동일한 목표를 달성할 수도 있다. 이러한 접근 방식은 후속 책인 『Implementing Strategic Monoliths and Microservices』에 자세히 설명돼 있다.

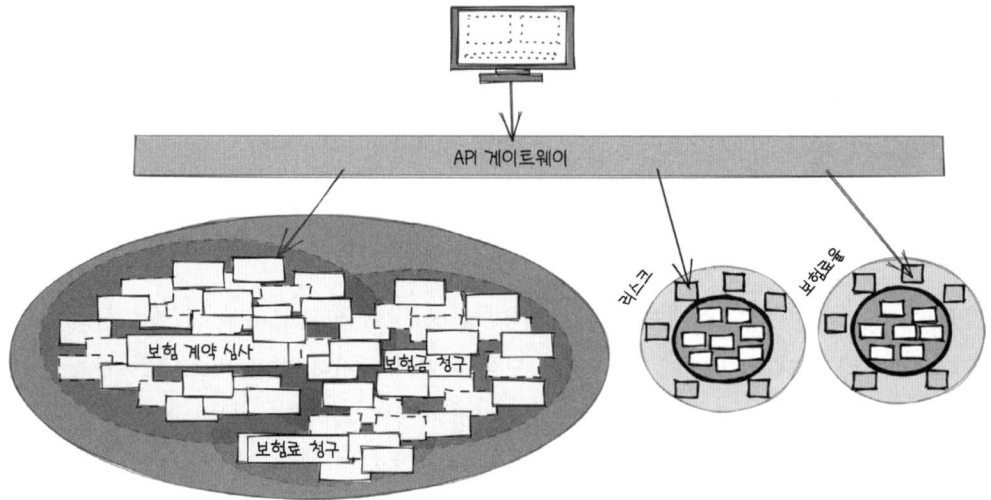

그림 11.4 풍부한 사용자 경험을 위해 누커버리지가 설계한 복합 UI

데이터 변경을 조화시키기

모놀리스를 교살하는 동안 마이크로서비스에서 유지 관리되는 데이터는 레거시에 제공돼야 하고, 레거시 데이터는 마이크로서비스에 제공돼야 한다. 그렇지 않으면 사용자가 동일한 데이터를 일관성 없게 조회하게 된다. 따라서 레거시에서 시스템 상태 데이터가 변경되거나 마이크로서비스의 상태가 수정될 때마다 일반적으로 반대쪽에서도 변경 사항을 조화시켜야 한다. 즉, 레거시 시스템 상태의 변경 사항은 일반적으로 이 데이터를 사용하는 모든 마이크로서비스에서 사용할 수 있다. 마찬가지로 마이크로서비스에서 수행한 상태 변경은 레거시 애플리케이션에서도 필요할 가능성이 높다. '일반적으로'와 '아마도'는 결정이 아니므로 각 사례를 개별적으로 처리해야 한다.

> **참고**
>
> 여기서 설명하는 것은 일종의 동기화이기 때문에 '조화'를 '동기화'라고 표현하는 것이 더 나을 수도 있다. 그러나 데이터는 레거시 시스템과 새로운 마이크로서비스 간에 다른 형태를 취하게 되고 그 의미도 달라질 수 있다. 따라서 필자들은 '조화시키기'와 '조화'라는 용어를 선택했다. 여기서 일어나는 일은 음역대가 서로 다르지만 조화를 이루며 노래하는 두 가수의 모습과 비슷하기 때문이다.

이러한 프로세스 간 데이터 조화는 결국 일관성을 유지하게 된다. 따라서 레거시 시스템 상태가 변경되면 조화시켜야 하는 마이크로서비스는 약간의 지연이 발생한 후에야 변경 사항을 병합할 수 있다. 이러한 이유로 마이크로서비스는 레거시 시스템의 데이터와 최소한 짧은 시간 동안 불일치하게 된다. 레거시 시스템이 마이크로서비스의 데이터 변경 사항과 최종적으로 조율되는 과정도 마찬가지다. 이러한 일시적인 불일치에 대해 여러 데이터 소스를 쿼리하고 최신 스냅숏으로 병합하는 것 외에는 할 수 있는 일이 많지 않다. 그럼에도 현재 사용 사례가 완료되기 전에 동일한 데이터에 대한 변경이 발생할 수 있다. 분산 컴퓨팅에서는 '지금'이라는 것은 존재하지 않으며, 시간이 항상 일관성을 이긴다.

양쪽 모두 동일한 데이터에 부분적으로 의존하는 경우 양쪽의 데이터 수정 사항을 조화롭게 조정하는 것이 필수적이다. 이상하게 보일 수 있지만 전체 비즈니스 기능이 하나 이상의 마이크로서비스로 대체되기 전까지는 동일한 데이터를 보유한 모든 서브시스템이 결국 이런 시스템 상태에 동의해야 한다. 이는 궁극적인 목표는 아니지만 당분간은 필요할 수 있다. 궁극적인 목표는 단일 데이터 소스다.

> **단일 데이터 원본(Single Source of Truth)**
>
> 잘 설계된 시스템에는 엔티티와 같은 특정 데이터 세트가 하나의 하위 레코드 시스템에서 소유하는 단일 데이터 원본이 있다. 빅볼 오브 머드가 마이크로서비스로 분해되는 동안 복잡한 리팩토링과 추출을 진행하다 보면 단일 데이터 원본을 유지하는 것이 가능할 수도 불가능할 수도 있다.
>
> 일부 레거시 시스템은 처리하기가 다소 간단하며, 분해 전반에 걸쳐 엄격한 단일 데이터 소스를 유지하는 것이 가능하다. 이 경우에도 마이크로서비스 내부의 데이터를 쉽게 쿼리해야 하기 때문에 레거시 데이터를 마이크로서비스 내부의 데이터 변경 결과로부터 업데이트해야 할 수 있다. 그럼에도 마이그레이션된

> 데이터에 대한 모든 변경은 소유하고 있는 마이크로서비스에서만 이뤄져야 한다.
>
> 데이터 흐름이 너무 복잡해서 엄격한 단일 데이터 원본을 만들 수 없는 경우 이 규칙을 잠시 완화해야 할 수도 있다. 일부 코드베이스와 데이터베이스 스키마는 너무 복잡해 특정 엔터티 유형에 대한 엄격한 단일 데이터 원본을 항상 유지하면서 여러 마이크로서비스를 점진적으로 프로덕션 환경에 릴리스하는 것이 불가능하다. 항상 엄격한 단일 데이터 원본 제약을 고집한다면 마이크로서비스가 점진적으로 출시 되는 경우는 거의 없을 것이다. 그 결과는 수개월 또는 수년에 걸친 리프트 앤 턱 수술 후에 최종 빅뱅이 이뤄지는 폭포수 같은 노력과 비슷할 것이며, 마이크로서비스가 배포되기 전에 또는 적어도 몇 개 이상 배포되기 전에 이러한 노력은 취소될 가능성이 높다.
>
> 결국, 기록 시스템 내에는 각 데이터 요소에 대해 단 하나의 진실 소스만 존재해야 한다. 그렇다고 해서 데이터 중복이 전혀 발생하지 않는다는 의미는 아니다. 실제로 자주 변경되는 2개 이상의 데이터 요소를 장기적으로 조화롭게 유지하려는 시도는 어려울 뿐만 아니라 상당히 위험하다는 것을 잘 알고 있다. 이렇게 복제된 '진실'의 여러 소스를 오랫동안 유지해서는 안 되며, 영구적으로 유지해서는 더욱 안 된다. 언젠가는 그 교란이 유산에 치명적인 결과를 초래할 것이다. 이 장의 마지막 절인 '레거시 모놀리스 추출하기'를 참고하자.

물론 레거시 또는 특정 마이크로서비스의 변경 사항은 어느 순간에나 한 곳에만 기록되기 때문에 단일 원본을 항상 확보하는 것은 불가능하다. 시스템 상태의 조화는 최종적으로만 달성된다. 즉, 진정한 분산 시스템은 항상 최종적으로 일관성을 유지한다. 실제로 끊임없이 변화하는 데이터 소스가 많은 크고 복잡한 시스템에서는 모든 시스템 상태가 완전히 일관되지 않는다. 이를 달성하려면 물리 법칙을 무시해야 하므로 시도조차 하지 않는 것이 가장 좋다.

다음에서는 종속 시스템 상태의 최종적인 데이터 조화를 달성하기 위한 3가지 주요 접근 방식인 데이터베이스 트리거, 이벤트 표면화, 데이터 캡처 변경[CDC, Change Data Capture]를 소개한다.

데이터베이스 트리거

첫 번째 접근 방식은 데이터베이스 트리거를 사용한다. 트리거가 실행되면 변경된 내용을 나타내는 이벤트가 생성돼 이벤트 테이블에 삽입되고 트랜잭션 범위에 의해 관리된다. 이벤트는 메시지 게시를 통해 마이크로서비스에서 사용할 수 있다.

특정 사용 사례에서는 단일 트랜잭션의 여러 테이블에서 트리거를 실행해야 할 수도 있다. 트리거의 문제점은 RDBMS 유형 이외의 데이터베이스 제품에서는 트리거를 지원하지 않는다는 것이다. 트리거가 지원되는 경우에도 트리거는 작업하기가 지루할 수 있다. 또한 트리거는 부하가 많은 데이터베이스에서 사용할 경우 속도가 느려질 수 있다.

필자들은 더 나은 솔루션이 없을 때 이 기법을 사용했다. 예를 들어 기존의 빅볼 오브 머드는 난해한 언어와 프레임워크로 구현돼 있었기 때문에 최신 프로그래밍 언어를 사용해 상당한 양의 재구현과 새로운 작업이 필요했다. 이 환경에서는 마이크로소프트 SQL 서버 데이터베이스를 광범위하게 사용했기 때문에 트리거 외에는 다른 것을 사용하기가 상당히 어려웠을 것이다. 다행히 SQL 서버를 사용하면 트랜잭션이 커밋되기 전에 모든 트리거가 실행될 수 있으므로 여러 테이블의 수정 사항을 단일 이벤트로 집계할 수 있었다. 당시에는 데이터 변경 캡처^{CDC}가 옵션이 아니었다. 이 상황에서 데이터베이스 트리거를 사용하는 것은 어려웠지만, 결국 성공했다.

이벤트 서피싱

데이터를 조화시키는 두 번째 접근 방식은 레거시 데이터베이스에 각 번역과 관련된 이벤트를 삽입하는 데 사용할 테이블을 만드는 것이다. 이를 이벤트 테이블이라고 하고 이벤트 서피싱$^{Event\ Surfacing}$ 기법이라고 한다. 이 기법을 이벤트 서피싱이라고 명명한 이유는 원래 구현이 이벤트로 설계되지 않았지만 이제는 이벤트를 레거시 시스템 코드베이스에 집어넣어 쉽게 파악할 수 있게 했기 때문이다. 데이터베이스 트리거와 이벤트 서피싱의 차이점은 첫 번째 접근 방식은 하나 이상의 트리거가 실행될 때 이벤트를 생성하는 반면, 두 번째 접근 방식은 애플리케이션 코드에서 이벤트를 명시적으로 생성해 엔터티와 함께 데이터베이스에 영속시킨다는 점이다.

유스케이스를 수행하기 위해 하나 이상의 애플리케이션 엔터티를 삽입, 수정 또는 삭제할 때 애플리케이션(서비스 계층일 수 있음)에서 새 이벤트가 생성돼 이벤트 테이블에 삽입된다. 엔터티와 이벤트는 동일한 트랜잭션에서 커밋된다. 이벤트는 나중에 백그라운드 작업에서 쿼리되고 메시징을 통해 게시된다.

여기서 복잡한 점은 이벤트를 생성하고 삽입할 적절한 위치를 찾기가 어렵다는 점이다. 때로는 여러 서비스 계층 구성 요소가 단일 트랜잭션 범위 내에서 관리되는 동안 시스템 상태를 독립적으로 수정하기도 한다. 최상위 컴포넌트가 하위 작업을 오케스트레이션하지 않는 한, 하나의 이벤트는 어디서 어떻게 생성될까? 아마도 각각의 개별 서비스 계층 구성 요소가 고유한 이벤트를 생성할 것이고, 마이크로서비스는 하나의 이벤트가 아닌 여러 개의 이벤트를 처리해야 할 것이다. 스레드 로컬 또는 스레드 정적 개념을 사용할 수 있고 레거시 코드가 요청당 단일 스레드라고 가정하면 모든 스레드 내 변경 사항을 단일 이벤트로 집계하는 데 이점을 활용할 수 있다. 이러한 기술 주제는 후속 도서인 『Implementing Strategic Monoliths and Microservices』(Vernon & Jaskuła, Addison-Wesley, 출간 예정)에서 자세히 설명할 것이다.

변경 데이터 캡처

세 번째 접근 방식은 변경 데이터 캡처Change Data Capture[CDC]를 지원하는 특수 데이터베이스 툴을 사용하는 것이다. 사실 트리거를 사용해 변경 데이터 캡처의 한 형태를 구현할 수 있지만, 이 작업을 위한 고도로 전문화된 도구 클래스를 사용하면 훨씬 더 효과적으로 작업할 수 있다. 이러한 도구를 적용하면 데이터베이스 트랜잭션 로그에는 기초 데이터에 대한 변경 사항만 기록된다. 추출 도구는 데이터베이스와 별도의 프로세스로 실행되므로 결합 및 경합과 관련된 문제가 발생하지 않으며, 이 특정 기술을 데이터베이스 트랜잭션 로그 테일링database transaction log tailing이라고 한다.

예를 들어 디비지움Debezium이라는 도구는 오픈소스로 제공된다. 디비지움은 지원하는 데이터베이스 제품 수와 관련해 몇 가지 제한이 있었지만 그 능력은 꾸준히 증가하고 개선되고 있다. 당연히 디비지움은 오픈소스 데이터베이스 제품을 우선적으로 지원한다. 이 글을 쓰는 시점에 지원되는 데이터베이스 제품은 총 9개(오픈소스 6개, 완전 상용 3개)다. 이 제품을 진지하게 살펴보고 지켜보길 바란다.

변경 데이터 캡처는 적절한 사용법을 잘 이해하면 매우 효율적으로 사용할 수 있다. 이러한 도구는 다른 솔루션에도 사용할 수 있으며, 이를 설명하는 패턴이 있다. 추가 패턴은 이 시리즈의 후속 도서인 『Implementing Strategic Monoliths and Microservices』(Vernon & Jaskuła, Addison-Wesley 출간 예정)에 설명돼 있다.

데이터 조화 이벤트 적용

앞서 설명한 데이터 조화에 대한 모든 접근 방식은 같은 목적을 위한 수단이다. 빅볼 오브 머드를 더 나은 작업 공간으로 만들기 위한 것은 아니다. 10장에서 설명한 누커버리지의 경우에는 빅볼 오브 머드를 하나씩 분해해 최종적으로 폐기해야 한다고 결정했다.

앞서 다룬 접근 방식 중 하나가 이 특정 상황에 적합하거나 적어도 다른 경우에 어떤 것이 효과가 있을지에 대한 중요한 단서를 제공할 수 있을 것이다. 접근 방식을 선택했다면 이제 데이터 조화에 적용할 차례다. 그림 11.5와 다음 목록은 이 프로세스가 처음부터 끝까지 어떻게 작동하는지 설명한다.

1. 사용자가 요청을 제출한다.
2. API 게이트웨이가 요청을 레거시 시스템으로 전달한다.
3. 데이터 수정 사항이 레거시 데이터베이스 트랜잭션 로그에 유지된다.
4. 데이터 변경 캡처가 데이터베이스 트랜잭션 로그를 읽고 수신기로 전파하면 수신기가 메시지 버스에 배치되는 이벤트를 생성한다.
5. 메시지 버스는 이벤트를 마이크로서비스에 전달해 일관성(데이터베이스 영속성 의도)을 설정한다.
6. 사용자가 요청을 제출한다.
7. API 게이트웨이가 요청을 마이크로서비스로 전달한다.
8. 마이크로서비스에서 방출된 이벤트(데이터베이스 영속성 의도)가 메시지 버스에 배치된다.
9. 메시지 버스가 이벤트를 레거시에 전달해 데이터를 조화시킨다.
10. 조화된 데이터 수정 사항은 레거시 데이터베이스에 유지된다.

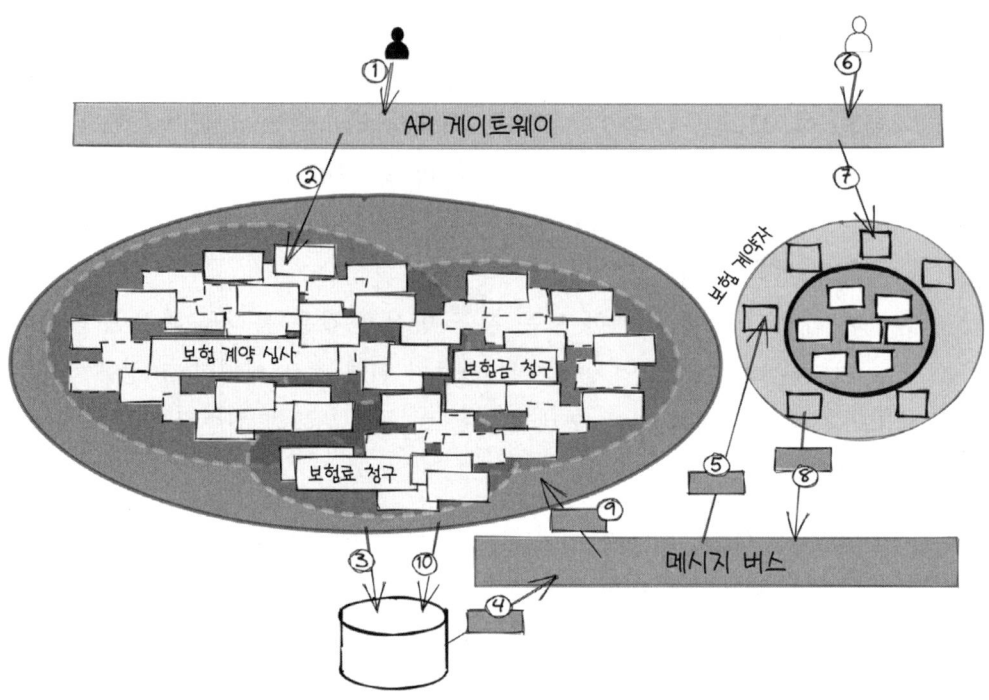

그림 11.5 변경 데이터 캡처를 사용해 로컬 데이터 수정 사항을 다른 시스템에 전달한다.

양쪽 모두 전체 왕복 과정 중에 나타나는 이벤트를 감지하고 무시하는 방법을 이해해야 한다. 즉, 마이크로서비스에서의 상태를 조화시키고자 레거시에서 발생한 이벤트는 나중에 레거시 시스템에서 수신할 이벤트를 발생시킨다. 레거시 시스템은 전체 왕복 과정의 결과인 이벤트를 무시할 줄 알아야 한다. 직접적인 사용자 작업의 결과로 마이크로서비스에서 발생해 레거시에서 상태를 조율하는 데 사용되는 이벤트도 마찬가지이며, 이는 다시 데이터 캡처 변경에서 이벤트를 방출한다. 마이크로서비스는 전체 왕복의 결과인 이벤트를 무시할 줄 알아야 한다. 이 점을 고려하지 않으면 단일 데이터베이스 트랜잭션으로 인해 무한 동기화가 발생할 수 있으며, 이러한 결과는 각 이벤트에 발신자의 상관관계 ID/태그를 전달해 모든 수신자가 방출된 이벤트로 전파함으로써 피할 수 있다. 발신자의 상관관계 ID/태그가 리시버에서 확인되면 해당 태그가 포함된 이벤트는 안전하게 무시할 수 있다.

교살 대상 결정

앞의 두 절에서는 교살자 무화과 애플리케이션[Strangler-Fig] 또는 간단히 교살자[Strangler]라고 불리는 패턴의 사용을 적용하는 절차를 설명했다.[3] 여기서 잠시 실제 생태계 내에서 교살자가 사용하는 방법을 살펴본다.

흥미롭게도, 교살자 무화과나무 자체는 이 식물이 지각이 있다면 기회주의자로 분류됐을 것이다. 무화과는 원숭이와 같은 동물의 몸을 통해 나무 위로 올라간 다음, 가장 불쾌한 모습으로 나무에 붙어 있다. 햇빛과 비를 통한 영양분 그리고 숙주가 되는 나무의 식물 쓰레기를 섭취하면서 성장을 시작한다. 볼품없게 시작한 교살자 무화과나무는 편리한 경로를 따라 느리게 자라는 뿌리를 뿜어낸다. 뿌리가 땅을 찾으면 토양에 단단히 박히고 공격적으로 자라기 시작한다. 이렇게 하면 나무가 받을 수 있는 영양분을 소비해 숙주 나무를 추월할 수 있는 새로운 기회가 열린다. 숙주 나무 전체를 덮는 지점에서 교살 무화과는 더 두꺼운 뿌리를 발달시켜 그립을 강화하고 나무의 줄기를 압박한다. 동시에 숙주 위로 뻗어 상단을 감싸고 햇빛이 닿지 않게 차단한다. 놀랍게도 나무를 죽이는 것은 줄기로 나무를 조르는 교살뿐만 아니라 햇빛의 고갈과 뿌리의 토양 영양소 독점이기도 하다.

유기적인 '기회주의적 전략과 전술'은 기존의 빅볼 오브 머드 시스템을 목 졸라 죽일 때 성공할 수 있는 틀을 제공한다. 이는 우리가 귀중한 교훈을 배울 수 있는 적절한 은유다.

- 처음 시작할 때는 혼란스럽고 어려울 수 있으며, 보잘것없는 출발점에서 더 나빠질 수도 있을 것처럼 보일지 모른다. 그러나 시작하는 것이 무엇보다 중요하다.
- 천천히 시작하고, 쉬운 승리에 우선순위를 두는 편향성을 갖자. 앞서 언급한 예는 기존 보험 계약자 계정을 새로운 마이크로서비스로 교체하는 것이었다.

---

3. 흥미롭게도 마틴 파울러(Martin Fowler)는 나중에 '교살자'라는 단어가 '불쾌할 정도로 폭력적인 의미'를 갖고 있기 때문에 원래 사용했던 '교살자 애플리케이션'이라는 이름이 마음에 들지 않는다고 결정했지만 백과사전 및 기타 출처에서는 이 식물 종의 일반적인 이름으로 '교살자'를 사용하며 필자는 소프트웨어 업계에서 가장 잘 알려진 이름인 '교살자(Strangler)'를 그대로 사용한다.

- 초기에 어느 정도 성장하고 자신감을 얻은 후에는 몇 번의 기회를 더 얻어 확실한 승리를 거둠으로써 새로운 뿌리를 내릴 수 있다.
- 팀이 기술에 익숙해질 때까지 이 모드를 계속 진행하자.
- 공격적인 성장을 시작해 모놀리스 주변의 그림을 강화하자.
- 모놀리스를 죽이는 것이 선택이라면 마지막 압박이 그리 오래 걸리지 않을 수도 있다.

이 접근 방식의 한 가지 좋은 점은 레거시의 짐을 그대로 옮길 필요가 없다는 것이다. 일부 기존 코드를 마이크로서비스로 마이그레이션할 수도 있지만, 이 작업은 신중하게 수행해야 한다. 스트랭글링은 큰 진흙 덩어리에서 모듈형 모놀리스로 리팩토링하는 것과는 다르며, 이는 레거시의 무게를 덜고 잘 설계된 마이크로서비스 세트에서 힘을 얻을 수 있는 좋은 기회다. 이는 이 장의 뒷부분에 있는 '레거시 모놀리스 추출' 절에서 자세히 설명한다.

빅볼 오브 머드 모놀리스를 마이크로서비스로 분해할 때 다음 몇 가지 주의 사항을 고려하자.

- **모호한 동작에 주의한다.** 레거시 코드에는 특정 비즈니스 행동에 대한 명시적인 모델이 없다. 다른 장애물로는 너무 많은 책임을 가진 컴포넌트, 비즈니스 로직이 사용자 인터페이스와 인프라로 유입되는 경우 사용자 인터페이스와 서비스 계층이 충돌을 일으키는 경우 동작 및 비즈니스 규칙이 중복된 경우 등이 있다.(좀 더 기술적인 측면에서 이러한 문제에는 관련 구성 요소의 낮은 응집력, 둘 이상의 구성 요소 간의 높은 결합과 같은 문제가 포함될 수 있다). 이 장애물 목록은 완전한 것은 아니지만 선택한 예는 확실히 야생에서 자주 볼 수 있는 것들이다. 필자 중 한 명은 사용자 인터페이스에 비즈니스 규칙이 있어 방대한 기술 워크플로와 프로세스, 비즈니스 파트너와의 통합을 유발하는 시나리오를 접했다.[4] 계층적 선택 목록에는 비즈니스 로직이 포함돼 있었고, 목록 항목에 따라 다양한 범주의 데이터가 업데이트돼 워크플로와 프로세스를 트리거했는데, 코드베이스는

---

4. 분명하지 않은 경우 이것은 잘못된 것을 훨씬 넘어서는 경향이 있는 안티패턴이다.

비즈니스 로직과 규칙을 이해하는 데 실질적인 도움을 제공하지 못했다. 이 불편한 상황을 바꾸고자 비즈니스 전문가의 도움을 받아 심층 분석과 광범위한 고고학적 발굴을 통해 마침내 지식을 습득할 수 있었다.

- **잘못된 행동을 이어가지 말자.** 비즈니스와 기술적인 관점에서 볼 때 빅볼 오브 머드는 일부가 잘못 구현된 경우가 매우 많다. 비즈니스 담당자는 잘못 설계된 시스템으로도 업무를 완수해야 한다. 그 결과 사용자가 고안한 해결 방법이 넘쳐난다. 이러한 암묵적 지식은 사용자 커뮤니티에서 습득되고 공유되며, 소프트웨어는 이러한 사용자의 요구를 충족시키지 못한다. 익숙함은 안일함을 낳는다. 잘못된 모델을 새로운 마이크로서비스에 그대로 복제하지 말자. 대신 비즈니스 전문가에게 끊임없이 도전해 획기적인 혁신을 발견하자. 레거시 분해의 맥박을 계속 확인하면서 결과가 어떻게 받아들여지고 있는지 모니터링한다. 발견적 학습법의 하나는 사용자가 시스템으로 특정 작업을 수행하는 것을 관찰하는 것이다. 사용자 환경이 직관적으로 보이는가? 사용자가 문제를 해결하기 위해 특별한 지식이 필요한가? 사용자에게 종이 설명서, 디스플레이의 스티커 메모 또는 해킹이 포함된 비밀 스프레드시트가 필요한가? 경험이 많은 사용자일수록 대부분의 지식을 머릿속에 갖고 있을 수 있으므로 사용자 경험 문제를 파악하기 어려운 경우도 있다. 관찰하되, 질문하고 도전하자. 이해하고 공감하자.

- **모놀리스에 새로운 기능을 구현하지 말자.** 현재 진행 중인 분해 작업에는 다소 시간이 걸릴 수 있지만, 이러한 작업이 완료될 때까지 기다리는 동안 비즈니스가 중단되지는 않을 것이다. 오히려 비즈니스는 끊임없이 새로운 기능을 요구할 것이다. 현재 모놀리스에 있는 일부 비즈니스 기능을 마이크로서비스에서 다시 구현해야 하는 경우 가능하면 모놀리스에서 해당 비즈니스 기능에 대한 새로운 기능을 구현하지 않게 하자. 모놀리스의 나머지 부분 중 하나에 새로운 기능을 도입해야 하는 매우 긴급한 상황이 아니라면 그렇게 하는 것은 시간과 노력을 낭비하는 일이 될 수 있다. 모놀리스의 성장과 규모를 제한할 수 있을 뿐만 아니라(오히려 축소해야 하는) 마이크로서비스 내부에 새로운 기능을 구축하면 개발을 가속화하고 비즈니스 가치를 더 빠

르게 제공할 수 있다.

거대한 진흙탕에서 비즈니스 역량 행동을 추출하려면 매우 많은 노력이 필요하다. 도메인을 재발견하고, 그 규칙을 파악하고, 그 규칙에 도전하는 데 상당한 노력을 기울여야 한다.

레거시 모놀리스 추출

한편으로는 어떤 시점에서 레거시를 마지막으로 압박해 죽게 만드는 것이 실용적이거나 심지어 필요할 수도 있다. 반면에 이러한 조치가 비실용적이거나 불필요할 수도 있다. 레거시의 일부를 계속 사용하기로 결정한 경우 코드베이스에서 더 이상 사용되지 않는 코드를 제거할 수 있다. 또는 코드가 이전에 너무 복잡하게 얽혀 있어서 큰 덩어리나 작은 조각을 제거하는 것이 실용적이지 않을 수도 있다. 가장 슬픈 부분은 레거시 서비스와 마이크로서비스 간의 데이터 조화가 가까운 미래와 그 이후에도 필요할 가능성이 매우 높다는 것이다.

일부 비즈니스 기능이 전혀 추출되지 않거나 단기간 동안만 관련성이 유지될 경우 레거시 모놀리스를 그대로 가동하자. 물론 레거시에서 비즈니스 기능의 수가 줄어든다고 해도 데이터 정합성을 유지하기 위한 조작이 거의 반드시 필요하기 때문에 바람직하지 않다. 당연히 모놀리스를 새로운 마이크로서비스와 동시에 실행하게 두면 운영 및 개발 복잡성이 증가해 비즈니스 리스크가 커질 것이다.

레거시 시스템을 종료하는 것이 매우 복잡하더라도 이를 유지하는 것이 용납되지 않는 상황도 있다. 라이선스 및 지원 계약을 갱신하는 데 드는 막대한 비용은 말할 것도 없고, 오래돼 구식이거나 인기가 매우 낮은 컴퓨팅 기계 및 소프트웨어로 인해 회사가 목을 졸리는 상황을 생각해보자. 마치 마피아에게 돈을 주고 보호받는 것처럼 느껴질 수 있다. 이러한 레거시 오버헤드는 막대한 '세금'을 부과하며, 조직이 과감한 조치를 취하지 않는 한 결코 끝나지 않는다. 공급업체 종속을 넘어 레거시를 유지하기 위해 개발자를 고용하는 것이 거의 불가능해진 상황도 있다. 원래

코드는 이제 증손자가 있거나 더 이상 우리와 함께하지 않는 사람들이 구현했을 수도 있다.

이러한 이유와 그 밖의 여러 가지 이유로 인해 덜 중요한 레거시 시스템은 주어진 라이선스 및 지원 계약 만료일 이후에도 서비스를 유지할 수 없다. 화물차나 대형 운반 트럭과 같은 세미 트랙터 트레일러는 선적 부두에 정차해야 하고, 건장한 이삿 짐꾼이 거대한 트레일러를 트레일러에 밀어 넣어 컴퓨팅 박물관으로 가져가야 한다. 레거시를 해체해야 하는 팀은 교살자 무화과를 가장 인간적인 형태로 만들어야 한다. 1960년대와 1970년대에서 벗어나고 싶어 하는 일부 CEO, CFO, CIO 등에게 기계의 플러그를 뽑는 일은 그 어느 때보다 기분이 좋을 것이다.

정리

11장에서는 모놀리식 아키텍처에서 마이크로서비스 아키텍처로 전환하는 방법을 살펴봤다. 마이크로서비스의 과제를 이해하는 것이 중요하기 때문에 분산 컴퓨팅과 관련된 문제를 먼저 소개했다. 다음으로, 잘 모듈화된 모놀리스에서 마이크로서비스로 전환하는 가장 간단한 단계를 살펴봤다. 이러한 이해를 바탕으로 빅볼 오브 머드에서 직접 마이크로서비스를 추출하는 것과 관련된 문제를 설명하고 이를 위한 단계별 지침을 제공했다. 마지막으로 11장에서는 건강에 해로운 기술 종속을 해소하는 데 따르는 어려움에 직면해 궁극적으로 기존의 빅볼 오브 머드에서 벗어나고자 하는 목표를 설명했다.

11장의 주요 내용은 다음과 같다:

- 분산 컴퓨팅은 몇 가지 복잡한 문제를 야기하지만, 모놀리식 아키텍처를 사용하면 대부분 피할 수 있다.
- 레거시 시스템에서 마이크로서비스 아키텍처를 구현하는 가장 간단하고 직접적인 방법은 10장에서 개발한 것과 같이 잘 모듈화된 모놀리스로 시작하는 것이다.

- 레거시 빅볼 오브 머드 시스템에서 마이크로서비스로 직접 구성 요소를 추출하는 것은 한 번에 여러 수준의 복잡성을 가정해야 하므로 훨씬 더 어렵다.
- 여러 마이크로서비스와 레거시 애플리케이션이 각각 요청된 서비스의 일부를 구현할 때 요청을 집계하는 수단으로 API 게이트웨이를 고려해본다.
- 복합 UI는 여러 서비스의 데이터를 집계하는 좋은 방법이다.
- 모놀리스에서 마이크로서비스로 기능을 이동할 때 모든 데이터에 대해 항상 단일 데이터 소스를 갖는 것을 고려한다.
- 데이터베이스 트리거, 이벤트 서피싱event surfacing, 변경 데이터 캡처는 레거시 시스템을 마이크로서비스로 마이그레이션할 때 고려해야 할 패턴이다.

12장(이 책의 마지막 장)에서는 지금까지 살펴본 모든 내용을 정리해본다.

참고문헌

[CDC] https://en.wikipedia.org/wiki/Change_data_capture

[Debezium] https://debezium.io/

[Fallacies] https://en.wikipedia.org/wiki/Fallacies_of_distributed_computing

[GoF] Erich Gamma, Richard Helm, Ralph Johnson, and John Vlissides. Design Patterns: Elements of Reusable Object-Oriented Software. Reading, MA: Addison-Wesley, 1995.

[Strangler] https://docs.microsoft.com/en-us/azure/architecture/patterns/strangler

[Strangler-Fig] https://martinfowler.com/bliki/StranglerFigApplication.html

[TW-GraphQL] https://www.thoughtworks.com/radar/techniques/graphql-for-server-side-resource-aggregation

12장
균형을 유지하고 전략을 찾아라

이 책을 통해 비즈니스 전략, 디지털 트랜스포메이션, 전략적 학습 도구, 이벤트 우선 모델링, 도메인 주도의 결과 창출, 모놀리스와 마이크로서비스를 모두 사용하는 목적형 아키텍처와 같이 다양한 관점을 통해 강렬한 여정을 함께했다.

12장에서는 모든 여정을 장별로 요약한다. 그러나 먼저 핵심 메시지를 강조하려고 한다. 비즈니스 기능 요구 사항과 품질 속성 간에 균형이 있어야 하며, 품질 속성은 분명한 목적을 갖고 정당화돼야 한다. 이 균형이 바로 조직이 전략적 혁신에 확실한 집중력을 유지하기 위한 핵심이다.

▎균형과 품질 속성

소프트웨어 아키텍처는 다차원적이다. 10장의 '시작부터 바로' 절에서는 성능, 확장성, 처리량, 보안 등과 같은 품질 특성의 균형을 맞추는 데 있어 트레이드오프의 중요성을 강조했다. 이러한 트레이드오프 중 하나는 성능과 확장성 중 어느 하나도 훼손하지 않으면서 균형을 맞추는 것이다. 이러한 요구 사항 중 어느 것이 더 중요한지 선택하는 것이 중요하다. 2가지 모두에 대해 동일하게 최적화하는 것은 불가능하기 때문이다. 궁극적으로 품질 속성의 실현에 있어 어느 한쪽이 우위를 점해야 한다.

따라서 장단점을 선택하는 것은 모듈형 모놀리스와 마이크로서비스에 모두 중요하다. 8장에서 품질 속성을 다시 살펴보자. 선택한 아키텍처가 품질 속성에 미치는 영향과 품질 속성이 선택한 아키텍처에 미치는 영향을 고려해야 한다. 균형을 찾는 것이 왜 그렇게 중요한지 이해하는 것은 어렵지 않다. 요약하면 다음과 같다.

- **성능:** 네트워크 대기 시간은 성능에 영향을 미친다. 마이크로서비스에는 다중 네트워크가 아닌 단일 네트워크가 필요하다. 네트워크 요청 수를 줄이고 네트워크 요청을 동시에 수행해 대기 시간을 줄이는 다양한 옵션이 있다.
- **확장성:** 소프트웨어의 리소스 집약적인 부분을 독립적으로 확장할 수 있기 때문에 높은 확장성이 필요할 때 마이크로서비스를 사용하면 확실한 이점이 있다. 그러나 모놀리스가 클라우드 네이티브 시스템으로 설계되고 구현되면 서비스형 기능$^{\text{FaaS, Function as a Service}}$ 구성 요소로 배포돼 클라우드 규모의 애플리케이션을 생성할 수 있다.
- **복원력, 신뢰성 및 내결함성:** 모놀리스와 마이크로서비스 모두 이러한 중요한 특성을 가지고 설계 및 구현될 수 있다. 모놀리스를 사용하면 기술 오버헤드가 적다. 행위자 모델 및 기타 단일 프로세스 반응형 아키텍처 접근 방식을 사용하면 모놀리스와 마이크로서비스 모두에서 이러한 품질을 높일 수 있다.
- **복잡성:** 복잡성 측면에서 모놀리스와 마이크로서비스 사이에는 상반되는 결과를 가져오는 장단점이 있다.

이 절에서 설명하는 품질 속성은 완전하지 않다. 예를 들어 사용성과 요구 사항이 어떻게 상호 연관되는지에 대한 토론을 해야 할 수도 있다. 물론 8장에서 다룬 보안과 프라이버시는 선택 사항이 아니다. 여기서 집중해야 할 것은 선택의 영향을 받는 품질 속성 중 가장 주요한 것들이다.

모듈형 모놀리스와 마이크로서비스 사이에 확실한 승자는 없다. 항상 그렇듯 상황에 따른 트레이드오프를 이해하는 것이 중요하다. 모듈형 모놀리스는 성능, 신뢰성 및 최소한의 복잡성이 요구되는 상황에 적합하다. 마이크로서비스는 확장성, 가용성, 안정성, 내결함성 측면에서 빛을 발한다. 어떤 접근 방식을 추구할지 결정하는 것은 택일해야 하는 것이 아니고 옵션을 균형 있게 조정해 최적화해야 하는 것이다.

특히 대규모 시스템에서 균형을 찾는 것은 어렵지만 도움이 되는 도구가 있다.[ATAM] 때때로, 아마 훨씬 더 자주, 모듈형 모놀리스와 마이크로서비스의 혼합해서 구성할 경우가 가장 큰 보상을 제공할 것이다. 궁극적인 목표는 획기적인 혁신을 일으키는 전략적으로 중요한 소프트웨어를 개발하는 것임을 기억해야 한다.

전략과 목적

이 책의 전반적인 주제는 전략적 사고와 전략적 소프트웨어 개발을 통해 전략적 목표에 도달하는 것이다. 이 여정에서 탐구한 내용을 장별로 기억해보자.

비즈니스 목표에 따른 디지털 트랜스포메이션

비즈니스 목표는 차별화돼야 한다. 그렇지 않으면 트랜스포메이션은 추진하기에 비용이 많이 들면서 달성하기는 어려운 유행어에 지나지 않는다. 다음은 1장의 핵심 아이디어다.

- 순수한 발명이 거의 불가능해 보이는 반면 지속적이고 끈질긴 개선은 그렇지 않다. A에서 Z로 바로 넘어가는 것은 어렵다. 그러나 A에서 B로, B에서 C로 단계적으로 넘어가는 것은 가능하다. 온프레미스에서 클라우드로 마이그레이션하는 것과 같이 상상의 변혁을 넘어서는 혁신을 이룩할 수 있는 실현 가능한 방법이다(이것이 '상상의 변환'인 이유를 상기하려면 1장의 '디지털 트랜스포메이션: 무엇이 목표인가?' 절을 참고하자).
- 어떤 지식이 부족한지 어떤 지름길이 필요한지 인식하지 못한 채로 습득한 지식과 리팩토링으로 문제를 해결하다 보면 소프트웨어가 망가진다. 빅 볼

오브 머드가 돼 모든 것이 느려지며 여기에 오랜 시간 갇혀 있으면 빠져나오기가 어렵다.

- 콘웨이의 법칙에 따른 운영은 피할 수 없는 현실이다. 커뮤니케이션은 지식 습득의 핵심인데, 조직 구조는 이 프로세스를 도울 수도 방해할 수 있다. 적절한 사람들과 명확한 커뮤니케이션으로 전문 분야를 중심으로 팀을 구성하는 것이 성공적인 혁신을 위한 최선의 방법이다. 사일로를 만드는 것이 아니라 팀 간 커뮤니케이션과 전반적인 목표를 공유하는 시스템의 전문 영역별로 팀을 만드는 것이 좋다.

- 머릿속은 자동 조종 장치처럼 작동할 수도 있고, 탐구적이고 깊이 있는 사고에 몰입할 수도 있다. 다차원적이고 비판적으로 다시 생각하는 것은 평범한 위치에서 새로운 전략적 유리한 지점으로 전환하는 것을 목표로 하는 도전에 좋은 방법이다.

- 잘못 설계된 모놀리스는 피해를 주지만 잘못 사용된 마이크로서비스는 재앙이다. 아키텍처는 의도한 목적이 있을 때 좋은 것이다. 목적이 있는 아키텍처가 최고의 아키텍처다.

- #애자일은 팀이 만드는 것이다. 가볍게 유지하고 고객 만족에 집중한다면 팀을 성공의 방향으로 이끌 것이다. 그것이 무겁고 의식적이라면 본질적으로 #애자일해지는 것이 아니라 형식적인 #애자일을 하는 것이다. 형식적으로 #애자일을 하는 것은 성공을 방해한다.

- 기술 부채가 누적돼 최대 엔트로피에 도달한 소프트웨어 시스템은 그 지점에 도달하는 데 몇 년 또는 수십 년이 걸렸을 것이다. 이 조건에서의 성공은 분산 아키텍처로 전환하는 것보다 태도에 더 좌우된다. 긍정적인 태도는 자신감을 통해 개발될 수 있다. 또한 자신감은 현명한 선택과 지속적인 개선을 통해 달성된다.

전략적 학습 도구를 사용하자

전략은 고유하면서도 수익원이 될 수 있는 새로운 비즈니스의 무엇을 만들 것인가에 대한 측면이다. 문화를 도구로 만들자. 전략적 이점을 위한 학습 학습은 2장의 핵심이다.

- 결정이 필요하다. 의사결정을 언제 하느냐가 목표를 결정 자체만큼이나 중요하다. 책임 있는 마지막 순간에 결정을 내리자. 당신이 결국 옳을 수 있게 틀려 보는 것이 실험의 목적이다.
- 실험 의욕을 고취하는 민첩하고 실패를 용인하는 문화를 구축할 때 실패는 치명적이지 않다. 사람들에게 실험하고 실패할 수 있는 심리적 안정감을 제공하면 비즈니스 성공과 경쟁 우위를 높일 수 있다. 이는 팀이 콘웨이의 법칙에 맞설 수 있게 해준다.
- 먼저 모듈을 설계하고 장기적인 배포 결정을 가능한 멀리 미룬다.
- 전략적 경쟁 우위를 향한 혁신은 어렵다. 이 목표를 달성하려면 비즈니스 역량을 기반으로 소프트웨어 설계에 집중하고 비즈니스 과제를 해결해야 한다. 열악한 아키텍처와 설계가 비즈니스 혁신을 방해하지 않게 해야 한다.

가벼운 이벤트 기반 모델링

소프트웨어 개발에서 일부 기본 개념은 구성 요소가 함께 잘 작동하는 방식의 기초가 된다. 구성 요소의 기본 개념을 공동으로 적용하면서 신속하게 소프트웨어를 모델링하는 것은 지식 습득 및 성공을 가속화하는 강력한 접근 방식이다. 3장에 나와 있는 도구를 활용하자.

- 소프트웨어 모델링은 비즈니스의 복잡성을 이해하는 데 큰 부분을 차지한다. 생성된 모델은 일상적인 비즈니스 절차 및 프로세스를 소프트웨어 구성 요소와 연결하는 데 사용된다.
- 먼저 이벤트로 모델링하고 학습에 도움이 되는 명령, 정책, 엔터티 및 기타 요소를 포함하자. 이것은 첨단 기술 내에서 혁신을 이해하도록 이끄는 실험을 위한 저기술 도구다.

- 대면 협업을 위한 것이지만 이벤트 스토밍은 모델링 협업 툴을 사용해 원격 팀과 온라인으로 시뮬레이션할 수 있다.
- 이벤트 스토밍의 빅픽처 모델링을 사용하는 것은 탐색 중인 시스템의 전체 흐름을 발견하는 연습이다. 역동적이고 빠른 학습을 향한 초기 단계다.

비즈니스 혁신 추진

모든 비즈니스에는 기존의 전문 지식과 집단 및 공유 학습 활동을 통해 얻은 전문 지식 영역이 있다. 이 지식이 소프트웨어 제품에 반영되면 소비자에게 영향을 미친다. 실제 비즈니스에는 많지는 않지만 여러 지식 영역이 있으며, 2부의 장에서는 핵심 부분을 활용하는 방법을 자세히 설명한다.

- 비즈니스 소프트웨어 전략과 관련해 어디에 가장 많이 투자하고 어디에 가장 적게 투자해야 할지 이해하는 것이 성공에 매우 중요하다.
- 소프트웨어는 전체 비즈니스의 폭과 깊이에 걸쳐 있다. 대기업의 모든 소프트웨어에 대한 전체 도메인 또는 지식 영역은 방대하다. 도메인 및 하위 도메인의 개념을 사용해 문제 공간과 전략적 의사결정을 이해할 수 있다.
- 특정한 집중 지식 영역 내에서 의사소통의 맥락을 바운디드 콘텍스트로 분리한다. 의사소통의 두드러진 특징을 중심으로 언어를 개발하고 경계 내에서 의미의 일관성을 유지해야 한다.
- 시스템 내에서 핵심, 지원, 일반 하위 도메인을 이해해야 한다. 핵심적인 차별화를 위해 투자할 곳, 지원 모델을 적용해야 할 곳, 상용 솔루션이 가장 적합한 곳을 파악해야 한다.
- 콘텍스트 맵을 사용해 팀 간 관계를 인식하고 개선하며 적절한 통합 패턴을 선택해야 한다.

이벤트 우선 아키텍처

모든 아키텍처 스타일과 패턴이 임의의 비즈니스, 기술, 규모, 성능 또는 처리량 제약 조건 집합에 적합한 것은 아니다. 특정 제약 조건의 집합은 목적에 맞는 아키텍처를 이끌어낼 수 있다. 이것이 3부에서의 중요 내용이다.

- 외부 장치와 소프트웨어 서비스나 애플리케이션이 상호작용하는 데 사용되는 메커니즘 간에 근본적인 차이가 있을 때 문제가 발생할 수 있다. 이때 포트 및 어댑터 아키텍처를 사용하면 외부 세계의 기술과 내부의 서비스 또는 애플리케이션에 대한 자극 요소를 분리할 수 있다.
- 메시지 기반 아키텍처는 시스템 전체에 걸쳐 중요한 역할을 하는 메시지의 송수신을 강조한다. 이 아키텍처에서 실현되는 이점에는 소프트웨어 컴포넌트와 서비스의 느슨한 결합은 물론 기술과 예상 결과 사이의 종속성 감소가 있다. 이벤트는 본질적으로 메시지이므로 메시지 기반 아키텍처는 이벤트 기반 아키텍처를 지원한다.
- REST는 요청-응답 작업을 지원하는 아키텍처 스타일이자 패턴이다. 그래서 REST는 이벤트 기반 아키텍처에서도 유용하다. 요청은 동사로 표현되는 메서드를 사용해 만들어진다. 소비자는 HTTP 프로토콜을 통한 REST 호출을 통해 시스템에서 이벤트를 게시하게 할 수 있다.
- 도메인 주도 접근 방식을 사용하는 이벤트 기반 아키텍처의 도메인 모델 내에서 비즈니스 도메인의 복잡성(엔티티, 값 객체, 애그리거트, 도메인 서비스와 기능 동작)을 관리하는 데 강력한 전술적 도구를 사용할 수 있다.
- 적절한 경우에 한해 장기 실행되는 시스템 전반의 워크플로는 코레오그라피와 오케스트레이션 방식의 프로세스를 사용해 관리한다. 작은 개별 작업으로 구성된 비교적 간단한 비즈니스 프로세스의 경우 코레오그래피 방식이 적합하다. 반면 상당한 수의 처리 단계가 있는 좀 더 복잡한 프로세스의 경우 오케스트레이션 방식이 적합하다.
- 서비스 또는 애플리케이션에서 과거에 발생한 모든 사건의 감사 로그를 유지 관리하는 것이 비즈니스에 중요한 경우 이벤트 소싱을 사용할 수 있다. 쿼리가 복잡하거나 쿼리가 실행되기 전에 미리 응답 내용을 생성하는 것이 유리할 경우 명령 쿼리 책임 분리(CQRS, Command Query Responsibility Segregation)를 사용한다.

- 보안 및 개인 정보 관리가 아키텍처 결정 요소 중에서 덜 중요한 요소가 아닌 것은 확실하다. 사실, 최근 몇 년 동안 이 문제는 정보 기술 문제의 최전방에 서게 됐다.

1순위 문제로서 모놀리스

장기적으로 유효하면서 관리가 용이하게 모놀리스를 설계하는 것은 결코 꿈같은 일이 아니다. 대부분의 회사에서 장기적인 목적으로 모놀리스를 개발하는 것이 합리적이다. 조직에서 마이크로서비스를 일부 최소 범위에만 사용하기로 결정하더라도 모듈형 모놀리스로 개발을 시작하면 다음과 같은 일을 할 수 있다.

책임 있는 마지막 순간에 결정을 내릴 수 있다. 10장에서 수집한 다음 조언을 사용하면 팀이 불필요한 아키텍처 결정을 하면서 시간을 낭비하지 않고 가장 중요한 소프트웨어 개발에 집중하는 데 도움이 될 수 있다.

- 직관적인 방법을 사용해 시작부터 모놀리스를 효과적으로 설계하고 설계할 수 있다.
- 우선 모놀리스에서 구현할 비즈니스 역량을 찾아야 한다. 비즈니스 역량은 모델을 분할하는 논의를 하기에 가장 자연스러운 장소이기 때문이다. 이러한 논의는 비즈니스 전문가와 기술 이해관계자가 주도해야 한다.
- 모놀리스가 불행하게도 빅볼 오브 머드가 된 후에도 조직은 10장에서 자세히 설명한 대로 모듈형 모놀리스로 전환할 수 있는 조치를 취할 수 있다.
- 빅볼 오브 머드에서 모듈형 모놀리스를 형성하기 위한 비포장도로를 여행한 후에는 모듈형 모놀리스를 꾸준히 유지하는 것이 가장 합리적일 수 있다.

모놀리스에서 목적 중심의 마이크로서비스로

일부의 바운디드 콘텍스트를 모놀리스에서 마이크로서비스로 분리해야 하는 타당한 이유가 있다면 모듈형 모놀리스로부터 작업을 시작할 때 전환하기 가장 쉬울 것이다. 이는 사치스러운 작업이 아니다. 빅볼 오브 머드에서 마이크로서비스로의 도약이 필요한 경우 더 쉽게 변화시킬 수 있게 하는 몇 가지 단계를 따를 수 있다. 마이크로서비스를 사용하는 목적이 있을 때 11장의 지침을 따르면 [무정형]을 걷어 차고 이름을 가져갈 수 있다.

- 복잡한 소프트웨어 개발 사업과 마찬가지로 아키텍처 개발 여정을 시작하기 전에 올바른 정신적 관점을 개발하는 것이 매우 중요하다. 마이크로서비스 아키텍처로 분산 시스템을 추구할 때 몇 가지 문제가 상당히 두드러진다. 성능, 확장성, 신뢰성, 내결함성 및 기타 복잡성을 잘 이해해야 한다.
- 팀 역학 및 기술적인 관점으로 모놀리스에서 추출할 바운디드 콘텍스트의 선택은 잘 모듈화돼 있을지라도 임의로 선택해서는 안 된다. 그 얼마나 자주 변하는가인 변화율 기준으로 추출 후보를 선택할 수 있다. 그리고 독립적인 배포를 포함한 자율성을 위한 일반적 속성, 성능, 확장성도 기준 요소가 될 수 있다.
- 모듈형 모놀리스에서 작업하는 경우에도 팀은 초기 단계에서 한 번에 하나의 대략적인 콘텍스트 모듈(바운디드 콘텍스트)을 마이크로서비스로 추출해야 한다. 작은 목표를 빨리 달성하는 것이 좋다. 경험과 자신감을 얻은 후 팀은 둘 이상의 바운디드 콘텍스트를 마이크로서비스로 발전시킬 수 있다. 그렇게 하는 동안 문제가 발생하면 팀은 한 번에 하나의 바운디드 콘텍스트를 마이크로서비스로 전환하는 방식으로 바꿀 수도 있다.
- 빅볼 오브 머드에서 마이크로서비스를 추출하는 것은 매우 어렵지만 팀은 이를 성공시키고자 몇 가지 조치를 사용할 수 있다. 조심스럽게 움직이면서도 달성 가능한 승리로 이어지는 기회를 찾는 것이 필요하다.

균형은 공정하게, 혁신은 필수적으로

소프트웨어 아키텍처는 다차원적이며 그 진화를 위해서는 현재의 장단점을 명확하게 이해해야 한다. 성능, 확장성, 처리량, 보안 등과 같은 비기능적 요구 사항의 균형을 유지해야 하는 상황에서 장단점을 이해하고 편견 없는 결정을 내리는 것이 중요하다. 가치 전달에서 손해를 보지 않기를 원한다면 이 교훈에 주의를 기울여야 한다.

- 마이크로서비스가 자동으로 더 높은 성능을 제공할 것이라고 믿는 것은 잘못됐다. 장단점을 이해하는 유일한 방법은 측정하는 것이다. 프로세스 내 메서드 호출은 네트워크 작업보다 빠르다.
- 성능과 확장성은 다양한 방법으로 달성할 수 있으며 마이크로서비스가 항상 확실한 승자는 아니다.
- 마이크로서비스나 클라우드 네이티브 시스템을 추구하기 위한 변명으로 '트랜스포메이션'이라는 용어를 사용하는 것만으로 혁신적이거나 차별화되지 않는다. 트랜스포메이션을 추구한다면 이점을 제공해야 한다. 많은 기업이 이미 마이크로서비스와 클라우드 네이티브 시스템이 필요하지 않은 상태에서 채택했으며, 이러한 잘못된 결정으로 인해 재정적으로나 막대한 대가를 치렀다.
- 비즈니스 목표는 차별화된 가치를 추구해야 한다. 클라우드나 마이크로서비스로의 이전과 같은 다른 전략적 또는 전술적 변화에 대한 의미 자체를 부정하는 것은 아니다. 궁극적으로 이러한 결정은 비즈니스가 차별화된 가치를 달성하는 데 방해가 되는 것이 아니라 도움이 돼야 한다.
- 당신이 결국 옳을 수 있게 틀려 보는 것이 실험의 목적이다. 지식 근로자는 지식을 습득하는 동안 심리적인 안정감을 느끼고 안전해야 한다.
- '왜?'라는 질문을 하면서 깊은 생각과 비판적 사고를 하는 연습을 해야 한다. 그리고 '왜 안돼?'라는 질문을 던지면서 전략적 비즈니스 목표를 달성하기 위한 지속적인 실험을 해야 한다. 전략적 사고와 지속적인 개선이 차별화된 소프트웨어 시스템을 만들 수 있다.

결론

2011년 Forbes는 <이제 모든 회사는 소프트웨어 회사입니다>[Forbes-ECSC]라는 제목의 기사를 발표했다. 그 기사는 다음과 같이 주장한다.

> 전통산업과 기술산업을 분리하는 시대는 끝났고 지금 적응하지 못하는 기업은 곧 도태될 것이다.

이 얘기가 나온 지 적어도 10년이 지난 지금, 많은 회사가 그 관점을 채택했다. 하지만 그렇지 않은 회사가 더 많고 그 사이 어딘가에 있는 다른 회사들이 여전히 있다.

그렇다면 디지털 트랜스포메이션을 향한 상당한 진전을 이루지 못한 기업은 이제 구식이 된 것일까? 몇 년 안에 그 회사를 대체할 수 있는 신생 기업을 찾아보자. 대기업의 한 가지 문제는 빠르게 움직일 수 없다는 것이다. 또 다른 문제는 그들이 자신의 느린 죽음을 감지할 수 없다는 것이다.

소비자들이 밝고 젊고 민첩한 경쟁으로 이동하고 있기 때문이다. 대기업은 자신을 위협하는 새로운 스타트업들을 인식하지 못하거나 위협적인 도전자 5명 중 1명만 알고 있을 수도 있다.

이 딜레마에 대한 답은 대기업이 인수할 수 있는 모든 신생 기업을 샅샅이 찾는 것이 아니다. 그 기업을 인수하는 것이 종말을 방지하는 유일한 방법이 아니라면 말이다. 당신의 회사를 혁신하거나 혁신할 수 있는 환경을 만들고자 민첩한 신생 기업을 인수하는 아이디어도 훌륭한 전략이 아니다. 그 회사들은 수십억 달러를 제안함에도 2순위이거나 더 뒤쳐진 회사일 수도 있다. 이렇게 유니콘 회사가 태어난다.

업계에서 현재 핵심 소프트웨어 시스템을 차세대 SaaS 또는 PaaS로 전환할 수 있는 기회를 거래하지 말자. 필자인 우리가 진정으로 귀하의 여정을 시작하거나 이미 시작된 경로를 따라 혁신을 계속할 수 있게 하는 인센티브와 영감을 모두 제공했기를 바란다.

참고문헌

[ATAM] https://resources.sei.cmu.edu/library/asset-view.cfm?assetid=513908
[Forbes-ECSC] https://www.forbes.com/sites/techonomy/2011/11/30/now-every-company-is-a-software-company/?sh=7cfd5ec2f3b1

찾아보기

ㄱ

가치 사슬 133
값 객체 250
강한 커플링 235
개인 정보 보호 285
객체 관계형 매퍼 314
견적 정책 251
결과물 193
결정의 심층적 확정 86
결합도 218
계리 업무 209
계약 190
계약 모델 97
고객 관계 관리 197
고객-공급자 개발 207, 213
공개키 기반 구조 284
공유 커널 207, 210
공통 언어 188
관계형 데이터베이스 305
광산 구조 작전 101
교실 대상 결정 381
교실자 무화과 애플리케이션 381
교차 기능 106
구글 클라우드 플랫폼 52
구독 계산 120
구독 프로세스 164
구독자 폴링 307
국제질병 분류코드 ICD-10 212
그래픽 유저 인터페이스 75

기술 리더십 69
기술 메커니즘 195
기술 주제 108
기술적 동기 부여 346
기하급수적 재시도를 제한 363
기한 상품 189
기회 154

ㄴ

난해 127
낮은 시간 종속성 238
내결함성 291
내부 소통 공식 104
누커버리지 보험 61
느슨한 결합 114
느슨한 커플링 238

ㄷ

다운스트림 유비쿼터스 언어 218
다운스트림 클라이언트 221
다운스트림 팀 213
단기 기억 108
단일 데이터 원본 375
단일 서브시스템 266
단일 책임 원칙 270
데이터 복제 236
데이터 접근 객체 271

데이터 조화 이벤트 379
데이터 출처 238
데이터 형식 215
데이터베이스 트랜잭션 로그 테일링 378
데이터베이스 트리거 376
델파이 74
도메인 모델링 256
도메인 복잡성 272
도메인 서비스 252
도메인 주도 177
도메인 주도 설계 187, 334
도커 컨테이너 277
독립형 78
동시 소프트웨어 개발 93
드라이버 어댑터 303
디비지움 378
디자인 세션 242
디지털 트랜스포메이션 43, 51, 389

ㄹ

레거시 모놀리스 78
레거시 시스템 74
로드셰딩 364
로켓 과학 131
루비 81
리스크 담당자 125
리스크 콘텍스트 191

ㅁ

마스터리 인증 83
마이크로 80
마이크로 프론트엔드 374
마이크로서비스 아키텍처 55
마이크로소프트 오피스 51

마이크로프로세서 80
마인드맵 124
매몰 비용의 오류 86
머신러닝 117
멀티태스킹 105
메리엄 웹스터 사전 177
메모 155
메서드 79
메시지 버스 313
메시지 버스 통신 303
메시지 브리지 액터 303
메시지 전달 363
메시지 주도 260, 301
메시지 주도 아키텍처 299
멱등적 수신자 363
명령형 셸을 가진 함수형 코어 269, 273
모노레포 293
모놀리스 63
모놀리스 컨테이너 276
모놀리식 빅볼 오브 머드 시스템 81
모델링 평면 151
모듈 107
모듈 구획 111
모듈 우선 294
모듈형 모놀리스 200
모듈화 275
무기명 토큰 283
무릎 반사 112
무질서 129
문제 155
문제 공간 181
민첩성 160
밀러의 법칙 108

ㅂ

바운더리 찾기 189
바운디드 콘텍스트 187
반복 84
발행된 언어 208, 227
발행된 언어 스키마 228
배포 112
배포 옵션 113
배포 파이프라인 284
백로그 159
백프레셔 364
버저닝 122
범용 프로그래밍 언어 패러다임 299
변경 데이터 캡처 378
보드 마커 151
보안 281
보안 검사 284
보장 범위 190
보조 액터 267
보험 가입 신청서 191
보험 갱신 콘텍스트 192
보험 계리 업무 209
보험 계약 190
보험 계약 심사 211
보험 계약 심사 모듈 112
보험 계약 심사 콘텍스트 192
보험 도메인 60
보험 신청 콘텍스트 191
보험 신청서 190
보험 증서 190
보험금 청구 콘텍스트 192
보험료 할인 정책 202
보험료율 계산 125
보험료율 계산 모델 217
보험료율 규칙 163
복사–붙여 넣기 81

복원성 291
복잡 127
복잡성 293
부수 효과 254, 273
부채의 은유 56
부패 방지 계층 207, 218
분리된 방식 208
분산 시스템 299
분산 컴퓨팅 114
불변 인스턴스 254
뷰 154
브로슈어웨어 331
브이링고 줌 230
비(非)아키텍처 58
비난 문화 100
비주얼 베이식 74
비즈니스 목표 389
비즈니스 역량 115, 335
비즈니스 역량으로 수익 창출 198
비즈니스 프로세스 115
비즈니스 혁신가 51
비판적 사고 96
빅볼 오브 머드 58
빅볼 오브 머드 레거시 시스템 220
빅픽처 모델링 156

ㅅ

사고 패턴 96
사업 목표 76
사용자 상호작용 371
사용자 역할 154
사이버 공격 281
상품 190
생성–조회–수정–삭제 271, 278
샤딩 307
샤피 파인 포인트 퍼머넌트 마커 151

서버 이상　364
서버 전송 이벤트　309
서버리스 아키텍처　320
서브시스템　53
서브프라임 대출　57
서비스 API　225
서비스 계층　270
서비스형 기능　322
서비스형 인프라　52, 321
성능　288
셰어포인트　332
소비자 주도 계약　227
소셜 미디어 추천 엔진　166
소스코드 버저닝　122
소통 게이트웨이　104
소트웍스　103
소프트웨어 리팩토링　56
소프트웨어 모델　145
소프트웨어 모델링　146
소프트웨어 아키텍처　53
소프트웨어 엔지니어　197
소프트웨어 엔트로피　57
솔루션 공간　109
쇄빙선　160
수동적 공격　101
수익 창출의 핵심　117
순응주의자　207, 216
스노든　130
스크러빙　332
스키마　181
스키마 레지스트리　230
스티브 잡스　50, 92
스티키 노트　152
스파게티 비즈니스　131
스페이스엑스　44
스페이스엑스의 혁신　50
시간 종속성　235

시네핀 프레임워크　126
시퀀스　305
신뢰성　291
실패 문화　100
실험 환경 조성　106
싱크　267

ㅇ

아마존 웹 서비스　52
아이팟　91
아키텍처 결정 기록　96, 133, 225
알려지지 않은 미지　160
알려진 미지　148
알려진 지식　148
알프레드 노스 화이트헤드　49
암묵지　65
암호화 코드　284
애그리거트　154, 158, 251
애그리거트 상태 변경 기록　314
애그리거트 스트림　314
애그리거트 인스턴스 스트림　316
애자일　82
애자일 방법론　178
애자일 선언문　179, 334
애자일 접근 방식　84
애저　52
액터 모델　272
어니언 아키텍처　133
어댑터　133, 266
업스트림 모델　207
업스트림 유비쿼터스 언어　218
에릭 홀나겔　107
엔지니어링 모델　97
엔지니어링 원칙　223
엔터티　154, 158, 248
엔터프라이즈　180

엔터프라이즈 범위 180
엔터프라이즈 소프트웨어 시스템 54
엔터프라이즈 자바빈 333
엔트로피 57
역 콘웨이 법칙 103
영향 193
오버헤드 266
오케스트레이션 310
오케스트레이션 프로세스 300
오프로딩 364
오픈 그룹 아키텍처 프레임워크 181
오픈 호스트 서비스 207, 221
오피스 365 51
온라인 협업 도구 150
온톨로지 181
완전 함수형 언어 253
외래어 219
외부 시스템 154
워드 커닝햄 56
원격 세션 149
원격 이벤트 스토밍 149
원격 프로시저 호출 227, 299
원자성 251
원자적 행동 연산 251
원클릭 신청서 제출 126
웰뱅크 61
웹 마크업 언어 373
웹 사이트 콘텐츠 307
유비쿼터스 언어 187
유지 보수의 함정 194
응답 헤더 308
의사결정 도구 134
의존성 역전 원칙 270
이벤트 142, 153
이벤트 기반 모델링 391
이벤트 로그 305
이벤트 서피싱 377

이벤트 소싱 314
이벤트 스토밍 146, 148
이벤트 우선 46, 143
이벤트 우선 모델링 168
이벤트 우선 시스템 265
이벤트 우선 아키텍처 392
이벤트 주도 260
이벤트 주도 프로세스 300
이벤트 테이블 377
익스트림 프로그래밍 179
인가 283
인재 193
인증 197, 283
인지 부하 109
인프로세스 보안 콘텍스트 282
일반 데이터 보호 규정 285
일반 도메인 195, 196
일반 비즈니스 115
임팩트 매핑 123, 161

ㅈ

자동 증가 열 305
자바 81
자바스크립트 라이브러리 178
자크만 프레임워크 181
작은 콘텍스트 범위 181
장애 감시자 363
장치 어댑터 268
전달 113
전달 방지 364
전략 76
전략적 목표 115
전략적 아키텍처 132
전략적 영향 125
전략적 학습 도구 237, 390
전략적 행동 패턴 70

전사적 자원 관리 117, 197
전송 계층 보안 284
전화 게임 66
정보 교환 228
정적 애플리케이션 보안 테스트 284
정책 153
조지 버나드 쇼 71
조직 문화 99
종속 시스템 225
종이 파일링 시스템 332
주니퍼 리서치 281
중대형 문제 공간 범위 181
중대형 시스템 범위 180
중첩된 콘텍스트 201
증분 84
지속적 전달 112
지식 영역 182
지원 도메인 195
지원 비즈니스 115
지원적 영향 125
지형 모델링 231
지형적 접근 방식 231

ㅊ

차용어 219
챗봇 166
청구 요청 처리 119
청구 요청 확인 119
청구 처리 120
최종 책임 순간 92
추상화 장치 182
치트시트 156

ㅋ

캐싱 308
커맨드 142, 153
커플링 끊기 352
코드 재사용 356
코레오그래피 300
코볼 74
콘웨이의 법칙 64
콘텍스트 134, 154
콘텍스트 맵 205
쿠버네티스 55
쿼리 154
클라우드 기반 서버리스 아키텍처 320
클라우드 네이티브 322
클라이언트용 API 219
클로저 81
클린 아키텍처 133

ㅌ

통합 개발 환경 293
투표 화살표 155
트랜스포메이션 52
트랜잭션 272
트랜잭션 스크립트 270
트랜잭션 일관성 320
팀 토폴로지 102

ㅍ

파트너십 207
페르소나 158
페이콘 컬러 크래프트 듀오-피니시 용지 151
포모 증후군 95
포브스 281

포트 133, 266
폭스프로 74
폴링 307
폼 팩터 272
표현 상태 전송 299
품질 속성 280
프로덕트형 소프트웨어 118
프로세스 154
프로세스 실행 프레임워크 178
프론트엔드용 백엔드 374
프리미엄 가입 신청 프로세스 241

ㅎ

하위 도메인 179
하이버네이트 333
할인 프로그램 콘텍스트 199
함수 79
함수형 동작 253
해롤드 팀블리비 94
해싱 307
핵심 도메인 192
핵심 비즈니스 115
행위자 193
헥사고날 133, 266
혼란 127
화이트 레이블 보험 62
화이트보드 110
확실 127
확장성 290
회로 차단기 363
히포크라테스 선서 74

A

A/B 테스트 166

abdeckung 190
ACL 220
actor 193
Adaptor 133
ADR 96, 133, 225
aggregate's stream 314
Agile 82
agility 160
Alfred North Whitehead 49
Anticorruption Layer 207
API 액세스 222
Application 191
Architecture Decision Record 96, 133
Architecture Decision Records 225
atomicity 251
Authentication 283
Authorization 283
AWS 52
Azure 52

B

backend for frontend 374
backlog 159
backpressure 364
bearer token 283
Big Ball of Mud 58
Bounded Context 187

C

caching 308
CD 112
Change Data Capture 378
Chaotic 127
Check Claim Request 119

Circuit breakers 363
Claims Context 192
Claims Processing 120
Clean Architecture 133
Clear 127
Clojure 81
cloud-native 322
cobertura 190
COBOL 74
Cognitive load 109
command 142
Complex 127
Complicated 127
compute anomalies 364
Concurrent Software Development 93
Conformist 207
Context Map 205
Continuous Delivery 112
Contract 190
Contractor Model 97
Contraptions 182
Conway's Law 64
core business 115
couverture 190
Coverage 190
COVID-19 백신 101
CPU 80
CQRS 318
Create-Read-Update-Delete 271
CRM 197
Cross-functional 106
CRUD 271, 278
Customer Driven Contract 227
Customer Relationship Management 197
Customer-Supplier Development 207
Cynefin 프레임워크 126

D

DAO 271
Data Access Object 271
database transaction log tailing 378
DDD 187, 334
Debezium 378
deliverable 193
Delivery 113
Delphi 74
digital transformation 43
domain 복잡성 272
domain-driven 177
Domain-Driven Design 187
Don't Repeat Yourself 원칙 231
DRY 355
DRY 원칙 231

E

EJB 333
Engineering Model 97
enterprise 180
Enterprise JavaBeans 333
Enterprise Resource Planning 117, 197
entity 248
Erik Hollnagel 107
ERP 117, 197
Escalation of commitment 86
event 142
Event Sourcing 314
Event Storming 148
Event Surfacing 377
event-driven 260
event-driven 프로세스 300
event-first 46
event-first system 265

event-fitst   143
Extreme Programming   179

F

FaaS   322
Failure supervision   363
Fear of Missing Out   72, 95
FedEx   281
FOMO   95
Form   190
form factor   272
FoxPro나   74
Function as a Service   322
Functional Core with Imperative Shell   269

G

GDPR   286
general business   115
General Data Protection Regulation   285
George Bernard Shaw   71
Google Cloud Platform   52
GraphQL   219, 373
gRPC   227
GUI   75

H

Harold Thimbleby   94
hashing   307
Hexagonal   133, 266
Hibernate   333
HTTP   278
HTTP API   281
HTTP 사양   305
HTTP 응답 헤더   308
HTTPS   284

I

IaaS   52, 321
icebreaker   160
IDE   293
Idempotent receivers   363
impact   193
Impact Mapping   123
in-process 보안 콘텍스트   282
increment   84
Infrastructure as a Service   52, 321
insurance policy   190
Intake Context   191
Integrated Development Environment   293
Intel Xeon   80
iPod   91
iteration   84

J

Java   81
JavaScript 라이브러리   178

K

Knee-jerk   112
known known   148
known unknown   148
Kubernetes   55

L

Last Responsible Moment 92
loadshedding 364
loose coupling 114
LRM 92

M

Machine Learning 117
Maersk 281
mastery certification 83
Merriam-Webster 사전 177
message deliveries 363
message-driven 260, 301
message-driven 아키텍처 299
micro frontends 374
Microsoft Office 51
Miller's Law 108
Mind Map 124
ML 117
module 107
Mono-repo 293
Monolith 63, 78
Monolithic 78

N

NotPetya 281
NuCoverage 보험 61

O

Object-Relational Mappers 314
Object-Relational Mapping 269
Objectives and Key Results 194

Office 365 51
offloading 364
OKR 194
Onion Architecture 133
ontology 181
Open-Host Service 207
OpenID 커넥트 283
ORM 269, 314

P

Pacon Colored Kraft Duo-Finish Paper 151
Partnership 207
Passive-aggressive 101
PATCH 279
PKI 284
Policy 190
polling 307
Port 133
primary 액터 267
Problem space 181
product 190
Public Key Infrastructure 284
Published Language 208
PUT 기반 수정 279

R

RabbitMQ 342
Rate Calculator 125
Remote Procedure Call 299
Renewals Context 192
Representational State Transfer 299
REST 299
REST 리소스 227
REST 메시지 교환 방식 137

REST 요청 핸들러　322
REST 요청-응답　278
REST-over-HTTP 엔드포인트　273
Retries with capped exponential backoff　363
Risk Context　191
Risk Gatekeeper　125
rocket science　131
RPC　227, 299
Rremote Procedure Call　227
Ruby　81

S

SaaP　118
SASY　284
schema　181
scrubbing　332
Scrum.org　83
secondary 액터　267
self-contained　78
Separate Ways　208
Server-Sent Events　309
serverless architecture　320
Settle Claim　119
sharding　307
Shared Kernel　207
SharePoint　332
Sharpie Fine Point Permanent Marker　151
side-effect　273
Simple Object Access Protocol　227
Single Responsibility Principle　270
Snowden　130
SOAP　227
Software Architecture　53
software entropy　57
software refactoring　56
Software-as-a-Product　118

Solution space　109
SpaceX　44
SpaceX의 혁신　50
SSE　309
Static Application Security Testing　284
Steve Jobs　50
strategic impact　125
Subscriber　307
Subscription Billing　120
Sunk cost fallacy　86
supporting business　115
supporting impact　125

T

tacit knowledge　65
talent　193
Team Topology　102
term product　189
The Open Group Architecture Framework　181
ThoughtWorks　103
TLS　284
TNT 익스프레스　281
topographic approach　231
Transport Layer Security　284

U

Ubiquitous Language　187
un-architecture　58
Underwriting Context　192
unknown unknowns　160
upstream 모델　207

V

value chain 133
Value Object 250
versioning 122
Visual Basic 74
VLINGO XOOM 230, 304
VPN 281

W

Ward Cunningham 56
WellBank 61
white-label 보험 62

X

XP 179

Y

YAGNI 77, 121
You Aren't Gonna Need It 121

Z

Zachman Framework 181
ZeroMQ 313

전략적 모놀리스와 마이크로서비스

성장하는 기업을 위한 소프트웨어 아키텍처 전략

발 행 | 2025년 4월 9일

지은이 | 반 버논 · 토마스 야스쿨라
옮긴이 | 강 성 일 · 이 승 민 · 정 우 영

펴낸이 | 옥 경 석
편집장 | 황 영 주
편 집 | 임 지 원
디자인 | 윤 서 빈

에이콘출판주식회사
서울특별시 양천구 국회대로 287 (목동)
전화 02-2653-7600, 팩스 02-2653-0433
www.acornpub.co.kr / editor@acornpub.co.kr

Copyright ⓒ 에이콘출판주식회사, 2025, Printed in Korea.
ISBN 979-11-6175-970-8
http://www.acornpub.co.kr/book/monoliths-microservices

책값은 뒤표지에 있습니다.